법률적
인간의 출현

현대의
고 전
0 7

법률적
인간의 출현

법의 인류학적 기능에 관한 시론

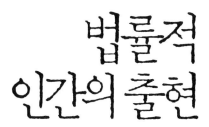

Essai sur la fonction anthropologique du Droit

Homo juridicus

Alain Supiot

알랭 쉬피오 지음 박제성·배영란 옮김

글항아리

역자 서문

이 책의 원제인 "호모 주리디쿠스Homo juridicus"는 '도구적 인간'을 의미하는 호모 파베르Homo faber 또는 '경제적 인간'을 의미하는 호모 에코노미쿠스Homo economicus와 마찬가지로 인간을 정의하는 한 방식이다. 즉 인간을 바라보는 하나의 관점을 반영한다. 호모 주리디쿠스가 바라보는 인간상은 법에 의해 지지되고 근거해서 행위하는 인간이다. 즉 '법률적 인간'이다. 플라톤의 『국가』에 나오는 다음의 구절은 법률적 인간의 성장과정을 잘 보여준다. "우리에게는 올바른 것들 및 아름다운 것들과 관련해서 어릴 적부터 신념dogma들이 분명히 있어서, 그 속에서 자라기를 마치 어버이 밑에서 자라듯 해왔으며 그것들에 복종하며 그것들을 존중해왔다네." 또한 "군자는 법을 행하여 명을 기다릴 따름이다君子行法以俟命而已矣"라는 맹자의 말에 대하여 주희가 『맹자집주孟子集注』에서 다음과 같은 주석을 붙일 때에도 법률적 인간이 그 자리에 있다. "법이라는 것은 하늘 이치의 당연한 것이다法者天理

之當然者也."

　　호모 주리디쿠스의 'juridicus'와 법을 의미하는 프랑스어 'Droit'는 라틴어 'ius'의 의미를 공유한다. 유스ius는 '옳은 것'을 뜻한다. 법은 옳은 것이며, 따라서 법률적 인간은 올바른 인간이라는 의미가 된다. 노동법Droit du travail이란 그러므로 노동에 관하여 옳은 것이라는 뜻이다. 그러나 현대의 법률가나 전문가들은 법을 기능적 규칙들을 담아놓는 도구 상자쯤으로 생각한다. 그들은 "어떻게?"라는 것만 고민할 뿐, "왜?"라는 질문은 던지지 않는다. 그런 질문은 과거에는 철학자나 신학자, 오늘날에는 생물학자나 경제학자에게만 해당되는 것이라고 치부한다. 생물학이나 경제학이 과학적 방법론을 통해 밝혀낸 법칙을 실정법으로 형식화하는 것이 법학의 역할이라고 생각한다. 이들은 존재에 대한 관찰 속에서 당위의 문제에 대한 해답을 찾을 수 있다고 주장한다. 가령, 인간의 유전자 속에는 평등 유전자가 있다는 식이다. 하지만 법은 그런 것이 아니다. 불평등 유전자가 발견되면 인간을 불평등하게 취급해도 된다는 것인가? 과학은 법질서를 정초할 수 없다. 법질서가 터잡고 있는 원리들은 천명되고 찬양되는 것이지, 계산되거나 논증될 수 있는 것이 아니다. 인간의 존엄성은 다른 모든 과학적 토론이 이성적인 것이 되기 위해 발 딛고 서야 하는 토대로서의 법원리다. 과학적 발견이 거꾸로 인간의 존엄성을 정당화하는 것이 아니다.

　　법이란 한 사회가 스스로 정한 나아갈 방향이며, 또한 한 사회가 스스로에게 부여하는 이상적인 모습이다. 법이란 거울에 비친 사회의 표상이다. 그런 점에서 법 혹은 법률이란 한 사회의 보편적 믿음 체계를 의미한다. 보편적 믿음 체계란 모든 사람이 의심하지 않고 믿는 구조를 말한다. 그 믿음은 과학적 관찰과 실험, 논증과 반증을 거쳐 확립된 객관적 사실에 기초하고 있는 것이 아니다. 그저 그렇게 믿을 뿐이다. 그런 점에서 그것은 일종의 도그마다. 도그마는 이성적이고 논리적인 비판과 증명이 허용되지 않는 교리, 교의, 교조 등을 이르는 말이다. 예수님 말씀, 부처님 말씀, 공자님 말씀이 모두 도그마다. 도그마는 곧 말씀이며, 말씀은 인간의 반박을 허락하지 않는 초월적 진리다. 『논어』는 "子曰" 곧 "공자님 말씀"으로, 불경은 모두 "如是我聞" 곧 "이와 같이 나는 들었다"로 시작한다. 「요한복음」은 더 직접적이다. "태초에 말씀이 있었다. 말씀은 신과 함께 있었으며, 말씀은 신이었다." 도그마는 합리성과 양립할 수 없는 것으로 여겨지기 때문에, 합리성이 지배하는 오늘날 도그마적 인간상을 제시한다는 것은 자못 시대착오적으로 들린다. 그러나 모든 인간사회는 나름의 믿음 체계, 하나의 도그마에 기초한다. 시대에 따라, 장소에 따라 그 내용이나 형식은 다르지만, 보편적 믿음 체계가 없는 사회란 존재하지 않는다. 만약 모든 사람이 제각각 자신의 진리 체계를 세워야 한다면, 그 사회는 단 하루도 유지될 수 없을 것이다. 중세 기독교인은 예수가 신의 아들이라고 믿었으며, 근대인은 국가가 자신을 지켜줄 것이라고 믿었다. 오늘날 사람들은 돈이 자신을 지켜줄 것이라고 믿는다. 세종대왕의 얼굴이 그려진 푸른색 종이에 대한 교리적 믿음은 아직은 굳건하다. 그것이 섬유질에 불과하다는 사실이 과학적으로 입증되었다고 해서 그것을 쓰레기통에 무심히 버릴 사람이 있을까? 우리는 여전히 도그마에 기댄 채 살아간다.

도그마는 사실의 확인과 논증을 초월하는데, 그 점에서 언어는 가장 도그마적이다. 나에게 한국어를 처음으로 가르쳐준 사람의 말을 내가 무턱대고 믿지 않았다면 지금 나는 한국어를 모국어로 쓰고 있지 못할 것이며, 또 내가 지금 쓰고 있는 글을 내가 읽는 대로 다른 사람이 읽을 것이라고 믿지 않고서는 난 한 줄도 쓰지 못할 것이다. 이 근원적인 믿음, 이 맹목적인 믿음이야말로 나의 자유, 내 의사표현과 행위의 자유, 요컨대 이성적 행위를 가능하게 하는 일차적 조건이다. 그러므로 도그마는 인간이 독단과 자폐를 극복하고 진정으로 타인과 소통하는 이성적인 존재가 되기 위한 필요조건이다. 인간은 이성적인 존재로 태어나는 것이 아니라 교리적 기초에 근거하여 비로소 이성적인 존재가 되는 것이다. 그러므로 이성이 법을 만드는 것이 아니라, 법이 이성을 만든다. 이것이 곧 법의 교리적 기능이며, 이 책은 이에 관한 학술적 에세이다. 이성은 약한 것이다. 끊임없이 그 딛고 있는 바를 돌아보고 보살피지 않으면 언제라도 광기와 망상으로 변질될 수 있다. 실증주의적 과학 이성의 이름으로 일체의 교리적인 것, 일체의 신성을 인간에게서 제거하는 태도는 제2차 세계대전 당시 학살과 생체 실험에서 보듯 인간을 순전히 생물학적 환원물로 취급하는 끔찍한 비극으로 이어졌다. 도그마는 그러므로 인간의 탐욕과 망상에 한계를 설정하는 외부적 조건으로 기능한다. 일종의 금기 혹은 터부처럼. 이 책의 부제, "법의 인류학적 기능"이란 이를 가리키는 것이다.

오늘날 법의 교리적 기능을 이해한다는 것은 예컨대 시장과 법, 특히 노동시장과 노동법의 위계적 관계에 관한 논쟁에서도 의미하는 바가 크다(저자 알랭 쉬피오는 노동법 교수다). 오늘날 경제적 합리성은 인간을 목적이 아니라 시장의 수단으로 삼는다. 시장의 전체주의적 지배 아래 놓인 인간은 시장이라는 이윤 창출 제도가 작동하기 위해 필요한 동력원, 즉 인적자원으로 전락한다. 경제적 합리성에서 바라보는 인간은 스스로의 이해타산 능력만을 신뢰하는 인간, 즉 호모 에코노미쿠스다. 호모 에코노미쿠스는 모든 것을 계산 가능한 것으로 환원시키는 능력을 갖고 있다. 이 경제적 인간은 걸어다니는 계산기다. 계산 능력 혹은 정보처리능력에 따라 누구는 '인적 자본'이 되고 누구는 '인간 쓰레기'가 된다. 계산되지 않는 것은 믿지 않는다. 아니 무의미한 것이거나 무언가 잘못된 것이다. 노동하는 인간의 가치는 노동시간과 생산량으로만 계산되고 평가된다. 노동자의 인격과 삶은 계산을 방해하는 잡음에 불과한 것으로 치부된다. 그러나 계산 가능성의 두 변인 밑변(1)과 수직변(1)은 계산 불가능성의 대각선($\sqrt{2}$)에 의해 유지될 때에만 무너지지 않는다. 유리수는 무리수에 의해 지지되는 경우에만 성립한다. 이성은 도그마에 기초할 때에만, 법에 근거할 때에만 이성적이다.

비단 노동시장뿐이겠는가. 지금 대한민국은 곳곳에서 가장 기초적인 믿음조차 담보되지 않는 사회로 나아가고 있다. 내가 타고 있는 배가 가라앉지 않을 것이라는 보장이 어디에 있으며, 열심히 노동하면 잘살 수 있을 것이라는 보장이 어디에 있으며, 아이를 낳고 세대와 세대를 이어갈 수 있을 것이라는 보장이 어디에 있는가? 국가의 보편성과 공공성을 믿게 만드는 교리적 기초가 사라진다면 국가는 붕괴할 것이다. 2014년 4월 16일, 근원적인 믿음이 바다 속으로 가라앉아버린 날, 그러므로 법이 침몰한 날, 그날 이후 법에 대해 다시 생각한다.

역자를 대표하여

박제성

필사의 존재여 미끄러지시오. 누르지 마시오.
당신 발밑의 얼음은 깨지기 쉽다오.

— 피에르이브 나르보

서문

인간은 형이상학적 동물이다. 생물학적 존재인 인간은 우선 감각 기관을 통해 세상에 존재한다. 하지만 인간의 삶은 물리적 세계에서 뿐만 아니라 기호의 세계에서도 펼쳐진다. 이 기호의 세계는 언어를 넘어 하나의 생각을 구체화하는 모든 것으로 확장되며, 그렇게 함으로써 물리적으로 부재하던 것이 정신 속에서 구현된다. 무언가 하나의 의미가 새겨지는 모든 것이 그러하며, 특히 일련의 제작과정을 거친 대상, 즉 (다듬어진 돌이나 하나의 손수건과 같이) 지극히 하찮은 것들에서부터 (모나리자나 팡테옹 등) 가장 신성한 것에 이르기까지, 그 제작과정을 주재했던 생각이 하나의 실체로서 표현되고, 이로써 자연 상태 그대로 존재하는 사물의 세계로부터 구별되는 모든 것이 이에 해당한다. 또한 인간의 몸 자체를 하나의 기호로 만드는 표식(의복, 화장, 문신 등)이나 규율(몸짓, 의례, 춤 등)도 마찬가지다. 의미의 삶은 인간 존재 안에서 삶의 의미와 섞이며 인간은 삶의 의미를 위하여 자기 자신을 희생할 수 있고, 그렇게 자신의 죽음 자체에 대해서도 하나의 의미를 부여한다. 자기 자신과 세상에 의미를 부여하는 것은 무의미에 빠지지 않기 위해서, 곧 이성적 존재가 되고 이성적 존재로 남기위해서는 필수적이다.

이렇게 모든 인간은 그 존재에 의미를 부여해주는 의미 체계, 이미 그곳에 존재하고 있던 세상의 의미 체계에 대한 믿음과 함께 세상에 태어난다. 이렇듯 기존의 의미 체계에 다가가려면, 각각의 어린아이는 일단 말하는 법을 배워야 한다. 즉, '언어의 입법자'에게 복종하는 것이다. 플라톤이 말했듯이, 이 입법자가 "인간 세상에서 가장 드물게 모습을 나타내는 입법자"[1]라면 그것은 엄격한 언어적 규칙을 부과하는 이 입법자가 흔히 우리네 어머니의 얼굴 뒤에 숨어 있기 때문이다. 의미를 길어올리는 첫 번째 원천인 모국어는 또한 주체의 형성에서 빠뜨릴 수 없는 첫 번째 교리적 원천이기도 하다. 각자가 원하는 대로 생각하고 표현할 수 있는 자유, 모국어가 주는 이 자유는 모국어에 포함된 단어에 의미를 부여하는 일정한 제약에 모두가 복종한다는 것을 전제한다. 이러한 근원적인 타율성 없이는 그 어떤 자율도 가능하지 않을 것이다. 그러나 언어로써 자기 존재를 자각할 수 있기 전에도 모든 신생아는 자기 이름을 갖고 일정한 친족관계에 편입된다. 즉 아이에게는 세대적 연계 속에서 일정한 자리가 부여되는 것이다. 왜냐하면 우리가 '나'라고 말할 수 있기 전에 이미 법은 우리 각자를 하나의 법 주체로 만들기 때문이다. 자유로운 존재가 되려면 주체는 우선 자신을 다른 사람들에게 엮어주는 말들로 엮여야 한다. ('주체subject'를 가리키는 라틴어 'sub-jectum' 역시 '아래로sub' + '던져지다

jectum'라는 의미를 담고 있듯이, 주체란 이미 어딘가에 구속된 존재를 의미한다.) 법률관계와 언어관계가 이렇게 혼재되는 가운데, 신생아 각자는 전체 인류의 일원이 되어간다. 즉 아이의 삶에 (일반적인 맥락과 법률적인 맥락에서) 하나의 의미가 부여되는 것이다.[2] 주위 사람들과 모든 관계가 단절된 인간은 어원학적 의미에서 '백치(그리스어 'idios'에서 온 말로 '자기 자신에게만 국한된 자'라는 뜻이다)'가 되고 만다. 자기 자신만의 세계관에 갇혀 다른 세계관이 가능하다는 점을 이해할 능력이 없는 자, 즉 각자가 자신의 정당한 자리를 갖는 세계상에 대하여 다른 사람들과 동의할 능력이 없는 자도 마찬가지로 백치가 될 위험에 빠진다. 그러므로 정의에 대한 열망은 근대 이전의 전과학적前科學的 사고가 남긴 유물이 아니라, 좋든 싫든 인류라면 누구든 근본적으로 갖고 있는 바람일 따름이다. 인간은 (자유, 조국, 신, 명예 등) 자신이 정의롭다고 생각하는 가치를 위해 죽고 죽일 수도 있으며, 이러한 점에서 우리 각자에게는 하나의 폭탄이 내재되어 있는 것과 같다.

인간은 이성적인 존재로 태어나는 것이 아니라 다른 사람들과 공유하는 의미에 다가감으로써 이성적인 존재가 된다. 그런 점에서 각각의 인간사회는 각자의 고유한 방식으로 이성을 가르치는 교사다. 우리가 '사회'라고 부르는 조직은 사람들을 서로 묶어주며 말이 빚어내는 관계들로 만들어지기에, 그런 점에서 동물사회라는 것은 있을 수 없다.[3] 우리가 흔히 쓰는 '법률'과 '계약'이라는 말은 우리를 개별적으로 구속하고 또 상호 간에 서로 구속시켜주는 두 종류의 법률관계를 구분해준다. '법률'에서는 우리의 의사와 상관없이 우리에게 강요되는 말과 글이 등장하고, '계약'에서는 다른 사람과의 자유로운 합의에서 생겨나는 말과 글이 등장한다. 모든 인간은 일단 법이 부여한 호적으로 구속되고, 이어 자신이 맺은 약속으로 구속된다. 우리가 하는 모든 말이 우리를 묶어두는 것은 아니며, 문자 그대로의 의미에서든 (ob-ligare : '~ 에 묶다'라는 뜻의) 어원학적 의미에서든 말은 우리에게 의무를 지우지 않는다. 예를 들어 나는 지금 내가 쓰고 있는 것들에 전혀 구속되지 않으며, 내가 한 말을 얼마든지 취소하거나 번복할 수 있다. 그리고 나를 구속하며 타인에게 결속시키는 말과 글 가운데에서는 나로부터 비롯된 것과 타인으로부터 비롯된 것을 구분해야 한다. 비록 내가 직접 어떤 말을 하거나 받아들이지 않았더라도, 내가 꼭 지켜야 한다고 생각했던 말들은 내 삶에서 반드시 우선했기 때문이다. 우리가 말하는 법률과 계약이라는 개념들은 이와 같이 상호 간에 밀접하게 연관되어 있으며, 이 두 개념 모두 신의 입법자에 대한 믿음으로부터 비롯된다. 이 신의 입법자는 그를 믿는 자들, 즉 그에게 신의를 지키는 자들, 그럼으로써 자신들의 말에 대해서도 신의를 지키는 자들이 한 말의 보증인이다. 중국이나 일본 같은 다른 문화권에서 서구와 같이 일반적이고 추상적인 형태로는 법률과 계약이라는 개념을 찾아볼 수 없는 이유가 여기에 있다. 성서 기반의 문명에서 공통적으로 나타나는 법률 및 계약의 개념은 단지 인간들 사이에 정의를 세우고 인간들을 이성의 왕국에 복종시키는 다양한 방법들 중 하나일 뿐이다.

우리들 각자를 '**법률적 인간**homo juridicus'으로 만드는 것은 인간이라는 존재를 구성하는 생물학적 차원과 상징적 차원을 연결시키려는 서구적 방식에 해당한다. 법은 인간 정신세계의 무한성을 물리적 경험의 유한성에 연결하고, 그럼으로써 이성의 제도화라는 인류학적 기능을 수행한다. 인간을 동물로 취급하거나, 혹은 스스로 부여한 한계 외의 모든 한계로부터 벗어난 순수한 영혼으로 취급하며 인간의 이 두 차원 가운데 어느 하나를 부인하는 순간, 광기가 임박한다. 파스칼은 인간이 천사도 아니고, 야수도 아니라는 지극히 단순한 문장으로써 이를 표현했다. 하지만 우리가 이 같이 단순한 생각을 이해하기란 쉽지 않은데, 우리의 사고 체계는 육체와 영혼, '물질주의'와 '정신주의'를 서로 대립시키며 각각의 범주에 집어넣기 때문이다. 과학과 기술의 진보가 더욱 부추긴 이 이분법에 따르면, 인간도 모든 자연물처럼 설명될 수 있으며, 자연과학은 언젠가 우리 인간에 대한 모든 걸 밝혀내줄 수 있고, 우리에게 스스로를 자유로이 조작하는 힘도 줄 수 있다. 또한 그 자신에 대해 이렇게 속속들이 알게 된 인간은 언젠가는 자연이 정해놓은 모든 한계를 벗어날 수 있다. 가령 자신의 성별을 선택하고 나이도 들지 않으며, 질병도 이겨내는 것이다. 죽음이라고 극복하지 못할 것도 없다. 인간을 순수한 물리적 대상으로 바라보는 것이나 순수한 영혼으로 바라보는 것은 모두 동일한 망상의 두 측면이다.

한나 아렌트Hannah Arendt가 전체주의의 경험으로부터 끄집어낸 교훈들 가운데 하나는 "전체주의의 지배로 향하는 길 위에 내딛는 필수적인 첫걸음이 바로 인간에게서 법인격을 죽이는 것"[4]이라는 점이다. 생물학적 정치적 경제적 현실주의라는 미명 하에 법의 인류하적 기능을 부인하는 것은 모든 전체주의적 시도에서 공통적으로 나타나는 요소다. 법인격은 실제의 구체적 인간과는 아무 상관이 없는 순수한 가공물에 불과하다고 주장하는 오늘날의 법률가들은 이러한 교훈을 잊어버린 듯하다. 물론 법인격이 인위적으로 만들어낸 가공의 대상이라는 점은 엄연한 사실이다. 그러나 인간 고유의 상징세계에서 모든 것은 가공의 산물이다. 확실히 법인격은 자연의 산물이 아니지만, 일정 정도 인간을 대표한다. 인간의 신체와 영혼이 하나임을 전제하며, 인간을 생물학적 존재나 정신적 존재로만 국한시키지 않도록 하는 하나의 표상인 셈이다. 그래서 우리는 나치의 참극에서 벗어날 때 모든 인간에게 어디서든 법인격을 보장해야 할 필요성을 확인했다.[5] 오늘날 인간을 단순한 계산 단위로 인식하고 짐승처럼 취급하거나, 같은 맥락의 오류로서 인간을 순수한 추상체로 취급하며 법 주체를 깎아내리려는 자들은 사실 이와 같은 금기를 추구하는 것이다.[6]

이와 같이 인간을 국한시키는 것은 자본주의와 근대과학을 지탱해온 역학적 계산과 맥을 같이한다. 가령 오늘날은 평등에 관한 법률적 원칙도 이 같은 방식으로 해석하려는 경향이 있다. 엄밀한 수학적 계산에 따른 평등에서는 무차별화가 허용되는데, 만약 내가 $\langle a=b \rangle$라고 말하면, 이로부터 a가 있는 모든 자리에 내가 무차별적으로 b를 놓을 수 있으며, 따라서 $\langle a+b=a+a=b+b \rangle$가 된다는 결론이 도출된다. 이를 남녀 간의 평등에 적용시킨다면 남자는 여자고 여자는 남자라고 말하는 셈이 된다. 그런데 남녀의 평등이란 남자는 곧 여자라는 것을 의미하지 않는다. 남자가 곧 여자가 되는 꿈이야 꿀 수 있겠지만, 남녀의 평등이 곧 남녀가 같다는 뜻은 아니다. 남녀평등의 원칙은 서구사회가 쟁취한 가장 소중하면서도 가장 취약한 부분 중 하나다. 평등이 수학적 방식으로 이해된다면, 즉 우리가 인간을 순전히 양적인 방식으로만 취급한다면 이 남녀평등의 원칙은 지속적으로 뿌리내리지 못할 것이다. 현대사회가 안고 있는 일체의 어려움은 차별성을 고려하며 평등을 생각하고 그 가치를 살려야 한다는 데 있다. 이는 남녀 간의 관계뿐만 아니라 서로 다른 국적, 풍습, 문화, 종교 또는 동일 세대의 남자들 사이 혹은 여자들 사이의 관계에 대해서도 마찬가지로 이해되어야 한다. 자본주의의 대표적 특징은 물질적 부를 추구한다는 점이 아니라 양적 가치가 지배하는 데 있다. 자본주의는 양적 가치가 패권을 장악하며 인간과 사물의 다양성 위에 군림하도록 만들기 때문이다. 숫자로 집계되지 않는 존재의 질적 가치와 무관하게 수의 추상성을 맹신할 때에도 평등에 대한 기이한 해석이 나온다.[7]

계산하는 것은 생각하는 것이 아니다. 그리고 자본주의를 지탱해온 계산적 합리화는 계산할 수 없는 것을 무가치한 것으로 취급할 때 망상이 되고 만다. 계산능력은 분명 이성의 핵심적 속성이다.[8] 그렇지만 이성의 전부는 아니다. 계산능력을 논리적으로 형식화하면서 우리는 컴퓨터를 발명할 수 있었고, 이렇듯 인간의 정신을 물질적 대상에 투사하는 방식은 최초의 부싯돌이 발명된 이래 인간이 기술적 진보를 실현하고 사물을 지배함에 있어 그 원동력이 되어왔다. 그러나 오늘날 과거의 정신과학을 대신하는 '인지주의'가 태동한 맥락은 이와 정반대된다. 인지주의는 거꾸로 계산기의 모델을 인간 정신에 투사하고, 그럼으로써 나노 기술의 도움을 받아 언제가는 생각을 물질적 방식으로 제어할 수 있는 날이 오기를 고대하기 때문이다. 자본주의와 마찬가지로 인지주의 역시 이성적 존재란 순수한 계산적 존재라고 생각하며, 따라서 그 행동은 계획되고 계산될 수 있다는 믿음에 기반을 두고 있다. 그러나 계산을 하려면 사물과 존재의 다양성을 잊어버릴 수 있어야 하며, 그 중심이 되는 기본적 요소만을 취할 수 있어야 한다. 과학적 계산에서와 마찬가지로 이익의 계산에 있어서도 이렇듯 내적인 다양성을 도외시하는 게 필수적인데, 이는 수의 추상성에 반하는 모든 것을 담당하는 인간 이성의 또 다른 측면의 존재로서 가능해진다. 무증명 명제, 즉 자명한 진리로 판명되어 증명이 필요하지 않으며 사고의 기반이 되는 '공리公理' 없이 수학은 존재할 수 없다. 우리는 물고기와 구름을 합산하지 않는다. 왜냐하면 우리가 공통된 성질을 부여하는 식별 가능한 사물들만 셀 수 있기 때문이다. 그리고 우리가 자연의 사물들을 규명하고 분류하는 사고 범주들은 그 자체로 수학적 존재들이 아니다. 이는 그러한 확인과 분류가 이성적이지 않다는 것을 의미하지 않는다. 사고가 하는 일은 측정된 양을 측량의 의미와 결부시킴으로써 계산에 의미를 부여하는 데 있다. 그리고 이 의미의 정의는 불가피하게 독단적 측면을 가지는데, 왜냐하면 우리의 사고 범주는 자연에 의하여 주어진 것이 아니기 때문이다. 이는 우리가 자연을 이해하기 위하여 스스로에게 부여하는 수단이다.

로마의 시인 호라티우스는 '사페레 아우데Sapere aude'라고 말했다. 칸트의 좌우명이기도 했던 이 말은 '과감히 알려고 하라'는 뜻의 라틴어다. '이해력' '사고력'을 뜻하는 상위 인식능력의 개념으로서 칸트가 말한 '오성'이라는 말로 바꾸어 말하면 '과감히 네 오성悟性을 사용하라'[9]고도 이야기할 수 있다. 칸트가 인용한 이 유명한 경구는 계몽

사상의 기반이 되는 신조, 즉 이성적 존재로서의 인간에 대한 믿음을 일깨워준다. 그러므로 계몽사상에 충실하다는 건 자유롭게 사고할 수 있는 인간을 믿는 것이다. 이러한 신조를 따른다고 해서 인간이 이성에 다가갈 수 있는 조건들에 대해 자문하지 말라는 건 아니다. 하지만 인간을 동물이나 기계와 동급으로 다룬다거나, 외부적 결정 요소에 의하여 인간을 완전히 설명할 수 있다는 식으로 주장하는 것에는 반대한다. 인간에 관한 학문이 자연과학을 모방해서 인간을 설명과 조작이 가능한 대상으로 축소시키고자 애쓸 때, 그것은 서양식 교조주의의 잔재이자 해체중인 과학적 사고의 가련한 흔적에 불과하며, 이는 분명하게 밝혀야 할 질문들을 사라지게 만들려고 애쓰는 것이다. 사실 인간에 관한 학문이 인간사회를 기계나 생물학에서 빌려온 모델에 끼워맞추려고 노력하는 것 자체가 부질없는 짓이다. 생물학적 유기체는 스스로의 규범을 자기 안에서 찾지만, 인간사회의 기반을 닦고 그 안에서 우리 자리를 찾아주는 규범은 인간사회의 외부에서 찾아야 한다. 조르주 캉길렘Georges Canguilhem에 의하면 "인간 존재의 가장 우선적인 문제들 가운데 하나 그리고 이성이 제기하는 가장 본질적인 문제들 가운데 하나"[10]가 바로 여기에 있다. 이는 삶의 의미라는 것이 우리의 몸속에 있는 게 아니라 필연적으로 우리의 외부에 존재하는 무언가의 기준으로부터 비롯된다는 것을 의미한다. 이를 이해하지 않으려는 것, 즉 이성을 과학적 설명과 동일시하며 법을 생물학적 조절 기제와 동일시하는 것은 광기와 살인의 밸브를 완전히 열어버리는 셈이다. 왜냐하면 일단 이성의 제도화에 관한 물음에 눈을 감아버리고 나면 우리는 사회를 개별적 효용성에 대한 계산이나 물리화학적 기질에 따라서만 움직이는 소립자들의 집합체로 간주하게 마련이기 때문이다. 그렇게 되면 모든 인간은 자급자족적인 존재로서 행동해야 하지만, 이 가운데 그 누구도 타인 없이는 살아갈 수 없다. 각자에게 하나의 의미와 하나의 자리를 보장해주는 공통의 준거가 없다면, 저마다 자기 준거의 함정에 빠지고 고독과 폭력이라는 딜레마에 처한다. 따라서 인간은 인간에 대하여 늑대가 되고, 비코Vico의 말마따나 해체중인 민중들의 "시민적 질병"에 시달린다.[11]

시장경제와 마찬가지로 과학과 기술은 서구 문명의 결실이며, 이들 분야는 지금도 여전히 서구 문명과 밀접히 연결돼 있다. 그런데 이는 서구 문명이 기반을 두고 있는 믿음들 때문이다. 과학 및 기술 분야에서 이뤄지는 시도 및 기획들은 신이 인간에게 땅을 내주었다는 믿음, 신은 불변의 법칙에 따라 자연을 설계했으며, 이 법칙을 이해하기만 하면 인간은 자연의 주인이 될 수 있을 것이라는 믿음에 기인한다. 따라서 서구사회가 물질문명에서 강세를 보이게 된 건 기독교에 힘입은 바가 크며, 기독교는 서구 문명의 정체성을 공고히 했다.[12] 우리는 이런 게 다 옛날에나 통하던 말이며, 서구사회는 이제 종교에서 벗어났다고 생각하는 경향이 있다. '세상에 대한 환상에서 깨어나고 종교적인 것으로부터 벗어나는 것'은 사회과학을 통해 널리 알려진 진부한 주제가 되었으며, 서양인들 가운데에는 다른 문화권에서 서구사회에 대해 으레 종교적 기반과 결부시켜 생각하는 것을 사라져야 할 케케묵은 사고방식이라고 생각하는 사람이 많다. 그러나 '종교'라는 말이 서양사회의 세속화(정교분리)와 더불어 그 의미가 완전히 달라졌다는 점을 떠올리면 상황이 달라진다. 즉, 통상적으로 말하는 '종교religion'와 (정교분리 이전) '국교Religion'로서의 종교가 다르다는 것이다. 예전에는 사회의 교리적 기반이었던 종교가 요즘은 개인의 자유에 속하는 일이 되었다. 공적인 것이었던 종교는 이제 사적인 것이 되었으며, 오늘날 종교에 대해 논하는 게 끊임없이 오해를 빚어내는 이유도 여기에 있다. 중세 유럽에서 종교는 사적인 일이 아니었으며, 따라서 오늘날 우리가 이 단어에 부여하는 의미로서의 종교는 없었다.[13] 정교분리가 이뤄지기 이전의 중세 시대에서 군주와 백성의 법률적 지위는 국교로서의 '종교Religion'에 기반을 두고 있었다. 이 시기에 구상된 상거래법 '렉스 메르카토리아lex mercatoria' 역시 공통된 믿음을 기초로 하나가 된 선한 기독교인들이 만든 것이었다. 훗날 자본주의의 멋진 도구가 되는 '신탁信託' 제도도 증여받은 재산의 소유자가 되기를 원하지 않았던 프란체스코 수도사들의 필요에 의하여 발명되었다.[14] '국가는 결코 죽지 않는다'는 생각은 '왕의 두 신체'라는 이론과 함께 '신비체'라는 개념을 근간으로 한다.[15] 물론 근대 서구사회는 이들 개념을 세속화시켰으며, 국가도 개개인의 정체성과 특정 발언을 궁극적으로 담보하는 존재로 만들었다. 다만 대체적으로 '신념'의 영역이라고 부를 수 있는 것과 '계산'의 영역이라고 부를 수 있는 것 사이의 구별은 여전히 존재했다. 신념의 영역은 질적인 측면과 증명할 수 없는 것의 영역이다. 본질적으로 이는 법률과 공적 심의에 관계되는 부분이었다. 계산의 영역은 양적인 것의 영역으로서 계약 및 협상에 관계됐다.

오늘날 일부 서양 국가에서 기독교가 일체의 헌법적 지위를 상실했다고 해서 이게 곧 이들 국가의 교리적 기반까지 사라졌음을 의미하지는 않는다. 사람과 마찬가지로 국가 역시 비논리적인 확신과 신실한 믿음을 통해 계속해서 유지되며, 임의로 움직이지는 않는다. 이러한 확신이 곧 그 국가의 정체성에 기여하기 때문이다. 오늘날에도 "신이시여 여왕 폐하를 지켜주소서!God save the Queen!"를 국가로 부르는 영국인에게 (국가와 영국 국교회의 수장인) "여왕을 믿는가?"라고 질문하거나 프랑스인에게 ("나눌 수 없고, 세속적이며, 민주적이고 사회적인") "공화국을 믿는가?"라고 물어보는 것은 거의 중세 유럽에서 "교황을 믿는가?"라고 질문하는 것만큼이나 엉뚱한 일이다. 물론 서양인들이 가장 최근에 가진 믿음은 더 이상 아무것도 믿지 않는다는 것이다. 이러한 믿음은 특히 가톨릭 역사가 길었던 국가들에 널리 퍼져 있는데, 이 국가들은 동시에 가장 분명하게 교회와 분리한 국가들이다. 하지만 오늘날 제아무리 자신이 무교라고 생각하는 자라도 가슴 위에 부둥켜안고 있는 달러의 가치를 믿는다는 점에 대해서는 곧 수긍할 것이다. 고작해야 단순한 종잇조각에 불과하더라도, 우리는 달러의 가치를 믿는다. 사실 달러에서는 "우리는 신을 믿는다In God We Trust"라는 구절을 읽을 수 있으며, 성서에 손을 얹고 맹세를 해야 하는 미합중국 대통령도 자국을 신과 연결시키는 기회를 놓치지 않는다.**16** "신이여 미국을 축복하소서God bless America"라는 미국의 표어에서도 표현되는 이 특별한 연결고리를 상기시켜주는 것이다. 하지만 비록 종교적인 흔적을 모두 지우기 위해 애썼다고는 하더라도 유로나엔 역시 달러와 똑같은 믿음을 불러일으킨다.

이 시대의 특징이라고 할 수 있는 계산적 합리성의 중심에는 언제나 법으로써 확립되고 보장되는 믿음들이 존재한다. 교환을 통해 이뤄지는 경제는 일단 '신용'과 관련된 일이고, '신용_{crédit}'이란 단어의 어원인 'credere' 역시 '믿다'라는 뜻을 갖고 있다. 자유무역의 일반화는 전적으로 법률적 허상에 근거하는데, 법인격이나 채권의 유통, 즉 신용거래 같은 법률적 허구의 세계를 바탕으로 자유무역이 일반화된 것이다. 시장의 이러한 원리적 토대[17]는 업체들의 신념이 흔들릴 때 가시화된다. 이런 상황이라면, 기업의 상징인 회계상의 숫자들이 제공하는 표면적 이미지의 진실 여부에 대해 기업들도 믿음을 버리기 시작하지 않겠는가? 이에 선서라는 낡은 방식과 거짓 서약에 대한 무거운 처벌이 다시금 등장한다. 회계장부상의 숫자를 둘러싼 진실 게임 속에서 흔들리는 믿음을 바로 세우기 위해 미국의 법은 이러한 서약의 방식을 전 세계로 확대시키고 있다.[18] 요컨대 그 어떤 국가도, 설령 완전히 종교와 분리되었다고 자처하는 국가라 할지라도, 일체의 경험적 논증에서 벗어나 국가의 존재 방식과 행위 방식을 결정하는 일정 수의 기본적인 믿음을 동원하지 않고서는 유지될 수 없을 것이다. 우리가 자유롭게 말하고 서로 간에 의사소통을 할 수 있으려면, 기본적인 언어 규범이 필요하다. 마찬가지로 인간 역시, 자유롭게 살아가고 서로 간에 사이좋게 지낼 수 있으려면 기본적인 법적 교리가 필요하다.

서구사회가 나머지 다른 세계를 지배하려고 했던 생각의 밑바탕에는 서구사회에 곧 진리가 존재하며, 다른 모든 인간사회보다 서구사회가 더 뛰어나다는 확신이 깔려 있다. 시대에 따라 다양한 모습을 취하기는 했으나, 서구사회에는 여전히 이러한 확신이 그대로 남아 있다. 이를 초래한 건 일단 로마 가톨릭 교회의 교리였다. 서양이라는 개념 자체가 동로마 제국의 그리스 정교에 대한 반대적 개념에서 비롯된 것이었고, 로마 가톨릭 교회의 교리는 비기독교세계에 대한 정복 및 개종 시도를 정당화하는 데에도 소용됐다. 곧이어 과학이 종교로부터 바통을 이어받아 이민족에 대한 지배를 정당화한다. 이에 따라 인간들 사이에 **생물학적** 불평등이 존재한다는 생각이 제2차 세계대전 때까지 하나의 '과학적 진리'로 여겨졌으며, 이는 특히 신교 지역을 중심으로 후기 다윈주의자들에 의해 널리 확산됐다.[19] 프랑스 같은 가톨릭 문화권에 속하는 나라들에서는 서구권의 **역사적** 사명이라는 생각이 더 우세했다. 이와 같은 생각은 여전히 우매한 상태에서 미신을 믿으며 살아가는 사람들을 계몽주의로 교화하기 위해 문명을 전파하는 것이라며 식민지 건설을 정당화했다. 나치의 만행을 겪고 난 후 인종 간의 불평등은 사라졌고, 문명을 전파한다던 사명도 식민제국이 붕괴하며 함께 무너졌다. 하지만 서구사회를 관통하는 역사의 법칙들은 그 형태만 조금 달라졌을 뿐 여전히 유효하다. 이제 인류는 선진국과 후진국으로 나뉘게 되었으며, 최근에는 '후진국'이라는 말이 '개발도상국'이라는 표현으로 바뀌었다. 나아가 의욕 충만한 경제학자들은 서구권에 비해 다른 지역 사람들이 얼마나 더 뒤쳐져 있는지 가늠하는 지표인 '인간개발지수'라는 것을 만들어냈다.[20] 역사 종말론자들은 서구권 국가들이 **경제** 법칙을 준수한다는 점이 곧 이들이 나머지 세계를 지배하는 객관적 이유라고 생각한다. 이러한 신조는 국제기구와 유럽공동체 기구들로 계승되는데, 이들 조직은 탈규제화한 경제가 가져다준다는 이점들을 전 세계에 확산하고자 노력하고 있다. 어찌 되었든, 서구권 국가들은 역사의 진행 방향 속에 있다고 확신하고 있는데, 그 방향을 믿는 건 오직 이들뿐이다.[21]

　이성적 존재로서의 인간이라는 개념을 극대화한 서양의 법체계 자체는 교조적 방식의 진술을 기반으로 한다. 예를 들면, 프랑스의 1958년 헌법에서 "프랑스 국민은 인종과 종교와 신앙의 차별 없이 모든 인간이 양도할 수 없고 신성한 권리들을 가진다는 것을 다시 한 번 천명한다"는 내용은 1946년 헌법 전문의 도입부에 수록된 내용을 다시 차용한 것이다. 이렇듯 '신성한 권리'를 천명한 주체(프랑스 국민)는 인간의 치명적 한계로부터 벗어나며, 이로써 1789년에 이미 언급됐던 무언가를 다시금 세상에 환기시킨다. 바로 인간의 '신성성'이다. 이와 마찬가지로 미국의 독립선언도 '그 자체로 자명한 진리'("We hold these truths to be self-evident, that all men are created equal, that they are endowed by their Creator by certains inalienable rights…"), 즉 (기독교의 교리를 일컫는) 단어의 어원적 의미 그대로 '진실한 것 그리고 그 자체로서 보여지고 숭배되는' '도그마dogma'에 기반을 두고 있다. 확실히 이는 말 그대로 종교적 방식의 진술이다. 즉, 각자의 임의적 판단에 따른 것이 아니라 시간을 초월하여 절대적으로 모두에게 강요되는 규정인 것이다. 법이 실제 일어나는 일보다 더 뒤쳐져 있다는 진부한 논의의 무한 반복은 이렇듯 법 제도 고유의 시간 개념을 도외시한 것이다. 모든 종교의 교리 체계와 마찬가지로, 법이라는 것 역시 연대기적 순서로 흘러가는 (통시적) 시간의 '연속체continum'에 속하는 게 아니라 '연속체로 분할된' (공시적) 시간에 들어간다. 그 안에서 새로운 법률이 추가되며 기본적인 담론을 반복하는 동시에 새로운 인식 범주를 야기하는 것이다.[22]

이와 같은 교조적 개념을 근대성 분석의 중심으로 끌어들인 데에는 프랑스의 법학자 겸 정신분석가 피에르 르장드르Pierre Legendre의 공이 컸다.[23] 과학사, 특히 의학사[24]의 핵심 개념인 교조주의는 오늘날 일상어에서 이성의 반대말로 여겨진다. 하지만 인간의 이성은 예나 지금이나, 서양에서든 혹은 다른 지역에서든 교조적 기반을 토대로 하고 있다. 즉 "법적 진실의 공간, 그런 것으로 가정되고 사회적으로 연출되는 공간"[25]의 존재 위에 근거하는 셈이다. 인간 고유의 특성인 언어능력을 갖게 되면, 그 모든 망상으로의 가능성이 열린다. 이러한 온갖 망상의 가능성을 차단해주는 것이 바로 교조주의다. 인문학의 창시자들 또한 이 같은 교조적 측면에서 벗어나지 못했다. 알렉시스 드 토크빌Alexis de Tocqueville에 따르면, "교조적 믿음이 그 형태와 대상을 바꿀 수는 있다. 그러나 우리가 교조적 믿음을 없애지는 못한다. 즉, 사람들이 군말 없이 믿음으로써 받아들이는 사상 자체가 없어지지는 않을 거라는 얘기다".[26] 또한 과학적 실증주의와 '인류교Religion de l'Humanité'를 정립하고자 노력했던 오귀스트 콩트Auguste Comte는 이보다 더 단호하다. "교조주의는 인간 지성의 통상적인 상태다. 인간 지성은 그 본래적 특성상 모든 영역에서 끊임없이 교조주의를 향해 나가며, 심지어 교조주의와 가장 무관해 보이는 경우도 마찬가지다. 사실 회의주의라는 것도 인간의 정신이 학설을 바꿀 필요가 있을 때마다 지식의 공백기에 따른 불가피한 결과로 나타나는 위기 상태일 뿐이다. 이와 동시에 회의주의는 개인 혹은 집단이 하나의 교조주의에서 다른 교조주의로 이행함에 있어 반드시 써야 하는 한 수단이다. 기본적으로 의심의 유일한 효용성이 바로 여기에 있다. […] 근대의 국민들은 우리의 본성에 맞는 이러한 절대적인 법칙에 복종했으며, 혁명기라고 예외는 아니었다. 설령 파괴가 목적이라 할지라도 실제로 행동을 해야 할 때는 본질적으로 순수하게 비판적인 모든 사상에 교조적 형태를 부여하지 않을 수 없었기 때문이다."[27] 그리고 종교와 관련된 부분이 마르셀 모스Marcel Mauss, 루이 뒤몽Louis Dumont 등의 인류학에서와 마찬가지로 뒤르켐 사회학이나 베버의 사회학에서 중심적인 위치를 차지하고 있다는 점은 주지의 사실이다. 이 위대한 학자들 가운데 그 누구도 인간사회를 엮어주는 신앙과 신념에서 눈을 떼지 않았다. 그러나 오늘날은 교조적 사상이라는 것이 이성에 반대되는 것, 제거해야 할 만큼 추한 무언가로 여겨진다.

　법은 교조주의가 아직도 명백히 작용하는 마지막 공간이기 때문에 사람들은 법을 과학법칙 속에 녹여내려 애를 쓴다. 예전에는 역사 또는 인종의 법칙 속에 통합시키려 했고, 오늘날은 경제나 유전의 법칙 속에 통합시키려는 시도를 하고 있다. 이러한 노력은 법이 정치적 혹은 경제적 역학관계의 산물이라고만 생각하는 법이론가들에게로 이어진다. 우선 유물론적 시각에서의 비판이 여기에 해당하는데, 이에 따르면 법은 강자들을 위한 권력의 기술에 불과하기 때문에 오직 과학에 의하여 밝혀진 법칙들만이 인간에게 부과된다. 러시아혁명 당

시 마르크스주의 법철학자 파슈카니스Pasukanis가 눈부시게 발전시킨
이 이론[28]은 실정법 질서에 실재하는 부정의에는 종종 민감하게 대
응하면서도,[29] 법의 '과학적' 분석에 있어서는 정의의 개념 자체와 직
접적인 관련이 있는 모든 것을 부인한다. 그러나 이와 같이 법을 권력
에 이용되는 도구로 국한시키는 것은 모든 전체주의의 뚜렷한 특징이
었다. 전체주의가 법적 형식 자체를 완전히 없애버리지 않았다 하더라
도, 이러한 체제 아래에서는 법이 모든 구속력을 잃어버리고, 권력을
가진 자들에게 이용된다. 이렇듯 법을 과학과 결부시키려는 모든 시
도가 늘 실패로 끝나고 말았다는 사실은 오늘날 정의라는 개념 없이
법을 설명하려고 하는 이론들의 공허함을 보여준다. 대개 이러한 이
론들은 실로 명석한 두뇌들이 만들어낸 것이다.[30] (다만 이들은 자신들
이 이 이론을 가르치는 대학에서 누리는 편안한 지위 자체가 법적 형식에 빚
지고 있다는 점을 잊고 있을 뿐이다.) 그러나 전체주의의 열기가 뜨거웠
던 가운데 이 문제에 대해 고민해야 했던 사람들은 또 다른 통찰력을
보여준다. 가령 1943년, 시몬 베유Simone Weil는 이렇게 쓰고 있다. "힘
이 절대적으로 최고 권한을 가진 것이라면, 정의는 결코 실재할 수 없
을 것이다. 그러나 정의는 실재한다. 우리는 경험적으로 이를 안다. 정
의는 사람들의 마음속에서 실재한다. 인간의 마음속 구조는 별의 궤
도와 마찬가지로 이 우주에 실재하는 수많은 현실 가운데 하나다. 인
간이 자신의 행동에 부여하는 목적들로부터 모든 종류의 정의를 완
전히 배제하는 것은 인간에게 속하는 권한이 아니다. 나치도 그렇게
할 수 없었다. 만약 인간에게 그것이 가능했다면 인간은 틀림없이 그
렇게 할 수 있었을 것이다. [⋯] 정의가 인간의 마음속에서 지워질 수

없다면, 정의는 이 세상에서 하나의 실재성을 갖는 것이다. 따라서 틀린 것은 과학이다."[31]

법의 분석에서 정의에 대한 고려를 배제하는 것이 가능하다고 믿는 법률가들은 인간이 (본래적 인간과 당위적 인간이라는) 2차원적 존재라는 점을 망각한 데에 그 심각한 오류가 있으며, 그렇기에 더없이 비현실적이다. 인간의 사회적 삶은 존재의 영역과 당위의 영역 위에서 동시에 펼쳐지기 때문이다. 법은 신에 의하여 계시되거나 과학에 의하여 발견되는 것이 아니라 순전히 인간에 의해 이뤄지는 일이다. 여기에는 법에 대한 연구를 직업으로 삼은 사람들, 법이 전달하는 가치를 고려하며 법을 해석하는 사람들이 개입된다. 법과 관련된 작업은 공동의 당위성을 공유해야 할 필요성, 즉 모든 사회가 내전을 피하기 위해 반드시 있어야 할 필요성에 부응한다. 물론 정의에 대한 관념은 시대와 나라별로 달라지지만, 특정 시대와 특정 국가에서 정의에 대한 공통된 표상이 있어야 할 필요성은 변하지 않는다. 법은 이러한 표상의 공간이며, 실제 현실에 있어서는 달라질 수 있지만, 사람들의 행동에 공통된 의미를 부여한다. 제2차 세계대전의 잔혹한 경험은 바로 이 지극히 단순한 진리를 인간의 기억 속에 되새겨놓았으며, 오늘날의 법학자들이 잊고 있는 부분도 바로 이 같은 진리다. 이들은 전쟁 전의 실증주의적 이상을 부활시키면서[32] 과학을 앞세워[33] 일체의 '가치 선택'에 대해 개인의 도덕적 영역에 속하는 것이라 주장하고, 이에 그 같은 가치 선택은 법의 영역 외부에 있어야 한다고 생각한다. 법의 연구는 법 기술에 의미를 부여하는 도덕적 경제적 사회적 쟁점들을 이해할 수 있는 현자와 석학을 필요로 하지, '진짜 과학자'의 신분을 동경하는 디아푸아뤼 박사*의 아류들을 필요로 하지는 않는다.

법이 정의와 무언가 관련이 있다는 점을 부인하지 않는 법률학자들도 있지만, 이것은 곧 정의를 개인적 효용의 극대화와 동일시하기 위한 것이다.[34] 이는 법경제학Law and Economics의 방향이기도 한데, 이 학설은 모든 법률을 그 정당성의 원천이자 척도인 효용성 계산에 따라 수치화한다.[35] 오늘날 학계에서 크게 유행하고 있는 이 학설은 프랑스 대법원이라는 원군을 발견했고, 프랑스 대법원은 열심히 이 이론을 전파한다.[36] 이렇게 법률가들조차도 계산의 열정에 사로잡혀 있으며, 이젠 자기들이 나서서 인간사회를 개인 이익의 총합으로 국한시키고자 한다.[37] 이러한 관점에서는 개별적 권리들밖에 남지 않고, 모든 규칙은 주관적 권리로 '감형'된다. 안전에 관한 권리, 정보에 관한 권리, 사생활 존중에 관한 권리, 존엄성에 관한 권리, 아동에 관한 권리, 공정한 절차에 관한 권리, 기원의 인식에 관한 권리 등 마치 무기를 분배하듯이 권리를 분배하는 것이다. 그 다음에는, 가장 뛰어난 자가 승자의 지위에 오른다. 이렇게 개별적 권리들로 토막이 난 법은 공공재처럼 소멸된다. 왜냐하면 법은 주관적 측면과 객관적 측면이라는 두 측면을 가지고 있으며, 이 두 측면은 동전의 양면과도 같기 때문이다. 각자가 자신의 권리를 향유할 수 있기 위해서는 이 권리들

● 자기가 병에 걸렸다고 생각하며 의사를 맹신하는 주인공을 통해 당시의 의학과 의사들의 행태를 풍자하는 것이 주요 내용인 몰리에르의 희곡 「상상으로 앓는 사나이Le Malade imaginaire」에 등장하는 의사. 당시의 의술은 실험과 임상 경험에 기반하기보다는 철학적인 추론이나 스콜라적인 사변 논리에 기대고 있었다.

을 법 안에, 즉 모두가 인정하는 공통의 틀 속에 편입해야 한다. 개별적 권리들이 둥지를 틀러오는 규범적 건축물인 법은 국가로부터, 즉 군주나 국민의 입법 주권으로부터 비롯된다. 오늘날 이 객관적 법이라는 생각은 희미해지고 있는데, 프랑스어에서 '법Droit'이라는 단어를 대소문자로 구분하여 각각 '객관적 법Droit objectif'과 '주관적 권리들droits subjectifs'로 나눠 쓰는 관행이 유명무실해지는 것과 상황은 비슷하다.[38] 개개인은 자신의 개별적 '권리droits'를 지니기 위해 굳이 전체의 '법Droit'이 필요하지 않을 것이고, 역으로 전체의 '법'이라는 것도 개별적 '권리'들이 서로 모이고 부딪히며 가감의 과정을 통해 도출될 것이다.

오늘날 법 문화를 지배하고 있으며, 그렇기에 법에 대한 경제학적 분석을 우리에게 선사한 영미의 법체계 **코먼 로**common law는 객관적인 법을 지칭하기 위한 개념적 부분이 전혀 없는 만큼 더 쉽게 이러한 경향으로 흘러갈 수 있다. 프랑스어에서 '법Droit'이라는 단어를 영어로는 'Law'로 번역하는데, 이렇게 되면 '법Droit'이 '디렉툼directum'[39]에서 뽑아낸 의미, 즉 같은 곳으로 나아가는 공통된 '방향direction'이라는 의미뿐만 아니라 법률(loi, legge, Gesetz, ley 등)과 법(Droit, Diritto, Recht, Derecho 등)•이라는 유럽 대륙 쪽의 공통적인 구분도 사라진다. '법률loi'과 '법droit'을 구분하는 기원은 로마법에 있는데,[40] 로마법에서 ('법률'에 해당하는) 'lex'는 어떤 법질서의 근거지를 가리키며, '정

• 차례대로 프랑스어, 이탈리아어, 독일어, 스페인어로 '법률'과 '법'을 뜻하는 단어다.

해진 것(혹은 근거가 되는 것)'이라는 의미의 독일어 대역어 'Gesetz'에서도 이러한 부분이 잘 드러난다. 한편 ('법'에 해당하는) 'ius'는 이 법질서의 운용 규칙을 의미한다. 이 구분은 로마 가톨릭의 전통에서 그 근대적 의미를 취하게 된다. 로마 가톨릭은 로마 교황의 권력을 본떠 국가를 바라보았는데, 즉 법(혹은 규칙 체계)의 원천이자 권리들(혹은 개인들에게 보장되는 특권들)의 원천으로서 국가를 곧 입법자로 상정한 것이다. 영어에서는 'ius'의 의미 가운데에서 '판사judge'와 '재판Justice'의 측면, 즉 재판에 의하여 인정되는 개별적 '권리들rights'이라는 측면만 그대로 존속시킨다. '코먼 로'의 문화 속에서 정당성의 궁극적 원천, 즉 '법률law'의 토템적 형상을 구현하는 것은 왕관(국가)이 아니라 판사이며, 개별적 권리들에 그 의미와 효력을 부여하는 규범적 일체를 지칭하는 말이 없다.[41] 물론 이와 같은 언어학적 차이를 과장해서는 안 되는데, 왜냐하면 코먼 로의 땅에도 규범적 일체라는 생각은 엄연히 존재하기 때문이다. 다만 부차적인 양식으로 존재하는데, 이곳에서는 법이 권리들로부터 비롯되는 것이지 그 반대는 아니기 때문이다. 예를 들어, 세계화를 법적으로 규율하는 것과 관련하여 대륙의 법률가들이 공통의 규칙을 정할 수 있는 국제기구의 창설을 떠올릴 때, 코먼 로의 영미 법률가들에게는 지구상의 모든 사람에게 동일한 개별적 권리를 인정하자는 생각이 들 것이다. '코먼 로'라고 하는 보통법은 성서에 대한 신자의 직접적이고 개별적인 관계라는 생각을 가장 멀리까지 밀고 나간 신교 국가들에서 번성했다. 여기서 법률 문화와 종교 문화 사이의 상호 영향을 군이 밝힐 필요는 없더라도, 법률과 개인 사이가 전적으로 무관하다고 생각하는 경향은 자제할 필요가 있다. 현대에 와서 이런 식의 분석이 성행하는 이유는 국가를 배제시킨 법률이 성립할 수 있기 때문이다. 경제학적 분석에서는 인류 전체가 시장의 법칙이라고 하는 단일 법칙, 즉 만인에 대한 만인의 투쟁이라고 하는 법칙 아래 개인들이 내던져진 경쟁 속에서 동일한 권리들(투표권, 소유권, 인권)로 무장한 개인들의 집합으로 간주될 수 있다. 모든 걸 이와 같이 바라보는 관점에서는 국가와 법이라는 체계에 대해, '세계화'라는 가면을 쓰고 다시금 무대 위로 등장한 제국주의 모델 속에서는 제자리를 찾지 못한 지역적 주권의 표현으로 만들어버릴 수 있다.

하지만 이렇듯 개인에서 시작하여 개인으로 끝나는 법적 사고를 하는 경우, 우리는 법에 대한 연구가 가져다줄 수 있는 단 하나의 확신을 망각하고 만다. 즉, 경계 없이는 정체성도 없으며 자신에게서 경계를 발견하지 않는 자는 자기 바깥에서 그 경계들을 발견할 것이라는 점을 간과하고 마는 것이다. 유럽화나 세계화에 대해 차이를 없애고 믿음을 통일시키는 과정으로 생각하는 것은 곧 치명적인 내일을 맞을 준비를 하는 셈이다. 자신의 사고 범주를 보편적인 것으로 믿고 이를 세상에 강요하고자 하는 것은 재앙으로 가는 가장 확실한 길이다. 여러 번 이 길을 걸어본 오랜 역사의 유럽은 이에 대해 익히 알고 있다. 특히 워털루에서 디엔비엔푸*까지 결국엔 언제나 보편주의적

• 베트남 북부 디엔비엔 성의 성도로, 이곳에서 1953~1954년 베트민군과 프랑스군의 전투가 벌어졌다. 이 전투에서 패배한 프랑스는 인도차이나 지배에 종지부를 찍게 된다.

유세를 떨던 스스로의 한계들을 발견하고야 말았던 프랑스가 그러하다. 시장이라는 질서와 인권이라는 가치를 대충 얼버무려놓은 세계화라는 이상향은 그 기대만큼이나 실망도 크다. 법적 사고를 사로잡은 극단적 개인주의는 법이 기반을 두고 있던 믿음들을 하나의 신성불가침의 법칙 속에 옮겨다놓고 이 법칙이 온 세상을 지배하도록 이끈다. 이로써 우리는 서구식 근본주의에 빠지게 되는데, 이는 다시 다른 믿음 체계로부터 나오는 근본주의들을 살찌울 수밖에 없다. 세상을 단일화하겠다고 나서던 우리는 이제 세상을 통합할 수 있는 모든 기회마저 날려버린다. 전체를 포괄하는 '객관적인 법Droit objectif'을 소위 보편적이라는 '법률Loi'로써 보장되는 개별적 권리들의 총합으로 해체시켜버리는 건 저마다 손에 무기를 들고 자신의 믿음만을 위해 싸워가는 '문명의 충돌'로 몰고 갈 게 분명하다.

그보다는 차라리 법을 대단히 독특한 것으로 만든 요인으로 되돌아가는 편이 더 나을지 모른다. 서구사회가 번영할 수 있었던 토대가 된 믿음으로 돌아가자는 게 아니라, 법이 간직하고 있는 해석의 다양한 자원들로 되돌아가는 것이다. 모든 규범적 체계와 마찬가지로 법은 일종의 금기 기능을 수행한다. 즉, 법은 모두에게 강요되고 사람들 사이에 개입하는 '신성한 말씀(혹은 언어적 규약)'에 해당하며 세상에 대한 나름의 반영이다. 다른 모든 곳에서와 마찬가지로 이 인류학적 기능은 종교의 몫이었으며, 종교는 인간의 삶에 공통된 방향을 제시함으로써, 우리가 언어에 접근할 때 노출되는 개인적 망상 속으로 각자가 빠져들 위험을 저지했다. 법이 맨 처음 등장한 고대 그리스 로마 시대 이후로, 법은 이러한 종교적 기원으로부터 점차 벗어났다는 특이점을 갖고 있으며, 루이 제르네가 지칭한 "말씀의 세속화"[42]를 수행했다. 이렇게 해서 법은 금기의 기술이 되었다. 법이 일종의 기술에 속하는 이유는 그 의미가 불변의 성스러운 문헌인 성서 속 글자에 갇혀 있는 것이 아니라 다른 모든 기술적 대상과 마찬가지로 인간에 의하여 외부로부터 주어진 목적, 신의 목적이 아니라 인간의 목적으로부터 비롯되는 것이기 때문이다. 법은 금기의 기술로서, 개개인이 타인 및 세상에 대해 갖는 관계에 각 개인을 초월하여 모든 이를 구속하는 공동의 방향을 개입시키고, 한 사람 한 사람을 고리처럼 엮어 인간과 인간의 사슬로 만들어주기 때문이다. 따라서 법은 정치제도의 역사뿐만 아니라 과학과 기술의 역사 속에서도 다양하게 변화하는 여러 목적에 이용될 수 있는데, 다만 권력과 기술보다 인간의 이성을 더 우위에 두면서 그러한 목적에 활용된다. 그러므로 오늘날 흔히 그러하듯이 법을 의미 없는 '순수한 기술' 그 자체로만 국한시키는 것은 과거에 법을 소위 자연법의 불변하는 규칙들로 국한시켰던 것과 마찬가지 오류에 해당한다. 두 가지 모두 법의 본질을 잊고 있기 때문이다. 즉, 정치권력을 행사하는 다양한 방식이나 기술능력이 발휘되는 여러 형태에 있어 법이 이를 이성에 맡기는 능력을 망각한 것이다.

오늘날 다시 상기하고 지킬 만한 가치가 있는 것도 바로 이러한 법의 능력이다. 법을 믿음의 선전 도구로 만드는 건 바보짓일 것이다. 하지만 법 기술 특유의 해석적 자원을 활용하면, 우리는 타인의 시선을 고려하며 정의를 바라봄으로써 자폐적 시각의 폐해를 면할 수 있다. 이 정도를 기대하는 건 우리의 합리적인 바람이 아닐까? 성구聖句의 문자 속 또는 물신화된 과학의 확신 속에 영원히 갇혀 있는 신조에 기반을 두고 있지 아니한, 법의 교조주의적 자원들은 늘 근본주의의 위협을 받는 깨지기 쉬운 균형만을 만들어낼 수 있을 뿐이다. 법적 허무주의와 종교적 광신주의는 이러한 동일한 근본주의적 경향의 두 측면으로서 오늘날 서로 동반 성장하고 있으며, 자라나는 세대들의 새로운 의미 창조에 대한 욕구를 만족시키지 못하고 폭력만을 양산한다. 법은 신이 계시한 진리나 과학이 발견한 진리의 표현이 아니다. 법이 (누구를 위한 효율성인지 모를) 효율성의 척도로 판단될 수 있는 단순한 도구는 더더욱 아니다. 뒤러의 판화 「멜랑콜리아」에 나오는 측량 도구들처럼, 법은 세상의 정의로운 표상에, 결코 다다를 수는 없지만, 다가갈 수 있도록 해준다.

신의 영역에서 완전히 인간의 영역으로 내려온

이 '주체' 개념이 인간의 그 뿌리깊은 양면성마저 훼손하지는 않았다.

법 주체는 물론 주권적 주체다.

즉 "자유롭고 이성을 가진 채" 태어난 존재이며,

따라서 스스로 지배할 수 있고 사물들의 세계를 자신에게 복종시킬 수 있는

존재인 것이다. 인간은 자신이 책임져야 하는 결과들의 원인이며,

자신의 외부에 위치한 원인의 결과가 아니다.

그러나 인간이 이러한 자유를 누릴 수 있는 건 오직 어원학적 의미에서

그리고 본래적 의미에서의 '주체'가 될 때뿐이다.

즉 도시국가의 법률이든 과학의 법칙이든 규범의 준수에 구속된 자,

'주체subject'라는 말뜻 그대로 '아래로 던져진 자sub-jectum'가 되어야 하는 것이다.

이와 같이 두 가지 측면을 가진 주체로 끌어올리는 것이

우리가 인간을 정초하는 방식, 즉 인간을 법의 타율성 속에서

그 자신의 자율성을 살리기 위한 수단을 길어올리는 법 주체로 만들어내는 방식이다.

다른 곳에서와 마찬가지로 서양에서도 '나'를 보증하는 심급이 없이는,

혹은 법률 용어로 말한다면 인격의 지위를 보증하는 심급이 없이는

'나'는 가능하지 않다. 그러므로 누구도 자신의 혈통이나 성별,

나이 등을 주체적으로 결정할 수 없다.

이 심급은 오랫동안 종교적 성질을 지니고 있었으며,

지금도 여러 나라에서 이 같은 종교적 성격이 유지되고 있다.

제1부

법률적 교리: 우리의 기본 신념

깨어 있는 정신을 가진 인간의 특징은 어떤 한 현상이
그에게 있어서는 무언가 의미를 갖는다는 점이다.

— 비트겐슈타인1

그러므로 우리는 스스로가 가진 능력의 한계를 알아야 한다.
우리는 무언가 하나의 존재일 뿐, 우리가 곧 (세상의) 전부는
아니다. 우리는 스스로 가진 게 너무 많아 무에서 출발한
세상의 기본 원칙을 인식하지 못하는 한편, 스스로 가진 게
너무 적어 무한한 시야를 갖지 못한다.

— 파스칼2

제1장

인간이란:

이마고 데이imago Dei, 신의 형상을 본떠 만든 존재

지금까지 우리에게 알려진 가장 오래된 서사문학은 『길가메시 Gilgamesh 서사시』이다.**3** 이 서사시는 반신반인의 젊은 왕이 겪은 여행 담을 이야기하고 있는데, 이 왕은 자신과 닮은 친구 엔키두**4**를 잃고 서는 "왜 죽는가? 어떻게 하면 죽지 않을 수 있는가?"에 대한 질문의 답을 찾으러 온 우주를 돌아다닌다. 인류의 역사와 함께 시작된 이 질문은 끊임없이 우리를 괴롭혀왔다. 유전학과 생명공학이 그토록 많 은 재원을 움직이고 그토록 많은 열정을 불러일으키는 이유는 바로 이 학문들이 언젠가는 이 질문에 대한 답을 줄 것이라 약속하고 있기 때문이다. 인체 구성의 신비를 밝혀내고 완벽한 아이를 만들어내며, 생로병사 최후의 비밀을 알아내고 이를 지배하는 것 그리고 자기복제 를 통해, 혹은 그 방식을 이용하여 계속해서 삶을 존속하는 것, 이는 인간의 오랜 숙원이자 오늘날 생물학이 짊어지고 있는 과제다. 과학 과 기술은 수 세기 전 대성당을 축조할 때 팽배했던 기대와 두려움을 함께 불러일으킨다. 도시에 거대한 과학적 설비를 유치할 때, 모든 대도시는 자체적으로 '테크노폴(산학연 연구단지)'이나 '사이클로트론(트랙 형태의 중입자가속기)'을 보유하고 싶어하며, 서로 선심 경쟁에 나선다. '싱크로트론(나선형 방식의 중입자가속기)'이나 '제노폴(생명공학 산업단지)' 같은 것이 후대에 고딕 양식만큼 찬사를 자아내는 유적으로 남을 수 있을지는 의문이다. 하지만 예나 지금이나 우주의 신비를 발견하거나 밝혀내는 일이라면 으레 앞뒤 가리지 않고 돈을 써댔다. 종교에서는 인간의 한계를 넘어서는 부분에 대해 피안彼岸의 영역으로 돌려버렸지만, 과학과 기술은 현세現世에서도 그 가능성을 짐작케 해주고 있다. 하지만 죽지 않을 수도 있다는 은근한 기대감에 들뜬 현대인이라도, 모든 인간이 타고난 규범적 구성의 틀에서 벗어나진 못한다. 그런데 과학적 진보에 대한 신념이나 우려에서는 인간 존재의 이 기본적인 성립 개념에 대한 서구사회만의 특징적인 측면이 드러난다. 인간이 신의 모습을 본떠 만들어졌다는 서구사회의 관점이 나타나는 것이다. 종교적인 뿌리와 단절된 채 인간을 신과 동일시하다보면, 인간은 그 모든 한계에서 벗어난 존재가 되고 만다. 그런데 이 무한한 존재로서의 꿈은 결국 인간 존재를 해체시켜버리는 것으로 귀결된다. 인간이 모든 제약에서 벗어나는 때는 바로 인간이라는 존재가 해체되어 없어질 때뿐이기 때문이다.

인간의 규범적 구성

우리가 무엇에 근거하여 존재하는지 깨닫는 일보다 힘든 건 없다. 우리는 모두 세계인권선언 제1조를 믿으며, 이에 따라 인간이 자유롭고 이성적인 존재로 태어난다고 생각한다. 그리고 이성과 자유라는 가치가 제도에 기반을 두고 있는 취약한 구조물이라는 점은 쉽게 받아들이지 못한다. 오로지 자기 자신을 돌아볼 때, 즉 스스로의 이성이 얼마나 취약한지 돌아보고 나서야 비로소 우리의 지적 능력이 스스로에게 미치는 지배력의 한계를 어렴풋이 느낄 수 있다. 하지만 그런 사람일지라도, 인지주의에 의탁하여 마음을 놓고는 인간의 지적 능력이 마치 인간의 얼굴을 한 컴퓨터인 양 생각하고 만다. 우리의 머리가 수십억 개의 정보를 처리할 수 있는 컴퓨터라고 여기는 것이다. 그리고 자신이 아는 것에 대해 자문해보면, 성 아우구스티누스의 선례처럼 속으로 이런 생각을 할 수 있다. "기억의 이 위대한 힘이라니, 너무나도 위대하도다. 오, 세상에! 이 얼마나 한없이 넓고 큰 성역인가? 과연 그 누가 이 밑바닥을 만져봤단 말인가? 이는 오로지 내 정신이 지니고 있는 힘이며, 내 본성에 기인한다. 하지만 나는 나란 존재의 모든 것을 파악하지는 못한다. 그렇다면 정신은 스스로를 다 담아내기에는 역부족이란 말인가? 스스로를 벗어난 부분은 어디에 있단 말인가? 그 자신을 벗어난 영역에, 그 자신이 아닌 영역에 있는 것인가? 그렇다면 이를 어떻게 인지하는가? 나는 이 문제가 놀랍기 그지없으며, 이를 생각하노라면 그저 놀라움에 사로잡히고 만다."[5]

우리 모두가 이러한 놀라움에서 자유로울 수 없는 이유는 아우구스티누스와 마찬가지로 우리의 정신 또한 스스로를 다 담아내기에 역부족이며, 그 자신을 벗어난 영역에서 존재의 이유를 찾아야 하기 때문이다. 살아 있는 모든 동물과 마찬가지로 인간도 일단 그 감각을 통해 세상에 존재한다. 하지만 다른 동물들과는 달리 인간은 언어를 통해 지금 여기 이곳, 우리의 감각적 경험이 지각하는 현재를 초월하는 세계에 접근한다. 비록 인간이 오장육부로 이루어진 유기체적 존재이긴 하나, 인간의 정신이 만들어낸 수많은 표상으로 이루어진 무한한 세계가 존재의 유한성 위에 겹쳐진다. 아이는 바닷가에서 모래성을 쌓지만, 아이가 만드는 건 단순한 모래성이 아니라 하나의 성채다. 아이는 자신이 구축한 그 성 위에서 군림하며, 자신이 직접 만든 피조물들로 요새 안을 채운다. 현실 속에서 아이가 있는 곳은 바닷가지만, 자신이 늘어놓는 이야기를 통해 아이는 저 멀리 기사들의 시대로 날아가 숲속 깊은 곳에 있기도 하고, 아니면 로켓을 타고 또 다른 행성에 가 있기도 한다. 혼자 하는 말이나 동무들과 주고받는 말을 통해 아이는 일찍이 그 어떤 동물도 알지 못했던 자유에의 도취를 만끽한다. 아이는 자기 마음대로 또 다른 세계 하나를 창조해내고, 이곳에서 아이는 마음껏 하늘을 날아다니며 분신술을 쓸 수도 있다. 투명인간도 되었다가 괴물이 되는가 하면 거인이 되기도 한다. 이 세계에서 아이는 자신이 만들어낸 물건이나 자신이 그린 그림에 의미를 부여할 수 있으며, 이러한 그림과 물건들은 아이의 정신세계가 눈에 보이는 것으로 나타난 가시적 표식이다.

상징적 표상들이 구축해놓은 이 세계에 발을 들여놓은 후에는 오직 뇌사 상태에 빠져야만 이곳을 벗어날 수 있다. 그러므로 우리의 삶은 물리적 세계와 상징적 세계 위에서 동시에 펼쳐지는 셈이다. 자연적인 환경 속에서 유기체적 존재로 살아가는 한편, 인간 스스로 정신적 차원에서 의미를 부여한 대상과 말들로 구축된 상징적 세계에서 살아가는 것이다. 만일 내 앞에 나무토막 하나가 있다면, 그 자체로서 이는 나를 둘러싼 자연에 속한 나무 그 자체이기도 하지만, 동시에 이는 하나의 막대기로서 기능을 가진 도구가 되기도 한다. 저항하고자 하는 그 누군가에게는 의미로 충만한 도구일 수도 있다.[6] 그가 반대 의견을 표명할 때 사용하는 '아니오non'라는 말은 [nɔ̃]이라는 발음이 나기에 음성학적으로 분석하면 비음에 해당하며, 종이 위에 까만 잉크로 쓰인 하나의 글자가 될 수도 있다. 즉, 하나의 물리적 대상이 될 수 있는 것이다. 하지만 이는 또한 하나의 의미를 가진 말이 될 수도 있다. 단순한 외침과도 다르고, 프랑스어를 이루는 기호 체계에서 이 '아니오non'라는 말이 차지하고 있는 위치와도 무관하게 그저 반대의 의미를 지닌 하나의 말이 되는 것이다.[7] 무언가를 제작하는 몸짓으로써, 이를 가리키는 말을 사용함으로써 인간은 굉장한 자유의 세계로 진입한다. 자기의 형상에 따라 세계를 재창조하는 자유, 사물에 의미를 부여함으로써 사물의 물리적 공간에서 벗어나는 자유에 접근하는 것이다.

그러나 우리가 아무 때나 들락거리며 그렇게 쉽게 의미의 세계에 진입할 수 있는 것은 아니다. 의미의 세계에 다가가기 위해서는 자기의 형상만 가지고 세상을 빚어놓아선 안 된다. 그 안에서 자기 자리를 찾으려면 저마다 주관성의 범위를 한정짓는 한계에 대해 배워야 한다. 형이상학적 동물인 인간은 언제나 자기만의 상상에 도취될 위험이 있다. 그러므로 인간은 자신의 정신적 능력을 이용함에 있어 모든 상황을 고려하는 법을 배워야 한다. 즉, 자신을 물리적 세계에 이어주는 동시에 분리시켜주기도 하는 상징적 표상의 세계에서 상상에 속한 것과 현실에 속한 것을 구분할 줄 알아야 한다는 것이다. 그렇게 할 때에야 비로소 인간은 물리적 대상 위에 자신의 정신적 흔적을 새겨넣을 수 있다. 따라서 세상을 바라보는 자기만의 시각에 갇힌 채 다른 사람들이 자신에게 건네는 의미를 제대로 깨닫지 못하는 사람은 자신의 이 시각을 다른 사람들과 소통하지도 못하고 말 그대로 소외된 존재가 되어 미친 사람 취급을 받고 만다. 그러므로 의미의 세계에 들어가기 위해 모든 인간은 자기가 세상의 의미를 규정한다는 오만함을 버리고, 세상의 의미는 자기 혼자만의 이해력을 넘어선다는 점을 인정해야 한다.

세상에 하나의 의미를 부여한다는 오만함을 포기한 가장 급진적인 형태는 바로 근대과학이다. 왜냐하면 근대과학은 의미의 세계가 아닌 감각의 세계를 대상으로 삼았기 때문이다. 제대로 된 과학적 탐구 방식은 '왜'라는 물음을 제쳐두고 '어떻게'라는 방법적 차원에서의 이해를 시도하는 것이다. 따라서 탐구 대상이 되는 사물들에 대해 '정신'을 밑바탕에 깔고 있는 미심쩍은 합목적성으로 설명하는 것을 지양하고 오로지 물질을 다스리는 법칙들을 이용해서만 이를 설명하도록 한다. 심지어 과학이 사물의 궁극적 기원에 대해 견해를 밝힐 때 역시 이 같은 태도를 견지한다. 빅뱅 이론은 '왜'가 아니라 '어떻게' 우주가 생겨났는지를 설명하고자 하는 가설이고, 이에 따라 빅뱅 이론은 모든 종교에서 인간의 조건에 의미를 부여하는 기원설과 완전히 구별된다. 과학자가 **과학**이라는 이름으로 인간 삶의 의미를 설명하고자 할 때, 그는 곧 과학적인 탐구 방식과 대척점에 놓이며, 과학만능주의로 빠진다. 우리는 과학만능주의자들의 '과학'과 진정한 의미에서의 '과학'을 혼동하지 말아야 한다. '객체' 앞에서 '주체'를 지우고자 하는 '진짜' 과학은 주체의 기반이 되는 것을 설명할 수 없다.[8] 과학은 인간이 감각적인 삶과 양립 가능한 세계의 표상에 대하여 동의할 수 있다는 점을 전제해야 한다. 이 능력이 곧 인간의 이성이며, 이는 과학적 탐구 방식의 결과가 아닌 조건이다.

인간의 이성은 언제나 싸워 이겨야 하는 숙명에 놓여 있다. 저마다 감각적 경험을 늘어놓으며 믿음을 가질 수 있는 하나의 공유된 의미를 무력하게 정복해야 하는 처지이기 때문이다. 이성은 증명이 불가능한 확신에 기반을 두고 있다. 의미의 세계와 감각의 세계 사이를 군데군데 이어주는 수많은 교리적 원천에 근거하여 존재하는 것이다. 이러한 확신들은 시대와 사회에 따라 달라질 수 있지만, 그 필요성 자체는 변하지 않는다.[9] 자연계에는 우리가 발견할 수 있을 만한 객관적 의미라는 것이 없다. 의미는 필연적으로 주어져 있을 뿐이다. 이성을 부여받은 주체가 되기 위해 인간이란 존재는 자신을 둘러싼 것들과 그 자신이 하나의 의미를 가질 수 있는 상징계에 다가갈 수 있어야 한다. 스스로에게 주어진 삶에 대한 채무자이기 이전에 인간은 이 같은 삶의 의미에 대한 채권자로서 태어난다. 아이에게 말하는 법을 가르치는 것은 아이에게 이 빚을 갚는 첫 번째 방식이다. 그러나 말하는 법을 배우려면 아이는 일단 해당 언어를 구성하는 규칙에 따라야 한다. 그리고 바로 이러한 조건 하에서만 아이는 자유롭게 자신의 의사 표현을 하며 새로운 생각들을 내놓을 수 있다. 소쉬르 역시 다음과 같이 지적한다. "깊이 있는 사색과 성찰을 마친 철학자나 심리학자가 […] 기존의 모든 개념을 부정하는 하나의 이론이나 학설을 들고 나올 때, 그가 제시하는 이 새로운 사상은 그 내용에 있어 제아무리 혁명적이라 할지라도 통용되는 언어의 용어로써 분류될 수밖에 없으며, 그 어떤 사상이라도 기존의 단어와 무관하게 분류될 수 없고, 새로운 구분법에 있어 다른 용어보다 더 이에 잘 부합하는 용어가 '이미' 존재하게 마련이다.[10] 이렇듯 (언어가 인간에게 법칙을 부과하는) 언어의 타율성은 모두에게 강요된다. 이는 논의가 이뤄지기 위한 하나의 조건이며, 따라서 논의의 대상이 될 수 없다. 저마다가 자율적으로 자기만의 언어를 만들어야 한다면, 혹은 그러길 바란다면 이 세상은 정신 나간 곳이 되고 말 것이다. 의미를 공유할 경우, 고양이를 왜 '고양이'라고 부르는 것이냐며 이유를 묻지 않고 그냥 고양이라 부를 수 있어야 한다. 자동차를 모는 사람 역시 굳이 오른쪽으로만 차를 몰아야할 이유도, 또 굳이 왼쪽으로만 차를 몰아야 할 이유도 없겠지만, 만일 운전할 때마다 그때그때 차를 모는 방향을 스스로 결정해야 한다면 길에서 죽어나갈 사람이 수백만에 이를 것이다. 언어, 관습, 종교, 법률, 의례 등은 모두 인간이라는 존재의 기반을 이루는 규범에 해당하며, 기존의 질서에 따라 존재를 보장받는 인간은—비록 기성 질서를 거부하는 것일지라도—그 안에 스스로 행위의 흔적을 남길 수 있다.

이성을 확립하는 것은 이렇듯 모든 사람이 그 자신의 물리적 존재가 가진 유한함을 정신세계의 무한함과 조화시킬 수 있도록 만들어준다. 우리 모두는 자신의 생물학적 존재를 한정짓는 생生과 사死, 그리고 성性이라는 이 세 가지 한계를 의미의 세계에 끼워넣는 법을 배워야 한다. 이 세 가지 한계를 깨우친다는 건 곧 이성을 터득한다는 것이다. 우리 자신의 출생에 대해, 그리고 자식들의 출생에 대해 의미를 부여하는 건 곧 우리가 세대적 고리 속에 편입되어 있다는 걸 깨닫는 것이고, 우리가 삶으로부터 빚을 지고 있다는 점을 이해하는 것이며,[11] 그럼으로써 인과관계라는 발상을 이해하는 것이다. 타고난 성별을 인정한다는 건 곧 우리가 인류의 절반에 해당할 뿐이라는 사실을 이해하는 것이며, 우리에겐 나머지 절반이 필요하고, 이에 따라 차이와 구분에 관한 발상을 이해하는 것이다. 아울러 이는 전체와 부분을 서로 결부시키는 법을 터득하는 것이기도 하다. 죽음을 깨우친다는 건 곧 우리가 죽은 다음에도 이 세상은 존재한다는 점을 인정하는 것이고, 우리의 삶이 우리를 초월하는 무언가의 제약에 종속된다는 점을 받아들이는 것이다. 그리고 이에 따라 규범이라는 발상을 이해하는 것이다.[12] 어느 사회든 우리 같은 유인원이 사람으로 거듭나기 위해서는 일단 이 세 가지 한계, 즉 삶과 죽음, 성별이라는 제약 조건에 의미와 형태를 부여함으로써 이성에 접근할 수 있어야 한다. 포괄적 의미에서 종교적 감정이라 부를 수 있는 것의 대상이 되는 게 바로 이 세 가지 한계이며, 이는 인류만의 뚜렷한 특징이자 인간의 권한을 벗어나는 의미관계 속에 각자의 삶을 포함시키는 기제가 된다.[13] 서구 현대사회 또한 이러한 원칙에서 벗어나지 않으며, 원시 종교에서 벗어났다 한들 서구사회가 모든 장례의식을 외면하며 시신을 폐기물 취급하는 건 아니다.[14] 물론 엄밀히 말하면 나치 집단수용소의 사례에서 알 수 있듯이 인간이 시신을 폐기물 취급한 전례가 있긴 하다. 그러나 이런 경우는 오직 인간이 과학만능주의라는 망상에 빠져들고 인간이란 존재가 사물로 전락했을 때뿐이다. 이렇듯 집단적인 광기는 인간 존재의 의미를 부정하는 것과 같은 맥락에 있다.

성별의 차이와 출생 및 죽음에 의미를 부여하더라도 인간은 이러한 한계들이 제거된 세계를 얼마든지 상상할 수 있다. 가령 베다교의 여러 신 사이에서 친자관계의 개념은 상호적이고 가역적이며, 아버지는 곧 그 아들의 아들이 될 수 있고, 심지어 그 자신의 아들도 될 수도 있다.[15] 기독교, 이슬람, 유대교 등 유일신을 믿는 종교에서 상상하는 천사의 모습 또한 성과 죽음을 초월한 존재로 그려진다. 제우스(주피터)의 넓적다리에서 태어난 술의 신 디오니소스(바쿠스)가 등장하는 그리스 신화[16]뿐만 아니라 아담의 갈비뼈에서 태어난 이브를 그리고 있는 성서[17]에서 역시 생명을 잉태한 남자에 관한 주제를 찾아볼 수 있다. 처녀생식을 통한 종의 번식이 일찍이 그 전조를 보였다는 점은 최근 생물학에서 외면하고 있는 수많은 문제 중 하나다.[18] 오늘날 인간 복제가 뜨거운 쟁점이 되고 있는 이유는 인간을 복제해낸다는 이 가설이 이렇듯 초인적 세계에 대한 상상과 궤를 같이하기 때문이다. 자기복제를 할 수 있다는 기대는 우리를 세대적 고리로부터 자유롭게 하고, 다른 성에 대한 의존으로부터 해방시키며, 영원불멸의 삶을 약속함으로써 인간 조건의 세 가지 한계를 일거에 말소시켜버린다는 가능성을 담고 있다. 복제에 대한 꿈이 새로운 것은 아니다. 복제에 관한 이야기들은 다양한 문명에서 수없이 찾아볼 수 있는데, 흔히 쌍둥이의 탄생, 또는 복제 특유의 위험들과 관련되어 있다.[19] 그리고 복제라는 주제는 많은 SF 작품에도 영감을 주었다. 사실, 이러한 이야기들의 공통점은 (가령 영화 「원본대조필Copie conforme」[20] 또는 「왕과 새Le Roi et l'Oiseau」[21] 같은 경우처럼) 본인에게든 혹은 (모티머 교수의 마지막 모험 이야기에서와 같이[22]) 복제본에게 있어서든 언제나 안 좋게 끝난다는 점이다. 인간 복제가 언제나 결국에는 파국으로 나타나는 이유는 상식의 틀을 완전히 벗어나는 이 같은 소재가 상상력의 소산으로 보기에는 너무나도 반동적이어서 '원본' 혹은 '사본'의 죽음으로 끝날 수밖에 없기 때문이다. 하지만 혹자는 이렇게 말할지도 모른다. 인간은 천사같이 하늘을 날아다니는 꿈 또한 수시로 꾸어왔고, 이 같은 이카로스의 꿈 역시 비행기의 등장으로 실현되기 전까지는 죽음을 초래할 치명적인 공상으로 치부되었다고. 그러니 인간 복제라고 해서 꿈꾸지 못할 이유가 어디 있겠는가? 자기의 상상력을 세상을 변화시키는 원동력으로 삼고, 그렇게 자기 존재의 한계를 언제나 더 멀리 밀고 나가는 것이야말로 인간 고유의 특성이 아니던가? 과학이 인간 복제의 기술적 가능성을 예감하게 해주는데, 왜 그것을 금지해야 하는가? 인간의 머리로 생각할 수 있고 가능성 있는 일이라면 모두 실현될 수 있어야 하는 것 아닌가?[23]

그렇지만 인간 복제는 여느 기술적 구상과 다르다. 복제는 자연계 내에서 인간의 행동을 제한하는 한계선을 넓히는 데에 주안점을 두는 것이 아니라 인간 존재를 구성하는 한계 자체의 제거를 추구한다. 따라서 인간 복제의 역사적 선례를 찾는다면 비행술이 아니라 우생학을 떠올려야 한다. 최초의 석기와 마찬가지로 비행기는 인간의 외부에 존재하는 대상에 인간의 의지를 불어넣은 것이었던 반면, 우생학이나 인간 복제는 다른 사람을 창조해내는 데에 인간의 의지를 투영한 것이기 때문이다. '과학의 법칙'이라는 미명 아래 인류는 이제 인간을 생산해내는 쪽과 생산된 인간 쪽으로 나뉘게 된다.[24] 자신의 모습을 본떠 사람을 만들어낼 수 있게 된다면, 인간은 마침내 가장 어리석은 꿈을 실현하게 될 것이다. 누구의 아들도 아니고 누구의 남편도 아닌 절대적 아버지로서 아버지 하나님의 자리를 차지하며, 이로써 인간 조건을 한정짓는 모든 한계에서 벗어나는 광기어린 꿈을 현실로 만들어버리는 것이다. 창세기를 자기의 의도대로 재연하면서 인간은 자신을 초월하는 의미를 지닌 세대적 연계 속의 단순한 한 고리로서 생명을 잉태하는 자의 지위에서 벗어나 생명을 창조하는 자인 조물주의 지위를 자청한다. 자신의 계획대로 만들어놓은 존재들의 궁극적 기원이 되는 것이다. 인간을 전지전능한 조물주로 만드는 동시에 순수한 기술적 대상으로 취급해버리는 인간 복제 계획은 인간 존재에 관한 서구적 개념의 한계를 보여준다. 사실, 인간 복제 기획은 서구의 인류학적 맥락 속에서만 태동할 수 있었는데, 인간을 신의 형상으로 바라보는 이러한 시각에서 과학적 합리성은 더 오랜 기간 보다 심각하게 과학만능주의의 망상으로 빠져들었다. 따라서 이러한 움직임에 대해 이해하려면 인간의 개념에 있어 다른 관점들과 뚜렷이 구분되는 서양 고유의 이러한 관점을 되짚어봐야 한다.

개인의 법률적 근거

어느 사회든 인간에 대한 개념을 세울 때, 인간의 삶에 의미를 부여하는 개념을 기반으로 삼게 마련이다. 법률적 관점에서 인간은 '이성을 타고났으며 양도할 수 없는 신성한 권리를 가진 주체'로 간주된다. 그러나 과학적 관점에서 본 인간은 인식의 '대상'으로서, 생물학과 경제학, 사회과학 등의 분야에서 그 행동의 원칙을 찾아내어 설명해주는 '객체'에 해당한다. '주체적 존재'와 '객체적 존재'라는 인간의 이두 측면은 동전의 양면과도 같다. 먼저 인간의 정신적인 부분에 대해충분히 고려하고 난 뒤에야 비로소 인간의 육체적인 부분을 하나의 사물로서 바라볼 수 있기 때문이다.[25] 주체와 객체, 인격과 사물, 정신과 물질이라는 개념은 상호 대립에 의하여 정의된다. 다른 한쪽에 대해 고려하지 않은 채 한쪽에 대해 생각하는 건 불가능하며, 양쪽 모두를 고려하지 않았다면 실증과학은 결코 탄생할 수 없었을 것이다. 과학이라는 분야가 가능해지려면 인간이 이성적 사고를 할 수 있는 주체라는 점을 전제해야 한다. 그리고 인간이 이성적 존재라는 정의는 과학적 증명이 아닌 교의적 선언에서 비롯된다. 그것은 과학의 역사가 아니라 법의 역사가 만들어낸 산물이다. 이러한 이분법을 모르는 어떤 사고 체계 속에서, 예를 들어 오늘날처럼 '유물론적' 신경학자와 '유심론적' 철학자[26]를 대립시키는 형식주의적 논쟁들은 그저 무의미할 뿐이다. 주체라는 개념을 몰랐던 것으로 보이는 고대 중국과 같은 문화 체계는[27] 확실히 고대 로마와 달리 특정한 사람들을 객체로써 규정하는 법을 몰랐으며 따라서 엄밀한 의미에서의 노예제를 알 수가 없었다. 의학을 과학으로 여기고 노동을 거래할 수 있는 재화로 여기기 위해서는 사람을 물질적 객체로 생각할 수 있어야 했다. '개인' 이라고 하는 서양 고유의 법적 지위가 없었더라면 근대의 과학과 경제학은 빛을 볼 수 없었을 것이다.

본디 태어날 때부터 자유롭고 만인에 대해 평등하며 천부적으로 이성을 타고난 보편적 추상으로서 인간을 바라보는 서구적 관념이 확립되기까지는 고대 로마법에서 근대의 인권선언에 이르기까지 긴 역사적 여정이 필요했다.[28] 그리고 근대에 들어와서야 비로소 주체와 객체의 관계, 영혼과 물질의 관계가 세상을 이해하고 지배하는 일반적 원칙이 되었다.[29] 스콜라 학자들과 고전 주석학자들의 사상에 대한 인본주의적 시각에서의 비판으로부터 출발한 이 새로운 방식의 세상 인식이 확립된 건 16~17세기의 일이었다. 이 시기에는 "나는 생각한다. 고로 나는 존재한다"던 데카르트의 '코기토cogito' 명제에 기반을 둔 과학적 사상이 등장하고, 더 이상 '제국의 이성이 아닌 이성의 제국non ratione imperii, sed imperio rationis'을 위시한 '보통법ius commune' 사상이 대두된다.[30] 그에 뒤이어 계몽주의와 함께 시작된 근대에는 '제도'라는 무대 위에서 신이 퇴장한다. 따라서 이 시기는 '탈종교'의 시대, "세계의 탈주술화"[31]가 나타난 때로 해석됐다. 그러나 신에게서 벗어난 사람들은 이후 세 가지 마법에 빠져든다. 바로 '과학'과 '국가' 그리고 '인간'에 대한 새로운 마법에 걸린 것이다. 과학은 종교의 자리를 대신하여 전 세계에 걸쳐 '진리의 법정' 자리를 꿰찼고, 전지전능한 주체로 올라선 국가는 법률의 살아 있는 궁극적 원천이 되었다. 그리고 일체의 신적 준거로부터 탈피하여 그 자체로서 고유한 목적이 된 인간은 홉스와 루소, 롤스를 비롯한 유수한 학자들이 그 기원을 다시쓰는 작업에 들어갔으며, '인류'라고 하는 하나의 종교를 창시한다. 과학적 실증주의[32]와 손을 잡은 인류는 '인권선언'이라고 하는 십계명까지 마련한다.

이렇듯 인간이란 존재에 대한 서구의 인식은 서구 기독교 역사와 흐름을 같이하고 있으며, 오늘날 생명윤리에 관한 논쟁도 이와 같은 시각으로 시야를 넓히면 크게 도움이 될 것이다. 서구사회에서는 인간을 기본적으로 **이마고 데이**imago dei, 즉 '신의 형상을 본떠 만든 인간'으로 보고 있는데, 이에 따라 인간은 스스로 자연의 주인이 되도록 부름받은 존재로 여겨진다. 신과 마찬가지로 인간은 불가분의 유일한 존재이며, 말씀의 권능을 가진 절대적 주체이고, 육체를 부여받은 영혼, 즉 '인격'을 부여받은 개별적 존재다. 하지만 신의 모습을 본떠 만든 인간이 신은 아니다. 인간의 특별한 존엄성은 그 자신으로부터 나오는 것이 아니라 창조자에 기인하며, 인간은 이 존엄성을 다른 모든 인간과 함께 공유한다. 개별적이고 주체적이며 인격적이라는 인간의 세 가지 속성이 갖는 이중성이 바로 여기에서 비롯된다. 개인으로서 인간은 유일하지만 동시에 다른 모든 사람과 닮았다. 주체로서 인간은 절대적이지만 동시에 공통의 법에 종속된다. 인격적 존재로서 인간은 영혼이지만 동시에 물질이다. 이 복합적인 특성의 인간은 서양의 제도가 세속화된 이후에도 살아남았으며, 인류의 이 세 가지 속성은 그 양면성과 함께 인권선언 속의 인간에게서도 재발견된다. 오늘날 대인법對人法에서는 더 이상 신을 기준으로 삼고 있지 않지만, 모든 인간의 정체성을 담보하고 인간을 사물로 취급하는 것에 대한 금기를 상징하는 최고 심급 기관을 기준으로 삼는 논리적 필연성은 사라지지 않았다.

유일하면서 동일한 개인

우리의 개인주의가 갖는 특징을 이해하는 데 이방인의 시선보다 더 나은 것은 없다. 가령 아프리카의 현자 아마두 함파테 바Amadou Hampâté Bâ의 지적을 살펴보면 이보다 더 명쾌할 수가 없는데, 그에게 있어 인간의 정체성이란 무엇을 의미하는지에 대해 묻자 그는 다음과 같이 대답했다. "어머니께서는 내게 무슨 말이 하고 싶으실 때마다 내 아내나 누이를 불러 '내 아들 아마두와 이야기를 좀 나누고 싶은데, 그 전에 먼저 그 아이 안의 여러 아마두 가운데 어떤 아마두가 지금 여기에 있는지 알고 싶구나'라고 말씀하셨다."[33] 본능적으로 심오한 진리가 느껴지는 이 대답이 당혹스럽다면, 이는 아마도 서구에서 인간 정체성의 표시로 여기는 불가분성을 느닷없이 건드리기 때문이다. 서구의 법 문화에 따르면 인격은 태어나서부터 죽을 때까지 단일하고 불가분하다. 그것은 분할할 수 없는 개체성에 해당하며, 다수의 인물이 공존할 수 있는 그런 공간이 아니다. 멜라네시아 사람에게 있어 인간이란 존재는 비어 있는 공간이며, 아버지나 삼촌, 배우자, 부족 등 다른 사람과 맺고 있는 모든 관계로 둘러싸인 존재인데, 이러한 사실을 알게 될 때 역시 서구 유럽 사람들은 생경한 느낌을 받는다.[34] 이와는 반대로 서구의 시각에서 인간은 하나의 완전한 **에고**ego(자아)

로 정의되며, 이 '에고'가 자유롭게 대인관계를 구축해가는 것이지 그 관계들에 의하여 개인이 구축되는 것은 아니다. 서구 이외의 문화권에서는 대부분 인간을 전체의 일부로 인식하며, 이들 문화권에서 인간은 자신을 둘러싼 초월적 세계, 그 자신보다 먼저 존재했으며 자신이 죽은 뒤에도 계속 존속될 그 세계에 속한 일부로 스스로를 바라본다.[35] 이에 반해 서구의 법 문화에서는 인간을 모든 인간사회의 소립자로 본다. 즉 질적 의미와 양적 의미라는 두 가지 의미에서 개인, 다시 말해 개별적이고 독립적인 존재로 바라보는 것이다. 질적인 의미에서 봤을 때, 유일신교에서 신의 모습을 본떠 만든 인간은 다른 사람과 양립할 수 없는 **유일한 존재**이며 그 자체로 고유한 목적이다. 양적인 의미에서 개인은 분할할 수 없고 지속적인 존재이다. 이 같은 원칙은 자기 자신뿐만 아니라 다른 사람에게도 모두 **동일하게 적용**되기 때문에, 이런 관점에서 봤을 때 개인은 완벽한 계산 단위가 된다. 이렇게 인식되는 인간은 필연적으로 동등하다. 즉, 여자든 노예든 이교도든 너나 할 것 없이 인간은 모두가 신의 형상에 따라 창조되었기 때문에 모든 사람은 유일한 존재이자 동시에 다른 모든 사람과 닮은 존재다. 이러한 인식이 가장 근대적으로 탈종교화된 형태가 바로 평등의 원칙이다. 평등의 원칙에선 개인의 정체성이 갖고 있는 이 양면성 사이의 대립이 여전히 살아 있다. 우리는 모두 서로 비슷비슷하다. 그러므로 모두가 동일하다고 볼 수 있다. 그리고 우리는 저마다 서로 다른 존재다. 각자가 유일한 존재이기 때문이다.

동일한 존재로서 각 개인은 모두 신에게서 동일한 거리만큼 떨어져 신의 모습을 비추어주는 거울이고, 또 프랑스 헌법 전문의 '세속적인' 단어로 표현하자면 "양도할 수 없는 신성한 권리"를 보유한 존재다. 기본적으로 우리의 정체성은 다른 모든 사람과 동일하며, 성별, 인종, 종교, 국적, 연령 등등에 근거하여 사람을 구분하는 것은 차별로 치부된다. 사도 바울의 단호한 발언에 따르면, "유대인도 없고 그리스인도 없으며, 노예도 없고 자유인도 없다. 또한 남자도 없고 여자도 없다".[36] 서구의 법률 및 정치 문화에서 평등의 원칙이 견인차 역할을 하는 것도 바로 이 때문이다.[37] 저마다 똑같은 권리와 의무를 가지고 있기에 우리는 모두 동일하며, 이는 한 인간이 언제나 다른 인간으로 대체될 수 있음을 전제로 한다. 그러므로 누구에게나 이 사회의 어느 자리든 차지할 권리가 있으며, 그 어떤 자리에도 절대적으로 동화되지 않는다.[38] 이는 가령 카스트제도 같은 신분제도와는 상당히 동떨어진 개념이다. 카스트제도에서는 이와 반대로 각자에게 현생에서 맡을 기능을 할당하며, 사회적 이동은 환생의 순환 속에서 이루어진다.[39] 이처럼 대체 가능한 존재로서의 인간은 양적인 존재이기도 하며, 각자는 계산 단위로 파악될 수 있다. 인간이 양적인 존재로 인식되는 것은 서구의 정치제도사에서도 나타나는데, 이에 따라 수의 법칙은 그 모든 질적인 고려 방식에 우선하게 되었으며, 결국 다수결의 원칙이라고 하는 철저히 산술적인 개념에 도달한다.[40] 사회 및 경제 부문에서 통계학이 대두된 것도 이 같은 양적인 인식의 작품이다. 우리는 사람과 사물을 질적으로 평가한다는 법적 규범의 자의성에 대해 양적인 평가에 기반을 둔 기술적 규범의 확실성과 대비시킨다.[41] 계산 단위로서 각 개인은 항구적인 개체이기도 하며, 그 존재는

태어나서 죽을 때까지 변하지 않는다. 프랑스 법철학자 오리우Hauriou
에 따르면, "개개인의 법적 인격은 지속적이고 언제나 **변함없이 그대로**
다. 법인격은 각 개인의 출생과 함께 탄생한다. 법인격은 태어나는 즉
시 대번에 형성되며, 사는 동안 언제나 동일한 상태로 유지된다. 법인
격은 변함없는 법적 신분을 유지시키며, 이러한 신분이 약화되거나
하는 일은 없다. 법인격은 사람이 잠을 자는 동안에도 깨어 있으며,
사람이 이성을 잃은 동안에도 온전한 상태로 남아 있다."[42] 모든 경제
이론의 한 축이 되고 있는 이 허상의 개념은 분명 다른 일부 주요 문
화권에선 생경한 개념일 것이다. 가령 불교만 해도 이 같은 법 개념과
반대로 인간이란 존재의 물리적 정신적 상태가 지닌 비영속성과 공허
함을 강조하고 있다.[43] 끝으로 모두가 아버지 하나님의 모습으로 창조
된 우리 인간은 2촌 단위의 방계 혈족, 즉 형제지간이며, 형제로서 서
로 돕고 원조할 의무를 갖는다. 이러한 보편적 형제애 정신은 인권선
언 제1조에서 이미 천명된 바 있다. 복지국가의 형성에 영감을 준 연
대의 원칙은 바로 이러한 형제애 정신에서 나온다.

　　그러나 유일신의 형상에 따라 만들어진 인간은 다른 모든 인간과
구별되는 유일한 존재이기도 하다. 이러한 개인의 근원적 특수성은
그 출생과 동시에 부여되는 객관적 요소들로부터 비롯되는 것이 아니
라, 개인이 발휘하는 자유 속에서 표출된다. 다른 모든 사람과 동등
하고 자유로운 존재로 태어난 인간은 다른 사람들과의 경쟁 속에서
스스로에게 그리고 타인들에게 자신이 누구인지를 드러낸다. 시장경
제의 필수적인 원동력인 이러한 선택적 개념은 프로테스탄티즘, 즉 개
신교와 함께 대두됐다.[44] 개신교의 시각에서 봤을 때 우리가 하는 일

이 천국으로 다가가는 특별한 열쇠가 되어주지는 않으며, 이는 현세에서 우리가 어떤 존재인지를 드러내주는 수단이고, 이에 따라 물질적 성공을 가늠할 수 있으며, 따라서 이는 현재 우리가 잘 지내고 있음을 외부적으로 나타내주는 신호가 된다.[45] 신교의 세계에서는 각 개인 속에 성직자가 있다고 한 루이 뒤몽의 말은 이러한 특징을 잘 설명해주고 있다.[46] 여기에 우리는 성직자는 성직자이되, 싸우는 성직자라고 덧붙일 수 있을 것 같다. 공정한 질서유지가 이뤄지기 위한 유일한 해결책은 형식적으로 동등한 개인들 사이의 자유로운 경쟁이기 때문이다. (결혼의 자유와 품행의 자유 같은) 사생활에 있어서나 (자유로운 지도자 선출 같은) 정치적 삶에 있어 그리고 (공직자 선발에 지원할 수 있는) 행정적인 삶과 (자유로운 경쟁에 따른) 경제생활에 있어 하나의 조직 원리로 승격된 '경쟁'은—치명적이고 위험한 무언가로서 사회의 변방으로 밀려나기보다—사회 안에서의 삶에 있어 원동력으로 작용한다.[47]

법인격을 고안해냄으로써 이러한 개인주의적 이해 방식은 모든 형태의 공동체나 인간사회를 소화해낼 수 있었다. 법인격과 함께 이제 개인들이 모인 모든 형태의 집단은—사물의 공유에 기반을 둔 것이든 사상의 일치에 기반을 둔 것이든—하나의 개인을 자처하고 나설 수 있었다.[48] 이렇게 해서 **법률적 인간**은 복수를 단수로, '우리'를 다른 모든 개인과 동등한 입장에서 거래할 수 있는 '나'로 취급하기에 이른다. 오로지 개인들로만 구성된 이 질서의 핵심은 다시 한 번 **신의 형상으로 창조**되었다는 모델에 근거하여 그 유일성과 불가분성을 상정하는 절대적 개인이다. 유일하며 불가분한 프랑스 공화국은 모든 종류의 종교적 기준과 단절한 최초의 국가 중 하나가 되었으며, 동업조합과 달리 그 구성원들의 이익에 복무하는 도구가 아니라 개개인의 이해관계를 뛰어넘는 불멸의 존재다.

주체, 예속된 주권자

'주체'란 프랑스어에서 '~을 야기하다' 혹은 '~에 대해 이야기하다'라는 뜻을 가진 'causer' 동사의 두 가지 의미가 가리키는 바와 같이, 말하는 자이면서 원인이 되는 자다. 즉, 주체란 타인과 더불어 말하며 자기의 말을 법으로 만드는 존재인 것이다. 기독교회법령집에 의하면, 말로써 세상을 지배하는 이 권능은 신의 첫 번째 속성이다. "태초에 말씀이 있었으며 말씀은 신과 함께 있었고 말씀은 신이었다. 말씀은 태초에 신과 함께 있었다. 모든 것이 말씀에 의해 있었고 말씀 없이는 아무것도 존재하지 않았다." 형이상학적 관념을 언어와 동일시하고 언어를 우주의 의미가 초래되는 궁극적 기원으로 여기는 이 유명한 요한복음 머리말은 여러 문명에서 다양한 형태로 존재하는 무언가의 지식이 예리하게 표현된 것이다. 아프리카의 현자 오고템멜리Ogotemmêli에 따르면 "벌거벗었다는 것, 그것은 말씀 없이 있다는 것이다". 말씀은 물의 신이 세상에 질서를 부여하기 위해서 던져준 최초의 옷이었다.[49] 유교의 전통에 의하면, 올바른 질서란 전적으로 언어의 정확성에 달려 있다. 사물을 지칭한다는 건 사물을 존재하게 만든 개별성을 해당 사물에 부여하는 것이기 때문이다.[50] 『크라틸루스Cratylus』

에서 플라톤은 언어의 입법자가 지닌 모습을 언급하면서 "인간 세상에서 가장 드물게 모습을 나타내는 입법자"로 묘사하고, 각각의 경우에 부합하는 형태를 각 단어에 그대로 옮겨놓을 수 있는 직조공에 비유한다.[51] 코란에 따르면, 신은 사물들을 덮고 있는 '이름의 베일'에 감춰진 비밀을 아담에게 넘겨줌으로써 인간을 신의 칼리파, 즉 땅에 임하는 신의 대리자로 삼았다.[52] 그리고 '레굴라regula', 즉 규칙이란 말이 로마법에서 '정의定義'를 뜻하는 '데피니티오definitio'와 동의어였음은 주지의 사실이다.[53] 인류학적 지식에 대한 표현은 이처럼 다양하며, 이는 비단 신약성서가 그 시초인 것도 아니었고, 여기에서만 독점적으로 나타난 것도 아니었다. 최고의 규범적 권능은 무엇보다도 이름을 붙일 수 있는 능력이자 사고의 범주를 마련할 수 있는 능력에 해당하며, 언어가 지닌 이 같은 타율성은 삶의 전제 조건이다.

반대로, 신이 자연에 자신의 법을 부과했다는 발상은 서양의 기독교 문명에서만 나타나는 특징이다. 신의 말씀은 신의 계시를 받은 법인 성전聖典에서뿐만 아니라 '자연이라는 위대한 책' 속에 신이 포함시킨 법칙에서도 나타난다. 특히 오늘날 과학자들은 이를 '게놈이라는 위대한 책'이라 칭하기도 한다. 따라서 기독교 문화에서는 하나의 법이 존재하지만 그에 대한 책은 두 권으로 존재한다. 하나는 신의 계시가 들어 있는 책이고, 다른 하나는 과학적 발견에 관한 책인 셈이다.[54] 서구인들은 이러한 이분법을 물려받은 반면, 이슬람 문화권 같은 경우에는 이러한 이분법적 개념을 알지 못한다. 이슬람에서 신은 단지 자연 질서 속에서 관습의 기원일 뿐이며, 전지전능한 힘을 가진 신은 이 관습을 뒤집을 수도 있다.[55] 반면 기독교인들의 신은 요컨대 손이 묶여 있는 상황과도 비슷하며 스스로 부여한 법칙을 고수해야만 한다. 신의 말씀이 갖는 전능함이 신 자신에게도 부과되는 셈이다. 이러한 사고방식은 인간이 하는 일들의 질서, 특히 신의 모습을 본뜬 입법자, 즉 스스로 만든 법률들에 그 자신도 구속되는 법치국가라는 개념 속에서도 재발견된다. 왜냐하면 기독교세계, 최소한 서구 기독교세계에서는 인간이 '말씀'의 입법자적 권능을 자기 뜻대로 사용할 수 있다고 보는 또 다른 고유한 특징이 있기 때문이다. 그리고 이에 따라 인간은 순수한 의미에서의 '주체', 즉 어떤 한 원인의 결과가 아닌, 결과들을 가져오는 제1원인이 된다.

이처럼 말하는 주체가 말의 규범적 권능을 점유하는 상황은 기독교의 원류가 되는 고대 문명에선 발견되지 않는다. '민법'이란 개념을 처음으로 도출해낸 최초의 문명 중 하나였던 고대 그리스에서도[56] 말의 규범적 권능을 소유하지 못하도록 하는 게 민주주의의 조건처럼 여겨졌다. 민주주의와 아테네 법률의 회복 시기(기원전 403년), 생명의 숨, 신적 영감 그리고 인간과 도시국가를 연결시켜주는 정신을 상징했던 유성음 'h', 그 '프네우마pneuma'를 알파벳에서 지우기로 한 결정이 나온 것은 그러한 까닭이다. 즉, 도시국가의 정신인 영감을 문자로 표기해서 사유화하는 것은 민주주의의 창안자들에게는 법률의 타율성과 양립할 수 없는 것으로 보였다.[57] 마찬가지로, 원래 모음이 없던 히브리어 알파벳은 모세의 혈통에 속하지 않은 자들이 히브리어 율법을 읽을 수 없도록 만들어두었다. 신의 입김을 복원하여 성구聖

句에 생명을 부여할 줄 모르면 읽을 수 없게 만들어놓은 것이다.[58] 개인이 입법자적 주체를 자처할 수 없다는 것은 이슬람의 가르침에서도 강조되고 있다. 이슬람에서는 인간을 신의 전능함 앞에서 아무것도 아닌 존재로 본다. 설령 인간이 자신의 법을 선포한다고 믿을 때조차도 인간은 여전히 헤아릴 수 없는 신의 섭리대로 움직이는 하수인일 뿐이다.[59] 그러므로 성서에 기반을 둔 세 종교 중에서 서구 기독교만이 개인에게 주체로서의 자격을 오롯이 부여한 유일한 종교다. 이 주체의 자격은 이슬람의 전통에 따르면 신에게만 속하고, 유대의 전통에 따르면 땅 위에서는 이스라엘 민족, 즉 스스로 "보편적 의미를 부여받은 신성한 민족"이라고 생각한 유일한 민족인 이스라엘 민족에게만 속하는 것이다.[60]

　법을 온전히 자기 것으로 만든다는 이 서양식 사고는 인간들 사이의 관계와 인간이 사물과 맺는 관계를 바라보는 방식에서도 표현된다. 인간들 사이의 관계는 '율칙律則, Loi', 즉 규율과 규칙이 순전히 인간적인 형태로 변형된 것에 의해 구속되는데, 이게 바로 '법Droit'이다. 인간은 '법'으로써 그 자신의 규범을 손수 만들어내는 존재가 되는데, 주권자인 국민을 근간으로 하는 민주주의 체제에서 마련된 공통의 규범도 이에 해당하고, 개인의 주권성에 근거한 자유주의 체제에서 생겨난 계약 규정도 이에 해당한다. 주권적 주체로서의 인간은 말로써 서로 관계를 맺을 수 있는데, 인간은 이 말에 대해 책임을 져야 한다. 따라서 책임 소재의 원류는 원칙적으로 인간 스스로의 자유의지에 있다. 사전에 스스로의 의지에 따라 한 행동으로부터 책임이 비롯되는 것이지, 일본 문화에서처럼[61] 사후 행위의 결과에서 그 책임이 비롯되는 것은 아니다. 한편 서구권에서 인간이 사물과 맺는 관계는 기술이라는 방식을 통해 자연을 면면히 살펴보는 관계에 해당한다.[62] 다른 문화권에서처럼 효율적으로 대강 살펴보고 마는 게 아니라,[63] 인간이 우주의 법칙으로부터 습득한 과학적 지식을 활용하여 기술적으로 꼼꼼히 조사하고 검사해보는 관계인 것이다. 그러므로 인간에게 스스로 우주의 주인이 되라는 소명을 부여한 신의 명령은 그 논리적 귀결의 '막장'까지 나아간 셈이다. 즉, 신 자체가 '직위 해제'되고, '주체'로서의 특성을 인간 혼자서만 독차지했으며, 이제 인간이 지배하게 된 세상은 인간이 자신의 형상에 따라 빚어놓은 사물들로 가득하게 된 것이다.

　그런데 신의 영역에서 완전히 인간의 영역으로 내려온 이 '주체' 개념이 인간의 그 뿌리깊은 양면성마저 훼손하지는 않았다. 법 주체는 물론 주권적 주체다. 즉 "자유롭고 이성을 가진 채" 태어난 존재이며, 따라서 스스로 지배할 수 있고 사물들의 세계를 자신에게 복종시킬 수 있는 존재인 것이다. 인간은 자신이 책임져야 하는 결과들의 원인이며, 자신의 외부에 위치한 원인의 결과가 아니다. 그러나 인간이 이러한 자유를 누릴 수 있는 건 오직 어원학적 의미에서 그리고 본래적 의미에서의 '주체'가 될 때뿐이다. 즉 도시국가의 법률이든 과학의 법칙이든 규범의 준수에 구속된 자, '주체subject'라는 말뜻 그대로 '아래로 던져진 자sub-jectum'가 되어야 하는 것이다. 이와 같이 두 가지 측면을 가진 주체로 끌어올리는 것이 우리가 인간을 정초하는 방식, 즉 인간을 법의 타율성 속에서 그 자신의 자율성을 살리기 위한 수단을 길어올리는 법 주체로 만들어내는 방식이다.[64] 다른 곳에서와 마찬가지로 서양에서도 '나'를 보증하는 심급이 없이는, 혹은 법률 용어로 말한다면 인격의 지위를 보증하는 심급이 없이는 '나'는 가능하지 않다. 그러므로 누구도 자신의 혈통이나 성별, 나이 등을 주체적으로 결정할 수 없다. 이 심급은 오랫동안 종교적 성질을 지니고 있었으며, 지금도 여러 나라에서 이 같은 종교적 성격이 유지되고 있다.[65] 서양에서는 오늘날 이 인격의 지위를 궁극적으로 보증하는 것이 바로 국가이며, 이 인격의 지위는 처분할 수 없는 것으로, 개인의 주체적 권한을 벗어나 있다. 배아의 인격에 관한 교리적 논쟁과 호적 규정[66]이 세례 성사의 집행에 관한 종교적 궤변을 대체했지만, 유한적인 인간 존재의 인정은 불멸하는 초인적 주체의 비호 아래 계속해서 행해지고 있다. 나아가 인간은 언어의 타율성을 통해 말의 자율성에 다가가기 이전에 이미 이처럼 법의 타율성을 통해 법 주체의 자격에 다가간다.

정신의 구현인 '인격'

서구적 세계관으로 바라보면 세상은 확연히 구분되는 두 집단, 즉 사람과 사물로 나뉜다. 오랜 역사를 지닌 이 '최상위 구분법summa divisio'은 서구의 법 문화에 깊이 뿌리내리고 있다. 유스티니아누스 법전에서 먼저 체계화된 이 구분법은 서구의 민법전에서도 발견할 수 있다. 그러나 로마법에서는 사물과 인간의 구분이 상대적인 것이었던 반면, 그 이후로 이 같은 구분은 규범적 가치를 획득한다. 즉, 인간을 사물로 취급하는 것은 불경한 일이 되었고, 사물을 인간 취급하는 건

비이성적인 것이 되었다. 이에 따라 사람과 사물의 구분은 교리적 가치를 갖게 되는데, 세상을 바라보는 우리의 관점 전체를 밝혀주는 자명한 이치로서의 힘을 지니게 된 것이다. 문화와 자연, 영혼과 물질, **프시케(정신)와 소마(육체)**, 인문과학과 자연과학 등 과학적 시도를 키워가는 이 대립어 쌍들은 이러한 교리적 힘을 지닌다.

서구에서 바라보는 '인격personnalité'이라는 개념의 기원에는 '**페르소나**persona'가 있다. 선조들의 데스마스크, 즉 '이마고imago'를 가리키던 단어다.[67] 고대 로마에서는 선조들의 이름과 이 '이마고'들을 지니고 있던 자, 즉 '가장pater familias'이 인격을 소유했다.[68] 로마법에서는 모든 인간이 다 완전한 인격을 가졌던 것은 아니다. 어떤 자들은 법적으로 사물처럼 취급될 수 있었고,[69] 또 어떤 자들은 가장의 인격을 함께 나눠가졌을 뿐이었다. 그러므로 '인격'이라고 해서 다 같이 똑같은 인격이었던 게 아니라 (인격의 최하위 단계에 위치한) 일반 노예부터 해방된 노예, 아들, 자유로운 여성, 거류 외국인 등을 거쳐 (완전한 인격을 가진) '가장'에 이르기까지 여러 단계의 인격이 존재했다.[70] 그런데 기독교와 더불어 인격은 모든 인간에게 인정되는 하나의 속성이 된다. 성서에 근거한 다른 두 종교, 즉 유대교와 이슬람교에서 신은 여전히 한정지을 수 없는 존재, 따라서 표현할 수 없는 존재다. 둘레를 한정지을 수 없는, 즉 경계를 지을 수 없는 신성성은 인격을 정의하는 것, 다시 말해 인격을 한정지어주고 인격에 형태와 한계를 부여하는 이름과 얼굴 안에 가둬둘 수 없다. 반면 기독교인들의 신은 그 아들의 얼굴 모습 속에서 구현되고 있기 때문에 이들의 신에게는 '프로소폰prosopon', 즉 '얼굴'이 부여되며, 이에 따라 '인격'도 부여된다.[71] 기원후 수 세기 동안 교회에서 벌어진 신학적 논쟁의 대부분은 신성하면서 동시에 인간적인 그리스도의 이중성에 관한 문제를 둘러싸고 논의가 맴돌았으며, 유일하게 찾아낸 논의의 탈출구는 삼위일체라는 교리 하나밖에 없었다. 이러한 논의를 밑거름으로 인간에 대한 서구 기독교의 인식이 자리잡았으며, 신의 형상에 따라 만들어진 인간 역시 영적인 존재聖, spirituel이면서도 세속적인 존재俗, temporel라는 이중적 성격을 띤다. 인간의 사멸하는 육체는 불멸하는 영혼의 사원이다. 비록 인간의 육체는 죽어 없어지지만, 불멸의 영혼이 그 안에 깃들어 있는 것이다. 중세 시대의 법률가들은 이러한 인식론을 체계화했다. 이제 모든 인간은 예외 없이 육체와 영혼으로 구성된 존재가 되었으며, 자연 상태의 인간 '호모 나투랄리스homo naturalis'로 태어나 세례를 통해 교회 안에서 인격을 지녀야 하는 사람이 되었다.[72] 그리고 교회 자체도 교회를 구성하는 신도들과 분리된 그리스도의 신비체神秘體로 여겨진다. 현대의 정치적 경제적 삶에서 중심적인 위치를 차지하는 형상체인 '법인personne morale'의 개념이 생겨나게 된 것도 같은 시기 교회의 이 같은 모델을 기반으로 한 것이었다. 따라서 법적 존재로서의 법인격은 사멸적 존재로서 인간이 처한 환경을 초월하면서도 인간과 긴밀한 관계를 갖는 개념이 되었다.[73]

프랑스의 사회학자이자 인류학자인 마르셀 모스가 쓴 바와 같이, "우리가 인간의 인격에 대해 갖고 있는 개념은 여전히 근본적으로 기독교적 개념이다".[74] 특히 이 개념은 인권선언(제1조)이나 생명윤리에 관한 법률(민법 제16조)에서 천명되고 있는 바와 같이 존엄성 원칙의 근간이 되고 있다. 중세의 어휘에서 존엄성이란 공간이 아닌 시간적 연속관계에서의 동업자 질서를 가리키는 것이었다. 선임자와 잠재적 후임자가 모두 현재 자신의 직위에 존재, 통합되어 가공의 단일성을 실현하는 존엄성은 본디 결코 사멸하지 않는 개념이다.[75] 처음에는 궁정 직위에서 사용되었던 이 개념은 르네상스 시기의 초기 인문주의자들 사이에서 점차 '대중화'되기 시작했다. 그중에서도 특히 유한한 존재인 모든 인간이 '인간성humanitas'이라는 불멸의 존엄성을 구현한다고 생각한 단테가 대표적이었다.[76] '가면persona'이라는 어원적 의미에 충실하듯이 '인격personnalité'은 여전히 하나의 가면이지만, 그 가면은 각 인간이 온전히 인간의 존엄성을 공유하고 그 정신적 권능, 즉 사유하는 존재인 자신의 코기토가 지닌 힘을 통해 자연에 대한 과학적 인식에 다가갈 수 있도록 해준다. 데카르트는 자신의 사유를 기록해놓은 책의 유명한 서문에서 이렇게 적고 있다. "지금까지 단지 지켜보는 관객에 불과했던 내가 세상의 무대에 오를 때 나는 가면을 쓰고 나아간다."[77]

이처럼 인격은 육체와 정신을 함께 담아낼 수 있는 총칭적 개념이다. 인격은 죽을 수밖에 없는 인간의 유한적 성격을 뛰어넘어 인간이 정신의 영원불멸성을 공유할 수 있도록 해준다. 다른 문명에서는 인간이 이 같은 영원불멸성을 얻고자 할 때 정신의 절대적 성격 앞에서 스스로의 인격을 조금씩 지워나가야 하는 반면, 서양의 인간에게서는 삶의 경험 속에서 정신이 구현되는 형태를 취한다. 인권선언(제6조)에 따라 곳곳의 모든 인간에게 인정되는 법인격은 인간이 자기 정신의 흔적을 찍어낼 수 있는 백지와 같다. 인권선언이 열어준 인간의 활동 범위는 "그 인격의 자유롭고 온전한 발달"이 이뤄지는 영역까지이며, 이에 따라 인간은 이러한 인격의 발달이 방해받지 않을 수 있는 권리를 정당히 부여받는다(제22조, 제26조, 제29조 참고). 그러므로 법인격이란 각자가 그 자신의 고유한 인격을 현생에서 실현할 수 있도록 법에 의해 보장받는 한 수단일 뿐이다. 이렇게 보장받는 그의 인격은 동시대인들에게 있어서나 미래 세대에게 있어서나 그의 정체성을 이룬다. 독일의 인도학자 하인리히 치머Hienrich Zimmer는 그리스어로 배우의 가면을 가리켰던 페르소나의 어원을 상기시키면서 다음과 같이 말한다. "그리스에서 태어나고 기독교 철학에서 발전된 이 서양식 개념(인격)은 가면과 그 가면으로 얼굴을 가린 배우 사이의 간격에 있던 구분을 없앴다. 배우와 가면이 동일해진 것이다. 연극이 끝난 뒤에도 당신은 페르소나를 벗어버릴 수 없으며, 죽음을 거쳐 저세상의 삶에서도 페르소나는 당신의 살갗에 달라붙어 있다. 세상이라는 극장 안에 있는 동안 무대에 올려진 인격에 완전히 동일시된 서양의 배우는 떠날 순간이 왔을 때에도 페르소나를 벗어내지 못한다. 배우는 페르소나를 무기한으로 영원히 간직한다. 연극이 끝난 이후에도."**78**

반대로, 세대를 거쳐 인도식 사고가 주된 노력을 기울여온 것 중의 하나는 배우와 그 역할 사이에 분명한 경계를 짓는 일이었다. "표면적 인격의 모든 층위를 뛰어넘고 와해시켜버리는 의식은 끊임없는 내향성을 띠면서 가면을 관통한다. 이러한 의식은 적어도 이 가면을 의식의 한 층위 정도로 치부해버리면서 우리네 삶의 배우에게로까지 다다른다. 이상하리만치 무심한 무명의 배우에게까지 도달하는 것이다."**79** 이러한 무심한 태도는 윤회의 고리라는 숙명으로부터 비롯되며, "억겁의 시간을 거쳐온 뒤 또다시 억겁의 시간을 거쳐 가리란 생각에, 마치 갑자기 자신의 일에 의욕을 잃어버린 배우처럼"**80** 삶의 의욕을 상실한 이의 울적한 권태로움으로부터 비롯된 것이다. 이러한 세상에서 정신은 눈 먼 활력의 덫에 걸려들고, 피조물들은 이 활력에 이끌려 끝없이 돌아가는 소용돌이 속으로 빠져든다. 고행자의 위엄도 바로 여기에서 나온다. 이 같은 문명에서 포기와 금욕의 아이콘이 되는 고행자는 끝이란 걸 모르는 이 인생 극단에서 연달아 이런저런 인물들을 연기하는 데 지쳐 마음이 돌아선 배우처럼 과감히 연극에서 빠질 것을 결심한다. 인도의 지혜는 '이 엉성한 무대 위에서 저속한 농담 짓거리를 늘어놓는 광대가 대체 누구인가?'라는 물음에 대해 '그건 바로 인간이다'라고 답한다. 인간, 그것도 뇌와 혀, 움직이는 모든 신체 기관이 무언가를 하고자 하는 욕구에 고질적으로 사로잡혀 있는 인간 그리고 이것을 행하는 인간이 바로 이 광대라는 것이다.**81** 인도 문명에서 인격은 벗겨내야 할 가면이고, 서양에서 인격은 형성해야 할 가면으로 여겨진다. 이러한 차이는 특히 장례 문화에서 두드러진다. 죽은 자의 인격에 대한 기억을 영원히 간직하기 위하여 고인의 신체 일부를 보존하기보다는**82** 그것을 사라지게 하는 데 더 열심인 게 바로 인도 문화다.**83**

이제 우리는 한편으로는 그토록 풍요로운 인도 문명이 왜 인간의 역사에 대해서만큼은 그렇게 무심했는지 이해할 수 있다. 인도 문명의 시각에서 인간의 역사란 끝없고 지겨운 되풀이일 뿐인 반면, 서양은 역사를 인간에 대해서 알 수 있는 이해의 동력으로 삼았다. 한 인간의 정신세계가 그의 개인적 역사 속에 드러나는 것처럼 서양인들의 눈에는 인류의 역사도 언제나 하나의 의미를 갖는 것이었다. 이는 구원으로 가는 길이 될 수도 있고, 인간의 정신을 스스로에게 보여주는 것일 수도 있으며, 과학적 기술적 진보일 수도 있다. 서구 문화권에서 역사는 하나의 예언적 측면을 지니고 있으며, 역사로부터 교훈을 얻을 수 있다고 생각한다. 이처럼 진보의 이념은 인간에 대한 기독교적 이해가 물려준 신학적 전제에 기반을 두고 있다.[84] 초기 인류학자들이 연구 대상이었던 사회들에 대해 인류의 한 선사시대로 치부하지 않는 데 어려움을 겪은 이유도 여기에 있다. 이들은 결국 그 사회가 갖는 심오한 의미에 대해 깨닫지 못했는데, 이에 비트겐슈타인은 다음과 같이 적고 있다. "프레이저는 자신이 연구했던 대부분의 미개인보다 훨씬 더 미개하다. 왜냐하면 그가 연구한 '미개인들'은 영적인 것을 이해하는 데 있어서 프레이저 같은 20세기의 일개 영국인만큼 무지하지 않았기 때문이다. 원시적 관습들에 대한 그의 설명은 그 관습들 자체의 의미보다 훨씬 더 투박하고 조잡하다. 역사적 설명이라든가 진화 가설 같은 식의 설명은 그저 자료를 끌어모아 하나의 개요를 제시하는 방식에 불과하다. 주어진 자료는 자료들끼리의 상호관계 속에서도 이해될 수 있고, 시간적 개념을 적용한 진화 가설 형태로 제시하지 않더라도 전체적인 그림 속에서 얼마든지 재배치될 수 있다."[85]

신의 영혼이 인간의 몸속으로 들어가 구현된 것이 인격이라고 생각하는 서구의 인식은 서구에서 인정하는 이런저런 권리들에 있어서도 그 밑바탕이 된다. 이는 신체의 법적 지위에서뿐만 아니라 영혼의 흔적이 각인된 사물의 지위에서도 공히 드러난다. 이에 교회는 인간의 몸에 대해 불멸의 정신이 깃들어 있는 영혼의 사원이라고 보고, 서구에서는 여전히 이를 인격이 머무는 곳이라 생각하며, 태어나기 이전이나 심지어 죽고 난 뒤에도 인간의 몸은 신성한 물체로 여겨진다. 또한 법은 정신이 일구어낸 작품, 즉 작가의 인격이 지문으로 새겨진 작품을 보호한다. 이에 따라 작가의 정신적인 권리는 작품의 권리 양도가 이뤄지거나 저자가 사망한 뒤에도 계속 작품을 따라간다.[86] 인간 정신의 존엄성을 가장 눈부시게 묘사한 작품들은 심지어 부분적으로든 전체적으로든 상거래에서 제외되고 프랑스법이 '문화유산'[87] 이라고 부르는 범주로 들어간다. 그리하여 이 작품들은 공적인 것의 성격을 띠게 되며, 법적으로도 그렇게 공적인 것으로 인정된다. 세속적인 것의 영역에서 (신에게 봉헌되는 과정을 통해) 신성한 영역으로 이동하는 것이라는 뜻의 '축성consecratio'이란 단어가 가진 본래적 의미대로 세속적 공간에 속해 있던 것이 신성한 공간으로 옮겨지는 것이다. 끝으로 정신적인 측면과 사물적인 측면이 융합되어 있는 '인간의 노동'은 조금 특별한 대우를 받는데, 노동이 교환가치가 될 수는 있지만 노동자의 몸을 물건 사고팔 듯이 할 수는 없도록 규정해두었기 때문이다.[88] 그러므로 인격이란 개념은 정신과 물질이 확연히 구분된 별개의 세계가 아니라 하나의 단일한 총체로서 생각하게끔 만들어준다. 정신과 물질의 일체성은 사람과 사물의 경계에서 (정신이 만들어낸 작품이나 인간의 신체와 같이) '신성한 것'의 존재, 즉 인간이 마음대로 처분할 수 있는 순수한 물건으로 취급될 수 없는 신성한 것의 존재를 인정하도록 한다. 그 자체의 고유한 의미를 간직하고 있는 이 신성한 것들은 인간에 의하여 그 반대의 의미를 강요당해서는 안 된다. 그리고 이렇듯 금기가 부과됨에 따라 위반의 유혹이 생겨난다. 인간의 신체에 대해 타인의 정신이 지닌 절대 권력에 예속된 것으로만 보려하는 악의적인 유혹과, 인간의 신체를 인간의 정신이 만들어낸 하나의 작품으로 보려하는 기술적인 유혹이 생겨나는 것이다. 하지만 '사람됨'이란 게놈이나 혈액의 RH인자 같은 생물학적 데이터와는 다르며, 이는 다른 사람들이 자기 마음대로 가지고 놀게 될 경우 자칫 무너져버리고 말 수도 있는 하나의 '교의적 구축물'이다.[89] 호적을 자유로이 처분할 수 없도록 만들어놓은 원칙은 이러한 금기의 표현이며, 정체성을 보장해주는 제3자의 존재를 전제로 한다.

정체성을 보증하는 존재로서의 제3자

서양에서 '인간'이란 존재의 개념을 구성하는 세 가지 기본 축인 '개인' '주체' '인격' 등에는 뿌리깊은 양면성이라는 공통점이 있다. 개인은 '유일한' 존재이자 서로 닮은 '유사한' 존재이며, 주체는 '자주적'이면서 동시에 '종속적'이다. 인격은 육체이면서 곧 정신이기도 하다. 그리고 여기에는 여러 사상적 범주들이 존재하는데, 이를 통해 우리는 인간의 경험에서 초래된 상반된 자료들을 집어넣어 의미의 세계와 의미에의 요구를 조화시킬 수 있다. 불가분의 유일한 존재이자 모두가 동등한 동시에 모두와 완전히 다른 개인으로서 인간의 모습을 그려보는 것은 모든 실험적 과학에서 벗어나는 하나의 신조에 해당한다. (타율성과 자율성을 포괄하는) 주체성과 (신체와 정신을 포괄하는) 인격성의 개념 역시 마찬가지다. 이 인류학적인 조합은 과학에 기반을 둘 수 없다. 인간이 스스로를 인식의 대상으로서 관찰할 수 있는 인식 주체라고 전제한다면, 과학 그 자체도 이러한 인류학적 조합으로부터 비롯된 결과가 되기 때문이다. 인간의 개념에 대한 이와 같은 서구의 믿음은 오늘날의 종교적 신념과 마찬가지로 그렇게 개인적 차원의 믿음이 아니라 모두가 공유하는 하나의 믿음이다. 그런데 이러한 신념은 미국 독립선언에서 "그 자체로서 명백한 진리"라고 칭하며 교조적 가치를 부여한 것을 상징하고 보장하는 절대적 준거의 존재를 상정한다.

오늘날의 프랑스와 같이 철저히 세속화된 법질서 속에서 이러한 기준점이 되는 것은 바로 '국가'다.[90] 국가는 교회를 계승했지만, 개개인을 대표하는 대의성 위에 전적으로 자리잡은 '변형된 교회'다.[91] 서구의 제도적 체계에 있어 그 핵심적인 기둥이 되는 국가는 인간의 속성을 대표하는 영원불멸의 대리인이다. 심지어 인간의 속성 가운데 부정적인 측면은 모두 배제된다. 유일한 존재이되 다른 사람들과 결코 동등하지 않으며, 주권적 존재이되 그 자신 이외의 다른 누구에게도 예속되지 않는다. 그리고 공공의 정신적 존재로서 결코 죽지 않는 영생의 생명력을 지녔다. 국가의 물리적 신체는 끊임없이 세대교체가 이뤄지는 국민이기 때문이다. 초월적 인격으로서 보통법의 범위를 벗어난 굉장한 특권을 누리는 국가는 국가에 의거하는 실제적 또는 허구적 존재들의 법인격에 대한 궁극적인 보증자다. 국가라는 이 기둥이 없다면 서구에서 조합해놓은 인류학적 그림은 무너져버리고 만다.

사람들의 정체성을 확보하기 위해 전적으로 국가에만 의존하는 것은 규칙이 아니라 특례에 가깝다. 서구권 국가들을 포함하여 수많은 나라에서 호적과 관련한 부분은 전체적으로든 부분적으로든 여전히 종교적인 영역에 속한다. 영국 같은 경우, 곧 결혼할 예비부부들은 시청(혹은 구청)에서 하는 법적인 결혼식을 할 것인지, 아니면 (선택의 폭은 제한적이지만) 종교적 결혼식을 올릴 것인지 선택하며, 국가가 사람들의 정체성을 보장하는 궁극적 보증인으로서의 보조적 역할만을 담당하는 다른 유럽 국가들의 경우도 상황은 마찬가지다.[92] 왜냐하면 인간의 정체성이란 결국 언제나 '신뢰'와 '신앙'이라는 두 가지 의미에서의 신념 문제이기 때문이다. 그러므로 국가 및 국가가 표방하는 가치에 시민들이 동화되는 상황이 주춤하게 되면 특수주의의 다양한 양상 하에서 곧 이러한 종교적 기반이 다시금 수면 위로 떠오른다. 여기에는 물론 프랑스와 같이 정교분리가 가장 두드러진 나라들도 포함된다.

총체적 해방을 향하여 : 해체된 인간

기술과학은 서구권 특유의 복합적인 인류학적 그림이 만들어낸 직접적인 산물임과 동시에 다른 지역에 대한 서구의 패권을 가능하게 해주는 원동력이다. 하지만 과학이라는 방식을 동원하려면 이를 가능하게 한 믿음들을 먼저 잊어버려야 한다. 아울러 과학적 방식이 태동하게 된 그 역사 자체도 잊어야 한다. 인간 이외의 존재 영역에 속하여 '코기토'의 전능함으로 움직이는 과학은 인간을 사물로 바라보려 애를 쓴다. 가령 사회학 같은 분야가 실제로 이에 해당하는데, 사회학에서는 개개인에 대해 "자기장에서와 같이 인력, 혹은 척력의 작용에 따라 움직이는 '소립자'로 바라보며" 하나의 학문으로 인정받고자 한다.[93] 현대 생물학의 경우는 사회학보다 더하다. 생물체를 단순히 물리화학적 존재로 국한시키는 시각에 기반을 두고 있으며, 모든 형태의 '생기론vitalism'•을 거부하기 때문이다.[94] (모든 걸 목적을 통해 설명하려는) 궁극목적론을 유전공학의 개념으로까지 가져가면서 오늘날 유수의 생물학자들은 "과학적 연구 대상으로서 생명은 그 자체로서 존재하지 않는다. 생명의 메커니즘 역시 결국은 화학적 상호작용에 귀착되기 때문이다"라고 주장한다.[95] 살아 있는 것에 대해 연구하는 과학 분야에서 과학적 대상으로서 살아 있는 것의 존재를 부인하기에 이르렀다는 점은 과학적이라는 방식이 어느 정도로 엄격한 기준을 요하는지 잘 보여준다. 물론 우리는 방법론적인 차원에서야 한 생물학자가 "생명은 그 자체로서는 존재하지 않는다"라고 생각하게 되는 걸 이해할 수 있다. 다만 이런 식의 주장이 살아 있는 것에 대한 학문으로서 생물학의 패러다임이 가진 진정성에 영향을 주진 않을까 약간 의구심이 들 뿐이다. 심지어 "과학적 연구 대상으로서 사람은 그 자체로서 존재하지 않는다"는 주장이라고 받아들이지 못할 것도 없다.[96] 다만 이 말을 들은 일부 경제학자나 사회학자, 혹은 언어학자들이 학술적 주장을 펼칠 때 약간의 '겸손함humilité'[97]을 더 갖추게 될지도 모

• 생명 현상이 단순히 물리화학적 현상으로 국한될 수 없다고 보는 학설.

르겠다. 생명의 존재, 사람의 존재, 나아가 우주의 존재를 부인하고 나면 스스로 알아서 데카르트의 공허함을 경험하고, 코기토의 오만한 고독감을 느끼게 마련이기 때문이다. 하지만 생명도 사람도 그 자체로서 과학적 연구 대상이 되지 못한다면, 과학은 인간의 삶에 의미를 부여해줄 수 있는 '목적'에 기반을 둔 그 어떤 주장이라도 내세우기가 힘들어진다.[98] 하지만 이렇듯 자격 미달인 과학이라도 특수한 지적 활동 분야로서 사람과 사회에 의미를 부여하는 교조적 가치의 조합에 종속되어 있는 한, 별다른 영향은 미치지 않는다. 그러나 이러한 교조적 가치의 조합에 과학을 종속시키는 게 아니라 과학에게 이를 종속시키도록 명하고 과학 안에서 법의 궁극적인 기반을 찾으려들 경우, 과학은 치명적인 도구가 된다.[99] 그리고 그 정당성의 영역에서 벗어날 때, 과학은 곧 과학만능주의로 전락한다.

과학만능주의는 마치 범람하는 강물처럼 과학이 본래의 물길에서 벗어나 과도하게 흘러넘칠 때 생겨난다. 의심과 회의의 공간으로서 영원히 알 수 없는 진리로부터 다만 일시적이고 개략적인 표상만을 깨닫게 마련인 학술적 영역을 벗어난 과학만능주의는 인간의 삶에 관한 해석학적 영역 위에 맹목적으로 숭배되는 과학적 확신들을 퍼뜨린다. 과학이 이와 같이 본래의 영역에서 벗어나 과학만능주의로 넘어가는 현상이 비단 자연과학에서만 나타나는 건 아니다. 물론 인간에 대한 설명을 자처하고 나서는 생물학자들에게서 이런 현상이 가장 두드러지기는 하나, 사회과학 분야의 학자들이라고 예외는 아니다. 자연과학과 한데 묶이고 싶어하는 이들은 인간을 전적으로 사물로서만 바라보려 애를 쓴다. 자연과학 분야든 사회과학 분야든 과학만능주의자는 인간이 완벽하게 설명 가능한 대상이라 확신하며, 인간에 대해서는 오직 자연과학이 언젠가 낱낱이 밝혀주어 우리 손에 통제권을 쥐어줄 부분 정도만 알면 된다고 생각한다. 인간 게놈 해독이 끝났다는 소식을 보도한 프랑스 일간지 『르몽드』의 1면을 장식한 타이틀 '벌거벗은 인간'[100]은 과학만능주의의 슬로건이 될 수 있을지도 모르겠다. 이러한 관점으로 인간을 이해하는 건 포르노그래피의 시각으로 사랑을 이해하는 것과 같다. 그러니 장황하게 늘어놓는 이 지긋지긋한 이야기에서 벗어날 수 있다면, 이에 대해서도 마찬가지의 아량을 베풀고 싶어지지 않겠는가? 어쨌든 과학만능주의는 근대 서구에서 그려놓은 복합적인 인류학적 그림의 연장선상에 놓여 있다. 우주를 지배하는 모든 법칙을 인지 및 통제할 수 있는 정신적 존재이자 이 법칙에 종속된 물적 존재로 인간을 인식하는 것이다. 다만 정체성을 보장하는 제3자, 즉 인간의 제도적 측면만을 놓쳤을 뿐인데, 이를 걱정해야 하는 이유는 뭘까?

그건 바로 이러한 토대 위에서 (혈통 문제와 관련하여) 피에르 르장드르가 말한 인류의 '도살자적인 발상'이 기승을 부리기 때문이다.[101] (나치에게서 나타난 인간에 대한 잘못된 인식 등) 최근 인류가 경험한 역사는 인간이 단순한 생물학적 존재로 국한되는 것이 결국 어디로 귀결되는지를 보여준다. 이에 따른 주된 결과는 맹목적으로 숭배되는 과학적 신조가 인간 존재의 토대가 되는 믿음을 대체한 것이었다.[102] 물론 서구인이 아닌 다른 사람들, 즉 인도나 아프리카, 아시아 지역 사람들과 무슬림같이 서구권에서 오래전부터 인류학적 지식의 연구 대상으로 전락시켜버리고 선사시대 이성쯤으로 치부해버린 서양인 이외의 '인류'에 대한 믿음이 흔들린 것이다.[103] 하지만 서구권 자체의 믿음, 다시 말해 인간에 대한 서구적 관념의 기반이 된 '이마고 데이'의 믿음 또한 함께 흔들린다. 과학을 궁극적인 기준으로 삼는 세계에서, 인간의 존엄성에 대한 믿음은 종교와 어깨를 나란히 하며 사적인 영역으로 밀려났고, 공적인 공간에는 단지 삶을 위한 투쟁의 '사실성'만이 자리잡는다. 그리고 이렇듯 사실성을 내세운 과학만능주의가 믿음의 자리를 차지하고, 우리는 그 위에 경제적 사회적 질서의 기반을 닦기 위해 노력한다.

이렇듯 서구권이 그 자신의 기본적인 인간 범주를 잃어버린 것은 20세기의 두드러진 특징이었다. 여기에는 여러 이유가 있을 수 있는데, 가령 기술이 수많은 사람의 목숨을 앗아가며 엄청난 위력을 보여준 제1차 세계대전 이후, 어떻게 사람의 '인정人情'에 대한 믿음을 유지할 수 있었겠는가? 스스로를 '총알받이'라 자칭한 제1차 세계대전 참전 군인들은 기술력을 이용한 이 대대적인 학살 행위가 얼마나 근본적으로 다른 새로운 면모를 지녔는지 정확히 짚어낼 줄 알았던 이들이다. 인간이 도살장에 끌려간 동물과 별반 다를 게 없는 상태로 전락해버린 현실은 '총알받이'라는 이 표현에서보다 더 적나라하게 드러날 수 없다. 제1차 세계대전의 사생아인 히틀러는 그로부터 다음과 같은 교훈을 얻었다. "인간이 동물계에서 우뚝 설 수 있었던 건 인간으로서의 인정이나 성품에 입각한 원칙 덕분이 아니라, 오로지 가장 과격한 투쟁을 통해서였다."[104] 루이 뒤몽의 표현대로라면 나치즘의 근간이 된 단 하나의 믿음을 히틀러는 이와 같이 나타낸 것이다.

루이 뒤몽에 따르면 나치즘은 "만인에 대한 만인의 투쟁을 인간 삶의 궁극적 진리로 보고, 한쪽에 대한 다른 한쪽의 지배가 만물의 질서에서 나타나는 특징"[105]이라는 신념에 기반을 두고 있다는 것이다. 나치즘은 병적으로 공동체적 가치에 집착한 것과는 거리가 멀다. 그보다 나치즘은 사회적 다원주의의 한 극단적 형태에 해당한다. 여기에선 '퓌러(총통)'의 말마따나 "가장 능력 있고 강한 자가 가장 능력 없고 약한 자를 지배하는" 투쟁 속에서 영원한 싸움을 벌여가는 생물학적 개체 이외의 다른 인간적 실체를 인정하지 않는다. 인간에게 있어 유일하게 진리란 생물학적인 부분뿐이므로, 한 사회의 기본 토대를 마련함에 있어 생각해볼 수 있는 것 중 남은 것은 단 하나, 신체적 유사성과 인종적 동일성뿐이다. 그리고 국가란 이상적으로 동일한 사람들의 사회를 유지하고 발전시키기 위한 한낱 도구에 불과하다.[106] 나치주의자들은 "우리는 유전학적인 판결에 따라 국민의 삶과 법제를 만들어 간다"고 말하며[107] 오늘날은 상식처럼 여겨지는 확신 한 가지를 표현했다. 바로 인간에 대한 이해는 과학이 해결할 일이며, 법은 과학에 복종해야 한다는 것이다.

나치즘을 군사적으로 진압했다고 믿는 서양은 전쟁 이후 보편적으로 승인된 가치들을 중심으로 질서가 잡힌 세계를 재건했다고 생각했다. 반세기 뒤에는 내적으로 공산주의가 터져나오며 이런 면에서 더욱 공고히 되었다. 1948년 세계인권선언의 채택은 기독교로부터 물려받고 계몽주의 철학으로 걸러진 가치들을 다시금 반복하고자 하는 바람의 표현이었다. 지구상의 모든 민족을 한데 묶어줄 수 있는 '인류교'를 수립하고자 했던 것이다. 이와 동시에, 각국의 주권은 침해될 수 없다는 상호 인정의 원칙을 기반으로 국제기구를 창설하면서 추구했던 목표는 한편으로 새로운 약탈 전쟁 일체의 위험으로부터 각국을 보호하고, 또 다른 한편으로 교육, 문화, 노동, 보건 등의 분야에서 서구사회가 생각하는 '사회적 진보'를 최빈국 사이에 전파하는 것이었다.[108] 이처럼 서구에서는 자연선택의 법칙에 예속된 생물학적 동물로서만 인간을 바라보려는 근대의 야만적 행태가 되살아나지 못하도록 하고자 했다. 그런데 나치즘은 어느 날 화성에서 뚝 떨어진 우연한 역사적 사건이 아니라 인간에 대한 서구식 관점이 극한에 다다른 것[109]이었다는 사실을 인정하지 않으려 함으로써 서구사회는 스스로 과학만능주의적 '사실주의'에 대한 비판이 다시금 일어나지 못하도록 막는다. 그러나 전체주의의 모든 경험으로 미루어봤을 때 여기에서 나타나는 공통된 특징은 바로 이 과학만능주의적 '사실주의'였다. 루이 뒤몽이 분석한 바에 따르면, "히틀러는 미개한 사람들이 흔히 내뱉는 말 중의 하나인 '만인의 만인에 대한 투쟁'이라든가, 혹은 정치를 권력에 국한시키는 것과 같이 좀 더 세련된 형태이나 내내 같은 급에 속하는 사고 유형처럼 우리 시대에 뚜렷이 나타나는 공통된 표상들이 어디까지 갈 수 있는지 보여주었을 뿐이다. 그런데 일단 그러한 전제들이 받아들여지고 나면, 자기 뜻대로 모든 걸 전멸시킬 수 있는 자의 질주를 막을 길이 없고, 오직 참극의 끔찍한 결과만이 전제의 오류를 입증해준다. 히틀러의 사례가 대표적이다. 모두가 한결같이 극심한 비난을 보낸다는 건 가치에 대한 합의가 이뤄졌음을 뜻하고, 정치권력은 이 가치에 종속되어야 한다. 인간 삶의 본질은 만인의 만인에 대한 투쟁이 아니며, 정치 이론은 권력 이론이 아니라 정당한 권위에 관한 이론이 되어야 한다."[110]

오늘날 우리는 '탈post 히틀러'[111] 시대에 살고 있다. 나치가 저지른 범죄, 공산주의가 저지른 범죄에 대한 (좀 더 단편적인) 기억[112] 때문에 민주주의는 스스로 양심의 시험을 치를 수 있는 기회에서 모두 빗겨갔다. 공산주의 사상의 핵심에 있던 경제우선주의와 나치 사상의 기반이 된 생물학 결정주의가 이에 해당한다. '인종'이라는 패러다임은 사실 나치만의 특수성이라고 보기는 힘들고, 이는 전쟁 전 서구권 국가들 전체에서 인류학과 생물학의 토양을 다져준 패러다임이었다.[113] 전체주의의 싹이 될 수 있었던 내재적 요소에는 눈을 돌리면서, 민주주의는 계속해서 경제가 최종 심급 기관으로서 사회적 관계에 대한 최종 결정을 내린다고 생각했고, 인간에 대한 이해 영역에 있어 최종 심급 기관의 역할을 하는 건 생물학이라고 믿었다. 과학은 이제 예전에 교회가 차지하고 있던 진리의 법정으로서의 구조적 지위를 차지하고 있다. 민족에 기반을 두고 있던 유전학이 분자생물학에 기반을 둔 유전학에 그 자리를 내어준 지 50년,[114] 인종을 중심으로 이뤄지던 설명은 유전자를 중심으로 한 설명으로 대체됐고,[115] 이러한 담론 속에서 그 교조적 구조는 여전히 변하지 않은 채 그대로다. 만인의 만인에 대한 투쟁이 역사의 동력이라는 생각은 여전히 존속되고 있고, 다만 이제는 계급 간의 투쟁이나 인종 간의 투쟁처럼 집단적인 형태가 아니라 개인적 차원에서의 경쟁, 인간 삶의 모든 영역(경제, 성, 종교 등)에서 일반화된 경쟁이라는 '민주주의적' 형태라는 점만이 다를 뿐이다. 이에 따라 우리는 사회를 하나의 '전체'가 아닌 단순한 '무리', 즉 자신의 개별적 이익을 찾아 움직이는 개개인이 병렬적으로 규합된 집단으로 인식한다.[116]

어떤 사람이 되었든 각각의 개인이 모여 전체를 이루려면 개개인 각자가 하나의 동일한 조직 원리, 각 개인의 존재를 초월하는 공통의 법에 의거해야 한다. 신의 형상으로 창조된 인간이라는 인식을 기반으로 조합해놓은 인류학적 몽타주 속에서 개개인 각자는 자신의 정체성을 보장해주는 최상위 개체에 의거한다. 성별을 가진 각 존재는 남성 혹은 여성 등 두 개의 성별을 포괄하는 '동일종'(사람의 경우 '인류')에게로 귀착되고, 이로부터 모든 인류에 공통으로 적용되는 '만민법jus gentium'이라는 사상이 구축되었다. 각각의 신체 기관이나 세포, 유전자 역시 마찬가지다. 생물학의 설명을 통해 이들 각각의 기관, 세포, 유전자는 이를 초월하는 하나의 전체, 즉 인간의 신체로 귀속된다. 만약 우리가 준거의 개념, 위계의 개념, 공통의 법이라는 개념을 거부한다면, 그리고 캉길렘이 말한 바와 같이 "물질에 대한 형식의 지배, 부분에 대한 전체의 지배가 존재한다"[117]는 점을 인정하지 않는다면, (개체의 유기적 합이라는) 전체의 개념은 생각할 수 없다. 이것이 오늘날 생물학이 생명의 정의와 관련하여 부딪히고 있는 난관이다. 생물학에서 살아 있는 생물의 신체에 대해 이를 구성하는 각 부분으로 국한시켜 바라보고, 신체의 각 부위에 대해서도 물리화학적 결정물로 국한시켜 바라보는 한, 생명체의 존재와 삶에 대해 설명해줄 수 있는 건 아무것도 없다. 따라서 생명체는 과학적 대상으로서 존재하지 않는다는 결론이 내려진다. 이에 개체 중심주의는 신체의 각 일부, 즉 만인에 대한 만인의 투쟁이라는 법칙에 따라 행동하는 유전자와 세포를 대상으로 한 논의로 옮겨간다. 인간의 신체에 대한 우리의 관점은 늘 사회적 신체에 대한 관점과 함께 연동되어왔으며, 우리는 사회라는 곳이 서로 경쟁하는 개인들의 단순한 총합이라고 생각한다. '이마고 데이'라는 인간상의 부산물인 '개인'이란 존재는 이로써 하나의 소립자로 이해되고, 이성을 보유·유지하기 위해 더 이상 기반이 닦일 필요가 없는 자기 준거적 존재로 파악된다.

인간으로서의 '기반을 닦는다instituer'는 것은 말 그대로 한 사람의 존재를 두 발로 딛고 바로 서게 만드는 것.[118] 또래 집단과 이어줌으로써 의미 공동체 안에 편입시켜 스스로 일어서게 만드는 것이다. 말하자면 인간이 인류 안에서 자신의 자리를 차지할 수 있도록 해주는 것이다. 공화국 질서 안에서 '교사instituteur'에게 부여된 임무 또한 이와 같았다. 아이들에게 공화국 질서에서 요구하는 규율을 주입시킴으로써 아이들이 스스로 행동하고 깨우칠 수 있도록 만드는 것, 그게 바로 교사의 역할이었다. 용어의 변화만 보더라도 많은 걸 알 수 있다. 일단 교사들 그 자체도 이해하기 힘들어진 이 직위에서 벗어나 교수들의 세계에 융합되도록 해줄 것을 요구하고 나섰다. (교수란 어원학적으로 학문을 우선시하는 사람들을 말한다.) 그리고 이들은 그 같은 결과를 얻어냈다. 두 개의 성별을 아우르며 모든 인간 존재가 포함되는 인간 '속genus'의 개념 같은 경우, 오늘날 (인간을 동물로 깎아내리는) '종spacies'의 개념에 차츰 밀려나고 있다.[119] 성별의 차이를 초월하고 '인간homo'을 '남vir' '여mulier' 모두 아우르는 전체로서 생각할 수 있게 해주는 포괄적 범주인 '인간속屬'의 개념은 성별을 순수한 생물학적 범위로

만 국한시키는 오늘날의 신조와 호환되지 않는다. 이에 따라 사회적 성별인 '젠더'의 연구가 진행되는 가운데 '속genus'의 개념은 '젠더gender'의 개념으로 변질된다. 이에 따라 각 개인은 자연적으로 주어진 성별을 뛰어넘어 '남성' 혹은 '여성'이라는 성별을 임의로 부과할 수 있는 자유로운 존재가 되었다. 그리고 생물학과 성형수술의 발달로 각 개인이 얼마든지 자신의 성별을 선택하고 바꿀 수 있는 세상이 가능해졌다.[120]

이렇듯 통상적인 과학만능주의와 진보에 대한 서양의 신념이 결합하면서 무한정 모든 게 가능하리라는 무제한 이데올로기로 나아가고, 이는 인간 삶의 모든 영역에 영향력을 행사한다. 이 같은 결합은 기술적 차원에서 우리의 경제적 기술적 '과잉hybris'●으로 말미암아 지구의 생존이 계속 위협을 받게 된 상황에 대해 장차 새로운 발명과 발견을 통해 이 같은 위기를 타개해나갈 수 있으리라 생각하는 부동의 신념으로 나타난다.[121] 법률적 차원에서는 사람들의 법적인 신분과 지위를 보장해주는 기제로서가 아닌, 해방되어 벗어나야 할 구속 요건으로서 인식하는 양상으로 나타난다.[122] 사도 바울이 말한 바와 같이 믿음이 율법의 자리를 대신하게 된 것[123]의 비종교적 버전인 이 같은 법으로부터의 해방은 믿음을 바탕으로 혼자서 완벽하게 자립할 수 있는 인간형을 만들어낸다. 이에 따라 우리 앞에는 스스로 자유

● '정상의 범주를 벗어난 것' 정도로 번역할 수 있으며, 도를 넘어선 열정, 특히 오만함 등으로 유발되는 격한 느낌을 일컫는다. 그리스인들은 이를 절제와 중용, 검소 등의 반대 개념으로 생각했다.

롭게 정해둔 제약 외에는 아무것도 우리를 구속할 수 없는 찬란한 미래가 펼쳐진다. 따라서 외부에서 가해지는 그 모든 제약을 거부한다. 좌파와 우파를 막론하고 모두가 이 매력적인 환상의 유혹에 빠져드는데, 가령 우파의 경우 경제 분야에서 탈규제적인 정책이 마련된다. '호모 에코노미쿠스Homo oeconomicus', 즉 '경제적 인간'이 자신을 옥죄는 법률로부터 해방되어 자유롭게 계약 거래를 향유할 수 있도록 해주어야 한다는 것이다. 좌파 쪽에서는 이 같은 탈규제의 해악에 대해 (정당한) 비판을 가하되, 사생활의 영역에서는 정확히 같은 신조를 적용하고 있다. 개인의 자유로운 호불호를 제한하는 모든 법은 하나의 '악'으로 간주되며, '마지막 금기'에 맞서 싸우겠다는 모토 아래 개개인의 신분과 지위에 대한 탈규제 정책을 적극 장려한다. 그러니 결국 같은 형태의 영향을 미치게 마련이다. 즉, 강자의 법칙이 다시금 대두되고, 소수의 승자와 다수의 패자 사이에 격차가 더욱 벌어지는 현상이 나타나는 것이다. 사생활에서든 직장생활에 있어서든 문제는 집단의 규율과 개인의 자유 사이에서 무언가를 선택하는 게 아니라 필요한 조합을 새롭게 설정하는 것이다. 하나의 법질서가 인류학적인 기능을 수행하는 때는 오직 두 가지 경우뿐이다. 하나는 새로운 아이가 세상에 태어나면, 장기적으로 아이의 정체성을 담보해줄 세상이 이미 존재하고 있었음을 보장해줄 때, 다른 하나는 아이가 이 세상을 변화시키고 그 자신의 고유한 족적을 남길 수 있다는 가능성을 보장해줄 때다. 세상에 태어난 모든 이는 자유로운 주체이나, 존재의 기반이 된 법에 종속될 때에만 비로소 자유로운 주체가 된다.

따라서 서양이 복합적인 짜깁기로 인류학적 그림을 그려가는 과정에서 정체성을 보증하는 제3자에 대한 믿음을 잃어버렸으므로, 이 그림은 우리 눈앞에서 계속 해체되어가고 그 잔재들 위로 말도 안 되는 헛소리가 난무한다. 그 누구의 전제적 의지에 좌우되지 않고 모두에게 강제되는 공통의 법이라는 토대도, 제도적 기반도 잃어버린 개인의 평등과 자유에 관한 원칙들은 사실 그 모든 차별과 제약의 철폐를 정당화할 수 있다. 즉, 광적인 해석이 가능해지는 것이다. 서구권 국가들에서 유행처럼 번지는 주장들을 살펴보면 이를 뒷받침하는 수많은 증거가 쏟아진다. 가령 모든 성별의 구분을 폐지해야 한다는 주장[124]이라든가, 아이는 "여성 최대의 적"으로 간주되기 때문에[125] 으레 어머니에게 "모성을 강요하는 인식에서 벗어나야 한다"는 주장,[126] (억압받는 소수와 동일시되는) 아이들의 "특수한 지위"를 폐지해야 한다는 주장,[127] 혈연관계를 계약관계로 대체해야 한다는 주장,[128] 또는 논리적인 내용을 바탕으로 매우 분명하게 제기하는 '미칠 권리'에 대한 주장[129] 등이 이에 해당한다.

파리 과학산업관 '시테 데 시앙스Cité des sciences'의 주관으로 개최된 학술 세미나에서는 '출산'과 '친자관계'의 문제에 대해 이제 "자식을 낳는 것과 관련하여 서로 성이 다른 두 부모만이 이를 독점하던 시대는 끝났다"는 시각으로 바라볼 것을 제안한다. 이러한 고정적인 시각에서 탈피하여 이제는 "아이를 둘러싼 사람들과 관련하여 유동적인 시스템이 마련되어 문화적 생물학적인 성별 및 혈연관계가 더 이상 고정적으로 정해져 있지도, 서로 연관되어 있지도 않는다"는 것이다.[130] 이러한 측면에서 인간의 생식 복제가 얼마나 매력적으로 다가오는지는 짐작이 가고도 남는다. 생식 목적에서의 인간 복제가 이뤄지면 인간은 성별의 구분과 세대의 구분으로부터 단숨에 벗어날 수 있을 것이고, 앞의 말마따나 "아이를 둘러싼 사람들과 관련하여 문화적 생물학적인 성별 및 혈연관계가 더 이상 고정적으로 정해져 있지도, 서로 연관되어 있지도 않은 유동적인 시스템"을 창조해낼 수 있을 것이기 때문이다. 무언가 '천사들의 세계' 같은 것을 만드는 것이다. (천사를 만들어낸다면 짐승 역시 만들어낸다는 얘기지만) 적어도 짐승들의 세계가 아니라 그런 천사들의 세계를 만들 수 있다고 한다면 그러한 유혹에 빠지는 것도 무리는 아니다. 사회적 신분의 모든 규제가 풀린 시장에서는 지배 세력에 끼지 못한 자들만이 자신들의 불행에 대한 유일한 책임자로 판명될 것이며, 무제한의 자유가 안겨주는 혜택을 맛보지 못하는 사회적 부적격자로서 일종의 하류 인간으로 분류될 것이기 때문이다.[131] 어머니로서의 자질과 역할 문제 역시 사회적 고삐가 풀어지고 나면 어린이를 위한 감옥을 건설해야 할 것이며, 사실 이미 이는 현실화된 상황이다. 자기 안에서 스스로 제한선을 발견하지 못한 경우라면 필연적으로 자기 외부에서 이를 찾게 될 것이기 때문이다.

　법률적인 부분과 과학적인 부분이 완전히 역전된 건 20세기 전체주의의 특징이었으나, 이렇듯 이는 오늘날까지도 지속된다. 법과 정부는 이제 합의의 문제일 뿐이며, 이 또한 언제든지 재고가 가능하다. 법과 정부는 의미 없는 단순한 도구에 지나지 않을 것이며, 치명적인 힘을 가진 기술적 진보와 과학적 진리에 종속될 것이다. 도구로 전락한 법과 정부는 계급이나 인종에 있어 한쪽의 다른 한쪽에 대한 자연스러운 지배에 소용되는 것이 아니라 개인이 자기주장을 펴기 위해 다른 모든 타인과 경쟁을 벌이는 과정에서 쓰이게 된다. 과학만능주의의 이 새로운 변형은 기존의 전철을 밟으며 핏빛의 막다른 길에 이른다. 이성을 정초함에 있어 금기가 차지하는 역할을 이해하지 못하기 때문이다.

생물학적 유기체는 그 존재와 통제 규칙 사이의 차이가 없는 이례적인 존재 방식에 해당함을 지적하면서, 캉길렘은 인간사회의 질서 같은 경우 이와 다르다는 점을 언급한다. 인간사회의 질서는 규칙이 내재하는 것이 아니라 필연적으로 "사회적 신체"[132]의 외부에 존재하기 때문이다. 그러므로 의학에선 '선(건강)'이 아니라 '악(질병)'이 문제가 되지만 사회에서는 '공정한 질서의 정의'가 꽤 복잡한 문제가 된다. 이 규칙이라는 게 사회 그 자체에서는 발견될 수 없기 때문이다. 필시 사회에서의 규칙은 과학적 연구뿐만 아니라 개인의 변덕으로부터 벗어난 다른 곳에서 초래되며, '윤리'라는 가면을 쓰고 나타난다. 살인과 절대 권력의 힘에 대한 유혹으로부터 인간을 보호하려면, 특히 신기술의 권능으로 말미암아 그러한 유혹의 싹이 더욱 움트려 할 때에는 이러한 규칙의 필요성이 적잖이 대두된다. 모든 문명에서 금기의 논리는 (언어 같은) 정신적 표상이든 (도구 등의) 물질적 표상이든 인간과 그 표상 사이에 제3의 원칙이 끼어들어 중재해야 할 필요성에 따라 생겨난 것이다. 금기와 중재라는 이 교조적 기능[133]은 기술 중심의 세계에서 법에 하나의 특별한 지위를 부여한다. 즉, 기술을 인간화하는 기술로서의 지위를 부여하는 것이다.[134] 오늘날 여러 법률가가 하는 바와 같이 그렇듯 과학을 앞세우며 법의 교조적 성격에 맞서는 것은 퇴행적인 위험한 길에 해당한다. 독일의 사회학자 노베르트 엘리아스Nobert Elias가 말한 것처럼 "고전적인 자연과학을 그대로 따라하며 사고를 게을리하다보면 과학 이전의 신화적이고 마술적인 사고의 안락한 도피처로 스스로 도망치려는 인간의 경향이 강화될 수 있기"[135] 때문이다. 인간이 과학 이외의 그 모든 법으로부터 해방된 '찬란한 미래'에 대한 믿음은 인간을 부정하는 요인으로, 2세기 전부터 지속되어온 믿음이었다. 이는 오늘날에도 여전히 전대미문의 기괴한 괴물을 잉태하고 있는 모태에 해당한다. 참극은 반복되는 게 아니라 새로이 모습을 바꿀 뿐이다. 따라서 과거의 기억이라는 저지선만 믿고 있다가는 참극의 재발을 예방할 수 없으며, 이와 더불어 법적 장치를 굳건히 해야 한다. 이러한 장치가 마련되지 않는다면 인간도 사회도 바로 서지 못한다.

모든 계율 가운데 법률을 공부할 의무에 비할 수 있는 계율은
찾아볼 수 없을 것인데, 이 계율은 그 자체만으로도 다른 모든
계율을 합해놓은 것과 같은 비중을 갖는다.

— 마이모니데스, 『지혜의 책』

겉만 보고 속지 말게. 속은 온통 법칙들뿐이라네.

— 라이너 마리아 릴케, 『젊은 시인에게 보내는 편지』

제2장

법률의 제국:
법은 엄격하다, 하지만 법은 법이다

법률과 법칙loi의 세계는 법 규범Droit의 세계보다 훨씬 크다. 법이
란 사람들이 스스로에게 부과하는 규칙들을 조직해놓은 서구의 방식
이다. '법Droit'의 라틴어 어원은 'ius'로, 정의正義가 표현되는 방식을 가
리켰다.[●1] 그런데 '지도directum'의 개념을 기반으로 구축된 '법Droit'은
'정의'의 관념에 '행동 노선'이라는 개념을 결합한다. 이렇듯 두 개념이
결합된 예는 '자ruler'를 뜻하는 라틴어 'regula' 또는 '삼각자set square'
를 뜻하는 라틴어 'norma'에서도 이미 나타난 바 있다. 자, 삼각자, 직
선과 직각 등 법과 더불어 정의의 개념은 궤변의 문제라기보다는 기
하학적 궤적의 문제가 된다. 『학설휘찬Le Digeste』[●●](로마법대전 제2부

● '법률Loi, law'의 라틴어 어원은 'lex'다.
●● 비잔틴 황제 유스티니아누스 1세 때 편찬된 학설집으로, 로마 공화정 및 제정 시기
로마 법학자들의 학설을 모아놓은 것이다.

에 해당하는)의 유명한 구절처럼 정의란 언제나 결국은 각자에게 각자의 몫을 나눠주는(suum cuique tribuere) 것에 관한 문제라고 할지라도 '중재'보다는 사실 '측량'에서 유래한다. 규범적 기준이라는 맥락에서 '법' 개념에 상응하는 영어 단어가 없는 이유도 여기에 있다. 관습법 '코먼 로common law'의 전통을 따르는 영국이나 미국에서는 규범적 기준으로서의 '법Droit'이 '법률Law'로 번역된다. 하지만 이들 국가에서는 법 규범의 기본 근거가 법전이 아닌 판례에 있으며, 국가가 닦아둔 경로를 따라가기보다는 판사가 결정을 내린 사례를 법적 근거로 삼는다. 특히 영미권에서 '법률'의 개념은 유럽 대륙 내에서의 '법률loi, legge, ley, Gesetz'과 마찬가지로 (모세의 율법이나 이슬람 율법, 케플러의 법칙, 뉴턴의 법칙, 열역학법칙, 만유인력의 법칙 등) 인간이 전혀 영향력을 가질 수 없는 규율과 규칙까지도 동시에 아우른다. 원래는 종교적 의미를 갖고 있던 '법률lex'이란 단어는 늘 하나의 강제적 명령, 인간을 압도하는 하나의 힘을 가리켰다. 그러나 '법률lex'은 또한 인간적 힘뿐만 아니라 물리적 또는 형이상학적 힘으로 이해될 수도 있다. 규범적 실체라는 의미에서의 '법Droit' 개념이 법률적 사고의 속성을 지니고 법률가로 하여금 스스로의 규범 체제를 고집할 수 있도록 한다면, '법률Loi'의 개념 역시 종교와 과학에 관련되면서 다양한 반경의 규범적 틀을 이해할 수 있게 해준다. 그리고 이 다양한 규범적 틀이 오늘날 서구적 사고의 기본 골조가 된다. 법의 용어와 관련하여 생각해보는 일은 사실 꽤 애매모호한 일이고, 보편적인 측면도 전혀 없다. 이러한 점을 이해할 수 있다면, 우리는 서구의 '문명화과정'을 아마도 다른 시각에서 바라볼 수 있을 것이다.[2]

사유 방식의 다양한 변형

프랑스의 저명한 중국학자 마르셀 그라네Marcel Granet는 중국의 사상에 관한 그의 훌륭한 저서 말미에서 자신이 이해한 모든 것을 어떻게 하면 잘 요약할 수 있을까 궁리한다. 그리고 그가 찾아낸 답은 다음과 같다. "중국인들은 스스로 그 어떤 제약도 받지 않는다는 점을 강조하면서, **나는 중국인들의 관습을 관통하는 정신적 특징에 대해 '신도 없고 법도 없다'는 문장 정도로 정리하고자 한다**."[3] 그라네의 표현에 따르면 "지금껏 알려진 문명 가운데 가장 광범위하고 지속적인 문명의 '자리'를 찾아주는"[4] 이 문장은 동시에 서구사회의 사유 방식 또한 그 '자리'를 찾아준다.

이 말은 곧 중국의 사상이 법 개념 일체를 도외시했다는 뜻이 아니다. 그보다는 서구사회에서 중심적인 위치를 차지하는 법 개념이 중국사회에서는 한 번도 그 같은 자리를 차지한 적이 없었음을 의미한다. 순전히 법률적인 차원에만 국한되어 있던 중국에서는 행정법[5]과 형법이 모두 존재했으나, 서구 문명의 기초가 된 '민법civil law'의 개념은 발달되지 않았다. 유교적 전통에 따라 '문명화된' 인간, (즉 로마 제국에서 시민권을 부여받은 '시민civil'과 같이) 개화된 교양인으로서 '군자'는 별도의 규율이나 규칙을 필요로 하지 않는다. 함께 살아가는 모든 기술(예절)을 몸소 체득하고 실천하기 때문이다. 이러한 규율 및 규칙은 이 같은 기술이 없는 미개한 족속들에게나 응당 필요한 것으로서, 지극히 투박하고 난폭한 방식으로 행사된다. 즉, '형벌'의 형태로 나타나는 것이다.**6** 물론 중국이 제국 시기로 접어들기 이전, 즉 진나라 성립 이전의 무질서한 춘추전국시대에 사람에 의한 '인의정치仁義政治'를 비판하고 나선 유파流派가 있긴 했다. '인의정치'란 사실상 하층민들을 고위 관료의 자의적 판단에 맡기는 것에 다름없었으므로, 그 기만적 성격을 비판하며 '법치法治'를 주장하고 나선 것이다. 서구에는 프랑스의 중국학자 레옹 반데르메르쉬Léon Vandermeersch의 책**7**을 통해 잘 알려진 이른바 '법가' 사상이다. 그러나 법가 사상가들은 기존 수준의 사상적 논의에만 머무르면서 형법을 그저 사회 안에서 벌어지는 삶의 모든 양상으로 확대시키는 데에만 몰두했다. 이들은 정치적 기득권을 장악하여 중국 최초의 제국 성립을 뒷받침하고, 기원전 213년의 분서갱유 사건과 같이 유가에 대한 가혹한 탄압을 벌였다. 그러나 이들의 세력이 오래가지는 못했다. 기원전 206년 진이 멸망하면서 이들의 사상은 즉각 폐기되었고, 법가의 과도하고 급진적인 사상에 대한 기억만이 오래도록 지속됐다.

이들은 청동 솥에 법조문을 새겨넣고 이를 어기는 자는 그 솥에 넣어 삶았다고 한다. 이러한 방법을 통해 법가는 법률에 대해 널리 알리고 그 내용과 처벌을 모두가 즉각 알 수 있도록 하고자 했다. 카프카가 『유형지에서』라는 작품 속에서 상상한 기계는 이와 정반대의 원리에 근거하고 있다. 이 기계는 난해한 법조문을 사형수의 몸에 새기고, 사형수는 마지막 숨을 거두기 직전에야 비로소 이 법조문의 의미를 깨닫는다.**8** 카프카의 글은 작품 속에서 논하는 법 그 자체의 양상과도 닮아 있으며, 그의 글 역시나 끊임없는 해석의 노력을 요구한다. 여기에서 나는 세 가지 정도만 짚고 넘어가고자 한다. 첫째, 법률이 일종의 난해한 수수께끼라는 생각은 순전히 서구적인 발상이며, 법가의 사상과는 하등의 관계가 없으리라 생각된다. (법가의 고전 가운데 하나인『상군서』에 따르면, "백성은 어리석어 다스리기 쉽다. 법률이 이에 도움이 될 수 있다. 법률은 명확하고 이해하기 쉽기만 하면 되고, 그러면 당연히 제 기능이 발휘될 것이다.")[9] 둘째, 인간의 몸은 율법이 새겨져야 하는 더 없이 훌륭한 공간이라는 생각은 (할례의 강제성을 둘러싼 논쟁과 함께[10]) 유대의 전통과 기독교의 전통이 단절되는 지점들 중의 하나였다. 셋째, 형벌을 통해 법 정신을 구현하는 것은 곧 신의 계시가 실현되는 것이라는 생각은 조르주 바타유Georges Bataille[11]나 미셸 푸코 Michel Foucault[12]의 예에서 보듯이 끊임없이 서구의 사상계를 매료시켰다.

어쨌든 법가를 포함하여 중국 사상의 역사에서는 서구에서와 같이 개인의 권리를 보장하는 법률이란 개념의 흔적을 찾아볼 수 없다.[13] (법률적인 맥락에서는 노예제의 흔적 역시 찾아볼 수 없는데, 이 또한 같은 연장선상에 있다.) 동양과 서양에서의 이 근본적인 생각의 차이에 대해 어떻게 설명해야 할까? 여기에서 우리는 오드리쿠르의 글을 읽고 심사숙고해봐야 한다. 인류학자겸 식물학자이면서 공학자이고 동시에 동양학자인 앙드레 오드리쿠르André Haudricourt는 자신의 저서를 통해 "인간에 의해 표출되는 사회적 역사와 인간의 행동을 설명함에 있어 뇌의 형태나 피부색보다는 인간과 자연의 관계가 얼마나 훨씬 더 중요한지"[14]를 보여준다. 1962년에 발표된 한 논문에서는 이 같은 관계의 유형학을 제시한다.[15] 이에 따르면 인간의 유형은 두 가지로 구분될 수 있는데, 하나는 창세기의 '카인'으로 대표되는 '농부' 유형이고, 다른 하나는 '아벨'로 대표되는 '목자' 유형이다. 하나의 사회는 이 두 가지 인간형의 조합으로 구성될 수 있는데, 실제로는 이 두 가지 유형이 서로 적절히 결합되어 있는 경우가 많으나 자연과 관계를 맺고 있는 지배적인 양상으로 해당 사회를 특징지어볼 수 있다. 기독교인들의 하나님 야훼가 카인이 바친 곡물보다 아벨의 구운 고기 냄새를 더 좋아한 것(창세기 제4장 3절 이하)만 봐도 그렇지만, 지중해 연안의 목축사회에서는 동물을 가축으로 길들이는 게 주된 일이었던 반면 동양사회에서는 쌀이나 마를 재배하여 먹고 살았다. 식물을 재배하기 위해서는 식물에 간접적이고 소극적인 작용을 가해야 한다. 식물은 위에서 잡아당긴다고 해서 자라나지 않으며, (햇빛과 수분, 토질 등과 같이) 식물의 생장에 필요한 환경을 조성해주어야 잘 자라날 수 있다. 달리 말해 동양사회에서는 자연과 함께 '더불어' 살아가는 삶을 지향하지 자연에 맞서 이를 '구속'하지는 않는다. 반대로 목축사회의 특징은 구속력의 행사에 있다. 짐승을 가축으로 길들이기 위해서는 몽둥이와 울타리, 목양견과 목줄이 필요하다. 자연과 관계를 맺는 주된 방식이 무엇이냐에 따라 각 문화권에서의 하부적인 양상도 달라진다. 이에 서구권에서는 자연을 길들임의 대상으로 바라보는 인식이 식물과의 관계에도 영향을 미치며, (정형화된 인공미를 특징으로 하는) 프랑스식 정원이나 이보다 더 우려스러운 국립농학연구원INRA에서 진행 중인 식물 규격화 작업이 이에 해당한다. 중국에서는 자연과의 조화를 추구하려는 성향이 동물과의 관계에서 드러나는데, 중국의 문헌에 남아 있는 기록에 따르면 "소도 인간과 똑같이 숨을 쉬고 인간과 똑같은 피를 갖고 있다. 소의 기분을 헤아려주어야 한다".[16] 반면 아리스토텔레스는 다음과 같이 이야기한다. "사람과 소 사이에는 그 어떤 우정도 정의도 가능하지 않으며, 주종관계 이상의 그 무엇도 존재하지 않는다."[17]

아리스토텔레스가 한 말에서도 알 수 있듯이, 해당 사회에서 인간이 자연과 맺고 있는 관계에 따라 사회 내 구성원에게 행사되는 권력의 그림도 달라졌다. 선원과 어부를 끌어들여 배의 '방향 키 gouvernail'라는 이미지 위에 '정부gouvernement'의 개념을 세우기도 했고, 목축과 관계된 이미지도 서구의 종교 및 정치 분야에서 자주 등장한다. 가령 성경에서 나타나는 목자의 이미지[18]라든가 유월절에 먹는 양고기의 이미지, 양떼에 비교되는 신도들의 이미지, 주교의 홀장과 왕홀 같은 상징적 도구들이 그 일례다. 서구에서 권력이란 지휘권의 행사, 절대적 명령의 권한을 행사하는 것과 같다. 그리고 예나 지금이나 서구에서는 지도자와 의사결정권자를 숭배한다. 반면 유교적 전통에서는 정치권력이 조화로움을 보장한다. 이에 따라 각자는 그 자신의 재능을 펼칠 수 있으며, 세상에 널리 덕을 퍼뜨린 자만이 응당 이러한 정치권력을 손에 쥘 자격이 있다. "그 자신(위정자)의 몸가짐이 바르면 아무런 명령을 내리지 않아도 백성들 스스로 그 자신의 의무를 다할 것이나, 스스로의 몸가짐이 바르지 못하면 아무리 그가 명령을 내린다 한들 따라주는 사람이 없다."[19] 따라서 이제 우리는 서구 사회의 경우 법치 사상이 발전한 반면, 동양에서는 법치보다 사람 중심의 인의정치를 선호한 이유가 무엇인지 알 수 있다.

자기의 권리를 확보하기 위하여 법률을 내세우고 판사에게 달려가는 자들에 대해서 중국인이나 일본인이 갖는 깊은 반감은 17세기 중국 청清의 4대 황제 강희제康熙帝의 말에서 명쾌하게 표현된다.

사람들이 법정에 서는 것을 두려워하지 않는다면 그리고 법정에서 즉각적으로 손쉽게 완벽한 정의를 구할 수 있다고 믿는다면, 소송은 끔찍할 정도로 많이 증가할 것이다. 무릇 사람이란 그 자신의 이익과 관련하여 쉽사리 착각에 빠지게 마련이기 때문에 서로 간의 대립은 끝이 없을 것이고, 짐의 백성 절반으로는 나머지 절반의 분쟁을 해결함에 있어 충분하지 않을 것이다. 이에 짐은 법정에 호소하는 자들에 대해 그 어떤 자비도 베풀어지지 않도록 함으로써 이들이 법에 신물이 나도록 만들고 법관 앞으로 소환되는 것에 대해서도 두려움에 떨게 만들고자 한다.[20]

반대로, 서구에서 말하는 훌륭한 목자란 자신의 어린 양을 스스로의 법질서에 복종시키는 자를 뜻한다. 유럽 기독교사회에서는 (하늘의 질서나 자연적 혹은 사회적 질서 등) 질서의 개념이 자연스레 (신의 율법, 과학적 법칙, 인간의 법률 등) '법law' 개념으로 이어졌고, 그러므로 법의 측면에서 사고하는 것은 비단 법률가들의 전유물이 아니었다.

몽테스키외가 쓴 『법의 정신』 서두에 나오는 법에 관한 유명한 정의를 살펴보면 이를 이해하는 데에 도움이 된다. "가장 폭넓은 의미에서 법이란 사물의 본성에서 비롯된 필연적인 관계다. 그리고 이런 의미에서 모든 존재는 그 자신의 법칙을 가진다."[21] 신에게는 신의 법이, 물질과 동물의 세계에서는 물질과 동물의 법이 존재하고, 인간에게는 인간의 법이 있다는 것이다. 이 세 가지 유형의 법은 '필연적 관계'라는 관념을 공유한다. 즉, 여기서의 법률은 보편적 원리로서의 인과율을 가리키며, '신'이라는 외재성, '물리적 자연과 생물학적 자연'의 내재성 그리고 인간이 이 인과율 속에 자리한다. 이처럼 인과율로 법률을 이해하다보면 몽테스키외와 같은 결론에 다다른다. "법률은 지상 위의 만민을 다스린다는 보편적인 의미에서 인간 이성이라고 할 수 있다."[22]

법률에 대한 이 같은 인식은 실로 서구적 사고의 특징을 나타내는 것이며, 이는 오늘날까지도 막대한 영향을 미치고 있다. (인간의 법률로서) 법의 영역을 보편적 인과율로 묶인 하나의 전체적 틀, 신의 율법과 과학에서의 법칙도 함께 존재하는 이 하나의 틀 속에 끼워넣기 때문이다. 사실 오늘날 '과학과 법' 사이의 관계를 다루는 방식이 이와 같지는 않다.[23] 법과 과학의 관계는 외려 생물학 분야를 중심으로 일부 과학적 발견의 활용에 있어 한계선을 그어줄 수 있는 법률적 혹은 도덕적(윤리적) 제약[24]의 관점에서 다뤄진다. 이에 따라 '합법화와 불법화'의 딜레마가 제기되는데, 양심 없는 과학이 야기한 폐단에 대해 법적인 규칙으로써 대응해야 하는가의 문제가 대두되는 것이다.[25] 하지만 과학과 (인간의) 법 모두 인과율 개념에 적용시킨다면 그 종교적 뿌리와의 관계 문제에 대한 이해가 가능해진다.[26]

이와 관련하여 문제 제기를 한 저명한 과학사학자가 있다. 바로 (『중국의 과학과 문명』이라는 역작을 남긴) 조지프 니덤Joseph Needham이다. 중국 과학의 역사에 몰두했던 그이기에 니덤은 중국을 중심으로 논의를 이어간다. 그는 16세기까지만 해도 지식과 기술의 모든 면에서 유럽을 능가했던 중국이 왜 근대과학으로 이행하지 못했는지에 대해 의문을 제기한다. 그가 제시한 여러 주된 설명 중 하나는 유럽의 과학이 '법칙'이라는 개념 위에 기반을 두고 있는 데 반해 중국식 사고에서는 이런 개념을 찾아볼 수 없었다는 것이다.[27] 인간의 법률과 맞물려 있는 자연법칙의 개념은 매우 오랜 역사를 갖고 있다. 그 기원은 분명 고대 바빌로니아 사람들에게서 찾아볼 수 있을 것이다. 기원전 2000년 함무라비 법전 시대에 바빌로니아인들은 태양의 아들 마르두크를 천체의 입법자라고 상상했다. 마르두크는 "천체의 모든 신에게 율칙을 부과하고 이들의 한계선을 정하는 자"이며, 각 행성에 '질서'를 부여하고 '율령'을 공포함으로써 제 궤도에서의 운행을 유지하는 자다.[28] 이러한 그림은 히브리의 전통에서도 발견되며, 우리는 신의 입법자라는 개념이 유대교에서 얼마나 뿌리깊게 박혀 있는지 잘 알고 있다. 그리고 이는 유대교에서 이어지는 기독교 사상에서도 마찬가지다. "신이 바다에 율령을 선포했으니, 바닷물은 신의 명령을 어기지 않는다."[29] 자연법이라는 개념 자체도 로마법에서 나왔는데, 로마의 법학자들은 '만민법ius gentium'에 이어 알려진 모든 민족의 관습에서 나타나는 공통분모를 찾고자 했다. 그런데 스토아학파의 영향 속에서 '자연법ius naturale'은 인간과 자연을 아우르게 된다. 이에 『학설휘찬』의 첫 단락(울피아누스의 구절)은 다음과 같이 시작한다.

자연의 법칙은 모든 동물이 자연으로부터 습득한 것으로서, 이 법은 인간에게만 고유한 법이 아니며, 땅 위나 바다 속에서 생겨난 모든 동물뿐만 아니라 하늘의 새들에게까지 모두 공통된다. 우리가 결혼이라고 부르는 남자와 여자의 결합도 이로부터 비롯되며, 이에 따라 아이의 출산과 양육도 이뤄지게 마련이다. 사실 우리는 제아무리 사나운 야생의 동물이라 할지라도 동물이라면 대개 이 같은 법에 대해 인지하고 있음을 알게 된다.[30]

자연법이라는 관념은 중세 유럽에서도 발견된다. 모두가 복종해야 하는 신의 법제 중 하나로 들어간 것이다. 가령 니덤이 전하고 있는 이야기에 따르면, 1474년 바젤에서 알을 낳은 수탉 한 마리가 "자연에 반하는 극악무도한 죄"를 지었다는 이유로 산 채로 불에 태워지는 형벌에 처해졌다고 한다.[31]

오늘날의 상황이라면 이 수탉은 의심할 여지없이 생물학자의 손에서 생을 마감했을 것이다. 다만 이 생물학자는 유전의 법칙을 위반한 죄를 물어 처벌을 가하기보다는 왜 그런 일이 벌어졌는지 그 이유에 대해 알아내려고 애쓸 것이다. 학자들이 신의 법칙의 수호자를 자처하기보다 이 법칙의 불변성을 규명해내려 애쓰면서 근대과학의 전환점이 마련되었기 때문이다. (데카르트의 표현대로) "자연에는 신에 의해 정립된 법칙"[32]이 존재한다는 가설은 실제로 이러한 법칙의 발견이 가능하리라는 생각을 심어주었고, 신의 법칙을 수학적으로 표현할 수 있겠다는 생각도 갖게 해주었다. 이제 신은 라틴어로 말하는 게 아니라 숫자로 말하기 시작했다. 이에 대해 니덤은 다음과 같이 쓰고 있다.

유럽에서 실정법은 자연과학의 발달에 기여했는데, 이는 그 명확한 성문화 방식 덕분이기도 하지만 실정법에 '땅의 입법자는 곧 물질적 사물이 있는 모든 곳에 명령을 내리는 하늘의 입법자와 동급의 존재'라는 개념이 함축되어 있기 때문이기도 하다. '자연은 이성적으로 이해가 가능하다'고 믿는 유럽의 정신에 입각하면, 이성적으로 이해가 가능하게끔 자연을 구성해놓은 이성적인 절대자의 존재를 상정해야 한다. (혹은 그렇게 절대자의 존재를 상정하는 것이 무척 편리하다고 생각했을 수도 있다.) [...] 그러나 중국 사상에서는 이런 절대자의 존재를 찾아볼 수 없다. 심지어 오늘날 '자연의 법칙'에 해당하는 중국어 번역은 '自然法[zi-ran fa]'인데, 이는 곧 '자발적인 법'을 뜻한다. 예로부터 도교에서 인격신의 존재를 거부했던 측면이 그대로 남아 있는 대목이다. 이러한 성향은 거의 용어에 있어서도 거부하는 양상으로 나아간다.[33]

인간의 법률과 과학의 법칙 사이에 공통적으로 존재하는 이 종교적 뿌리는 역사 및 인식론의 관점에서 보면 훨씬 더 명확하게 드러난다. 자연의 법칙이라는 개념은 국가와 교회, 속권俗權과 교권教權 사이의 분리(와 유착관계)가 뚜렷해짐에 따라서만 아주 서서히 과학적 가치를 갖게 됐다. 니덤은 정치 질서 면에서 중앙집권화가 이뤄진 절대왕정이 봉건제도를 누르고 승리했을 때 이러한 정교분리가 뚜렷해진 것으로 보고 있다. 프랑스 절대주의 성립기의 정치학자 장 보댕Jean Bodin이 주권 이론을 발전시키고 난 40년 뒤 데카르트의 저서가 탄생했고,[34] 절대왕정이 정점을 달릴 때 스피노자와 보일, 뉴턴 등을 중심

으로 자연의 법칙과 관련한 개념이 꽃을 피웠다.[35]

그러나 군주제 이론 자체도 11~12세기 그레고리오 개혁[●]에 빚을 지고 있다는 건 주지의 사실이다. 그레고리오 개혁은 교권과 속권을 분리하는 동시에 교회를 중앙집권화된 정부의 모델로 만들었다.[36] 이러한 '해석 혁명',[●●][37] 교회 법학의 창시자인 그라티아누스[38] 그리고 (유럽의 대학 발원지) 볼로냐 법학파[●●●] 등을 발판으로, 법률은 체계적인 원전에 기입되며 인과율의 원칙에 엮인다. 또한 자연적 원인과 기적적 원인을 구별하고 전통의 권위에 맞서는 이성의 힘을 확신했던 아벨라르 같은 사람들의 사상도 여기에서 비롯된다.[39] 이렇듯 서구의 사상은 (근인近因, causa proxima과 원인遠因, causa remota 그리고 작용인作用因·動力因, causa efficiens 등[40]) 구체적이고 특이한 원인을 탐구하는 데서 벗어나 공식화된 인과관계의 연구에 착수하기 시작했으며, 대수학은 가장 완성도 높은 모델을 제공한다.

한편 프랑스혁명이 일어나고 19세기의 전환기가 마련된 이후에야 비로소 국가와 과학이 종교적 기준에서 완전히 벗어나고, 신의 부재를 상정한 법률가 그로티우스가 세운 '무신앙적 가설'이 구체화된다.[41]

● 교황이 주도한 중세 교회의 개혁 운동으로, 이에 따라 교회가 속권과의 대립에서 승리하여 교권의 독립을 회복했다.

●● 교황 그레고리오 7세 재위 기간 중 일어난 분열을 지칭하기 위해 피에르 르장드르가 제안한 개념으로, 싸움은 결국 로마법의 최종 승리로 마무리되었으며 교황 수위권이 확립된다. 이에 따라 로마법에 기반을 둔 교황 권위주의적 제도가 성립되고, 교황은 법전의 최종 해석권자가 되었다. 이로써 교권의 '중앙집권화'가 이뤄졌으며, 해석의 방식이 유대교의 해석이나 고대 그리스에서의 해석과 근본적으로 달라졌다. 이에 피에르 르장드르는 그레고리오 개혁을 두고 '해석 혁명'이라고 일컫는다.

●●● 로마법 대전을 절대적으로 중시했으며 주석학파라고도 불렸다.

과학의 경우, 라플라스가 신에 대해 "나는 이 가설이 필요치 않다"고 말하면서 종교와의 결별이 이뤄진다. 자연의 법칙은 이제 그 자체로도 충분하게 되었으며, 무지함의 '장막을 걷어내기' 위해 신의 입법자를 기준으로 삼을 필요가 없어졌다. 과학적 **발견**이 신의 **계시**를 완전히 대체할 수 있기 때문이다.

따라서 하나의 단일한 법률과 법칙 아래 한데 뒤섞여 있던 과학과 종교, 인간이 각각 제각기 흩어지기까지는 12세기에서 19세기까지 700년이라는 시간이 필요했다. 그리고 이만큼의 시간이 흐르고 난 다음에야 비로소 국가와 과학이 오늘날 우리가 이해하는 의미대로 각자의 존재가 명확해지게 된다. 그런데 여기에서 우리는 이러한 세 영역의 결합이 오늘날 새로운 형태로 재탄생하고 있는 건 아닌지 자문해볼 수 있다.

법률과 법칙에 대한 인간의 지배

현재의 상황을 이해하기 위해서는 먼저 세속화과정의 양면성, 마치 대성당 밖으로 빠져나와 광장과 정원을 메운 르네상스 동상처럼 봉인 해제된 법의 '이탈disembeddedness'[42]에서 나타난 양면성에 대해 알아야 한다. 예술의 역사는 우리가 이 부분을 이해하는 데 큰 도움이 된다. 예술은 법과 과학의 역사 곁에서 나란히 발전해왔기 때문이다. 원근법의 발견으로 회화에서 이루어진 공간의 수학화는 심지어

케플러법칙으로 과학 분야에서 이루어진 수학화보다 시기적으로 빨랐다. 고대 오리엔트 문명이나 그리스 로마 문명, 중세 유럽 등에서는 원근법을 다소 기피했는데, "그것이 한편으로 이미 과도하게 주관적인 세계에 개별적이고 우발적인 요소를 도입하는 것처럼 보였기 때문이다".[43] 종교미술에 있어서는 특히 맞는 말이었다. 피안의 이미지는 개인적인 관점에 종속될 수 없었으며, 오히려 개인적 관점은 피안의 이미지가 극복해야 할 대상이었다.[44] 반대로 원근법에 따르면 이미지는 단일한 주체의 시선을 중심으로 엄격하게 배치된다. 바로 여기에 원근법 발명의 이중적 의미가 들어 있는데, 이에 대해 파노프스키는 다음과 같이 훌륭히 분석한다.

> 원근법의 역사는 당연히 거리와 객관성을 구성하는 현실감의 승리이자, 거리를 부인하는 인간 안에 내재되어 있는 힘에의 욕구가 거둔 승리로 봐야 한다. 이는 외부세계에 대한 체계화와 안정화의 욕구일 뿐 아니라 자신의 영역을 확장시키고자 하는 욕구이기도 하다.[45]

여기서 파노프스키가 원근법의 발명에 관하여 한 말은 모든 형이상학적 기준에서 벗어난, 인간의 법률과 과학법칙의 발명에도 적용될 수 있을 것이다. 이 법칙들은 일단 "외부세계의 체계화와 안정화"를 수행하며 사람 사이의 관계 및 사람이 자연과 맺는 관계에 대해서는 객관성의 영역으로 위임한다. 보편적이고 추상적인 규칙으로 여겨지는 인간의 법률은 살아 있는 법적 근거인 법치국가를 포함하여 모두에게 강요되는 반면, 과학의 법칙은 우리가 세상과 맺는 관계를 인과율의 법칙에 맡기고 기적이라든가 신의 개입 같은 부분은 배제한다.[46] 법률은 법률 그 자체를 서로 엮어주는 논리적 본체의 구성 요소로 간주되는 만큼 더더욱 강력한 힘을 가진다. 그러나 다른 한편으로는 "자신의 영역을 확장"시켜준다. (인간의 경우 '머리'에 해당하는) 논리적 본체의 구심점은 이성, 즉 인간의 뇌 속에 자리하고 있기 때문이다. (과학 이론에서 데카르트의 코기토나 정부 이론에서 입법자의 주권 의지는 화가의 관점에 해당한다.) 중세의 인간이 신의 전능함에 예속된 지위만을 차지했다면, 근대의 인간은 스스로를 세상의 지적 구심점이라 생각했다.[47] 근대의 인간은 '법률적 국가'[48]를 통해 스스로 인간사회의 질서를 정립하고, 과학법칙의 발견을 통해서는 자연을 지배할 수 있는 수단을 찾아낸다. 이 두 측면은 계몽주의 시대부터 서로 밀접하게 관련되었는데, 바로 이 시기에 물리학과 수학의 방법론을 이용하여 인간의 본성 위에 법을 정립하려는 구상이 발전됐기 때문이다.[49] 현대의 사상 속에서 법의 자리를 찾고자 한다면 이 두 측면이 각각 어느 방향으로 나아갔는지를 좀 더 면밀히 검토해야 한다.

현실의 의미에 치중하는 한 법률은 차츰 인간 이성에 다가갈 수 없게 되었으며, 그에 못지않게 이성의 아바타로 나타나는 다른 개념들, 즉 패러다임과 모델, 이상형, 구조, 시장, 장, 시스템, 협약 등과 같은 개념들에 밀려났다. 자연과학 쪽에서는 19세기에도 여전히 학자들이 몇몇 논란이 되는 점들에 대한 과학법칙이 무엇인지 결정을 내리고자 국제 학회 자리에 모였다.[50] 뉴턴의 법칙과 같이 오늘날 법칙이라는 개념은 엄격하게 정의된 한도 내에서만 유효한 것으로 인정된다. 하이젠베르크가 불확정성의 원리를 내놓으면서 물리학자들은 무한히 작은 어떤 것과 관련한 법칙에 미치지 못하는 무언가가 있다는 점을 인정했다. 법칙 및 법률의 경우에서와는 달리 인과율의 법칙으로 묶이지 못하는 무언가가 존재한다는 점을 받아들인 것이다. 인문과학에서는 프로이트가 무의식의 세계를 발견하면서 인간 내부에 무언가 밝혀지지 않은 모호한 부분이 있다는 사실을 인정한다. 이 무의식적 측면은 언어처럼 작동하지만 논리적으로 한정짓는 건 불가능하다. 끝으로 '법률적 국가'와 '법률'은 여전히 건재하고 또 서로가 서로를 지탱해주고 있지만, 그렇다고 똑바로 서 있다고 보기도 힘들다. 봉건제의 새로운 형태들에 시달리고 있는 국가는 자신의 손을 벗어난 복잡한 세상에 대해 안정적이고 보편적이며 추상적인 법칙을 통해 이해하려는 노력을 포기한 듯 보인다. 법은 스스로 한정된 범위의 유효성을 가진 규칙이 되거나, 아니면 계약이나 협약 뒤로 모습을 감추고 만다.[51]

이렇듯 인간을 현실의 원칙에 종속시킨 법률은 약속을 지켰다. 즉, 인간에게 스스로의 무력함을 납득시키고, 그 자신에 대해 단념하고 내려놓는 법을 가르치는 것이다. 그리고 이 같은 양상은 사도 바울이나 루터가 했던 말과도 같은 맥락이라고 볼 수 있다.[52] 카프카의 소설 속에서처럼, 인간은 자기 앞에서 법률과 법칙의 문이 열리기를 헛되이 기다리면서 삶을 보낼 것이다. 문지기의 덥수룩한 수염에서 튀어오르는 벼룩의 수를 세면서 말이다.[53] 그리고 설령 그 문을 부수고 율칙의 해독에 성공한다 할지라도 그 문 뒤에 1000개의 또 다른 문들이 있음을, 1000배나 더 지나가기 힘든 문들이 있음을 알게 되리라. 뒤러의 판화 「멜랑콜리아」는 근대 여명기에 이미 이러한 느낌, 세계의 복잡함을 파악하는 데 이성이 무력하다는 느낌과 신법에 근거하여 사고할 수 있었던 지나간 시대에 대한 향수를 표현한 작품이다.[54]

그러나 종교적 뿌리와 단절된 법률은 "인간을 사로잡고, 일체의 거리를 부정하는 강력한 힘에 대한 욕망"[55] 또한 그 끈을 풀어놓는다. 신의 율법이 차지하고 있던 자리가 공석이 된 이상, 인간이 이 자리를 차지하여 스스로 그 모든 법을 만들어 선포하는 기회를 놓칠 리 만무했다. 그런데 인간이 스스로 법을 만들어 선포하는 자로서 발언권을 많이 가질 수 있으려면 자연과학에 버금갈 정도의 정당성을 확보하고 이 같은 과학의 방법론을 인간과 사회에 대한 연구 쪽에도 옮겨놓아야만 했다. 이러한 점에 있어 가장 명쾌하게 표현한 사람은 바로 실증주의 철학자 오귀스트 콩트다. 콩트에 따르면, 법에 대해 유일하게 인간이 왈가왈부하지 못하도록 만들 수 있는 힘을 가진 초월적 근거가 사라지면서 자연에 대한 연구로 밝혀진 법칙들만이 오롯이 그 자리를 차지하고 들어온다.[56] 이로부터 그가 '사회학'이라 명명한 새로운 학문이 만들어지고,[57] 저 유명한 '3단계 법칙'이 세워진다. 콩트의 '3단계 법칙'은 인간사회의 역사적 발전 단계를 이해할 수 있는 열쇠를 제공해주며, 장차 법 없는 사회의 도래를 예측하게 한다. 그의 스승이었던 생시몽의 말대로라면 콩트는 인적 통치를 물적 행정으로 대체할 수 있기를 희망했다. 과학기술적 규범이 인간의 법률을 완전히 밀어내고 그 자리를 차지하게 되어 있다는 이 같은 확신은 법에 대한 마르크스주의의 비판 속에서 다시금 발견된다.[58] 당대의 부당한 현실에 맞선 생시몽과 콩트, 마르크스 등은 인류의 해방을 꿈꾸었다. 신을 바닥에 내던져버리고 나면 정부 권력을 뛰어넘을 수단들을 과학의 법칙 속에서 찾을 수 있으리라 생각했던 것이다.

계몽주의 사상가들은 신의 율법, 자연의 법칙, 인간의 법률이라는 법의 세 가지 축을 이성이라는 이름으로 통합하여 자연의 법칙과 인간의 법률이라는 두 가지 축으로 대체했다. 이제 갓 태어난 사회과학이란 학문은 이 두 가지 축마저도 하나로 압축하고 싶었던 모양이다. 이에 사회과학은 과학의 입법자적 주권을 확립하고, 같은 맥락에서 (대학에서 사회과학에 밀려난[59]) 신학과 법을 폄하하고자 했다. 학술적 측면에서 이 같은 구상은 실패할 수밖에 없었다. (앞서 말한 바와 같이) 법칙의 연구에만 과학적 사고를 국한시키면 결국 그 지적 능력의 한계를 인식할 수밖에 없기 때문이다. 사회과학이 전례 없이 수많은 지식을 축적해나가면 나갈수록 사회과학은 인간사회의 복잡성을 발견해나갈 것이고, 그러면 (역사의 법칙, 경제의 법칙, 사회의 법칙 등) 최종 심급에서 인간의 운명을 결정해줄 철의 법칙들을 밝히는 게 하등 소용없는 일이란 점도 함께 드러날 것이다.

반면 이데올로기와 정치적 차원에서는 이러한 구상이 굉장한 성공을 거두었는데, 힘에 대한 인간의 욕구 앞에 그야말로 무제한적인 지평을 열어주었기 때문이다. 달리 말하면 이는 곧 광기의 문을 열어준 셈이었다. 20세기에 큰 궤적을 남긴 전체주의 체제는 이 사회를 과학적 방식으로 제어하겠다는 구상이 어떤 면에서 미친 발상이었던 것인지를 정확히 보여준다. 종교와의 수많은 유사성에도 불구하고 전체주의의 광적인 측면은 종교와의 유사성에 기인하지 않는다. 물론 스스로 신법의 대리인을 자처하는 이들과 스스로 (가장 진보적인 계급만이 살아남는다는) 역사의 법칙 혹은 (적자생존이라는) 자연의 법칙에 있어 그 대리인을 자처하는 이들 사이에는 단순한 동질성 이상의 무언가가 존재한다. 그리고 각자가 내세우는 율법과 법칙 아래 자행된 학살의 수치를 비교해본다면 서로 어떤 면에서 차이가 나는 것인지 구별하기 힘들다. 신의 율법과 과학적 법칙 사이의 차이점은 다른 데 있기 때문이다. 오늘날의 법률에서와 마찬가지로 (성서 기반의 종교에서) 신의 율법은 늘 '주체'로서의 인간과 관계된다. 율법에서는 인간에게 그 정체성을 부여하는 한편, 인간에 대해 자유를 누리고 책임을 지는 존재로 전제한다. 설령 그 자유라는 게 율법을 어길 자유와 그에 따라 처벌을 받을 자유에 지나지 않는다 하더라도 어쨌든 이쪽에서 말하는 인간은 분명 자유로운 존재다. 그러나 과학에서는 이와 반대로 인간을 '객체'로 인식한다. 과학적 법칙은 인간이란 존재와 인간이 하는 일에 대해 객관적인 한정물과 결부시키며 인간을 **설명**하려고 든다. 이렇듯 '객관적인 한정물'과 연계된 인간은 확실히 그 책임에서 벗어난다. 주체가 되지 못하기 때문이다.

과학의 법칙에는 유죄나 무죄의 개념이 없다. 오직 원인에서 결과로 이어지는 연결고리만이 존재할 뿐이다. 16세기에 이미 에스파냐 신학자인 수아레스가 "이성이 결여된 것들과 관련해서는"[60] 은유적 방식을 통해서만 법을 논할 수 있다고 썼던 것도 바로 이러한 의미에서다. 과학을 기반으로 인간사회의 법칙을 세울 수 있다고 주장하려면 더 이상 인간을 주체로 보지 말아야 한다. 인간이란 존재에 대해 이성을 타고난 존재가 아닌 객체적 존재, 자기장 속의 소립자나 사육장 속의 동물 같은 객체적 존재로 전제해야 한다. 인간을 "이성이 결여된 존재"[61]로 상정해야 하는 것이다. 히틀러만 하더라도 "나는 강철을 뽑아내기 위하여 독일 민족 사이로 끊임없이 이동하는 하나의 자석일 뿐이다"[62]라는 말을 남기지 않았던가? 여기에서 물리학적 법칙과의 유사성에 대해 좀 더 짚고 넘어갈 필요가 있는데, 히틀러는 자신과 관계가 먼 법을 내세우며 행동하지 않았다. 그는 법의 능동적인 객체로서 법 그 자체를 직접적으로 구현하는 존재를 자처했다.

태양과 행성이 주기적인 궤도를 따라가고 달이 행성의 주위를 도는 세계에서, 특히 힘의 논리가 지배하는 세계, 약자로 하여금 유순해지도록 강제하거나 아예 그 존재를 파괴시켜버림으로써 힘이 유일하게 무력함을 다스리는 가치로 군림한 세계에서, 인간은 특별한 법칙의 지배를 받을 수 없다.[63]

히틀러가 다스린 제3제국의 언어에서는 '인적 물자' 같은 개념들이 수도 없이 많았는데, 이러한 표현들은 인간의 세계를 사물의 세계로 깎아내린다.[64] 과학이라는 이름으로 법 주체를 없애버리는 것, 그게 바로 전체주의적 사고가 뿌리내리고 있는 비정상적 지점이다.[65]

사람들의 정체성과 권리를 보장하는 법률을 부정하는 것이 전체주의의 특징이 된 이유는 전체주의가 보다 상위의 법, 즉 정부와 실정법을 격하시키는 초인간적인 과학적 법칙의 대리인이고자 하기 때문이다. 나치즘이든 공산주의든 이들에게 있어 국가는 정당에 봉사하는 단순한 꼭두각시 정도에 지나지 않으며, 겉으로 내세우는 명목상의 정부는 권력이 실제로 행사되는 공간을 은폐하는 데 소용된다. 이에 히틀러는 다음과 같이 썼다. "국가는 실질적 표상이 아니라 형식적 표상이다."**66** 또한 나치와 공산주의는 실정법에서 실체는 없애고 이름만 남겨두었다. 히틀러 유겐트* 입문서에서는 "우리는 유전학에서 내린 판결에 따라 독일 민족의 삶과 법을 만들어간다"고 적고 있다.**67** 히틀러는 "국가가 우리에게 명령하는 것이 아니라 우리가 국가에게 명령하는 것"**68**이고, "국가는 '인종의 보존'이라는 목적을 위한 수단에 불과하다"**69**며 수차례 반복했다. 나치가 추진한 인종 말살 정책은 인종 투쟁이라는 이름으로 단순히 수백만의 목숨만 앗아간 게 아니었다. 이는 인간을 법 주체로 만들어주는 다양한 법률적 감투까지도 모조리 빼앗았다. 시민으로서의 역량을 모두 다 박탈한 것이다. 그저 직업만 빼앗은 게 아니라 직업 지위까지 박탈하고, 재산만 가져간 게 아니라 유산까지도 강탈했으며, 무국적자로 만들어 국적까지 빼앗았다. 이어 숫자로 사람을 칭함으로써 저들의 이름까지 박탈했는데, 인간이 될 자격을 빼앗음으로써 삶 자체를 박탈해간 셈이었다. 그리고 학살을 자행하던 이들 그 자체도 인종법이라는 이름으로 그 같은 행동을 한 게 아니라 이들 스스로가 이 법의 화신이 되었으며, 이들과 법 사이의 거리 또한 부정되었다. 나치 학살자들은 스스로를 상부의 힘에 의해 움직이는 톱니바퀴로 여기게 되었으며, 이에 따라 일체의 책임

───────────

● 나치가 만든 청소년 조직.

감이나 죄의식을 버리게 된다.**70**

소위 과학적 법칙을 정치적 기준으로 삼는 것은 (적자생존의 '생물학적 법칙'**71**이나 역사의 '동력'이 되는 계급이 지배한다는 '역사적 법칙'처럼) 실정**법의 인류학적 기능**을 무너뜨리게 마련이다. 사실 한나 아렌트가 이야기하는 바와 같이 실정법에는 고유의 역할이 있다.

(실정법의 역할은) 경계석을 세우고 사람들 간의 소통 경로를 정비하는 데 있다. 인간 공동체는 집단 내에서 태어나는 새로운 사람들로 인해 끊임없이 위협을 받기 때문이다. 새로운 생명이 태어날 때마다 세상은 다시 새로운 시작을 맞이하고, 잠재적으로 새로운 세계가 나타나게 된다. 모든 인간사를 힘들게 만드는 이 끊임없는 변화의 움직임에 대응하고자 법률의 안정성이 생겨난 것이다. 이 움직임은 인간이 태어나고 죽는 것만큼이나 오랫동안 끊임없이 지속된다. 법률은 모든 새로운 시작에 대해 경계석으로 그 주위를 에워싸고, 이와 동시에 변화의 움직임에 대한 자유를 보장하며, 전적으로 새롭고 예측할 수 없는 새로운 무언가가 생겨날 가능성을 확보해준다. 실정법이 세워둔 경계석이 인간의 정치적 실존에 있어 담당하는 역할은 기억이 인간의 역사적 실존에 있어 담당하는 역할과 같다. 즉 실정법이 기존에 존재하던 집단적 세계, 즉 각 세대 개개인의 수명을 넘어서서 어느 정도 지속적인 현실을 담보해주는 것이다. 이에 따라 새로 시작되는 모든 건 기존 사회에 흡수되고, 사회는 이들로부터 양분을 얻는다.**72**

　　법률의 인류학적 기능에 대해 논하다보면 새로운 모든 세대에게 '이미 거기 있던 것', 한나 아렌트의 말마따나 "각 세대 개개인의 수명을 넘어서서 기존에 존재하던 집단적 세계"를 보장해야 할 필요성을 보여줌으로써 '정당함'에 관한 끝없는 논란으로부터 벗어날 수 있다. 이 같은 필요성은 여타의 동물들과 달리 언어라는 필터를 통해 세상을 인식하고 조직하는 상징적 동물로서의 인간에게만 한정된다. 그렇다고 서구의 법률과 법 구조만이 이러한 인류학적 기능을 담보하는 유일한 수단이라는 뜻은 아니다. 이는 서구의 방식이었을 뿐이고, 법률보다는 관계를, 규범보다는 의례를 근간으로 하는 중국의 방식을 필두로 다른 방식들도 얼마든지 존재한다.

　　여기서 한나 아렌트를 길게 인용함으로써 주지시키고자 하는 바는 나치가 자행한 유대인 학살이 '우리 시대의 근본적인 경험이며 근본적인 아픔'이었다는 점, 이 참담한 경험을 바탕으로 인간에 대한 새로운 이해를 구축하려 노력해야 한다는 점이다. 그리고 이러한 역사는 "그 어떤 경우라도 무언가 정치적 목적으로 이용될 수 있는 논거"[73]를 제공하지 않는다는 점 또한 상기시키고자 한다. 사실 사람들이 이 같은 교훈을 간직하고 있는 것 같지는 않다. 법학자들을 포함하여 사람들이 법의 인류학적 기능을 부인하고 있기도 하고,[74] 또 다른 한편에서는 끊임없이 윤리에 호소하고 있기 때문이다. (심지어 생명윤리, 비즈니스 윤리 등 윤리의 종류도 다양해지고 있다.) 그런데 이럼으로써 우리는 부지불식간에 히틀러가 1933년 독일 법학자들에게 내렸던 지침을 따르게 된다. 그에 따르면 "전체주의 국가는 법률과 윤리 사이에 일

체의 차이를 무시해야 한다".[75] 거울 효과가 일어나면서 전체주의의
진정한 비판자들마저도 스스로 비판하는 바로 그 방식에 따라 행동
하게 된 것이다. 사실 나치와 오늘날의 그 추종 세력들은 우리 같은
사람이 아니라고 생각하는 것부터가 저들처럼 생각하는 것이다. 화형
을 좋아하는 이들의 책을 태우고자 하는 것은 곧 저들의 방식에 동의
하며 편만 들어주는 꼴이고, 공인된 진리를 형법에 기입하는 것은 곧
역사적 진리의 힘을 믿지 않는다는 뜻이다.[76] 한 마디로 말해서, "이제
는 전체주의의 유산이 우리의 사회적 방식에 물을 대주고 있다".[77]

법률로 설명되는 인간

법률의 개념은 여전히 우리의 사고방식에 영향을 미치고 있을까?
만약 그렇다면 오늘날에는 어떤 형태로 나타날까? 일견 보기에는 법
률이 쇠퇴하는 양상이다. 실정법에 대해 법학자들이 내리고 있는 진
단도 이와 같다. 법률 과잉 현상이 나타나는가 하면 법률이 생기자마
자 사라지기도 하고, 복잡하기 짝이 없는 이 세상을 포괄할 힘도 없
다. 이 모든 것이 법률의 가치와 위엄을 떨어뜨렸다. 만일 법에 주식시
장이라는 게 있다면, 아마도 주가가 오르는 건 계약 정도가 될 것이
다. 과학법칙의 경우 그리고 특히 사회과학법칙의 경우 역시 3단계 법
칙처럼 몇 가지 기본적인 법칙으로써 모든 것의 질서를 압축하는 일
은 이제 포기한 듯하다. 이런 면에 있어 사도 바울이나 루터의 율법
역시 그 소임을 다했다. 우리에게 율법의 접근 불가능성을 깨닫게 해

주었기 때문이다. (이게 율법의 좋은 측면이기도 하다.) 따라서 우리는 우주 전체를 다스리는 법칙을 발견했다며 이를 우리에게 적용시키려는 미친 학자들로부터 안전하다고 생각한다. 마부제 박사*는 영화관에서만 돈을 벌어들이고, 외려 우리의 악몽을 사로잡고 있는 것은 모든 인간의 통제에서 벗어난 과학이나 기술에 대한 공포다. 물론 우리는 법률과 법칙, 율법을 내건 피비린내 나는 싸움 속에서 서로 죽이고 학살한다. 신의 율법이 국가의 법률과 대립하거나, 서로 다른 신의 율법이 상호 대립하는 것이다. 이러한 일들로 말미암아 우리는 극심한 혼란을 겪을 수 있으며, 또 자연히 그리 될 수밖에 없다. 하지만 로마 가톨릭세계에서는 정교분리를 통해 그 같은 파국을 피할 수 있다고 생각하는 경향이 있다. 그러므로 법과 관련하여 우리는 회의적인 입장이 된다.

원인에서 결과로 1차원적인 연결고리를 만들어내면서 법률에 대해 투박한 정의를 내리는 수준에만 그친다면, 앞에서와 같이 회의주의를 언급하는 것도 근거는 있다. 그러나 적어도 법의 역사와 관련해서는 12세기에 이미 이 같은 수준의 정의를 넘어설 가능성이 움트고 있었다. '해석 혁명'이 이뤄짐에 따라 법은 인과율의 원칙으로서 고려되었을 뿐 아니라, 모든 법률은 성문화된 체계적인 법전 안에 편입된다. 유스티니아누스가 로마법을 집대성하던 당시에는 '대법전Corpus

----

● 독일 표현주의 영화감독을 대표하는 프리츠 랑의 '마부제 박사Dr. Mabuse' 시리즈에서 절대 악인으로 나오는 주인공.

Juris'의 개념이 없었으며, 이는 중세인들이 도입한 개념이었다. 이에 따라 그 어떤 법률도 그 자체로는 충분하지 않으며 개별적인 법률을 넘어서는 전체와의 관계 속에서만 그 의미와 가치를 갖는다는 생각이 확립되었다. 그러므로 '규칙 체계', 즉 법의 논리적 모태의 개념과 마찬가지로 '법의 상대성'이라는 개념 또한 이미 존재하고 있었다. 그리고 법률은 오늘날에도 바로 이 같은 형태로 서양의 사고방식에 영향을 미치고 있다. 서구에서는 1차원적인 인과관계로 세상을 설명하는 일에 대해서는 포기했지만, 세상을 여전히 규칙 체계로 설명하는 건 가능하다고 생각한다. 법률이 상대적이라는 건 인정하지만, 이는 법률들 사이에서나 상대적인 것이며, 따라서 이를 인정하는 목적은 법률이 편입되는 법질서 이론을 만드는 데 있다. 그리고 근대 태동기에 법률에 대한 연구가 주로 원인에 관한 연구였다면, 오늘날은 '질서들의 질서',[78] 개별법을 아우르는 최상위 법에 대한 연구가 주를 이룬다.

오스트리아 소설가 로베르트 무질Robert Musil은 다음과 같이 적고 있다. "오늘날의 연구는 기술에 해당하기도 하지만 기적에 해당하기도 한다. 이는 가장 성대한 지적 감성적 의식이며, 그 앞에서 신의 외투 주름이 하나하나 펼쳐진다. 뿐만 아니라 굳건하고 대범하며 유동적이고 냉정한 한편 수학의 칼날처럼 예리한 논리를 기저에 깔고 있는 신조의 종교다."[79] 이러한 노력은 수피교 지도자들을 연상시킨다. 수피교 지도자들에게 있어 모든 걸 설명할 수 있는 제1원리는 "율법의 외부에 매력적으로 은폐되어 있으며, 이를 구하는 자에게만 모습을 드러낸다".[80]

수수께끼를 풀어내는 묘미를 느끼기 위해 과학 연구를 수행하기도 하지만,[81] 과학 연구를 추진시키는 이보다 더 강력한 심리적 동력은 신비주의적 차원과 연관된다. 즉, "추론할 수 있는 한계를 넘어서고 지각할 수 있는 한계를 넘어서서 그리고 마지막 단계에서는 그 자신을 넘어서서 궁극적 현실을 직접적으로 알아내는 것"[82]이 과학 연구를 움직이는 동력인 것이다. 위대한 학자들은 모두들 모든 게 훤히 밝혀진 그곳으로 다가가길 은근히 갈망한다. 서구에서 과학 연구가 여전히 하나의 '소명'으로 여겨지는 이유도 여기에 있다. 서구인들에게 있어서 과학 연구란 믿음을 직업적으로 응용하는 것이며, 이와 관련하여 막스 베버는 다음과 같이 기술한다.

> 자연과학에서는 […] 과학의 힘이 닿는 만큼 법칙을 수립하여 우주의 미래에 관한 궁극적인 법칙을 알아낼 필요성에 대해 당연한 것으로 전제한다. 이러한 지식을 습득함으로 인해 특정 기술적 결과에 이를 수 있기 때문이기도 하지만, 무엇보다도 이 같은 지식이 그 자체로서 하나의 소명을 갖고 있는 한 하나의 내재적 가치를 갖고 있기 때문이다. 그러나 이 같은 전제를 증명해보인 사람은 아무도 없다. 그리고 이러한 지식들이 묘사하고 있는 세상이 존재할 만한 가치가 있는 것인지, 하나의 '의미'를 갖고 있는지 아니면 살 만한 곳이 아닌지 입증하기란 더더욱 요원한 일이다.[83]

종교적 소명의식의 위기와 마찬가지로 오늘날 애석해하고 있는 과학적 소명의식의 위기 역시 학술 연구의 교조적 기반에 관심을 두지 않은 사람으로서는 이해하기 힘들다. 지금까지 발견된 법칙으로는

만족하지 못하고 이 법칙들의 시발점이 된 궁극적인 원칙을 찾아내고
자 하는 사람들에게는 소명의식이 있다. 반면 자연과학이 우리에게
언젠가 우주의 궁극적인 법칙을 알게 해줄 것이라고 믿지 않는 사람
들에게는 소명의식이 없다.

　인간과 사회에 대한 궁극적인 법칙을 연구함에 있어 자연과학은
심대한 영향을 미쳤다. 중세인들에게 많은 영향을 미쳤던 몸의 비유
는 사회과학에서 '질서들의 질서'에 관한 생각을 발전시키는 데에 자
주 사용되었으며, 특히 '유기적 연대' 같은 개념을 사용한 사회학 창시
자들이 이를 많이 활용했고, 오늘날에도 여전히 사회적 신체라든가
기능, 기관 같은 용어들이 흔히 사용된다. 그러나 이러한 몸의 비유는
시간이 지남에 따라 퇴색되어가고, 하드 사이언스(물리학이나 유전학
같은)나 하드 사이언스를 흉내 내는 '소프트' 사이언스(경제학이나 언어
학 등)에서 내놓은 비유에 자리가 밀려났다. 사회과학에서 이러한 규
칙의 세계를 뭐라고 가리킬 것인가에 대한 합의가 이뤄지지 않은 만
큼 현재의 상황은 더더욱 복잡하다. 저마다 자신의 개념을 제시하고
있다 해도 과언이 아니며, 이를 옹호하는 데 연구의 대부분을 할애하
고 있다.[84] 그러므로 잘 몰라서 배움을 얻고자 하는 가련한 이는 폴
란드 소설가 곰브로비치가 '나는 누구보다 먼저 구조주의자였다'라는
제목의 자문자답 인터뷰에서 주장한 바에 동조해도 좋다. "그야 물
론 나는 다 정통하다. 날 믿어도 좋다. 나는 그레마스도 읽었고, 부르
디외, 야콥슨, 마슈레, 에르만, 바르부트, 알튀세르, 뵙, 레비스트로
스, 생힐래르, 푸코, 제네트, 고들리에, 부르바키, 마르크스, 두브로
프스키, 슈킹, 라캉, 풀레뿐 아니라 골드만, 스타로빈스키, 바르트, 모

롱, 바레카 등 이것저것 읽어봤다. 보라, 나는 유행에 정통하다. 너무 많아서…… 뭐가 유행인지는 모르겠지만."[85] 어쨌든 좋은 저자의 책을 읽어보면 여전히 법이란 개념이 사람과 사회에 대해 (유럽 대륙 법률가로서는 매우 친숙한) 보편적 성향의 규칙 체계 형태로 사고하는 우리의 방식에 영향을 주고 있다는 걸 알 수 있다. 이러한 법의 개념은 역사의 법칙을 설명함에 있어서의 마르크스적 신념이 하향세로 접어든 이후 사회과학을 지배한 두 개의 패러다임 속에서 다시금 나타난다. 바로 '구조'와 '시장'이다.

규칙을 설명하는 체계를 가리키는 '구조'란 개념은 언어 분석에서 비롯되었다. 주지하는 바와 같이 구조의 개념은 (특히 야콥슨의 연구를 필두로 한) 일반언어학에서 유래됐으며, 일반언어학은 이를 물리학에서 차용해왔다. 야콥슨은 다음과 같이 이야기한다.

> 우리가 발견하는 **법칙들**의 수적인 증가는 이 세상의 언어들이 가진 음운 체계의 기반이 되는 **보편적 규칙들**의 문제를 전면에 세운다. 각 언어의 차이를 가져오는 요소들이 수없이 많다는 주장은 굉장한 착각이기 때문이다. […] 모든 언어에서는 동태적 관점에서뿐만 아니라 정태적 관점에서도 동일한 **함축법**이 기저에 **깔려** 있다.[86]

인류학에서도 관찰 대상이 되는 사회들의 개별적 다양성을 넘어 기저에 깔린 보편적인 법칙을 도출해내기 위해 구조의 개념을 차용했다. 레비스트로스의 설명에 의하면, 언어학 모델의 힘은 그 모델이 우리가 인식하지 못하는 통사론 및 형태론의 법칙을 밝혀준다는 데 있다.[87] 이에 따라 인류학에서도 사회적 삶의 다양한 형태로부터, "의식적이고 사회화된 사고의 차원에서 각자의 삶으로 투사되는 행동 체계, 정신의 무의식적 활동을 지배하는 **보편적 법칙**"[88]을 끌어내는 것이 가능하다는 가설이 나온다. 요컨대, 구조주의적 분석의 힘은 "세상의 법칙과 생각의 법칙이 동일하다는 가정"[89]에 근거한다고 볼 수 있다. 인류학자들이 관심을 두는 법칙은 물론 인간을 인간 스스로도 모르는 사이에 움직이는 무의식적인 법칙이다. "사실, 우리가 흔히 '규범'이라고 부르는 의식적 모델은 현상을 설명하기보다 이를 지속시키는 기능을 주로 하기 때문에 가장 형편없는 모델에 속한다." 따라서 인류학자는 "연구 대상이 된 사회에서는 관찰되지 않았던 체계적 특성을 갖는 모델을 구축해야 하는" 경우를 제외하면, 한 사회의 근본적인 구조를 밝혀내기 위해 "화면처럼 그 사회를 가리고 있는" 의식적 규범 체계를 집단적 의식으로 꿰뚫어봐야 할 것이다.[90] 그러므로 언어학에서(그리고 이전에는 물리학에서)와 마찬가지로 인류학에서 구조적 분석이란 잠재적으로 연구 대상에 결정적인 영향력을 미치는 규칙 체계를 밝혀내는 것이다.

구조주의 모델이 가진 부인할 수 없는 학문적 가치는 인문과학 전체에 굉장한 영향력을 행사했으며,[91] 언어 구조를 기준으로 삼은 방식은 인류학 이외의 다른 영역, 예컨대 무의식에 관한 라캉의 연구 같은 경우에서도 재발견된다. 게다가 이러한 방식이 성공을 거둠에 따라 레비스트로스는 언어학과 인류학 외에도 경제학, 나아가 유전학까지 아우를 수 있는 광범위한 커뮤니케이션학의 정립을 고려한다. 그는 다음과 같이 적고 있다.

모든 사회에서 커뮤니케이션은 최소한 세 가지 차원에서 이루어진
다. 바로 여자들의 커뮤니케이션, 재화와 용역의 커뮤니케이션, 메
시지의 커뮤니케이션이다. [...] 혈연과 결혼에 관한 규칙들은 네 번
째 커뮤니케이션 유형을 정의한다고 덧붙일 수도 있을 것이다. 즉,
유전자의 표현형들 사이에 이뤄지는 소통 유형을 덧붙이는 것이다.
그러므로 문화는 (언어처럼) 그 문화에 고유하게 속하는 소통 형식
들로만 구성되는 동시에, 특히 자연의 차원에서든 문화의 차원에서
든 모든 '소통 작용'에 적용될 수 있는 규칙들로 이뤄진다.[92]

그러나 '재화와 용역 사이의 커뮤니케이션'은 이미 또 다른 패러다
임의 지배 아래 있었다. 구조주의 패러다임의 성공에 거의 버금가는
수준으로 승승장구하는 이 패러다임은 바로 '시장'이다.

물론 **시장** 패러다임은 경제학자들 사이에서 꽃을 피웠지만 오늘
날 그 영향력은 사회과학 전반으로 확대된다. 시장의 보이지 않는 손
은 세상 이면에서 세상을 관장하는 법칙을 찾아헤매는 사람들을 향
해 한껏 팔을 내밀어보인다. 경제사상사에서는 사실 "'자연의 지혜',
즉 법칙의 영속성을 드러내는 것"[93]이 바로 보이지 않는 손이다. 언어
와 마찬가지로 시장도 사실 사람들 사이의 관계를 무의식적으로 다스
리는 무의식적 규칙들의 체계로 나타난다.[94] 그러나 최근까지도 정치
경제학은 (물질적 재화의 생산과 교환이라는) 그 대상에 의해 정의되었

다. 이를 확대하려는 첫 번째 시도는 희소 자원의 배분과 관련한 모든 현상을 그 대상으로 포섭하려는 것이었다. 그러나 거의 모든 게 여기에 해당되다보니 경제학은 결국 종합 과학과 같은 형세가 되어 그 신뢰성을 잃어버릴 위기에 처하게 된다. 또한 일부 경제학자들이 경제학의 특징은 그 대상이 아니라 분석 방법에 있으며, 경제학의 분석 방법은 다른 사회과학의 방법론과 더불어 인간 삶의 모든 양상에 정당히 적용될 수 있다고 주장함에 따라 결정적인 한 발이 내딛어진다. 이 같은 견해는 특히 미국의 경제학자 게리 베커Gary Becker가 체계화했는데,[95] 이 같은 연구로 베커는 1992년 노벨경제학상을 수상한다.

베커에 의하면, 경제학적 분석은 세 가지 공리에 근거하는데, 이 공리로부터 인간 행동에 관한 다양한 정리가 도출될 수 있다. 이 세 가지 공리란 극대화의 원리, 시장의 자가조절 그리고 인간 성향의 안정성이다.[96] 구조주의적 분석과 마찬가지로 경제학적 분석에서는 자신에게 결정적인 영향력을 미치는 원인에 대해 인간이 인식하고 있다고 전제하지 않는다. 일찍이 애덤 스미스도 인간은 "보이지 않는 손에 이끌려 그가 전혀 의도하지 않았던 목적을 달성한다. 그 목적이 그가 의도한 바가 아니라고 해서 언제나 사회에 더 해로움이 있는 것은 아니다"[97]라고 강조했다. 시장의 법칙, 즉 수요와 공급의 법칙, 효용 극대화의 원리 등 여러 공리와 정리는 인간의 의식 외부에서 작용하며, 인간 행동의 합리성 또는 비합리성과는 상관없다.[98] 따라서 경제학적 분석은 적어도 사회학적 분석에서 구조에 부여하는 것에 상응하는 학문적 가치를 가진다고 보아야 할 것이다.[99] 사실, 경제학적 분석은 모든 영역에서 인간을 움직이는 뿌리깊은 동력이 무엇인지 밝혀낼 수 있도록 해주며, 결국에는 그 행동들을 설명하는 규칙 체계를 발견하리라는 기대를 갖게 한다. "인간의 모든 행동은 안정적인 선호 집단으로부터 효용성을 극대화하고 시장의 다양성에 관한 최적의 정보량과 기타 입력 정보를 축적하기 위한 요인을 개입시키는 것으로 간주될 수 있다. 이 같은 가설이 정확하다면 경제학적 접근은 벤담이나 콩트, 마르크스 등이 그토록 오랫동안 찾아헤맸음에도 찾아내지 못한 인간 행동 이해에 관한 통일된 틀을 제공한 셈이다."[100] 이렇듯 베커는 정치나 법, 결혼, 임신, 자녀의 교육, 시간과의 관계 등 인간 삶의 모든 양상을 시장이라는 체에 걸러냈다. 예컨대 결혼에 관해서는 결혼을 하려는 예비 후보들 (또는 그 부모들)이 경쟁을 벌이는 결혼 시장이 존재한다고 가정하고, 개개인이 한 선택에 대해 이 같은 시장의 법칙으로 설명한다.[101] 베커의 연구가 흥미로운 점은 인간의 모든 행동을 다스린다는 규칙 체계를 알려주는 방법론으로서의 시장 패러다임이 순수하고 투명하게 작동함을 보여주는 데 있다. 예나 지금이나 이러한 패러다임이 미치는 영향력은 막대하다. 이 같은 경제 신조를 확산시키는 미디어에서뿐만 아니라 여기에 법적인 공신력을 부여하려 애쓰는 유럽연합 기구나 국제기구, 아울러 사회과학 분야 전체 및 법학자들에게서까지 그 영향력이 나타난다.[102]

경제학 이외에도 여러 훌륭한 설명 체계가 오늘날 이 같은 시장 패러다임을 따른다. 프랑스에서는 피에르 부르디외의 사회학이 이에 속하는데, 부르디외의 장場, champ 개념 또한 인간의 행동을 설명하는 규칙 체계로서 등장하기 때문이다. 물론 '장'의 개념이라고 하면 물리학이 떠오르게 마련인데, 부르디외 스스로도 자신은 각 개인에 대해 "자기장 안에서 인력과 척력의 영향을 받는 '소립자들'로"[103] 바라본 다는 점을 서슴없이 말한다. 그러나 부르디외의 사고 범주는 (자본, 가격, 이익 등) 주로 경제학에서 비롯된다. 하나의 장 속에서는[104] "단 하나의 똑같은 어떤 것이 장의 성격과 그 경계를 결정하며, 그 안에서 움직이는 자본의 종류와 그 영향력이 미치는 한계를 결정한다".[105] 시장이라는 개념 자체도 장의 개념과 늘 뚜렷이 구분되지는 않은 채 매우 빈번히 사용된다. 예컨대, "가족과 학교에서는 어느 특정한 시기에 필요하다고 판단되는 역량들이 육성되며, 사람들은 가족과 학교 모두를 활용하여 각자의 역량을 키워간다. 따라서 가족과 학교는 서로 불가분의 관계에서 이 같은 역량을 함양시키는 장소로서의 기능한다. 그리고 여기에서는 이 역량들의 **가격**이 형성되기도 하는데, 달리 말하면 시장 같은 기능을 하는 것이다".[106] 부르디외는 같은 방식으로 결혼 시장, 상징적 재화의 시장, 문화적 재화의 시장, 사교 시장 등을 각각 분리한다.[107] 이러한 시장이나 교류의 '장'에서 각 개인은 세 가지 자본을 활용한다. 바로 경제적 자본과 문화적 자본, 사회적 자본이다. 국가 권력의 경우는 "일종의 '메타' 자본, 즉 다른 자본을 초월한 '상위' 자본으로서 다른 종류의 자본에 권력을 행사하며, 특히 자본들 간의 상호 교환 비율에 영향력을 미친다".[108]

아마 부르디외의 연구에서 '장'이라는 단어가 쓰인 모든 곳에 베커가 사용한 포괄적 의미로서의 '시장marché'이라는 단어를 바꿔넣더라도 부르디외가 말하고자 했던 바가 크게 달라지지는 않을 것이다.[109] 사실, 베커와 마찬가지로 부르디외 역시 경제학적 분석에서 나온 개념들의 반경을 굉장히 넓혀준다. 부르디외에 따르면 "관행의 경제성을 다루는 포괄적인 학문은 사회적으로 '경제적인 것'이라고 인정되는 관행들에만 억지로 국한시킬 수 없다". 이 같은 학문에서는 "자본이라는 '사회적인 물리 에너지'를 모든 형태의 자본 속에서 이해해야 하고, 한 종류에서 다른 종류로 자본이 변환될 때 이를 결정짓는 **법칙들을 발견**해야 한다".[110] 이렇듯 경제학적 관점에서의 방식을 사회적 관행 전체로 확대 적용하면 기저에서 소리 없이 인간을 움직이는 일반 법칙들을 도출해내게 마련이다. 이에 부르디외도 "**장**에는 **일반 법칙**이 존재한다. 정치의 장, 철학의 장, 종교의 장 같이 여러 다양한 '장'은 **불변의 운영법칙**을 갖고 있다"[111]고 적고 있다. 그러니 일반 이론을 도출해내겠다는 발상이 그리 무모한 일이 되지는 않는다. 이렇듯 경제학을 기준으로 삼는 것은 특히 구조주의를 거부함으로써 생기게 된 결과인데, 부르디외는 구조주의가 언어 행위 속에도 역시 존재하는 권력관계를 무시하고 있다고 비판한다. "문법은 지극히 부분적으로밖에 의미를 정의하지 못한다. 발화된 말의 의미가 최종적으로 결정되는 것은 바로 시장과의 관계 속에서다."[112] 이러한 비판을 이어가던 부르디외는 "언어학적 '아비투스habitus', 즉 언어학적 관행이 **생산물**을 제공한 **시장**과 바로 이 언어학적 관행 사이의 관계로 언어학적 생산 및 유통의 단순한 모델"[113]을 주장하기에 이른다.

　피에르 부르디외는 게리 베커의 완벽한 현대판 버전이라고 볼 수 있지만, 그렇다고 부르디외가 베커의 제자인 것도 아니고, 두 사람의 의도 또한 같지 않다. 한쪽에서는 집단적인 지배관계를 샅샅이 규명하려 노력했던 반면, 다른 한쪽에서는 무엇이 개인의 행동을 결정하는지에 관심을 둔다. 그러나 두 사람의 연구 방향이 제아무리 다르다 할지라도 둘의 연구는 시장 패러다임 특유의 굉장한 속성으로부터 부분적인 힘을 얻고 있다. 이 같은 시장 패러다임에서는 인간이 스스로 행동 원칙이라 자처하는 것을 외면하고 인간 스스로 자인하고자 하지 않는 단 하나의 원칙만을 받아들인다. 바로 인간 그 자신의 이익 추구다. 그 이익이라는 게 진정 자신을 위한 것인지 아닌지는 모르겠지만 시장 패러다임에서 인간을 움직이는 행위 원칙으로 인정하는 것은 오로지 이 '이익 추구' 뿐이다.[114]

이렇듯 오늘날 사회과학은 언어학적 구조와 시장 패러다임을 기준으로 인간의 문제를 지배하는 내재적 법칙을 탐구한다. 이 두 가지 기준은 행동 지배 규칙 체계의 모델을 제공하는데, 이 모델은 a) 효율성에 있어서는 의심의 여지가 없고, b) 자가규제가 가능하며, c) 인간이 스스로 무언가를 구상할 수 있는 여지를 준다. d) 그러면서도 숨은 입법자의 냉혹한 명령에 인간을 종속시킨다. 이 숨은 입법자는 플라톤이 『크라틸루스』[115]에서 이미 말한 바 있던 언어의 입법자가 될 수도 있고, 애덤 스미스가 말한 '보이지 않는 손'[116]이 될 수도 있다. '네트워크'의 개념[117]과 같이 오늘날 사회과학에서 떠오르는 다양한 사고 범주는 시장과 구조주의 패러다임이 혼합되어 나타난다.

이와 같은 그림 속에서 인간의 법률인 실정법은 어디에 위치하게 되는 것일까? 과학자들과 마찬가지로 법률가들의 머릿속에서도 이제는 하나의 개별적인 법률이 의미를 가지려면 이 법이 편입되어 있는 인간 행동 지배 규칙 체계와 연계되어야 한다. 그리고 사회과학에

서처럼 이 같은 체계의 성질과 명칭이 학술적 논쟁의 대상이 된다.[118]
법을 논리적 규범 체계로 보는 칼젠의 이론은 패러다임의 가치를 획
득했으며, 특히 규칙 체계를 스스로의 체계 안에 가둠으로써 '근본규
범Grundnorm'●의 난제를 일소하는 자기생산[119] 이론과 함께 여러 차례
세련되게 다듬어지는 상황이다.[120] 오늘날 마르크스주의적 비판의 계
통에서 발전되고 있는 바와 같은 도구적 법 개념 또한 법률은 규범 질
서 속에 편입된다는 점을 인정한다.[121] 불확실성의 원리는 실질적 규
칙들보다 절차적 규칙들이 우위에 놓임으로써 나타나는데, 개개인이
개입하여 기존의 질서를 바꾸어놓거나 어떤 일을 꾸밀 만한 무언가의
장이 열리기 때문이다.[122] 이렇듯 절차가 우세한 덕택에 법률은 가능
성의 밑그림을 그려놓고, 오로지 계약만이 이를 현실화한다.

　　그런데 오늘날 '과학'으로서의 '법학'을 연구한다고 주장하는 자들
의 공통점은 이들이 연구하는 규범들의 기초가 되는 가치들에 대한
일체의 고려를 묵살해버린다는 데 있다. 시몬 베유도 다음과 같이 쓰
고 있다.

　　가치란 우리가 무조건적으로 받아들이는 무언가다. 우리의 삶은 매
　　순간 무언가의 가치 체계를 따라 움직이기 때문이다. 어떤 가치 체
　　계가 삶을 움직일 때, 이 가치 체계는 어떤 조건 아래에서 받아들
　　여지는 게 아니라 그냥 무조건적으로 받아들여진다. 지식은 조건부
　　인바, 가치는 앎의 대상이 될 수 없다. 그러나 가치를 알고자 하는

● 법단계설에서 실정법상 최상위법인 헌법보다 높은 상위 규범.

노력을 포기할 수는 없다. 가치를 믿는다는 걸 포기하는 셈이 될 것이기 때문이다. 이건 있을 수 없는 일이다. 그렇게 되면 인간의 삶이 방향을 잃어버리기 때문이다. 이렇듯 인간 삶의 한 가운데에 는 이 같은 모순이 있다.[123]

이 모순은 법적 사고의 원동력이다. 법의 교조적 성격을 부인할 수는 없지만, 또 다른 한편으로 법은 과학적 지식을 가치 체계의 중심 에 가져다둔 문명에서 비롯된 것이기도 하다. 과학의 '진짜' 법칙이 다 스리는 영역에서 법에 대한 연구를 한다고 자처하는 법학자들은 이러 한 모순을 받아들이려 하지 않는다. 프랑스 법학자 미셸 트로페Michel Troper는 다음과 같이 썼다.

현행법을 설명함에 있어 규범의 기저에 깔린 가치에 대한 이해는 전적으로 무관하다. 실증주의자들은 '현행법에 따라 유대인은 공직 에서 배제된다'는 단언만으로도 충분히 만족할 수 있다. 이것만으 로는 법을 설명할 수도, 이 같은 규범을 이런저런 구체적인 상황에 어떻게 해석하고 적용할 것인지를 결정할 수도 없지만, 이 같은 문 제들은 법률의 시행하고만 관계되는 일이지 과학적 학문으로서의 법과는 관련이 없다. […] 다소 거칠게 말하자면, '입법 취지ratio legis' 는 법도, 법률도 아니다. 심지어 이는 법의 내부에 있는 게 아니라 법의 외부에 있다.[124]

그러므로 '과학'으로서의 '법학'은 법이 사리에 맞는 것인지 아닌지에 대한 질문을 스스로 금하고 있다는 점을 인정할 것이다. 이는 마치 기술과학 분야에서 기술공학자는 기술적인 물품이 어떤 목적에서 만들어졌으며 어디에 쓰일 것인지에 대한 질문을 하지 않는다는 논거만큼이나 설득력 있다. 여기에서는 학술적 주장으로 극단적 형태를 띠게 된 법학자들[125]의 해묵은 자세가 눈에 띄는데, 바로 법률의 취지에 관한 질문을 언제나 다른 사람들에게로 미뤄버리는 행태다. 중세시대 로마법 재발견의 선구자인 아쿠르시우스도 이미 "법률가가 신학을 배워야 하는가?"[126]라는 질문에 대해 부정적으로 답하면서 "우리는 법전에서 모든 걸 찾아낸다"고 주장했다. 물론 오늘날에는 법학이 법의 근거에 관한 질문을 신학이 아닌 다른 과학, 특히 생물학이나 사회과학에 떠넘기고 있다.

사실 사회과학의 관점에서 바라보면 실정법은 학술 연구를 통해 밝혀질 내재적인 규칙 체계로 설명된다. 구조주의 인류학자라면 실정법에 대해 사람들의 신념이 투영된 하나의 화면으로, 그러나 사회의 내적인 구조는 가리고 있는 화면으로 인식할 것이다. 경제학자의 경우, 시장의 법칙에 얼마나 잘 적응하느냐에 따라 효율성이 달라지는 경영 도구로서 실정법을 분석할 것이다. '장'의 이론을 내세우는 사회학자라면 법적인 '장'의 논리 속에서 분석해야 할 상징적인 지배 수단으로서 실정법을 바라볼 것이다.[127] 따라서 피에르 르장드르가 지적하고 있는 바와 같이 과학적 정당화는 교조적 기준 체계의 구조적인 위치를 차지한다.[128] 그러나 이렇듯 인류의 진짜 '법칙'을 밝히는 과학 속에 실정법을 녹여버리면 여러 가지 난제가 생겨난다. 경제적 혹은 언어적 '소립자'로 치부되어 '법 주체'의 개념이 사라질 뿐만 아니라 (사람들이 으레 법과 (잘못) 연관 짓는) 정의의 개념 또한 흔들릴 수 있다. 달리 말하면 의식 없는 과학으로 치달을 수 있는 것이다. 일찍이 라블레가 지적했던 바와 같이 "영혼의 폐허"나 다름없는 이 '의식 없는 과학'의 상태는 지극히 사악한 범죄의 기도를 정당화하는 데 제격이다.

그렇다면 이처럼 법의 개념을 과학 속에 용해시켜버렸을 때, 과연 무엇을 근거로 정의와 연대의 개념을 정립할 것인가? 베커는 약속대로 자신의 논리를 '가차 없이 단호하게relentlessly and unflinchingly' 밀고 나가지만 난관이 있었음을 숨기지는 않는다. 전적으로 개인의 이익 추구로만 움직이는 세상에서 과연 어떻게 이타주의를 정당화할 것인가? 그는 자신의 저서 『이타주의, 이기주의 그리고 유전자의 적응 : 경제학과 사회생물학Altruism, egoism, and genetic fitness : economics and sociobiology』의 마지막 장129에서 이 문제를 검토한다. 그는 이 문제에 대한 해답을 유전학법칙 쪽에서 찾아야 한다고 생각한다. 즉, 비슷한 부류에 대한 이타주의는 여러 동물 종에게 있어 하나의 생존 조건이었으며, 따라서 유전적으로 '선택'되었다는 것이다. 그리고 동물들에게 해당되는 사항이라면 사람에게도 마찬가지로 해당된다는 주장이다.130 그러므로 베커와 그의 뒤를 이은 수많은 경제학자는 레비 스트로스와 전혀 다른 경로를 통해 유전학 쪽에서 인간 행동 최후의 법칙을 추구하기에 이른다.131 오늘날 수많은 학자가 이러한 유혹의 함정에 빠져들고 있는 듯하다. 일부 생물학자들은 사회생물학과는 어느 정도 거리를 유지하면서도 (특정한 행동이 아니라) 적응 전략을 (인종과 관계없는) 보편적인 유전 정보와 결부시키는 인류학적 진화론을

발전시키고 있다.[132] 같은 맥락에서 (위계질서 같은) 인간 본성의 일부
는 유전적으로 결정되며 따라서 문화적으로 수정될 수 없다는 점을
인정하면서, 정치적 좌파를 다원주의의 기반 위에 재정립하려는 지적
흐름도 나타난다.[133] 요컨대, '시장은 가장 적응력이 우수하여 결과적
으로 가장 뛰어난 자들을 선택한다'며 적자생존의 법칙을 정당화하
는 데 이용되는 '경제적 다원주의'에, 사회적 정의의 개념을 유전학에
서의 자료에 끼워맞추려는 '진보적 다원주의'를 견주어보려는 것이다.
이 같은 이론에 이끌려 표류하지 않는 유일한 방법은 인간의 법률이
갖는 인류학적 기능을 가늠해보는 것이다. 즉 개개인 또는 집단 정체
성의 구축에서 법이 차지하는 고유한 지위를 인정하는 것이다.

사실 경제적 행위가 국가의 실정법을 뛰어넘고 시장이나 생물학
의 비인격적 힘을 구현한다고 믿는 한, 경제적 행위 안에는 법에 대한
전체주의적 관념의 모든 싹이 내재되어 있다. 이에 대해서는 한나 아
렌트가 명쾌하게 짚어내고 있다.

> 실정법보다 더 상위의 정당성을 부여한 권위의 원천으로 거슬러올
> 라간다고 주장하면서 전체주의적 관념은 실정법의 보잘것없는 합
> 법성으로부터 벗어나고자 하며, 인간에게 강요되는 인간 초월적인
> 법률의 시행을 위해 그 누구의 필사적 이득이라도 희생시킬 준비가
> 되어 있다.[134]

오늘날을 지배하는 '경제'라는 성서에서는 인간을 줄여야 할 비용
으로까지 인식하고 있으며, 좋게 봐도 운용 대상으로서의 '인적 자본'

으로 여기는 정도다. 즉, 모두에게 적용되는 보편적 법칙에 따라 채굴해야 할 하나의 자원으로 보는 셈이다.[135] 기업에서 '인원 삭감'의 책임을 맡고 있는 **매니저**들은 이러한 법칙의 단순한 도구에 지나지 않으며, 우리는 그들이 타인에게 가하는 고통의 공포를 극복해내는 능력으로 저들을 판단한다.[136] 이들에게 있어 '프로'의식이란 '가치 창조'의 원천인 '구조조정'을 향해 영혼 없이 나아가는 것이다. 그 같은 프로의식은 세계화된 경제 속에서 최초로 인적자원을 경영했던 사람들에게서 이미 관찰된 바 있다. 바로 노예선 관리자들이다. 이들은 시커먼 목재를 바라보던 눈으로 흑인 노예들을 바라봤다.[137]

법을 과학적 법칙 속으로 융해시키려던 학자들은 곧이어 스스로 주장했던 것의 파멸적 결과를 비난하고 나서며 막다른 골목에 내몰린다. 일면 훌륭한 측면이 있기도 한 부르디외 사회학은 법의 문제를 다루는 순간 그와 같은 막다른 골목으로 내몰린다. 가령 "국가는 산산조각 내야 할 거의 형이상학적인 개념"[138]이라는 말과 "지식인의 투쟁은 [...] 국가의 쇠퇴에 맞서는 투쟁을 최우선으로 해야 한다"[139]는 말을 과연 어떻게 조화시킬 것인가? 만일 "국가의 개념이 동맹관계나 고객관계처럼 다소 안정적인 네트워크 속에 편입될 수 있는 (다양한 형태의) **권력적 지위**들 간의 **객관적인 관계**를 (매우 위험하게도) **속기하듯 적어놓은 명칭**으로서의 의미만 갖는다"면,[140] 과연 우리는 어떻게 "공공서비스의 존재, 즉 공화국 내에서 교육이나 건강, 문화, 연구, 예술 그리고 특히 다른 무엇보다도 노동에 대한 권리를 누릴 수 있는 평등과 관계된 **문명**의 파괴에 맞서"[141] 싸울 수 있겠는가? 이 같은 논점의 한계를 피하려면 가장 뛰어난 사회학적 전통을 되살리고 모스 같은 학자와 다시 손을 잡는 편이 낫다. 모스라면 법의 문제를 몇 가지 단정적인 문장으로 공식화하기보다 법률의 교조적 특성이 가진 인류학적 기능을 입증해낼 줄 알았기 때문이다.[142] 오늘날 모든 사람이 시장의 법칙이라는 미명 하에 사회적 공허함 속으로 내몰려지는 방식과 관련해서는 피에르 부르디외의 분노를 공유해야 한다. 그러나 우리가 실정법을 있는 그대로 사고하지 않는다면 이 분노는 지적 작업을 이끌어갈 수도, 지적 작업에 이끌려갈 수도 없다. 만약 복지국가에 대한 제도적 차원에서의 분석 수단이 없다면, 복지국가의 해체를 아쉬워해 봐야 소용없다. 복지국가는 시간의 흐름에 따른 파손으로부터 지켜내야 할 역사적 유물이 아니다. 이는 지극히 복잡하고 지속적으로 변화하는 법적 장치이며, 복지국가의 생존은 우리가 이를 얼마나 잘 이해하느냐에 달려 있다.[143]

좀 더 넓게 보면, 법률에 대한 분석을 통해 우리는 실정법 개념과 과학적 법칙의 개념이 서로 평행한 경로를 따라가고 있다는 가설을 시험해볼 수 있다. 과학적 법칙의 개념이 성립될 무렵, 유럽에서는 단일 국가의 개념도 함께 성립되었다. 오늘날 주의깊게 연구해야 할 점은 근대국가의 제도적 근간이 되었던 부분들이 어떻게 쪼개지고 갈라지게 되었는지 그리고 시장 패러다임을 구현하는 법조계 쪽에서의 절차화 움직임과 관련하여 이뤄지는 법과 규약이 어떤 방식으로 새롭게 분리·조율되었는지 등이다. 훌륭한 경제학자들, 즉 여전히 물질적 부의 생산 **방식**을 연구하는 자들이 제일 먼저 이러한 현상을 확인했다. 이와 관련하여 프랑스 경제학자 로베르 살래Robert Salais는 다음과 같이 적고 있다.

절차와 담론에 대한 과도한 관심은 시장 이론에서 파생된 관찰 모델이 가져온 여파다. 사회를 일반화된 시장으로 바라보는 모델에서 시장은 오로지 개인들 (혹은 행위자들) 간의 거래로만 구성되는 바, 사실상 중요한 건 오직 거래의 규제를 담당하는 절차가 얼마나 최적화되어 있는지 정도다. 행위 주체들은 합리적인 존재로서 전략적 방식으로 게임을 실행하기 때문에 공공 정책은 오직 기회주의적 행동을 미연에 방지하고자 하는 목적의 규제 정도로서만 이해된다. 행위 주체들이 벌인 행동의 실질적 내용이나, 그에 따른 결과로서 초래되는 포괄적 의미에서의 물질적 생산물은 공공 권력의 입장에서 그리 중요하지 않다. 그 개념적 정의로 봤을 때 이 모든 것은 행위 주체의 책임과 개인적인 관할 영역 하에 들어가기 때문이다. 관찰의 입장에서 이런 부분들은 직접적인 관련성이 전혀 없다.[144]

유럽공동체법은 '단일 시장' 개념에 근거한 법질서 속에서 법률의 상대화과정에 대한 이상적인 연구의 장을 제공한다. 일견 보기에는 유럽의 모든 국가와 법률이 단일 시장에 종속된 것처럼 보이기 때문이다. 존재의 규명이 불분명한 이 법적 대상을 과연 어떤 개념에 결부시켜야 할 것인가? 유럽연합(또는 유럽공동체)인가? 유럽 이사회의 지침과 규정 같은 '비非법률적' 조치들은 어떤 범주에 집어넣어야 하는가? 이 같은 법적 대상은 국가도 아니고 제국도 아니다. 이는 그저 문서로 된 시스템일 뿐이다.[145] 그러나 회원국들에게는 법률과도 같은 시스템이며 오늘날에는 화폐를 발행하는 시스템이기도 하다. 국가는 이 법질서의 중심으로 귀속되어 차츰 사라지겠지만, 법률은 그 와중에서도 살아남는다. 그러므로 법률의 가치란 순전히 상대적이고 지역적이라고 할 수 있다. 따라서 법률의 개념 역시 이러한 형태 아래, 즉 국내법이 그 상위의 법률 개념으로서 작용하는 유럽공동체 시스템 속에 편입된 형태로 존속된다. 그리고 이에 따라 지침과 같은 국내적 상황이나 지역적, 직업적 상황의 다양성이 생겨날 여지가 만들어진다.[146] 여기서 현대물리학의 발전과 평행 궤적을 그려보지 않을 수 없다. 현대물리학 역시 인과관계의 최종 원인을 규명하는 일을 포기했으며, 인과관계의 법칙이란 단지 상대적이고 국소적인 가치만을 가질 뿐이라고 여기게 된다. 이로써 법과 과학이 같은 행보를 이어가며 발전한다는 법적 관점 하에서 서양식 사고의 단일성이 확인된다. 또한 몽테스키외가 명문화한 **실정법의 상대성 이론**이 지닌 체험적 가치도 확인된다.

실정법은 그 나라의 **물리적** 측면과 연관되어야 한다. 냉대, 온대, 열대 기후와 같은 현지의 날씨와 관련되어야 하며, 토양의 질과 상태 그리고 그 크기와도 관련이 있어야 하고, 농경, 수렵, 목축업 등 국민들의 주된 생활 방식과도 연계되어야 한다. 뿐만 아니라 헌법이 용인할 수 있는 자유의 정도와도 연관되어야 한다. 국민들의 종교와 성향, 부와 인구수, 상업과 풍속, 예의범절 등과 관련되어야 하는 것이다. 그리고 끝으로 실정법은 실정법 상호 간에 관련이 있어야 한다. 실정법의 기원과 입법 주체의 목적, 실정법의 근간이 된 것들의 질서와 연관성을 갖는 것이다. 실정법은 바로 이 모든 관점에서 검토되어야 한다.[147]

법률가의 막중한 과업에 대한 이야기는 모두 여기에 언급되어
있다.

소는 뿔로 묶고 사람은 말로 묶는다.

— 앙투안 루아젤, 『관례집』

제3장

말의 구속력:
약속은 지켜져야 한다

계약의 구속력은 공동체 삶의 기반 그 자체다. 예로부터 한 번 내 뱉어진 말을 지키는 것은 자연법에서 출발하여 모든 법제를 관통하는 기본 전제 중 하나로 여겨져왔다.[1]

위대한 프랑스 민법학자인 루이 조스랑Louis Josserand의 이 말은 법조계의 오랜 전통과 맥을 같이한다. 예로부터 '약속은 **지켜져야 한다** Pacta sunt servanda'는 말이 있었는데, 이 같은 격언에는 질서가 잡힌 모든 사회에 부과되는 교리적 가치가 부여된다. 이는 비단 대륙의 전통에만 고유한 것은 아니며, 바다 건너 영국에서도 애디슨을 위시한 **코먼 로** 학자들의 펜대 아래에서도 발견된다.

계약법은 모든 시대, 모든 민족, 모든 장소 그리고 모든 상황에 적용되는 보편법이라고 정당하게 말할 수 있다. 계약법은 공정성과 불공정성의 기본 원칙에 기반을 두고 있기 때문이다. 자연 이성으로부터 도출된 이 기본 원칙은 불변하고 영원하다.[2]

그러나 법의 생리에 대해 주의깊게 살펴온 학자들은 19세기에 이미 계약이란 영속적인 범주가 아니라 문명의 역사 속에 포함되는 것이라는 점을 간파했다. 영국의 법학자 헨리 섬너 메인Sir Henry Sumner Maine 경은 그의 유명한 저서를 통해 서양에서 법의 모든 역사는 법적 관계의 요체로서 법적 지위가 계약으로 이행해가는 역사라고 해석하기도 했다.[3] 프랑스 법학자 레옹 부르주아Léon Bourgeois 역시 계약이 "인간의 법에 있어 확고한 기반"[4]이 되었다는 점을 근대사회의 특징으로 꼽았다. 이들은 계약을 플라톤의 이데아 계에 속하는 영원한 추상적 대상으로 보지 않았으며, 그보다는 인간이 신분의 예속으로부터 벗어나 자유의 길로 다가가는 역사적 진보의 귀결점이라고 생각했다. 이들에 따르면 법의 역사는 하나의 방향성을 지니고 있으며, 이 같은 방향성에 따라 우리는 인간이 스스로 정한 제약 이외의 다른 구속 요건은 존재하지 않는 해방된 세계로 인도된다.[5]

계약의 '문명적 소임'

계몽주의 사상가들이 지나간 자리에는 이렇듯 계약에 의한 해방 과정이 전 세계적인 파급력을 지녔으며 언젠가는 아직 계몽되지 못한 민족들 전체로 확대될 것이라는 생각이 자리잡았다. 아직 발전 초입 단계에 있는 이 민족들은 식민지에서 해방이 되자마자 곧 국제기구에 가입할 것을 권장받았다. 국경을 초월하여 계약을 맺는 자유가 이들 국제기구를 통해 보장되는 것이었다. 계약 문화로의 접근은 근대사회로 진입하고 국가들 간의 협력에 동참하기 위한 조건이 되었다. 메이지 시대 일본의 경우가 사실 이에 해당했다. 그 당시 일본은 '불평등 조약'의 굴레에서 벗어나기 위해 계약법을 갖추어야 했는데, 일본의 입장에서 계약법의 법철학이란 사실 근본적으로 생소한 것이었다. 비슷한 사례는 보다 현대로 넘어와서도 찾을 수 있다. 과거에 공산주의 체제를 따르던 일부 국가들이 바로 이에 해당하는데, 이들 국가가 시장경제에서 고전을 면치 못하고 있는 것은 대개 계약 문화가 뿌리내리지 못하고 있기 때문이다.

계약의 문명적 소임에 대한 신념은 현대의 법을 움직이는 가장 강력한 원동력 중 하나다. 하지만 이 같은 신념 역시 분명 서구식 스타일에 해당한다. 이는 비교법학을 통해서도 잘 드러나는데, 다만 비교 대상을 영미법에만 국한시키지 말고[6] 동양 문화권으로까지 넓게 봐야 한다. 동양의 법리적 전통은 늘 서구적 관점에 파장을 일으키고 서구의 고정관념을 뒤흔들어놓는다는 장점이 있다.[7] 특히 일본의 경우가 많은 점을 시사하는데, 일본에서 계약 문화가 자리잡은 지 한 세기가 넘었지만 그렇다고 신유교 문화가 사라지지는 않았기 때문이다. 이 같은 유교 문화는 계약 문화라는 것 자체를 모를뿐더러 이에 심히 배치되기도 한다. 일본 문화에서 중심이 되는 것은 개인도, 개인의 의지도 아닌, 우주의 조화와 사회의 조화다. 앞으로 어떤 상황이 생길지도 모르고, 계약의 집행에 따라 어떤 피해가 생길지도 모르는데, 어떤 한 시점에서 체결된 계약이 장차 미래를 구속할 수 있다는 생각은 이 같은 문화권 내에서 생소한 개념일뿐더러 심한 반감도 불러일으킬 수 있다. 보다 포괄적인 관점에서 봤을 때 이러한 태도의 차이는 문명에 따라 다르게 나타나는 '말의 지위'와 관련이 있을 수 있다. 물론 서양에서만 조물주의 '말씀'에 각별한 지위를 부여하는 것은 아니다. 중앙아프리카에서도 역시 신의 '말씀'에서 세상의 질서를 다스리는 원칙을 보았으며,[8] 중화문화권에서도 언어에 가장 큰 중요성을 부여한다.[9] 올바른 질서가 자리잡히기 위한 첫 번째 조건이 바로 각각의 존재에 제대로 된 이름이 부여되는 것이라고 생각하기 때문이다. 하지만 신의 모습을 본떠 만들어진 인간이 그 자신을 위해 신의 말씀에 대한 입법자적 권력을 지닐 수 있으며 말로써 미래를 유폐할 수 있다고 생각했던 것은 오직 서구 문화권밖에 없다.[10]

양쪽의 언어적 구조, 특히 문자의 구조에서는 동서양의 이 같은 차이가 잘 드러난다. 중국어와 같이 단음절 언어와 표의문자인 경우, 단어는 음성적 혹은 표기적 상징으로서 기능한다. 소리로 혹은 그림으로 상징적 기능을 하는 것이다.[11] 성·수·격에 따른 어미변화 등 언어적 변화가 나타나지 않고, 어휘는 풍부하되 음소는 빈약한 이러한 언어는 인간, 사물, 감정이나 기분의 구체적인 다양성을 추상적으로 보여주기보다는 연상과 암시로써 나타낸다. 이들 언어에서 언어학적 기호는 형식적인 구조 속에서 이것저것 배열을 하기보다는 구체적으로 형상화하는 방식을 채택한다. 반면 서양 문명에서는 알파벳 문자와 함께 (성·수·격에 따른) 언어적 활용을 함으로써 언어 기호의 사용을 줄일 수 있었다. 이에 따라 서양 언어는 세상에 대해 훨씬 더 압축적인 표현을 제공한다. 더욱이 서구인들에게 있어 이 같은 추상화능력은 수준 높은 문화의 전유물이 되었고, 유럽의 주요 국가들은 저마다 자국의 언어가 이러한 추상화능력이 가장 뛰어나다고 주장하며, 수학적 공식화와 수량화에 집착하는 모습은 모두에게서 똑같이 나타난다. 이와는 달리 중국에서 단어 혹은 이를 나타내는 기호는 지칭하는 행위나 사물에 가까운 만큼 더더욱 강력한 힘을 가진다. 그런데 주지하다시피 중국의 한자는 극동지역 모든 나라의 문화에 영향을 미쳤다. 일본 문자가 오늘날까지도 중국의 표의문자, 즉 한자의 사용을 유지하고 있는 이유는 한자가 가진 상징적 가치, 다시 말해 한자의 구체적인 연상력이 뛰어나기 때문이다. 이들 문화권에서 사람들은 존재의 다양성과 유동성을 추상적 범주로 포섭하려는 자들에 대해 본능적으로 경계한다.

서양이 명확한 말에 무한한 신뢰를 보내는 반면 일본에서는 행위자체에 대해서만 신뢰한다. 일본 문화에 대한 가장 예리한 분석가 중한 명인 모리스 팽게Maurice Pinguet는 말에 대한 이 깊은 불신을 다음과 같이 설명한다.

진실은 말로써 알 수 있는 것이 아니라 말 사이사이 스며들어 있다. 겉으로 내뱉는 말의 이면에, 말과 말 사이의 중간 중간 나타나는 공백에, 제대로 말하지 못하는 무언가의 어눌함 가운데 바로 진리가 숨어 있다. 일본은 은연중에 함축된 뜻을 내비치는 것이 습관화되어 있기 때문에 프로이트가 말한 '직관'의 기반이 미리 마련되어 있던 것일지도 모른다. 그 어떤 문화도 삶의 모든 측면으로 그 영향력을 확대할 정도로 법전에 민감하지는 않았으나, 법전을 인위적 장치로서만 파악함으로써 법전에 그토록 무심한 문화도 없었다.[12]

그러한 문화권에서 약속은 말로만 표현되는 것이 아니라 행동으로도 표현된다. 인간관계의 정도와 기간은 서로가 함께 나누었던 말에 따라 달라지는 것이 아니라 그 관계의 형성을 이끌었던 조화로움을 유지시키는 것에 좌우된다. 그리고 이러한 조화로움이 유지될 수 있으려면 각자가 타인에게로 이어지는 이러한 관계를 유지시키는 능력이 뒷받침되어야 한다. 주변 사람들과 주변 상황들이 변하는 것에 따라 자신의 생각을 맞추어갈 수 있는 능력을 지녀야 그 같은 조화로움이 유지되는 것이다. 다른 사람에게 해가 될 수 있는 것 또는 그 사람이 더 이상 어떻게 할 수 없는 것을 요구하는 것은 처세의 기본 규칙, 즉 나이와 사회적 지위에 따라 그 내용이 달라지는 '의리義理'의 규칙[13]에 어긋난다. "책무, 의무, 도덕적 채무"[14] 등으로 번역할 수 있는 '의리'는 어떤 보편적 '법률'이나 목적이 달성되었을 때 해지되는 '계약'에 근거하는 것이 아니다. '의리'로 묶이는 사람들에 의해 좌우되는 '의리'라는 개념은 '지속적이고 항구적인 관계'의 원천이다. 이러한 관계에서는 "주체가 그 자신으로서 이루어지는 것이라는 생각과 함께, 주체에 대한 평가를 같이 결부시키고, 주체의 신중하고 미묘한 태도에 따라 관계가 달라진다. 호의를 받았다면 갚을 줄 알아야 하며, 아니면 이를 잊지 않고 있음을 보여주어야 하고, 호의에 대한 보답은 관계를 청산하는 것이 아니라 관계의 양분이 된다. 그리고 보은의 방식 또한 수천 가지의 자유로운 형태를 취할 수 있다".[15] 이렇듯 '의리'는 유연한 방식으로 의무를 이행하도록 하는 강력한 구속력을 지니고 있으며, 서로의 의무가 상호적으로 공고히 됨과 동시에 공동체의 조화로움을 유지시켜주는 기제로도 작용한다.

메이지 시대 이후로 일본은 프랑스와 독일, 미국 등의 순서로 서양의 법 문화를 배워왔으며, 지금은 세계화의 규준에 부합하는 계약법을 갖고 있다.[16] 따라서 일본에서 통용되는 계약의 의미가 서양에서 바라보는 계약의 의미와 동일하다면, 즉 계약이 법적 관계 내에서만 허용되는 보편적 성격의 완성된 형태로서 인식된다면, 상호 교류의 '원시적' 형태인 '의리'가 차츰 근대성에 밀려났을 것이라고 생각해볼 수 있다. 하지만 전혀 그렇지 않았다. 일본인들은 서양 '오랑캐'들로부터 건너온 계약 문화를 서양 '오랑캐'들과 교역을 하는 데에만 사용했고, 이 같은 계약 문화가 일본인 사이의 관계에 미친 영향은 굉장히 미미했다. 법정 공방을 피하고 타협을 꾀하는 합의의 기술인 '의리'가 어느 정도로 그 생명력을 유지했는지는 통계자료만 보더라도 잘 알 수 있다. 미국에서는 변호사의 수가 인구 300명당 한 명 꼴인데 비해, 일본에서는 인구 1만 명당 한 명 꼴이기 때문이다.[17] 장차 중국의 경우도 그렇겠지만 일본이 거둔 경제적 성공의 상당 부분은 이렇듯 두 가지 문화를 적절히 조합해낸 능력으로 설명된다. 다시 말해 서양에서 들여온 계약 문화와 유교 문화의 소산인 조화로움 및 관계의 문화가 훌륭히 배합되어 경제적 성공을 이끌어낸 것이다.

물론 일본에서 계약 문화가 상대화되어 나타난 건 사실이나, 그 상태 그대로 고정적일 것이라고 생각하면 곤란하다. 다른 무엇보다도 무역의 필요성에 따라 도입된 계약 문화가 일본 고유의 문명과 접촉하면서 변형되긴 했지만 일본사회 내부에서도 매우 점진적으로 확대되고 있다는 점만은 분명해 보인다.**18** 그러나 일본에서만 일방적으로 변화가 일어난 것은 아니다. 일본 문화의 고유한 가치들 또한 서양인의 머릿속으로 옮겨가 자리를 잡은 뒤 국제 교역의 차원에서 이용되었다. 이러한 일본식 모델의 영향은 경영 분야에서 극명히 드러나는데, 합의를 끌어내는 일본인들의 방식이 서양 기업들의 경영 모델로서 그 가치를 발휘했기 때문이다. 일본식 모델은 '관계적 계약 이론'과 더불어 법률 분야에도 영향을 미친다. 특히 미국을 중심으로 최근 여러 연구의 대상이 된 이 이론**19**은 기본 협약이 사업 관행에서 차지하는 중요성을 설명해준다. 기본 협약은 장기간에 걸쳐 협력관계를 꾸려나가는 밑바탕이 되며, 이 같은 협력관계 아래 일련의 교역 계약들이 자리하게 된다. 관계적 계약은 유연하고 지속적인 관계를 형성하는데, 호혜적 급부의 작용에 따라 관계는 해지되는 것이 아니라 더욱 돈독해진다. 최근 서양 법조계에서 나타나는 이 같은 '요령'은 합의를 도출해내는 동양적 방식으로서 '의리' 문화가 이식된 것으로 볼 수 있지 않을까?

그러므로 계약은 언제나 만국 공통의 범주였던 것이 아니라 현재진행형이라고 말할 수 있으며, 인간과 사회를 바라보는 서양의 방식이 이로써 전 세계로 확장되기에 적절하다는 점을 보여준다. 적어도 '세계화mondialisation'[20]에서는 그렇게 믿고 있다. 세계화는 마찬가지 맥락에서 자유무역의 장점과 계약의 장점을 찬양하는데, 탄력적이고 평등하며 구속되지 않은 자유로움이 있기 때문이다. 반면 국가의 압박이 존재하는 경우 법적 모순이 나타나며 비탄력적이고 일방적이며 예속적인 성격을 보인다. 여기에는 응당 '계약주의contractualisme'라는 이름을 붙일 수 있는데, 하나의 이데올로기로서의 '계약주의'를 '계약화contractualisation'라는 현상과 혼동해서는 안 된다. '계약주의'는 계약적 관계를 사회적 관계의 가장 완성된 형태로 보고 법의 일방적인 강제성을 대신할 만한 대체재로 여기는 사상으로, 사회를 오직 이해관계에 따라서만 움직이는 개개인의 집합체로 인식하는 경제 이데올로기[21]의 한 구성 요소에 해당한다. 반면 '계약화'는 계약 기술의 활용이 객관적으로 확대되어가는 것을 가리킨다. 계약화과정이 진행됨에 따라 계약주의가 했던 약속들과 사뭇 다른 결과들이 드러나기도 한다.

계약주의 제국은 경제 이데올로기의 발전과 함께 확대되는데, 계약주의는 사실 경제 이데올로기의 일면에 지나지 않는다. 섬너 메인도 이미 다음과 같이 쓴 바 있다.

정치경제학에 빠진 사람들 대부분에게서 나타나는 성향은 정치경제학이 기반을 두고 있는 일반적 진리가 장차 보편적이 될 것이라 여긴다는 점이다. 이론의 실제 적용 단계에 들어가면 이들의 노력은 대개 계약의 영역을 신장시키는 방향으로 나아가며, 강행법이

적용되는 분야는 오직 계약의 집행을 위해 필요한 경우로만 국한시키려는 경향이 나타난다.[22]

이 같은 견해는 오늘날 표준이 되는 경제 분석과 법 사이의 관계를 완벽하게 설명해준다. 오늘날 프랑스 법대들도 매료되어 있는 '법경제학Law and Economics'이라는 학문 조류는 계약법의 엉성한 인류학적 관점이라 부를 수 있는 부분을 인간의 모든 행동으로 일반화하고 있다. 다시 말해 자신이 무엇을 원하는지 알고 자신에게 있어 무엇이 더 좋은 것인지 알고 있는 인간의 모습을 전체 인간으로 확대 적용하는 것이다.[23] 이 분야의 대표주자들이 설명하는 바와 같이 이러한 인류학적 관점은 법의 경제학적 분석에서 (제1단계인) 그 밑바탕을 이룬다.

하나의 법리적 문제에 대해 완전한 경제학적 분석을 실현할 수 있는 제 단계의 밑그림을 그려보자. 제1단계에서는 의사 결정을 내리는 개인 혹은 기관이 주지하는 바와 같이 명확히 알려진 경제적 목적을 극대화한다고 전제한다. 가령 기업은 영리를 극대화하고, 소비자는 부와 여가시간을 극대화하려는 경제적 목적을 갖고 있다고 보는 것이다. 제2단계에서는 이 같은 경제적 목적에 부합하는 결정을 내리는 의사결정자들 사이의 상호작용이, 경제학자들이 보는 관점에서의 균형 상태, 즉 자의적으로 변하지 않는 상태에서 차츰 안정화되어간다는 점을 보여준다. 그리고 제3단계에서는 경제적 효율성을 고려하여 균형 상태를 평가한다.[24]

이러한 관점에서 보면 계약법은 시장경제에 선행하지도 않고 그 조건이 되지도 않는다. 계약법은 시장의 도구(마르크스주의자의 입장에서는 상부구조)이지 그 근거가 되지 못한다. 법경제학적인 분석의 선구자들 역시 이 점을 강조한다. 계약의 자유를 명시한 법적 원칙은 자유무역 자체의 근거가 되지 못하는데, 자유무역은 경제활동의 한 여건이므로 계약법은 단지 그 보조적 역할을 하면서 수월하게 만드는 기능만을 담당하기 때문이다.[25] 여기에서는 19세기의 해묵은 확신들이 눈에 띄는데, 다만 차이가 있다면 자연법이 경제학에서 계약법의 근거를 찾았다는 점, 과거 '정의'가 차지하고 있던 판단 기준의 자리가 '효율성'으로 대체되었다는 점 정도다. 이렇듯 법경제학이라는 학문 조류는 과거 마르크스가 법학자들을 설득시키지 못했던 하나의 생각으로 법학자들의 마음을 사려하고 있다. 법이 두 발로 다시 일어서야 할 필요성, 즉 법이 경제적 기초를 발판으로 일어서야 할 필요성을 각인시킨 것이다. 이에 따라 계약법의 제 규칙을 경제법칙과 연관시키는 것을 주목적으로 삼는 글들이 쏟아진다. 즉, 행위무능력은 합리적 행위자의 안정적인 선호도와 결부시키고, 폭력이라는 악행도 합리적 행위자에게 있는 선택의 자유와 연관시키며, 정보 공개의 의무와 오류 문제는 시장의 투명성과 연계되는 식이다.[26] 이러한 방법은 마르크스주의의 법 비판을 대번에 상기시킨다. 마르크스주의의 법 비판 역시 각각의 법 규정을 경제적 결정 요인에 결부시켰기 때문이다.[27] 다만 차이가 있다면 마르크스주의 분석에서는 법의 형식이 경제법칙에 맞게 조절된다는 점을 밝혀내며 비판을 가하는 반면, 오늘날의 법경제학자들은 이렇듯 법의 형식이 경제법칙에 종속되는 상황에 대해 한

없이 감탄하고 있다는 점이다. 그러나 이 두 경우 모두 법의 형식을 하나의 자연적 질서에 결부시킴으로써 법의 형식을 다시 눌러놓고 만다. 법의 형식을 설명해주는 이 자연적 질서는 법의 형식을 초월하여 존재하기 때문이다. 오늘날 계약의 구속력은 경제법칙에 근거하고 있으며, 우리는 이 같은 경제법칙에 보편적 가치를 부여한다. 세계은행의 수석 경제학자였던 로런스 서머스Lawrence Summers는 이렇게 이야기한다. "내가 세계은행에서 잠시 일하는 동안 배운 것들 가운데 하나는 '하지만 여기는 사정이 다르다'라고 말하는 사람은 무엇인가 어리석은 말을 할 참이라는 점이다."28 그러므로 오늘날 계약주의는 더 이상 사회계약의 정치 이론에 근거하는 것이 아니라 '전 세계 어디서든 시장이 곧 법'이라는 '과학적'으로 입증된 확신에 기반을 두고 있다. 법률가는 자연법이라는 낡은 옷을 벗고 경제학적 분석이라는 새로운 옷을 입음으로써 여전히 '국내법에 초월하는 세계적 질서가 존재한다'는 생각에 근거할 수 있게 됐다. 그리고 각국의 법은 이러한 질서가 이뤄지기 위한 도구로 작용한다. '세계화'라는 합주곡에서 경제학은 이제 전 세계 어디에서나 적용될 수 있는 보편적 질서를 만들어내는 발언권을 가진 지휘자의 지위를 획득했으며, 법의 몫으로 남겨둔 부분은 오직 '인권'이란 이름의 '약소한' 파트뿐이었다.

따라서 합의의 과정을 거치지 않은 모든 법률은 의심스러운 것이 되었으며, 사람들은 모든 채무의 근거를 채무자들의 합의에서 찾으려 든다. 반대로 채무자의 합의 또한 채무의 존재에 대한 충분조건이 될 수 있으며, 그만큼 양도할 수 없는 권리의 영역은 더 줄어든다. 그리고 바로 이에 따라 계약 쪽에서 쓰이는 어휘들이 인간 삶의 모든 영역으로 확대되었으며, 공적인 영역이라고 예외는 아니다. 이러한 흐름의 의미를 파악하려면 먼저 그 기원으로 거슬러올라가야 한다. 왜 그리고 언제부터 인간은 말로써 엮일 수 있는 존재가 되었는가?

계약의 기원

"약속은 지켜져야 한다Pacta sunt servanda", 즉 한 번 내뱉은 말은 지켜야 한다는 이 원칙이 없었다면, 계약은 근대 법률가들이 자랑해마지않던 보편적 추상이 결코 될 수 없었을 것이다. 대단히 타율적인 이 원칙이 없었다면, 의지의 자율성은 법적으로 아무런 힘도 쓰지 못했을 것이다. 그러나 이 원칙은 어디에서 출발했으며, 언제부터 그리고 무엇 때문에 우리는 우리가 한 말에 엮이는 존재가 되었는가? 그 기원을 되짚어보면 오늘날 계약관계의 구조에서 국가가 차지하는 중심적인 위치를 이해할 수 있다.

낙성계약諾成契約처럼 서로 합의 의사를 주고받은 것만으로도 계약이 성립되는 데 충분하다고 주장하기 위해서는 먼저 계약의 개념 그 자체가 세상에 존재했어야 한다. 그런데 계약의 개념을 이해하려면 그에 앞서 사물의 세계와 사람의 세계를 구분할 수 있어야 하고, 그러자면 앞으로 올 미래가 말로써 좌우될 수 있다는 걸 받아들일 수 있어야 한다. 계약이 탄생하기 이전 시대에도 이미 '결연alliance'과 '교환échange'의 개념은 존재했다. 하지만 '결연'과 '교환'이 이뤄지더라도 아직은 그 대상이 되는 사람과 사물의 구분이 명확하지 않았으며, 우회적인 방식으로 시간의 개념을 다스렸다.

'결연'에서 사물은 사람을 통해서만 파악된다. 사실, 결연은 무엇보다도 '친족관계parenté'가 맺어지는 하나의 특별한 방식으로 여겨졌다. 친족관계는 혼인을 통해 맺어질 수도 있고, '피의 언약blood-covenant' 같은 혈맹의식을 통해 '인위적인 친족관계'[29]가 성립할 수도 있다. 민족학자들은[30] 종종 이러한 종류의 의식에 대해 묘사하곤 한다. 이 같은 혈맹의식은 과거의 풍습을 여전히 간직하고 있는 '구식' 사회 대부분에서 발견되며, 여기에서는 늘 종교적 측면이 나타난다. 성서에 자주 등장하는 이런 형태의 의식은 성서 기반의 종교들에서 오늘날까지 살아남아 전해져오고 있다. 성서를 기반으로 하는 기독교, 유대교, 이슬람교 등 세 종교에서는 피의 상징을 이용하여 신 안에서 신과 함께 피의 언약을 맺을 것을 맹세한다.[31] 성찬식이나 할례의식이 대표적이다. 피의 언약을 통한 혈맹이든 혼인을 통한 결연이든 우리는 지위 변화를 통해 타인과 연결된다. 친족관계는 장기적으로 의무관계를 형성하는 우회적인 방식이다.[32] 그러나 이러한 의무관계의 목적이 꼭 결연이 맺어지는 순간에 결정되는 것은 아니다. 관계의 체결에 따라 의무적으로 해야 할 것들이나 응당 제공해야 할 봉사 업무 등 의무의 내용은 서로 결연관계를 맺고 살아가는 사람들이 살면서 겪게 되는 여러 우여곡절에 따라서도 달라지고, 각자의 필요성에 따라서도 달라진다. 인위적인 결속을 맺어 의무관계를 파생시키는 이 같은 형태의 결합은 프랑스의 법조계 유산에서도 발견된다. (프랑스어에서 '친족관계'를 의미하는 단어 '파랑테parenté'와 형태가 비슷한 꼴로) **'경영자집단'**을 의미하는 **'파트로나**patronat'라는 단어의 개념 역시 부자관계의 모델이 노사관계에 고래로 지속적인 영향을 미쳤음을 보여준다. 과거의 로마법에서부터 오늘날의 임금노동법으로까지 맥을 이어가고 있기 때문이다.[33] 최근에 와서야 프랑스 기업들이 일방적으로 거부해버린 표현인 '파트로나'[34]는 로마법에서 (노예 신분으로부터 해방된) 자유민과 과거 그 주인이었던 사람 사이의 관계를 가리킨다. 해방된 노예의 옛 주인은 과거의 이 노예에게 새로운 신분으로 태어나 민간인의 삶을 살아갈 수 있도록 해주었으며[35] 해방된 노예는 옛 주인의 성을 따랐다.[36] 오늘날의 노동계약은 이를 직업적으로 변화시켜 의무관계를 만들어낸다. 일자리를 줌으로써 직원의 생활 보장과 함께 종속관계를 부과하는 것이다. 그리고 이 같은 의무관계의 구체적인 내용은 계약이 집행됨에 따라서만 서서히 드러난다.

이와는 반대로 **교환** 과정에서는 사람이 사물을 통해 파악된다. 주지의 사실이지만 교환의 본래적인 형태는 '주고' '받고' '갚는' 일련의 의무가 연속적으로 이어진 것에서 기인한다. 사회학자 마르셀 모스가 저 유명한 『증여론』에서 기술하고 있는 바와 같이 우리를 갚게끔 만드는 것은 "자신에게 주어진 것의 '하우hau', 즉 증여받은 물건에 깃들어져 있는 영적인 힘"의 작용이다.[37]

받은 물건이라고 해서 그저 가만히 있는 것은 아니다. 심지어 이를 준 사람이 그것을 내버린 것이라고 해도, 수여된 이 물건은 여전히 그에게 속한 무언가에 해당한다. 이 물건을 통해 증여자는 여전히 수증자에게 영향력을 미치며, 이는 절도된 물건의 소유자가 이 물건을 통해 절도범에게 영향을 미치는 것과 같다. [⋯] '하우'는 물건을 지니고 있는 사람을 계속 따라다닌다.**38**

우리의 언어에도 이러한 관념이 어느 정도 남아 있는데, 'gift'라는 똑같은 단어가 독일어에서는 독을 가리키고 영어에서는 선물을 의미하는 것에서도 이를 알 수 있다. 무언가를 주는 행위는 이를 수여받는 사람의 인격을 장차 자신에게 묶어두는 하나의 수단이며, 받은 사람의 입장에서는 반대로 무언가를 갚아주어야만 이와 같이 엮인 관계에서 풀려날 수 있다. 이렇듯 연쇄적인 관계로부터 빚을 갚아야 하는 의무가 생겨나며, 이 같은 관계는 제3자의 법칙을 연루시켜 빚의 상환을 보장한다. 이 상황에선 물건의 영적인 측면이 제3자에 해당하는 셈이다. 이러한 관계 결합 형태 역시 프랑스의 법체계에서 사라지지 않았다. 프랑스의 세대별 재분배식 연금제도는 '세대 간 계약'이라고 잘못 칭했던, 그러나 실상은 주고받고 갚는 '구식적인' 연결고리에 더 부합하는 한 관계의 근간을 이루고 있다.**39** 친자관계에서 나타나는 채무와 부채의 연쇄적인 연결고리, 즉 앞 세대로부터 삶을 부양받고, 자신은 다음 세대의 삶을 부양함으로써 앞 세대에 대한 보은을 내리사랑으로 갚는 친자관계의 연쇄적 연결고리와는 달리, 세대별 재분배식 연금제도는 그와 정반대 방향으로 나아간다. 선친 세대의 삶을 부양하고 다음 세대로부터 삶을 부양받으며, 이에 따라 받은 것에 대한 보답이 이뤄지는 것이다. 그리고 이러한 채무와 부채의 작용을 통해 연금제도는 사람들 간의 연대관계를 만들어낸다.[40]

우리가 '계약'이라는 개념을 갖게 된 건 바로 로마법을 통해서였으며, '물적' 대상과 '인적' 대상의 구분이 명확해진 것도 로마법 덕분이었다. 이러한 구분이 확실해지기까지는 로마법 내에서도 상당한 시간이 소요됐다. 채무자의 인격 자체를 담보로 하는 대여인 '넥숨nexum'[41]에서 관계의 의무적 성격이 생겨나는 원천은 (채무자가 잠정적으로 예속된 신분으로 바뀔 수 있는) 지위 변화의 가능성이며, 대차관계가 성립되면서 주고받는 증여물 또한 그 원천이 될 수 있다. 채무자의 빚이 완전히 변제될 때까지 채무자의 손에는 독이 든 선물인 청동괴가 주어지기 때문이다.[42] 로마법에서 물적 영역과 인적 영역을 명확히 구분하긴 했지만,[43] 그렇다고 모든 사람이 인적 영역에 들어가는 것도 아니었고, 물적 영역에서의 구체적 차이점에 매달리는 경향도 여전했다. 이에 따라 여러 계약이 생겨났으며, 계약의 규정 또한 각 계약의 목적인 '네고시움negocium'에 따라 달라졌다. 하지만 계약 전체를 포괄하는 범주로서 계약 자체의 일반적인 정의를 내리려는 생각은 하지 않았다.[44] 로마법에서 단순한 합의 의사의 교환은 무형식의 '합의pacte' 혹은 '규약convention'이라 불렸을 뿐 결코 '계약contrat'이라 여겨지지 않았다. 따라서 합의에서 계약으로 넘어가기 위해서는 원칙적으로 형식, 즉 문답계약과 같은 약정이나 선서, 서약 등의 형식적 절차가 필요했고, 그게 아니면 물적 인도와 같은 물질적 행위가 요구됐다. 그리고 이는 계약에 따라 달랐다. 계약의 대상물이 채무자에게로 인도

되면 실제 계약의 구속력이 생겨났으며, 선서나 서약과 마찬가지로 문답계약의 구속력 또한 종교적 뿌리를 갖고 있다.[45] 사물에 깃든 영靈이나 신들의 영혼은 이렇듯 인간들 사이의 관계 형성에서 계속해서 떠나지 않고 남아 있게 된다.

그러므로 로마법에 어떤 원칙이 있다면 그것은 차라리 '말에는 법적인 효력이 없다'는 원칙이다. '(형식의) 옷을 갖춰입지 않은 합의로부터는 소권이 발생하지 않는다'는 의미의 '엑스 누도 팍토, 악티오 논 나스키투르Ex nudo pacto, actio non nascitur'[46] 원칙은 점점 더 많은 수정안이 덧대어졌음에도 불구하고 유스티니아누스 시대까지도 폐기되지 않았다.[47] 형식을 갖추지 않은 합의는 원칙적으로 타인에게 모든 걸 맡기겠다는 자발적인 포기 의사에 해당한다. 그저 단순히 믿겠다는 것이다. 이 같은 신뢰는 사람들의 오른손에 깃들어 있다고 하는 신의의 여신 피데스로 상징되는데, 피데스 여신은 로마 최고最高의 신 유피테르보다 더 나이가 많은 존재로 형상화되며 백발의 모습으로 표현된다. 세상에 질서가 존재하려면 먼저 약속과 신뢰를 상징하는 신의의 여신 피데스가 존재하고 있어야 하기 때문이다. 원래 타인의 말을 믿는 사람들은 법의 보호 영역에서 배제됐었다.[48] 그런데 '유스 겐티움ius gentium', 즉 만민법의 영향 아래 신의의 원칙은 일종의 '세속화' 절차를 밟는다. 만민법의 등장으로 로마인과 비非 로마인 사이에 합의로 성립된 최초의 계약들이 생겨났기 때문이다. 국제 무역은 이미 신뢰를 기반으로 시장이 형성되어 있었고, 나아가 보복에 대한 두려움을 기저에 깔고 있었기 때문에, 이 분야에서는 형식에 치우친 거추장스러운 법제 따위에 연연하지 않았다. 매매, 임대, 동업 그리고 좀 더 이후로 넘어오면 위탁 업무에 이르기까지 가장 흔하게 행해지는 거래 행위에서 신뢰를 배신당한 자가 있으면 로마 거류 외국인을 관할하는 집정관이 개입하여 '보나 피데스bona fides', 즉 신의성실의 원칙에 근거한 소송을 열어주었다. 여기에서 신의성실의 원칙이란 동일한 상황에 처한 그 어떤 상인이라도 동의할 수 있을 만큼 객관적으로 근거 있는 믿음의 원칙을 가리킨다. 한편 법률상 특정한 명칭이 없는 무명계약無名契約 같은 경우, '악티오 인 팍툼actio in factum'이라는 사실소권事實訴訟에 따라서만 제재가 가해질 수 있었는데, 외국인 관할 집정관은 당사자 가운데 한쪽이 약속한 급부가 이미 행해진 경우에만 각각의 사례별로 소권을 승인해주었다. 이렇듯 로마법은 계약의 성립과정에서 말에 일정한 지위를 부여하면서도 계약의 효력을 발생시키는 일반 원칙은 결코 말에서 찾지 않았다.

중세의 주석학파도 '(형식의) 옷을 갖춰입지 않은 합의로부터는 소권이 발생하지 않는다'라는 격언을 차용했고, 이를 토대로 '베스티멘타 팍토룸vestimenta pactorum', 즉 '(형식의) 옷을 갖춰입은 합의' 이론을 정립했다.[49] 12세기 주석학파의 대표적 학자인 아쿠르시우스의 표현을 빌리자면 형식의 옷을 갖춰입지 않은 합의는 아이를 낳을 수 없는 여자와 매한가지이기 때문에, 그 합의가 권리를 낳도록 하기 위해서는 양측의 합의에 형식이라는 옷을 제대로 갖춰입혀야 한다는 것이다. 어떤 합의들은 "그 자체적으로 두툼하고 더운 성질이 있기 때문에 최소한의 옷만 갖춰입혀도 된다". 매매 혹은 임대와 관련한 합의가 이에 해당하는데, 로마법에서도 이들 분야는 이미 합의만으로도 충분히 계약이 성립하는 낙성계약에 속했다. 그 밖의 다른 합의들은 쌍방 간의 단순한 의견 일치보다는 좀 더 두툼한 옷이 필요했는데, '물적 보증res'이나 '언약verba' '일관성의 원칙cohaerentia' '개입 상황 rei interventus'의 허용 등과 같은 장치를 구비하는 것이다. 16세기 프랑스의 법률가 루아젤이 공개적으로 조롱했던 것도 바로 이 같은 의복 이론이었다. "소는 뿔로 묶고 사람은 말로 묶는다"는 유명한 말로 합의주의의 대표적 이미지를 구축한 루아젤은 이어 "단순한 약속이나 의견 합일도 로마법의 문답계약만큼이나 가치가 있다"[50]고 덧붙였다. 주석학파와 루아젤은 서로 각각 상반되는 원칙을 내세웠으며, 우리는 이제 로마법과는 달리 (형식의) 옷을 갖춰입지 않은 합의로부터도 소권이 발생한다(엑스 누도 팍토, 악티오 오리투르ex nudo pacto, actio oritur)는 점을 받아들인다.

이렇듯 원칙의 전복이 이뤄진 데는 **중세 교회법학자**들의 힘이 컸는데, '약속은 지켜져야 한다'라는 원칙도 이들이 만들어낸 것이었다.[51] 교회가 상거래에 있어 서약의 관행이 존재하던 것에 반대하고 나섰다는 것은 주지의 사실이다. 교회 입장에서 보면 사실 신을 앞에 두고 단순히 약속을 하는 것만으로도 충분히 온전한 구속력이 발휘되기 때문이었다. 기독교인의 행위는 사실 언제나 진리에 기반을 두고 있어야 한다. 기독교 신자는 자신이 말한 것을 충실히 이행해야 할 의무가 있으며, 약속을 하고 난 후 이를 지키지 않은 자는 진리에 위배되는 행동을 한 것으로 간주된다. 이는 곧 자신의 이웃을 기만한 것이자, 도덕적인 죄악을 저지른 것이다. 그러므로 자신이 내뱉은 말을 지키는 일은 무엇보다도 교부들의 판례와 성서에 근거한 도덕적 규칙이었다. 원래의 문구는 '팍스 세르베투르, 팍타 쿠스토디안투르 Pax servetur, pacta custodiantur', 즉 '평화는 유지되어야 하고 합의는 지켜져야 한다'였는데, 이는 안티고누스Antigonus 교회법에 수록된 표현이었다. 348년, 카르타고 제1차 공의회는 교구 확정 문제를 두고 두 주교 사이에서 이뤄진 합의의 결과에 관하여 안티고누스 교회법을 통해 의견을 표명한 바 있다.[52] 자신이 한 말을 지키지 않는 기독교인은 거짓말과 관련한 교회의 처벌을 받게 된다. 이 도덕적 규칙이 법적 의무로 무르익은 것은 13세기의 일이었다. 1212년, 그라티아누스 법령집Decretum Gratiani의 『표준주석서Glossa Ordinaria』는 단순한 합의사항들을 지켜야 할 의무에 법적 구속력을 부여했고, 거기에 소권을 덧붙였다.[53] 1230년 그레고리우스 9세의 교황령에서 다시 채택된 이 방법은 봉건시대의 계약 형식주의와 로마법의 전통에서 물려받은 상반된 원칙에 맞서 강요되던 상황이었다. 하지만 이는 결국 승리를 거두고, 로마법의 후기 주석학파에 의해 최종 채택된다.[54] 아울러 프랑스도 16세기 전반경 이 같은 방식을 채택한다.[55] 이에 프랑스 민법전에서는 저 유명한 1134조의 내용을 통해 이를 명문화한다. "합법적으로 성립된 합의는 이 같은 합의를 한 자들에게 있어 법률과 같은 역할을 한다."[56]

그러므로 형식의 옷을 입지 않은 단순한 합의가 마침내 계약과 동일시된 것은 그 누구라도 그 앞에서 거짓말을 해서는 안 되는 유일신, 모든 것을 꿰뚫어보는 유일신의 존재를 믿었기 때문이다. 즉, 약속의 보편적 보증인에 대한 믿음 없이는 계약이라는 근대적 개념이 발전하지 못했을 것이다. 뿐만 아니라 약속은 이 보증인의 율법에 부합할 때에만 그 가치를 지닌다. 즉, 과거에는 신의 율법이 합의에 대해 정당한 동기를 가질 것을 요구했다면[57] 오늘날은 국가의 법률이 '합법적으로 성립된' 합의에 대해서만 법적 구속력을 부여한다. 계약의 성립을 주관하는 제3자의 삼원적이고 수직적인 측면이 없었다면, 교환이나 결연의 이원적이고 수평적인 차원은 시장경제가 꽃을 피운 이 동질적이고 추상적인 무대가 되지 못했을 것이다.

　이러한 점을 이해하기 위해서는 어떤 도시라도 좋으니 중세 도시의 시장터에 발을 들여놓는 것으로 충분하다. 예를 들어 브뤼셀의 시장에서는 교환의 법칙이 유독 성공적으로 펼쳐진 장면을 연출한다. 브뤼셀의 이 멋진 장터는 일단 그 경계부터가 감탄을 자아낸다. 한쪽에는 길드 본부와 같이 노동자들과 관련된 건물들이 있고, 또 다른 한쪽에는 시청 청사처럼 장내 교류의 공정성을 보장하는 관공서 건물들이 있는데, 이 건물들이 어우러지며 장터의 경계를 지어주기 때문이다. 그러므로 브뤼셀의 장터와 같은 구조적 공간을 살펴보면, 장내 교류를 보장하는 제3자의 존재 없이 그리고 교환되는 재화들을 생산해내는 노동자의 공동 조직 없이 교환 거래가 체결되는 곳은 없다는 점을 알 수 있다. 이렇게 제도화된 공간을 벗어난다는 것은 곧 상거래가 이뤄지는 공간과 상거래의 법칙이 적용되는 공간에서 벗어남을 뜻한다. 법원이나 왕궁 등 장터를 내려다보는 언덕 위의 세상에서는 장내 교류를 주관하는 법칙과는 다른 법칙의 지배를 받는다. 그렇지 않다면, 법원의 결정이나 정치적 결정마저도 서로 사고팔 수 있게 될 것이다. 그럼 우리는 부패한 도시에서 살게 될 것이며, 이런 도시에서는 시장의 개념 그 자체도 의미가 없어지고, 도시는 범죄의 소굴로 타락할 것이다. 달리 말해 시장은 보편적인 규칙들이 자발적으로 생겨나는 원천이 아니라 독특한 제도적 구성물에 해당하며, 시장의 기반이 되는 법 기초가 얼마나 탄탄한지에 따라, 그리고 시장이 편입되어 있는 보다 광범위한 제도적 총체의 구조가 얼마나 튼튼한지에 따라 시장의 견고함도 달라진다.

물론 중세시대 이후로 이 제도적 틀도 변했지만, 시장은 여전히 교리적 기초에 근거하고 있다. 오늘날 이 같은 점을 되새겨봐야 하는 이유는 주류의 경제 사상이 그 근거가 되는 법률적 허상의 덫에 걸려 있기 때문이다. 2세기 전 자유무역 체제를 구축하기 위해서는 노동과 토지와 화폐가 마치 교환 가능한 생산물인 것처럼, 즉 하나의 '상품'인 것처럼 꾸며야 했다.[58] 물론, 노동과 토지와 화폐는 경제활동의 산물이 아닌 조건이다. 그러므로 이를 생산물 취급하는 것은 그만큼 허구적 기반에 근거하는 것이다. 이러한 허상은 법률로 만들어낸 인위적 산물이다. 노동이 마치 노동자의 인격으로부터 분리될 수 있는 하나의 상품인 것처럼 만들도록 허용하고 있는 게 바로 법이기 때문이다. 법은 이러한 상품화를 경계하고 노동자를 물건 취급하지 않도록 금지하는 노동 규정을 마음대로 조작한다. 노동과 토지와 화폐의 상품화가 허상이라는 점을 망각하고, 이러한 허상들 또한 법질서의 기본이 되는 가치들에 종속된다는 점을 잊는다면 그리고 사람과 자연을 순전히 상품 취급해버리고 만다면, 이는 도덕적 차원에서도 유감스러울 뿐 아니라 중대한 생태적 인류적 재앙으로 귀결될 수밖에 없다. 시장은 인적자원과 자연 자원, 화폐 자원의 안위를 보장하는 규칙과 제도가 기반이 될 때에 비로소 올바르게 작동하기 때문이다.

합의의 보증인으로서의 국가

계몽주의 이래 교역의 보증인 자리를 차지하고 있는 것은 바로 국가다. 적어도 정교분리가 이루어진 서구권 국가에서는 그렇다. 서구사회는 이제 신의 율법이 교인들의 약속을 보장해주던 종교적 문화에서 국가가 합리적 개인 간의 약속을 지켜주는 정교분리의 문화로 이행했다. 하지만 이러한 '세속화'가 이뤄졌다고 해서 계약이 이제 약속의 수호자에 대한 믿음과 신뢰 없이 성립될 수 있는 것은 아니다. 미국을 여행하고 돌아온 막스 베버는 어떤 사업가의 흥미로운 생각 한 가지를 전해준다.

> 각자가 무엇을 믿든 난 상관없지만, 만약 내가 어떤 고객이 교회에 다니지 않는다는 사실을 알게 된다면, 나에게 그 사람은 50센트의 가치도 없다. **그 사람이 아무것도 믿지 않는다면 무엇 때문에 그 사람이 나에게 돈을 지불하겠는가?**[59]

계약에 의하여 승인된 합리적 계산의 중심에는 하나의 믿음이 자리하고 있으며, 단지 그 믿음의 대상만이 달라질 수 있을 뿐이다. 토크빌도 이미 "인간이 과연 완벽한 종교적 독립과 완전한 정치적 자유를 동시에 감당해낼 수 있을지에 대해서는 회의적"이라는 입장을 표명한 바 있다. 이어 그는 "믿음이 없는 인간은 예속될 수밖에 없으며, 자유로운 인간은 믿음을 가지고 있을 수밖에 없다"고 덧붙였다.[60] 이러한 지적은 계약의 자유에 대해서도 완벽하게 적용될 수 있다. 쌍방의 합의를 보장해주는 제3자에 대한 믿음을 공유하지 않는다면 계약의 자유는 생각할 수 없기 때문이다. 계약의 법 구조 속에서 제3자의 모습이 도처에 나타나는 까닭도 바로 여기에 있다.

이는 무엇보다도 프랑스 민법전 1134조에서 법이라는 단어가 자그마치 세 번이나 등장하며 기준으로 제시된 것에서도 알 수 있다.[61] 법률은 인적 물적 영역 및 시간과 공간을 넘어 모든 계약 구조의 일부를 이루고 있다. 법률은 늘 보증인이 보장하는 약속이며, 프랑스에서는 전통적으로 국가가, 영국의 보통법 구조에서는 판사가 계약 내용의 보장을 약속하는 보증인이 된다. 국제법은 이러한 구조적 요구를 더욱 확고하게 만드는 분위기다. 국제법에서는 국제적인 계약에 적용할 수 있는 하나 이상의 법률을 지정하는 것을 허용함으로써 "계약은 법률의 규제를 받는다"[62]는 원칙을 실현한다. 계약 당사자들의 인격을 정의해주고 이들의 약속에 구속력을 부여하는 법률이 없다면 계약은 존재하지도, 또 존재할 수도 없기 때문이다.[63]

이어 계약의 보증인으로서 제3자의 존재는 계약상 채무를 문서로 작성함에 있어 화폐를 기준으로 삼는 것을 통해서도 나타난다. 사실 화폐는 결코 일반적인 경제 분석에 포함될 수 없다.[64] 화폐가 금융 자산이나 지불 수단으로서의 기능을 다하려면 먼저 화폐 가치를 믿는 계약 당사자들의 공동체가 구축되는 것이 당연한 수순이기 때문이다. 게다가 1달러짜리 지폐 한 장만 보더라도 화폐의 상징성이 여전히 종교적 믿음을 동원하고 있음을 알 수 있다. 그리고 화폐 가치의 믿음을 갖고 있는 사람들의 공동체에서 그 결속력을 다지는 것은 구성원 각자의 개인적인 의지가 아니다. 오늘날 그 자체로서 기준이 되어버린 화폐에 대한 환상에도 불구하고, 화폐의 가치를 보증하는 제3자가 없다면 화폐는 존재하지 않으며, 존재할 수도 없다.[65] 최근 몇 년 전까지도 유럽을 비롯한 대다수 국가에서 이 같은 제3자의 역할을 맡은 것은 국가였으며, 국가는 중앙은행이라는 조직을 통해 화폐 교류의 질적 측면을 지켜내는 최후의 수호자다.

법을 규정하고 화폐를 발행하는 권한을 독점함으로써 근대국가는 중세사회를 이루고 있던 기본 구조물 가운데 핵심적인 부분을 살려내는 데 성공했다. 보편적 보증인이라는 중세적 관념으로부터 비롯된 역사적 추진력은 국가를 방패삼아 계속해서 그 영향력을 행사했다. 과거 신이 차지하고 있던 보편적 보증인의 주요 속성들을 거머쥔 국가는 계약관계의 추상적 관념이 점차 확대되고 완성되어갈 수 있도록 했다. 이러한 추상적 관념이 없었더라면 이해관계를 중심으로 한 합리적 계산이 맹위를 떨치는 가운데 사회적 유대가 어디쯤에 위치해야 하는지 알 수 없었을 것이다. 과거 로마법에서 상속 지분 계산 방식을 상징하던 프리무스Primus와 세쿤두스Secundus는 이렇듯 새로운 경제 방정식의 수학적 상징으로 계승됐다. 이와 같은 계산이 이뤄지기 위해서는 인간을 추상적으로 고려되는 단순한 계약 요소로 파악해야 한다. 실제 인간의 물리적인 우연적 속성과 무관한 인격 개념으로서 인간을 나타내는 것이다. 아울러 평등 원칙에 따라 형식적으로 동등한 존재가 되어야 하고, 나아가 '법인'이라고 하는 순수한 허구적 존재로도 나타내는데 이 같은 '법인격'은 실제 사람과 똑같은 법적 실체로 간주된다. 용도에 따라 매우 다양한 재화와 용역은 모두 그 화폐적 가치를 통해 비교할 수 있는 상품으로 취급되어야 하며, 자유로운 교역 대상이 되어야 한다. 하나의 작품이나 이름이 세습재산으로서의 가치를 가질 수 있는 이유도 바로 여기에 있다. 사물에서 사물의 정신적 측면을 빼내는 것이다. 기술적 진보로써 지워지는 경우가 아니라면, 시간 개념은 수량화할 수 있는 동질적인 것으로 정해져 있어야 하며,[66] 채무를 가름하기에 적합하도록 정확한 시간이어야 한다. 끝으로 공간은 재화와 인력, 자본의 자유로운 흐름을 저해하는 모든 장애물이 제거된 지속적인 공간이 되어야 한다.[67] 요컨대 계약은 사람과 사물의 다양성과 무관하면서 이해타산에 법적 구속력을 부여하는 추상적 관계로 생각될 수 있다. 하지만 이는 국가가 계약의 효력을 보장해주는 경우에만 가능한 이야기다. 호적상의 지위와 직업상의 신분 같은 인적 측면과, 국가에 의해 교역이 금지되거나 제한될 수 있는 물적 측면, 국가가 규제하는 시간과 국가에 의해 지역별로 분할되는 공간 등의 질적 정의를 보장해주는 국가가 존재할 때에만 비로소 계약이 그 효력을 가질 수 있다.

하지만 이처럼 국가에 의거하고 계산에 근거하는 교환 거래는 언제나 세 종류의 장애물에 부딪힌다. 우선 첫 번째는 상품으로 취급되길 거부하는 물적 존재가 있다는 점이다. 이에 속하는 물적 대상은 두 가지로 분류해볼 수 있는데, 그 가운데 하나는 해당 사물에 이를 만든 사람의 표시가 남아 있는 경우다. 일부 저작물에는 저작자의 혼이 실려 있으며, 마르셀 모스가 이미 지적한 바 있던 지적재산법은[68] 저자의 일부로 속해 있던 무언가가 저자의 창작물에 계속해서 달라붙어 있을 것이라는 생각을 다시 활성화시켰다.[69] 다른 하나는 특정인에게 귀속될 수 없고, 따라서 소유와 교역에 적합하지 않은 경우다. 자연 자원이나 문화유산이 이에 해당하는데, 이들 자원은 그 전체 혹은 일부가 상거래의 영역에서 벗어나 있어야 한다. 그렇지 않으면 상거래 행위로 말미암아 파괴될 수 있기 때문에 환경이나 유전형질은 보호의 대상이 되고 있으며, 문화적 예외에 속하는 경우 또한 보호를 받고 있다.[70]

두 번째 장애물은 노동계약의 개념과 노동시장 체제의 이면에 내재되어 있는 관념인 '인적자원'의 상품화가 상거래 질서의 기본이 되는 인적 영역과 물적 영역의 분리에 위배된다는 점이다. 이에 따라 노동 분야에서는 '고용'과 '연대' 같은 개념들이 생겨난다. 이러한 개념들에 힘입어 계약과 신분 사이의 이종교배가 이뤄지고, 이러한 구분과 무관하던 사회적 유대관계의 전계약적前契約的 형태는 새롭게 쇄신된다. 각각의 개념 정립에 늘 신경을 쓰는 독일의 법에서는 이로부터 삼원적인 법질서를 만들어낸다. 합의의 기술과 규제 기술을 배합시켜놓은 사회법을 공법과 사법 곁에 가져다놓은 것이다. 반면 이분법에 목숨을 거는 프랑스 법률가들은 이렇듯 잡종적인 법 개념들의 중요성을 받아들이느라 애를 먹었으며, 이를 자국의 기본 법 개념에 편입시키는 일 또한 힘들어 했다.

마지막 세 번째는 합의를 보증해주는 존재가 신에서 국가로 옮겨가며 세속화되는 과정에서 계약의 보편화 역시 발목이 잡혔다는 점이다. 신을 잃어버리면서 우리는 계약이 뿌리내리고 있는 규범적 공간의 단일성을 상실했다. 만국 공통의 보편적 보증인의 존재는 점차 밀려나고 지역별 보증인들이 등장했다. 프랑스를 필두로[71] 각국이 제아무리 보편성을 내세우더라도 자국의 영토로 한정되는 공간 안에서의 합의 밖에는 보장해주지 못한다. 이러한 규범적 공간의 단편화를 바탕으로 국제 사법이 발달했으며, 그 법률과 법원의 분쟁 해결 기술 또한 더더욱 발전한다. 물론 실질적인 보편적 규정들을 바탕으로 한 국제 계약을 만들려는 노력 또한 없었던 건 아니지만, 특정한 경우에만 성공을 거두었다. 더욱이 그마저도 로마 시대의 해묵은 매매 계약으로 돌아가는 등 과거의 오래된 유명계약有名契約을 되살린 게 고작이었고, 중세인들이 힘겹게 쟁취한 개념적 통일성은 소실되고 말았다. 보증인의 세속화가 가져온 문제점은 이뿐만이 아니다. 신이 보증인 자리에 있을 때 우리는 신과 직접 계약을 맺는 경우가 드물었으나,[72] 국가는 보증인인 동시에 계약 당사자이기도 하다. 하지만 국가는 여타의 계약 당사자들과 다르며, 법의 한계를 넘어서는 인격을 갖고 있다. 따라서 평등의 원칙에서도 벗어날 뿐 아니라 계약법 자체를 복잡하게 만들 수 있다. 이 같은 상황은 계약을 이용한 통치 방식이 점점 더 늘어남에 따라 더욱 심각해진다. 이에 따라 법적으로 명확히 어느 한쪽에 속하지 못하는 잡다한 성격의 범주들이 급증했으며, 외관상으로는 일견 계약과 비슷해 보이는 이 범주들은 여전히 계약법의 원칙적 보편성을 거스르고 있다.

비주류 경제학의 일부 사상 조류에서는 교환의 문제와 관련하여 이렇듯 보편적이고 추상적인 개념이 부족하다는 점을 방증해준다. 법 경제학을 포함하여 주류 경제학에서는 계산이란 방식을 써서 자신의 효용을 극대화하는 경제 주체의 순수한 추상성에 기반을 두고 있기 때문에 일반적인 계약 이론의 추상화 정도에 머무른다. 그러나 이 같은 분석이 유효한 것인지에 대해서는 오늘날 반론이 제기된다. 이에 (규제 이론과 더불어 프랑스 비주류 경제학의 양대 산맥 중 하나인) 콩방시옹convention(합의 이론) 학파[73]에서는 신뢰와 문화, 노동 그리고 인간의 물질적 삶에 대한 이해를 돕는 구체적인 사물의 중요성을 재인식한다. 합의 이론에서는 개별적 인간이 서로 합의를 통해 무언가의 행위를 하는 방식을 다시금 경제학적 분석의 중심으로 가져온다.[74] 조절 이론의 경우, 경제 현상의 이해에 있어 제도가 맡은 역할과 그 중요성을 보여준다.[75] 비록 비주류 이론들이 제3의 보증인이라는 문제에 관해서는 폐쇄적 입장을 보이고 있지만[76] 이들의 연구는 법리적 분석에 있어 무척 유익하고 명확한 시각을 제공해주었다. 뿐만 아니라 교환의 문제에 있어 현대 사상이 어떻게 발전해왔는지도 잘 보여준다. 이들은 계약의 모든 요소에 영향을 미치는 구체적 요인들에 다시 관심을 기울일 수 있도록 해주었다.

이에 따라 노동법, 사회보장법, 환경법, 소비법, 공공서비스법 등 이른바 '특별법'이라 불리는 법들이 발전하면서 개인의 이해타산 영역을 넘어서는 모든 것에 법적 권한이 부여된다. 계약법의 모든 측면은 특정 범주의 재화 또는 사람에 대해서 적용될 수 있는 공공질서 규정을 준수해야 하는 상황이 되었다. 이 같은 특별법은 부실한 일반계약법의 버팀목이 되어준다. 일반계약법 하나만으로는 모든 게 점차 계약 위주로 돌아가는 복잡한 상황에 부응하지 못하기 때문이다. 그런데 자유무역이 활기를 띠고 자본, 재화와 서비스의 자유로운 순환을 위한 시장 개방이 박차를 가하면서 이 같은 버팀목들이 그 힘을 쓰지 못하고 있다. 각국은 이제 이러한 특별법들을 줄이거나 '완화'시켜야만 하는 입장이기 때문이다.

계약적 관계의 재봉건화

얼마 전까지만 해도 교환과정의 유일한 보증인 역할을 했던 국가는 이제 국제무대에서 그 걸림돌로 나타난다. 이제 교역이나 통화 안정성 유지 문제를 담당해줄 새로운 기구들이 등장하게 되었으며, 이들 기구는 이 같은 보증인의 역할을 두고 국가와 겨루는 상황이 됐다. 세계무역기구WTO, 경제협력개발기구OECD, 세계은행, 유럽은행, 국제통화기금IMF, 유럽연합EU 집행위원회 등 경제적 신념이 그 정체성과 사명을 보장해주는 국제기구들은 물질적 권력과 정신적 권력의 핵심을 손에 넣었다. 가령 채권을 승인해준다거나 자유무역의 이점에 대한 믿음을 확산시키는 주체가 된 것이다. 이러한 국제기구들의 보호 아래 국경을 초월하여 계약을 체결할 수 있는 자유가 이제는 국내법 존중 의무보다 앞서게 됐다. 그리고 국가도 공공서비스나 상호공제조합, 공공부조 같은 방식으로 '국내적' 차원에서의 연대활동을 벌이는 등 재화와 용역, 자본의 자유무역에 장애물로 작용하는 모든 법률은 없애도록 권유받고 있다. 반면 국제노동기구ILO나 유네스코, 세계보건기구WHO 등 '사회적' 성격의 기관들은 이제 돈은 물론 믿음도 나누어주지 못하는 신세가 되었으며, 초기의 원대했던 목표들을 계속해서 하향조정하고 있다. 최근까지도 국제사회의 목표는 모든 사람이 서양식의 유복한 삶을 누릴 수 있도록 하는 것이었는데, 이제는 전염병 저지나 강제 노역 금지, 아동 노동 제한 등 19세기에 등장한 최초의 사회적 박애주의자들이 주장했던 최소한의 요구들만을 내세우는 정도에 그치고 있다.[77]

인적 물적 시간적 정의에 있어 계약의 자유로운 협상을 저해할 수 있는 모든 요인이 줄어드는 것을 보면, 이렇듯 계약이 국가가 가두어둔 한계선을 벗어나려는 경향이 두드러짐을 알 수 있다. 이에 따라 국가의 보호 아래 노동의 경제적 사회적 측면들을 모아놓은 법 구조가 문제시된다. 그러므로 한쪽에선 노동법의 규제 완화가 이뤄지고 다른 한쪽에선 최저생계보장제도의 일반화가 이뤄지는 것은 일견 동전의 양면처럼 보이며, 여기에서 노동은 인격과 분리되어 자유롭게 사고팔 수 있는 물적 대상으로 나타날 것이다. 노동으로부터 분리된 이 인격은 사회 전체가 차마 이를 무시할 수 없을 정도로 분명한 '필요성'이 있는 경우에만 등장한다. 세계은행이나 IMF 등 국제 금융 기구의 정책에서는 이 같은 양상이 더욱 극명히 드러난다. 자유경쟁이라는 미명 하에 연대 구조 자체를 와해시키는 한편, '인간개발'이라는 목표를 내세우며 빈곤 퇴치 계획에 자금을 대주기 때문이다. 계약의 대상이 될 수 있는 사물의 영역은 끊임없이 확장된다. 지적재산권에 관한 최근의 국제협약들에서도 저자의 정신적 권리는 후퇴하는 추세다. 특허법은 생물체의 영역으로까지 확대되고 있으며, 인간의 몸은 부위별로 나누어져 계약법의 대상이 된다.[78] 국가를 기준으로 삼는 게 아니라 시장에서 소비자의 권리를 기준으로 삼는 시민권을 내세운 계약법은 민영화가 발전함에 따라 재화와 서비스 부문으로까지 그 영토를 확장한다.[79] 끝으로 정보화 혁명과 더불어 시간이라는 개념은 순수한 계산 단위가 된다. 시장의 변화를 고려한 최고의 금융거래를 실현하기 위해 프로그래밍된 컴퓨터의 계산 변수가 된 것이다. 이제 계약 당사자들은 언제 어디서든 '실시간'으로 계약할 수 있다. 즉 기술적 진보로 형체가 드러나기 전에 이미 법이론이 상상했던 바와 같은 '합리적 순간'에 계약을 체결할 수 있게 된 것이다.[80] 이 같은 거래 시간의 규제 완화는 '일요일에는 왜 일을 하면 안 되는가?'라든가 '야간노동은 왜 금지되어 있는가?' 등과 같은 문제를 제기하며 시간의 질적 문제를 모조리 말소시켜버린다. 그리고 오로지 계약에 장애가 되지 않는 시간관념, 모든 사람이 언제든 생산자 혹은 소비자가 될 수 있는 지속적이고 일괄적인 시간관념만이 살아남는다.

국가의 힘이 약화됨에 따라 약속을 보증하는 제3자의 모습 또한 자연히 세분화된다. 특히 유럽집행위원회처럼 일정한 지역 전체를 관할하거나, 에너지, 증권, 교통, 방송, 생명공학, 정보통신, 식품안전, 의료, 의약품 등 특정한 활동 분야에서 계약 질서를 관할하는 독립적인 관할 당국들이 대거 늘어난다.[81] 공상이든 악몽이든 세계화라는 꿈으로부터도 멀어지고, 인간과 시장을 모두 아우르는 권리 존중으로 통일된 전 지구적 법리 질서의 관점으로부터도 멀어진 채 구체적이고 세분화된 관할 당국의 수가 급격히 늘어났으며, 모든 게 계약 일색으로 바뀌면서 피에르 르장드르가 지적한 사회적 관계의 '재봉건화'도 보이는 듯하다.[82] 합리적 계산에 따른 계약화가 활성화되면 결국 국가 그 자체가 흔들린다. 일괄적인 계약 방식은 각국의 지역적이고 세부적인 특성을 반영하지 못하고, 현지의 이질적인 본래적 성격과도 맞지 않기 때문이다. 그런데 계약이 공적인 보호의 영역으로부터 벗어나면서 그 양상 또한 상당히 달라진다. 사실 계약이라는 방식이 합리적인 계산 도구로서 여겨질 수 있는 것은 인간의 삶에서 계산이 불가능한 측면을 법률이 담당해줄 때뿐이다. 오로지 그럴 때에만 비로소 계약은 이를 체결하는 사람들과 무관하게 그리고 계약의 대상이 되는 사물들에 얽매이지 않은 채 하나의 추상적 관계로 인식될 수 있다. 이렇듯 법률과 계약은 서로 불가분의 관계에 있으며, 점차 복잡해지고 지구촌화되는 세상 속에서 법률과 계약의 역할 분담도 서서히 달라진다.

우선 순수한 계산 논리에서 벗어나는 모든 것에 대응하고자 법률과 국가를 찾는 일이 계속해서 늘어난다. 가령 경제적 기술적 진보로부터 비롯되어 보험계약의 통계 범위를 넘어서는 막대한 위험에 대비하기 위해 사람들은 공공 권력으로 눈을 돌린다. 사전 예방의 법칙이 부상하는 것도 이와 같은 맥락에서다.[83] 그러나 공공 권력이 이 같은 요구에 부응하려면 공공 권력 또한 전문가들의 '과학적'인 견해를 바탕으로 법률의 정당성을 수립해야 하고, 대개 이는 국내외의 독립적인 관할 당국이란 제도적 형태를 띤다.

또 다른 한편으로는 과거 법률이 담당했던 문제들이 계약과 협상의 영역으로 이관되고 있다. 법률에서는 실질적인 규칙들이 사라지고 협상의 규칙이 그 자리를 대신 차지한다. 소위 '절차화'[84]라고 불리는 이 같은 움직임은 과거 국가가 규제하던 구체적이고 본질적인 문제들을 계약의 영역으로 옮겨놓는다. 이렇듯 '계약화'가 진행됨에 따라 각 계약의 목적별로 그 법제가 다양해진다. 즉, 로마법의 '유명계약'을 연상시키는 '특별계약'들이 급속도로 늘어나는 것이다. 이러한 추세는 이해관계를 둘러싼 분쟁의 가능성을 높이고, 이에 따라 개별적 인간을 고려하는 계약 윤리의 필요성을 증대시킨다.[85] 아울러 시간에 대한 질적 평가의 문제를 다시금 되돌아보게 만드는데, 그렇게 되면 추상적 의무사항의 기계적인 작용보다 구체적인 한 관계의 안정성과 지속성을 우위에 두게 된다. 끝으로 국가의 지위 약화는 규범적 공간의 균일화로 상부적 차원에서의 영향만 미치는 게 아니다. '재영토화'를 통해 하부적 차원에서도 영향을 미치기 때문이다. 상사 계약이 점차 국제적으로 통일되는 양상을 보인다면, 이에 맞서는 기초수급 대상자의 사회편입계약에서 (결과까진 아니라도) 그 목표로 삼는 것은 사람들의 지역적 편입을 복원하는 일이다. 즉, 해당 지역으로 다시 귀속시키는 것이다. 아니면 지방분권화나 국토 정비 계획, 농업 정책, 고용정책 등을 수반했던 일련의 계약들을 되살려야 한다. 그러나 이 상태에서 계약은 더 이상 계약 당사자들의 정체성에, 재화와 용역의 개별적 성격에 예속되지 않은 추상적 관계로 고려될 수 없다. 그리고 나아가 계약의 대상이 되는 인격들과도 무관하지 않게 된다.

교회법에 따른 계약에서는 서로 동등한 관계에 있는 두 사람이 자유롭게 의무사항을 약정했고, 이 같은 의무사항은 대개 상호적이었다. 근대 계약에서는 바로 이런 특징들이 결여되어 있으며, 의무사항을 만들어내는 협약이라는 공통점 정도만을 갖고 있을 뿐이다. 합의가 갖는 상호적 효력의 원칙은 협약의 발달과 함께 실패했는데, 협약은 단체협약에서 보는 것처럼 계약 당사자들을 구속하는 데 그치는 것이 아니라 그들에 의하여 대표되는 집단 또한 구속한다. 그러므로 이제 계약은 규칙과 뒤섞이고, 유동적인 불특정 다수의 사람들을 포섭하는 집단으로 그 효력이 확장된다. 아울러 평등의 원칙 또한 축소될 수 있는데, 공공 조직이든 민간 조직이든 조직의 분권화 정책이 이뤄지는 맥락이 이에 해당한다. 가령 계약이 당사자나 대리인의 이해관계를 서열화하고 한쪽에 대한 다른 한쪽의 통제 권한을 정당화하는 데 그 목표가 있을 때, 혹은 원칙적으로 협상이 불가능한 집단 이익의 절대적 필요성을 시행하는 데 목표를 둘 때, 평등의 원칙은 약화될 수 있다. 공공 고용 서비스 기관과 구직의 어려움을 겪고 있는 청년들 사이에 체결되며 이들이 안정적인 일자리를 찾을 수 있도록 지원하는 '사회편입계약', 수년에 걸친 중요한 계획의 입안과 재정 지원에 관하여 국가와 지방이 합의한 계약인 '계획계약', 그 외에도 사회보장협약에서 하도급계약에 이르기까지, 공법, 사회법, 국제법, 상법 등에서 그 같은 형태의 계약 사례는 얼마든지 찾아볼 수 있다. 끝으로 계약의 자유 역시 왜곡될 수 있는데, 법률이 계약의 절차를 강제할 때마다 계약의 자유는 어긋날 수밖에 없다. 보험계약에서 정하는 의무사항들이 날로 늘어가는 것을 보면, 계약에 따른 이 같은 합법적인 의무사항들이 얼마나 활기를 띠는지 알 수 있으며, 공공서비스의 민영화와 규제 완화는 이러한 분위기를 더욱 부추긴다. 의무적으로 계약자의 입장에 놓인 이용자에게는 새로운 책임들이 부과되는

데, 공동 계약자의 선택에 따른 책임 역시 함께 짊어져야 하는 입장
이다.

이 다양한 변화를 전체적으로 고찰하면, 새로운 유형의 계약들
이 부상하고 있음을 알 수 있다. 이 계약들의 첫 번째 목적은 특정 재
화의 교환이나 대등한 쌍방 간의 결연을 확인하는 데 있는 게 아니라
권력의 행사를 정당화하는 데 있다. 두 세기 전부터 서양을 지탱해온
평등 원칙이라는 추진력은 일방적인 권한 행사 대신 가급적 계약이라
는 방식을 내세우고, 될 수 있는 한 일방적인 것보다는 쌍무적인 것
을, 타율적인 것보다는 자율적인 것을 추구하는 방향으로 나아갔다.
하지만 타율성의 영역을 침범한 계약법은 차츰 타율성에 젖어들며
사람들을 예속하는 도구가 된다. 평등의 원칙에 근거한 계약법은 권
력이 행사되는 공간을 한정짓지만, 루이 뒤몽의 지적에서처럼 그러기
위해서는 그 반대의 상황을 떠안아야만 한다. 즉, 불가피하게 인격과
이해관계의 서열화가 이뤄져야 하는 것이다. 따라서 계약법은 '교환
échange'의 영역과 '결연alliance'의 영역 주위에 **'충성**allégeance'의 영역을
추가한다. 이 충성의 영역이 더해짐에 따라 한쪽은 다른 한쪽의 권력
이 행사되는 반경 안에 자리하게 된다. 이는 서로 결합적 관계에 있는
두 종류의 계약을 통해 구체적으로 나타나는데, 바로 **'의존식 계약'**과
'통제식 계약'이 그것이다.

의존식 계약에는 한쪽 인격의 활동을 다른 쪽 인격의 이해관계에
예속시키는 속성이 있다.**86** 노동계약이 대표적인데, 최근에는 '자유로
운 합의에 따른 종속'이라는 모토가 퇴색되어가고 있다. 피라미드 모

델을 버리고 네트워크 구조를 채택하는 단위 개체들의 요구를 충족시키는 데 역부족이기 때문이다.[87] 네트워크 구조는 단순히 명령에의 복종만으로 이뤄지지 않는다. 봉건시대의 주종관계를 떠올리지 않을 수 없을 만큼 봉건적 성격을 지닌 네트워크 구조에서는 자유와 책임을 빼앗지 않은 채로 사람들을 복종시켜야 한다. 자유와 책임은 이들이 치르는 대가의 요체이기 때문이다. 네트워크 구조에서는 구성원들을 타인의 이해관계에 예속시키는 새로운 변종이 생겨난다. 유통이나 하도급, 농업 인터그레이션● 등과 같이 이 새로운 절충식 방법은 이미 우리의 경제생활 속으로 깊이 뿌리내리고 있다. 이러한 방식들은 민간 경영이나 공공 경영의 지배적인 문화로 자리잡고 있다. 자유와 예속, 평등과 위계질서를 결합시킨 이들 방식은 노동법[88]과 책임법[89]을 배후에서 공격하고 있으며, 인간에게 영향력을 행사하는 전례없는 지배 형태에 새로운 장을 열어준다.[90]

(국가 주도의 계획과 공공 권력의 개입을 우선시하는) **통제식 계약**은 계약 당사자들 고유의 이해관계 조정만을 추구하는 게 아니라 집단 이익 실현에 이바지하는 것 또한 목표로 삼고 있다. 통제식 계약의 개념이 맨 처음 등장한 건 1930년대 조스랑을 통해서였다. 조스랑은 임대차나 운송 부문 등 일부 계약 분야에서 공공질서 규칙의 영향력이 증대하고 있음을 경고했다.[91] 하지만 이는 1차 돌연변이에 지나지 않았으며, 이 계약들은 여전히 피라미드식 계획경제의 개념에 속해 있었다. 계획경제의 시각에서 보면 계약은 국가가 정한 공동 이익 규정

● 농업 분업화에 따른 계열화 및 시스템화.

을 준수해야 한다.[92] 그런데 가장 최근의 계약 기술이 만들어낸 결과
물에 따라 통제식 계약은 집단 전체의 이익을 위한 원칙의 시행뿐 아
니라 그 정의 자체에도 참여하는 역할을 위임받았다. 그리고 이러한
통제식 계약의 기술 또한 더 이상 국가의 전유물이 아니다. '기본 협
정'이라는 형식을 빌려 민간 영역에까지 확대되었기 때문이다. 기본
협정은 협정의 적용 범위에 들어가는 계약들이 따라야 하는 집단 이
익 규정을 정의한다. 계획경제와 관련한 계약이나 의료 협약, 유럽 사
회법에 도입된 입법 협약 등은 이렇듯 새로운 계약 계획주의의 표현
으로 볼 수 있으며, 이러한 계약 계획주의에 따라 공공 및 민간 분야
의 수많은 인격이 권력의 행사에 결부된다. 공적 행위가 계약이라는
방식을 통해 이뤄지는 계약화 현상[93]은 권력의 대여가 가장 극명하게
드러난 경우다. 권력의 품팔이는 민간 기업에서 맨 처음 발명되어 테
스트를 거친 듯하다.

계약의 형태가 어떻든 간에 모든 계약에서 나타나는 공통점은 자
연인이나 법인, 사인이나 공인 등의 인격을 타인의 권력 행사 범위에
집어넣는 것이다. 이에 따라 적어도 형식적으로는 자유와 평등의 원
칙이 침해되지 않는다. 이러한 충성관계가 비약적으로 발전하면서 공
적인 것과 사적인 것에 대한 구분이 모호해지고, (특히 독립적인 권한
당국이 급격히 늘어나면서) 합의의 보증인이라는 그림이 단편적으로 분
리된다. 그러므로 '계약 만능주의'의 환상으로부터 벗어나야 한다. '사
회의 계약화'가 진행되고 있다는 건 법률에 대한 계약의 승리를 의미
하지 않는다. 그보다 이는 법과 계약 사이의 '이종교배'로 잡종이 형성

되고 있다는 뜻이며, 사회적 관계를 엮어가는 봉건적 방식이 부활하고 있다는 징후다. 여기에서 계약은 서양의 법 역사 가운데에서 계약에 막강한 위력을 부여해준 능력, 즉 모든 권력을 묶어내는 능력을 되찾는다. 서구의 계약 관념이 어느 정도로 가신 서약의 영향을 깊게 받았는지에 대해 지적한 프랑스 역사가 마르크 블로크Marc Bloch는 일본 봉건제와의 주된 차이점이 바로 여기에 있다고 보았다. 그리고 봉건사회에 관한 자신의 뛰어난 저서에서 다음과 같이 결론을 내린다.

> 서양 봉건사회만의 특징이 있다면 그건 바로 다수의 권력을 결합할 수 있는 합의의 개념을 강조하는 것이다. 비록 이 체제가 힘없는 약자에게는 제아무리 가혹한 제도였다 하더라도, 봉건제도는 우리가 지금도 여전히 되살리고자 하는 무언가의 유산을 서구 문명에 물려주었다.[94]

그러므로 모든 걸 계약으로 해결하려는 환상에 사로잡히기보다는 차라리 이 같은 재봉건화 현상을 확실히 인식하고 이를 보다 잘 다스리려 노력하는 편이 더 낫다.

사실 국가와 법률, 화폐라는 세 가지 기준을 동일시했던 것은 그저 역사의 어느 특정한 한순간뿐이었으며, 따라서 이 세 가지는 각각 자립적 위치에 놓일 수 있다. '우리는 신을 믿는다In God We Trust'는 문구가 들어가 있는 달러화 지폐 한 장만 보더라도 우리는 일부 국가가 여전히 신을 화폐 가치의 보증인으로 바라보고 있다는 사실을 확인할 수 있다. 반면 자국의 화폐 주권을 포기하기도 하는 경우도 있다.

법적으로 공식화하여 통용되는 것이든 아니면 사실상 통용되는 것이
든 달러나 CFA프랑을 사용함으로써 자국보다 더 힘이 센 국가의 화
폐를 채택하기 위해서,[95] 혹은 유로화처럼 단일 화폐를 도입하기 위해
서다. 보증인으로서의 역할을 두고 민족국가에 대항하는 새로운 제
도와 기관들이 등장하기도 한다. 교역에 관련된 법률을 정한다든가
통화 관련 문제의 해결을 자처하는 기관들이 생겨난 것이다. 그 대표
적인 경우가 유럽연합의 공정거래법이나 유럽중앙은행이다. 따라서
합의를 보장하는 보증인으로서의 구조적 역할이 반드시 국가와 불가
분의 관계로 이어져 있는 건 아니다. 이는 국가에 선행한 적도 있고,
국가보다 오래 살아남을 수도 있다. 하지만 법질서라는 개념 자체를
무너뜨리지 않는 한, 이러한 기능적 지위가 공석으로 남아 있을 수는
없다. 약속을 보장해주는 보증인이 없으면 오로지 힘의 원칙만이 가
치를 가질 것이기 때문이다. 나치를 매료시킨 것으로 유명한 음악가
인 바그너의 작품 「신들의 황혼」에서도 이 같은 생각이 표현된다.

> 보탄은 '합의Verträge'를 보증하는 '글자Runen'를 자신의 창 위에 새겼
> 고, 그 창으로써 세상을 자신의 권력 아래 복종시켰다. 그러나 두
> 려움 없는 영웅이 살아남아 일격에 그 창을 부러뜨렸다. 그리하여
> 보편적 질서를 담보하던 신성한 법률 일체가 파기되고 만다.[96]

오늘날 오로지 개인적 효용을 계산해놓은 것에 근거하여 새로운
세계 질서를 세울 수 있다고 믿는 자들은 응당 이 초인류적인 꿈의 계
승자가 되어야 마땅하다. 이들은 또 하나의 새로운 '바그너식' 황혼의

세계로 조용히 우리를 인도한다.

효용성의 계산에 따라 규칙을 제정하고, 효용성을 그 정당성의 기준으로 삼으면서 모든 규칙을 효용성의 계산과 결부시키다보면, 약속을 한 사람이 이를 지키지 않을 수도 있다는 생각에 다다른다. 결과적으로 약속을 어기는 편이 그에게 더 이득이 된다면, 효용성 기준에 따라 약속을 어길 수도 있기 때문이다. 이른바 '**효율적 계약 파기**' 이론이다. 미국의 홈스 판사처럼 이를 조금 과장되게 해석하면, "계약을 준수해야 한다는 말은 곧 이를 지키지 않을 시 지불해야 할 위자료 금액을 미리 고려하는 것일 뿐, 그 이상도 이하도 아니다"라는 의미로도 볼 수 있다.[97] 효율적 계약 파기 이론은 시장에서 자원이 효율적으로 배분되어야 한다는 자원의 최적 배분 개념으로 정당화된다. 가령 의약품과 같은 하나의 재화를 판매하는 상황을 가정해보자. 내가 원래 물품을 넘기기로 약속했던 거래처는 영세한 거래처였다. 그런데 이 약을 애초의 공급가보다 높은 가격에 사겠다는 제3의 돈 많은 거래처가 등장한다. 원래 물건을 공급하기로 했던 거래처와의 계약 파기에 따른 위자료까지 감안하더라도 뒤늦게 나타난 이 돈 많은 거래처에게 물품을 인도하는 편이 더 이익이라면, 경제적 관점에서 봤을 때에는 맨 처음 약을 팔기로 했던 사람에게 팔지 않는 편이 더 효율적이다. 이 이론은 채무를 이행하는 것과 채무 불이행을 변상하는 것 사이에 차이점이 없다고 가르치는 프랑스 법학자들 사이에서 반향을 일으키고 있다.[98] 믿음은 계산할 수 없는 가치이기 때문에 여기에서 믿음의 가치는 대수롭지 않게 여겨진다. 오늘날 이러한 법 개념이 전 세계로 확산되고 있으며, 후진국들 또한 이를 모델로 삼고 있는 상

황이니 우려를 금할 길이 없다. 저마다 자신에게 유리한 경우에만 약
속을 지키는 세상이라면 말이라는 건 이제 아무런 가치도 지니지 못
할 것이기 때문이다. 이를 전제로 한 사회는 폭력과 감시의 수위가 점
점 더 높아지게 마련이다. 또한 이런 사회에서는 가장 약한 사람들이
가장 높은 비용을 지불하게 되며, 이에 따라 약자들은 정치가의 말을
조금도 신뢰하지 못하고, 법률에도 아무런 가치를 부여하지 않는다.
도처에서 법의 제도적 기능을 무너뜨리려 하고, 이로써 각자의 행위
가 상식을 벗어나지 않을 수 있는 기준을 박탈하려 들면서도 이와 동
시에 사회적 유대관계가 무너진 것을 애석해하는 건 가소로운 위선에
지나지 않는다.

법이 구축해놓은 세계에서는 오로지 기술적 자원만을 제공할 뿐이며,
이 자원들의 기능은 모든 인간이 생물적 존재로서의 삶을 살아가는 동시에
의미적 존재로서의 삶을 살아가도록 만드는 데 있다.
그리고 이로써 인간이 이성적 존재의 세계에 다가가게끔 만드는 것이다.
인간의 삶에 제도적 기틀을 마련해주는
법의 이 인류학적 기능은 법적 기술이 갖고 있는 고유한 속성을 나타낸다.
법적 기술이 그 보조를 맞춰주고 있는 생명공학과 마찬가지로,
이러한 법적 기술들은 원대한 자유의 원천이 될 수 있다.
다만 이를 역기능적으로 이용해서는 안 된다. 그렇게 역이용될 경우,
법이라는 기술은 비행기를 날아다니는 폭탄으로 사용하거나 유전공학을 망상의
원천으로 활용하는 것만큼이나 치명적인 폐단을 불러올 것이기 때문이다.

제2부

법적 기술: 해석의 자원들

하나의 대상을 여러 다른 관점에서 연구해볼 수도 있겠지만,
그러한 관점들 가운데 확실히 다른 관점들보다 더 본질적인
하나의 관점이 존재하며, 대상의 출현과 변형에 관한 부분도
이 관점을 통해 설명될 수 있다. 제조품인 경우에는
이를 만들고 사용하는 것에 관한 인간의 관점이
이에 해당하며, 기술이 하나의 과학임에 틀림없다면
이는 분녕 인문과학이어야 한다.
— 앙드레조르주 오드리쿠르, 『인문과학으로서의 기술』(1964)

제4장

과학기술의 제어:
금기의 기술

어느 한 시점에서 기술적 대상과 법률 문화가 얼마나 뿌리깊게 이어져 있는지는 미니텔●과 컴퓨터를 비교해보는 것만으로도 충분히 짐작이 가능하다. 미니텔에서는 공공서비스에 관한 프랑스의 법 정신이 그대로 드러난다. 미니텔은 피라미드 형태의 중앙집권화식 구조를 보이며, 중심에서 주변부로 가지치기를 해나가는 양상을 띤다. 누구나 최소의 비용으로 평등하게 미니텔에 접속할 수 있으며, 텍스트로의 접근은 공인의 중재를 통해 이뤄진다. 인터넷과 연결된 컴퓨터에서는 영미법인 '코먼 로'의 정신이 그대로 나타난다. 둘레를 한정지을 수 없는 다극화된 구조를 보이며, 접속 또한 불공평하게 이뤄진다. 각

● 프랑스텔레콤에서 1982~2012년 운영한 정보통신 단말기. 개별 서버 간 상호연결이 막힌 중앙집중적인 속성을 띠었다. 그와 같은 폐쇄성 때문에 글로벌화를 지향하고 분산화된 네트워크에 기반을 둔 인터넷의 출현으로 쇠퇴의 길을 걷다가 서비스가 종료되는 운명을 맞았다.

자의 경제적 기술적 문화적 자원에 따라 접속할 수 있는 사람도 있고 접속이 불가능한 사람도 있기 때문이다. 모든 텍스트로의 접근이 직접적으로 이뤄지며, 중앙 관할 기관의 중재는 없다. 미니텔과 컴퓨터를 비교해보면, 법과 기술 사이에 일방적이며 결정론적인 관계란 존재하지 않는다는 게 느껴진다.[1] 물론 기술이 발전함에 따라 법도 변화를 겪게 되며, IT 분야가 생기고 난 뒤에야 비로소 사람들은 IT 분야와 자유에 관한 법제에 대해 고민하기 시작했다. 그러나 기술의 진보 그 자체도 어느 한 시점에서 법률 문화에 따라 달라진다. 서구의 제도들은 법률이라는 개념에 기반을 두고 있었기 때문에, 서구에서는 자연 그 자체도 법칙을 따르는 것이라고 생각했고, 과학기술은 이러한 법칙의 과학적 발견을 토대로 삼는다.[2]

법과 기술이 같은 문화적 성질을 띠며 같은 행보로 나아간다는 점을 이해하면 통상 이 둘을 엮어주는 관계에 관한 고찰에서 나타나는 논란을 피할 수 있다. 대략 요점만 간추려보면 이 같은 논란에서는 법에 관한 두 가지 생각이 대비된다. 하나는 보편적이고 영속적인 원칙의 표현으로서 법을 바라보는 자연법 중심의 초월적 관점이고, 다른 하나는 법이 그 자체로서 중립적이며 의미를 지니지 않는다고 생각하는 실증주의적 혹은 도구적 관점이다. 이러한 관점에서 바라보는 법은 그저 하나의 기술이나 도구에 지나지 않는다. 전자의 경우, 법이 밝혀낼 기본 원칙들로 기술을 묶어두려 하는 반면, 후자의 관점에서 법은 그 어떤 규범적 내용물이라도 실어나를 수 있는 수레와도 같다. 따라서 기술적으로 실현 가능한 모든 것은 법률적으로도 허용될 수 있어야 한다.

'기술'이라는 말이 의미하는 바를 잘 생각해보면 이러한 논쟁의 진부함이 드러난다. 기술적 대상이 지니는 의미는 이를 만들어 쓰는 인간으로부터 비롯되는데, 이 점에 있어 기술적 대상은 자연적 대상과 구별된다. 언젠가 왜 그렇게 돌에 색칠을 하느냐고 묻는 사람에게 르네 마그리트는 집이나 가구처럼 인간의 손에 의해 만들어진 사물과 달리, 돌은 생각을 하지 않기 때문에 자신에게 있어 중요한 존재라고 대답했다. 인위적인 사물에는 조금이나마 생각이 깃들어 있다는 것이다.[3] 앙드레 오드리쿠르André Haudricourt의 경우, 하나의 탁자나 의자가 관점에 따라서는 물론 자연물로서 연구될 수도 있다고 지적했다. 수학적 관점에서 그 면적이나 부피를 구할 수도 있을 것이고, 물리적 관점에서 중량이나 밀도, 강도 등을 살펴볼 수도 있으며, 화학적 관점에서 연소 혹은 용해와 관련한 성질을 연구해볼 수도 있다. 생물학의 관점에서는 목재로 사용된 나무의 품종과 나이에 대해 탐구해보는 것도 얼마든지 가능하다. 하지만 그는 오직 인간에 의한 제작 및 용도의 관점에서 바라보아야만 그게 의자인지 탁자인지 이해할 수 있다고 이야기한다.[4] 달리 말해 "도구는 주체나 세상, 혹은 그와 같은 맥락의 요소들처럼 그 자체로 의미를 지닌 게 아니라 기대되는 결과와 관련해서만 가치를 지닌다"[5]는 점에서 기술적 대상을 구분해주는 표식이 된다. 이처럼 기술적 대상은 그것을 만든 인간으로부터 그 의미를 취하는데, 기술적 대상이 반드시 물질적 사물인 것은 아니다. 신체적 기술도 있고[6] 정신적 기술도 있는데, 그중 컴퓨터 소프트웨어는 가장 최근의 사례에 속한다.

이러한 정의에 비추어보면, 법이 기술의 세계에 속한다는 점은 의

심의 여지가 없다. 심지어 법은 11세기 이래로 로마법의 유산을 물려받은 서구 기독교 문화권 고유의 초창기 정신적 기술 가운데 하나였다.[7] 고대 로마 시대 당시부터 이미 그 종교적 기원이 꽤 옅어졌던[8] 로마법은 수백 년간 재활용되며 서유럽의 과학기술 발전을 이끌어온 원동력 중 하나가 되었다.[9] 유대교나 이슬람교의 율법과는 달리 서구권에서 발달한 법 개념은 인간에게 강제되는 초월적 진리를 나타내지 않는다. 이 점에서 서구의 법 해석 방법은 유대교의 율법인 토라[10]나 이슬람 율법 샤리아[11]의 해석 방법과 구분된다. 서양에서 법의 의미가 모두 법과 법문 그 자체에 깃들어 있는 것은 아니다. 인간에 의해 외부로부터 주어진 목적에서 그 의미가 비롯되기 때문이다. (다만 이 목적은 신의 목적이 아닌 인간의 목적이다.) 이에 따라 법의 해석은 법조문의 글자 해석에 국한되지 않으며, 텍스트 안에 내재된 정신적 세계를 향해 개방되어 있다. 그러므로 서구의 법은 변화하는 다양한 목표에 부응할 수 있으며, 정치제도의 역사에 있어서건 과학기술의 역사에 있어서건 가변적인 여러 목적을 위해 쓰일 수 있다. 그리고 이를 통해 다른 기술들과 어깨를 나란히 하며 기술 발전에 기여한다.

하지만 삽이 도구라고 말하는 것만으로는 삽이 무엇인지 이해하는 데 충분하지 않은 것과 마찬가지로, 기술 전체에서 법이 차지하고 있는 위치를 이해함에 있어 법이 기술이라고 말하는 것만으로는 충분하지 않다. 따라서 여러 기술 가운데 법이라는 기술이 차지하는 고유한 기능을 구별해낼 필요가 있다. 사실 모든 기술적 대상은 그것이 만들어진 특별한 목적으로써 구별된다. 삽이나 비행기, 컴퓨터 등은 모두 그 제작과정을 주재한 정신적 표상에 의하여, 다시 말해 각각의 물체가 외형으로 표현해내는 관념으로써 정의된다.[12] 땅을 파는 것, 하늘을 나는 것, 정보를 처리하는 것과 같은 생각이 삽과 비행기, 컴퓨터를 정의해주는 것이다. 물론 삽으로 쥐를 죽일 수도 있고, 비행기를 포탄으로 사용하거나 컴퓨터를 현대미술의 오브제로 사용할 수도 있다. 하지만 그러자면 각 사물의 기능을 절단, 폭파, 장식 용도로 변경함으로써 본래의 기능적 용도를 완전히 뒤집어야만 한다. 그렇다면 기술의 세계에서 법이 담당한 특수한 기능은 무엇인가?

산업혁명의 뒤를 따른 노동법의 역사를 살펴보면 그 해답이 보일 수도 있다. 사실 민법이 생명공학에 대해 관심을 갖기 훨씬 이전에, 법과 기술 사이의 관계에 대한 문제가 가장 먼저 그리고 가장 분명히 제기됐던 영역은 바로 노동법이었다. 노동법과 기술 사이의 관계 정립은 크게 세 단계로 이루어졌는데, 먼저 첫 번째 단계는 프랑스혁명이 시장경제와 산업혁명의 법률적 기반을 다져놓은 시기다. 이 시기 동안 프랑스혁명은 봉건적 관계를 청산한 재산권의 개념을 부과했고, 노무임대차계약이 길드의 굴레를 벗어나게 해주었으며, 이에 따라 전례 없는 기계화가 가속화된다. 이어 두 번째 단계에서는 산업 현장에서의 기계화로 인해 비인간적이고 위험한 노동 환경이 초래되었으며, 이와 관련해서는 마르크스가 완벽하게 분석을 해놓았다.[13] 육체노동의 필요성을 줄여준 기계화는 여자와 어린아이의 노동력 착취 또한 가능하게 만들었다. 지칠 줄 모르고 24시간 동안 돌아가는 증기기관 덕분에 일일 노동시간의 무제한 연장도 가능해졌다. 산업 역군의 본거지인 공장은 군사 모델에 따라 간부와 사병, 병영 규율을 바탕으로 조직됐다. 마지막 세 번째 단계에서는 노동법이 입안됨에 따라 모든 공업국에서 인간이 새로운 도구의 노예로 전락하지 않도록 저지선이 마련된다. 노동자의 신체를 보호하고 노동시간을 제한하며, 무과실책 임주의●를 도입하고 (단결의 자유, 단체교섭의 자유, 단체행동의 자유 등) 집단적 자유를 인정함으로써, 노동법은 산업 기계화의 살인적이고 자유 침해적인 부분을 축소했으며, 산업 기계화를 복지의 도구로 만드는 데 기여했다.

이 같은 역사를 미루어보면 법은 분명 여러 기술 중 하나지만 다른 기술들과는 다르다는 점을 알 수 있다. 법은 산업 기계화가 인간성을 해치는 게 아니라 이를 살리도록 만들었고, 새로운 기술을 이용하되 그 같은 기술에 의해 파괴되지 않도록 해주었다. 인간과 기계의 사이에 놓인 법은 기계의 위력으로 말미암아 초래된 절대 권력의 환상으로부터 인간을 보호하는 데 사용된다. 인간과 인간의 표상, 즉 '말'과 같은 정신적 표상이나 '도구'와 같은 물질적 표상과 인간 사이에 개입한 도구로서 법은 이렇듯 '개입'과 '금기'라는 교조적 기능을 수행한다. 이러한 기능은 여러 기술의 세계에서 법에 특별한 지위를 부여하는데, 법은 다른 기술과 달리 기술을 '인간답게 만드는 기술'이라는 것이다.

오늘날 IT 신기술이 제기하는 문제점들은 기술의 형태가 바뀐다

● 어떤 손해가 발생했을 때, 고의나 과실의 유무를 가리지 않고 손해를 일으킨 사람에게 그 손해의 배상 책임을 지게 한다는 원칙. 위험성 있는 기업의 노동자 및 일반 대중에 대한 책임 문제가 과실책임주의에서는 공정한 결론을 얻지 못한다는 비판에 따라 제기되었다.

하더라도 법의 이러한 인류학적인 기능은 사라지지 않는다는 점을 알려준다. 이러한 문제들을 검토해보면 기술이 계속해서 법과 유지해나가는 관계에 대해 이해하는 데 도움이 된다. 법과 기술의 관계는 원칙적으로 기술적 진보보다 뒤쳐질 수밖에 없는 법이 단순히 기술 쪽에 적응하는 것이라고 볼 수도 없고, 이러한 기술적 진보가 불변의 법률 원칙에 순응하는 것이라고 볼 수도 없다. 기술로서의 법은 애초부터 IT 기술이 부상하는 데 도움이 되기도 했지만, 오늘날 우리의 눈앞에서 그 내용이 계속 달라지며 인간적인 가치가 IT 기술의 이용보다 우위에 놓이게끔 만들어준다. 이처럼 노동법은 법과 기술의 관계를 가장 적절히 보여주는 '관측대'라고 할 수 있다. 노동법을 통해 법과 기술의 관계를 바라보면 다른 법 분야에서 제기되는 실질적 문제들까지도 조명해볼 수 있다. 특히 친자관계와 관련하여 생명공학 기술의 이용으로 제기되는 문제점들이 이에 해당하는데, 이와 관련해서는 뒤에서 살펴보기로 한다.

기술적 진보에 동참하는 법

불과 몇 년 만에 컴퓨터는 우리의 생활양식과 노동 방식에서 어마어마한 지위를 차지했고, 이에 따라 우리는 이 사회를 하나의 커뮤니케이션 구조로 바라보는 데 익숙해졌다. 그런데 이와 같은 현상이 일어난 건 과학적 패러다임이 보다 포괄적으로 물갈이 되면서 물리학과 생물학, 인류학 전반에 걸쳐 영향을 미친 결과라고 볼 수 있다. 원자폭탄을 발명한 사람들이 내내 컴퓨터도 발명했으며, 이들의 시각에서 봤을 때 교류와 소통에 개방적인 사회의 건설은 인종과 계급, 유전자를 내세우며 사람을 차별하는 과학자들의 일탈적 행위에 따른 끔찍한 상황에 대한 대응책이 될 수 있었다.[14] IT 기술 발달의 기원에는 인간이 내부적인 정체성에 의해서가 아니라 외부 환경과 맺는 관계들의 총체로서 정의되어야 한다는 생각이 자리하고 있다. 이에 따라 먼저 컴퓨터가 탄생했는데, 컴퓨터는 소위 '하드웨어'라는 장비의 발달로 생겨난 게 아니라 인간 뇌의 논리적인, 따라서 보편적인 구조를 기계로 확장하여 발명된 것이다. 인간의 뇌 구조 또한 전체적으로는 이진법의 원리를 따른다고 생각했기 때문이다.[15] 그 다음으로는 인공두뇌학이 생겨났다. 모든 인간뿐만 아니라 기계와 동물까지 포괄하는 넓은 의미의 커뮤니케이션 학문이 탄생한 것이다.[16]

이러한 관점에서는 사회를 만든다는 것이 더 이상 인간의 제도적 기반을 마련하는 것을 의미하지 않는다. 즉 각자가 타인과 관계를 맺으며 행동할 수 있도록 정의된 안정적인 자리를 부여해주는 게 아니라는 것이다.[17] 전체 사회구조 속에서 각 개인에게 한정된 자리를 부여하기 위해서는 '데우스 엑스 마키나deus ex machina'●라는 결정적 존재를 전제해야 한다. 달리 말하면 신과 하늘, 정부, 국가, 노동자계급

● '기계장치를 타고 내려온 신'이라는 뜻으로, 고대 그리스극에서 자주 사용하던 극작술이다. 서사 구조의 논리성이나 일관성보다는 신의 출현과 같은 외부의 초월적 힘에 의존해 갈등 국면을 봉합하고 이야기를 끝내는 경우를 일컫는다.

등 저마다 삶의 기준으로 삼는 대상이 있어야 한다는 얘기다. 그런데 순수하게 물리적인 시각으로만 세상을 바라보면, 이렇듯 개인의 현재적 경험을 뛰어넘는 초월적 양상의 준거 대상이 있을 자리가 전혀 없어진다. 그러므로 제도가 뒤로 밀려나고 보다 탄력적인 커뮤니케이션 구조가 그 자리를 차지하면서 사람들이 상호적으로 반응하고, 자기 규제가 이뤄지는 네트워크 속에서 사람들은 서로 상대방에게 맞추며 상호 간에 행동을 조절한다. 따라서 이제는 제도보다 연결이, 명령보다는 소통이, 규제보다는 조절이 더 중요해진다. 이로써 사람들은 인간과 사회가 그 스스로에게 투명해지고 최후의 형이상학적 흔적으로부터 벗어난 세상을 건설하고자 한다.

이러한 생각은 기업에 컴퓨터가 보급되기 이전에 이미 법적 차원에서 먼저 실행되었으며, 노동법은 IT 신기술에 발맞추어 진화한다. IT 기술의 확산에 대비하고 그에 보조를 맞추어간 것이다. 법 기술은 이렇듯 우리의 사고방식과 행동 방식 속에서 네트워크와 조절의 개념이 일반화되는 데 동참한다.

제도 기반의 사회에서 네트워크 사회로의 이행

산업화 시대의 노동법은 세 가지 주요한 제도적 형상과 그에 상응하는 세 가지 기본 개념을 중심으로 발전했다. 입법자로 형상화되는 복지국가의 개념, 사용자로 형상화되는 기업의 개념, 노동자로 형상화되는 고용의 개념이 그것이다. 이 세 가지 법적 관념의 틀은 '정보통신사회'의 논리 속에서 신기술의 발전과 더불어 쇠퇴한다. 다른 분야와 마찬가지로 법 분야 역시 이제는 '네트워크' 시대다.[18] 다시 말해 각각의 요소가 주체적인 동시에 상호 연결되어 있는 다중심적 구조로 되어 있는 것이다. '접속' 상태에 있는 모든 독자에게 친숙할 세 가지 약어, 즉, 'html' 'www' 'PC'라는 세 용어 뒤에 숨어 있는 개념들을 짚어보면 이를 쉽게 이해할 수 있다.

먼저 'hypertext mark-up language'의 약어인 'html'이라는 용어는 정보화 기술이 어느 정도로 텍스트와 우리의 관계를 단절시켜 놓았는지를 잘 보여준다. '마크업mark-up' 언어라는 건 하나의 보편적인 포맷을 가리킨다. 즉, 컴퓨터는 서로 다른 종류의 텍스트를 획일화하고, 인쇄술 발명 이후 (책이나 잡지, 신문, 격문, 벽보, 편지 등) 활자 세계를 지배한 위계질서를 없애버린다. 그리고 이와 더불어 물리적 매체의 다양성도 사라진다. '하이퍼텍스트'는 텍스트와 텍스트 사이를 이어주는 가상의 연결 구조를 의미한다. 가상공간에서의 텍스트는 그 수도 무한하고 경계를 한정지을 수도 없으며 유동적인 성격을 지닌다. 정보화 기술은 이런 텍스트와 텍스트를 서로 이어준다. 하이퍼텍스트를 활용하면 텍스트는 3차원적 확장이 가능하고, 무한히 넓은 텍스트의 바다로 이어질 수 있다. 정형화된 구조 없이 계속해서 변화하는 텍스트의 바다에서는 항해의 가능성만큼이나 익사의 가능성도 열려 있다.[19]

법 분야 또한 텍스트와 관계된 일이고, 하이퍼텍스트의 논리는 70년대 말 정보화 산업의 발전에 따라 하이퍼텍스트가 개발되기 전에도 이미 법조계에서 그 효력이 느껴졌다. 법조계에서 텍스트의 구분과 위계질서가 흔들린 건 유럽연합 지침이라는 '하이퍼텍스트' 때문이었다. 유럽연합 지침은 유럽연합 회원국 공통의 '포맷'이며, 신규 가입국가가 늘어나는 한 무한정 많은 법제 안에 '설치'될 수 있다. 유럽연합 지침은 법률이나 협약 등의 법조문 속에 '이식'되는 것이지 '적용'되는 게 아니기 때문이다. 이러한 법조문의 내용은 유럽연합이 그 방향을 정해주지만 법적 효력이 생기는 건 국가나 노사주체에 의해서다.[20] 법조문의 하이퍼텍스트적인 특성은 마스트리흐트 조약● 이후로 더욱 강화된다. 이 조약으로 세상에 태어난 지침들의 법적 효력은 유럽연합에서 나오지만 그 방향성은 사전에 이루어진 노사 협정에서 비롯된 것이었다.[21] 이에 따라 텍스트의 분류가 모호해진다. 국내법에서는 법률이나 규정, 단체협약 등 한 텍스트의 효력이 이를 만들어낸 주체, 즉 의회나 정부, 노사위원회 같은 당국과 완벽하게 동일시될 수 있고, 법원法源의 위계질서 안에서 차지하는 제자리와도 완전히 부합됐다. 그런데 유럽연합의 차원에서 이 법률은 국내법 차원에서와 같이 이론의 여지가 없이 최고 권력을 지닌 법률 문서가 되지 못한다. 즉 국내법에서 유럽연합의 지침을 반영하지 않거나 잘못 반영한 경우, 국내에서 국내법 규정보다 유럽연합 규정이 우선한다는 판결을 받을 수 있는 것이다.[22] 마찬가지로, 유럽단체협약에 구속력을 부여하

● 유럽의 정치통합과 경제 및 통화 통합을 위한 유럽통합조약으로, 1991년 12월 네덜란드 마스트리흐트에서 합의되었고, 1993년 11월 발효되었다. 유럽공동체EC가 유럽연합EU으로 발전하게 된 기반을 제공했다.

는 유럽이사회의 '결정'이 협약의 내용이나 교섭 방식에 근거하여 반박될 수 있다.[23]

'노사입법'이나 '입법교섭'이 대두되면서, 혹은 중소기업에서 단체교섭의 부재를 대신하기 위해 고안한 미봉책과 더불어 법률이나 단체협약, 개개인의 노동계약 등 서로 종류가 다른 법조문의 명확한 구분이 모호해지는 경우 역시 마찬가지로 국내법 차원에서 같은 현상이 나타날 수 있다. 실업보험[24]이나 주 35시간 근무제로의 노동시간 감축[25]과 관련하여 21세기에 접어들면서 시행된 개혁안들은 협약과 규칙, 계약 등 다양한 입법 대역을 서로 무한히 결합시키는 새로운 법조문적 '질서'를 보여주었다. 이 같은 질서 속에서는 각각의 정형적인 법률적 성격에 따른 기준으로든, 아니면 노동자에게 가장 유리한 텍스트를 추구한다는 기준에서든 텍스트 간의 서열을 정할 수가 없다.[26] 좀 더 포괄적으로 봤을 때 공적 행위 차원에서 이뤄지는 계약화에 따라 법률이나 규칙, 협약, 단체 혹은 개인 상호 간의 계약 등과 같은 다양한 법조문은 서로 얽히고설키며 연관되고, 한데 뒤섞인 혼합적 형태로 나아간다. 그리고 각각의 법조문은 점점 더 개별적 성격을 규명하고 서열화하기가 어려워진다.[27]

한편, 'world wide web'의 줄임말인 'www'는 정보화세계에서 역사적인 획을 긋는 시대적 구분을 의미한다. 1970년대 말까지만 하더라도 컴퓨터의 세계는 단말기를 통해 각각의 이용자에게 연결된 거대한 기계가 지배했다. 중대형 컴퓨터를 제작하던 'IBM'이 시장을 선도하던 시대였던 것이다. 노동자들은 정해진 절차에 따라 단 한 대의 기계에 접속하여 그 기계의 자원 가운데 일부를 이용할 수 있었고, 중앙에서 이 기계를 통제하는 관리인이 정해놓은 한계 범위 내에서 활동해야 했다. 기껏해야 내부 네트워크인 '인트라넷' 상에서나 하나의 단말기 유저가 자신과 마찬가지로 같은 기계에 접속된 또 다른 단말기 유저와 커뮤니케이션할 수 있었다. 노동법의 근간이 된 기업 패러다임 또한 이 같은 구조였다. 즉 피라미드식 형태의 자기 폐쇄적 구조로 된 패러다임을 기초로 하고 있는 것이다. 이러한 구조의 기저에는 고용 인력이 자리하는데, 이들은 서로 비슷한 지위의 안정적인 사원 집단을 이룬다. 그리고 각급 단위의 대표들이 상부에 대해 이들 사원 집단을 대표하며, 최상단에 위치하는 고용주는 직원들에 대해서 뿐만 아니라 주주와 제3자에 대해서도 회사의 운영을 책임지는 유일한 인물이다.

컴퓨터의 세계에서는 1980년대에 들어와서야 비로소 대학가를 중심으로 이러한 피라미드 형태의 폐쇄적인 모델이 문제시되기 시작했다. ('인트라넷intranet'이 아닌 '인터넷'이 필요했던) 연구소 간의 상호 연결 문제 때문이었다. 이후 '웹web'이라는 그물망 형태의 새로운 커뮤니케이션 모델이 등장한 건 1990년대 중반의 일이다. 이 새로운 커뮤니케이션 형태의 등장으로 크기와 상관없이 도처의 컴퓨터들이 전 세계적 차원에서 서로 연결될 수 있었다. 웹 기반의 커뮤니케이션 모델에서는 컴퓨터라는 하드웨어 제작 기술보다 지적재산권을 사이에 두고 경쟁이 벌어진다. 즉, 시장을 지배하기 위한 열쇠는 이제 기계를 장악하는 데 있는 게 아니라 커뮤니케이션 규범을 주도해나아가는 데에 있었다.[28] 그 이름도 훌륭한 '운영체제'로 마이크로소프트가 부를 거머쥘 수 있었던 것도 바로 이 커뮤니케이션 규범을 장악한 덕분이었다.

프랑스 노동법에서는 1970년대에 이미 비슷한 성격의 변화가 감지되기 시작했다. 임시직 관련법, 기업의 경제사회단위조직●법, 기업집단법의 등장으로 기업 내 지도부가 다극화되고 고용주의 정체성이 모호해짐에 따라 생겨난 현상이었다.[29] 하지만 네트워크형 기업 모델이 일반화하고 이와 더불어 법률적 문제가 증가함에 따라, 이때만해도 아직 전조에 불과하던 것이 오늘날은 노동법에서의 주요 문제로 자리잡는다. 집단 내에서의 노동자 대표 문제[30], 해외 이전 문제[31], 인력 외주화 문제[32], 하도급 문제[33], 기업의 경계 문제[34] 등이 생겨났기 때문이다. 오늘날 일부 기업 경영자들이 애정해 마지않는 이 네트워크 기업이라는 환상은 공장 없는 공업 기업에 대한 환상이다. 브랜드와 표준, 특허 등 기호와 표상에 관한 지적재산권은 굳이 번거롭게 물건을 제작하거나 인력 고용의 고민을 하는 것으로부터 벗어나게 해주는 듯하다. 네트워크의 발달과 네트워크형 기업의 발달은 서로가서로의 자양분이 되어주는 관계다. 정보화 네트워크가 발달되면 기업의 네트워크화가 용이해지고,[35] 기업의 네트워크가 발달되면 다시 IT기술의 발달이 촉진되기 때문이다.

끝으로 개인용 소형 컴퓨터인 'Personal Computer'의 약자인 'PC'는 작업 도구에 대한 심도 있는 관계 변화를 상징한다. 모든 도구

● 하나의 기업 운영위원회 산하에 여러 개의 법인이 결합되어 있는 형태의 조직으로, 개별 단위조직은 상호 간에 긴밀히 연결되어 있으며, 하나의 기업으로 간주된다.

는 인간의 생물학적인 능력을 하나의 물리적 사물 속에 나타내어 이를 증대시킨 것에 해당한다.[36] 인간이 손톱과 이를 사용하지 않을 수 있도록 해준 최초의 뗀석기에서부터 인간의 근육을 대신해준 풍차와 증기기관에 이르기까지, 인간은 이렇듯 자신의 신체능력을 외연화하며 증대시켰다. 문자의 발명과 이어 서적 및 인쇄술의 발명으로 말미암아 인간은 기억력에 의존하지 않고도 사고의 결과물을 텍스트 안에 고정시켜둘 수 있었다. 기술의 역사에서 컴퓨터라는 신상품은 인간의 정신적인 정보처리능력의 외연을 확장한다. 그러나 최초의 거대한 컴퓨터들은 용광로나 기관차와 마찬가지로 아직 조직적 차원에서의 필요에 따라 만들어진 집단적 도구였다. 그러다 개인용 소형 컴퓨터인 '퍼스널 컴퓨터'의 발명으로 컴퓨터는 다른 그 어떤 도구보다도 개인적인 도구가 되었다. 컴퓨터의 내용과 구조가 앞으로는 이용자의 정신적 지문을 나타내게 되었기 때문이다.[37] 집단적 차원에서 사용되던 도구는 개인적 차원에서 사용되는 도구가 되고, 종속적이었던 노동자의 지위는 자립적이 된다. 하지만 '개인용 컴퓨터Personal Computer'의 약자로 쓰이는 'PC'는 과거 '공산당Parti Communiste'의 약어로 쓰일 때 못지않게 희망찬 내일을 상기시켜주지 않는다. 물론 개인용 컴퓨터는 이용자의 정신적 능력을 외연화하고 증대시켜줌으로써 이용자에게 일정 정도 자유를 부여해주는 게 사실이다. 그러나 또 다른 한편으로는 이용자가 소프트웨어 개발자의 얼굴 없는 권력에 휘둘리게 만들기도 하며, 컴퓨터의 에러나 다운, 해킹, 기계에의 기억 의존도 심화, 불법복제, 바이러스 감염 등과 같은 새로운 위협에 이용자를 노출시키기도 한다.

　　개인용 컴퓨터가 일반화되기 훨씬 이전에 이미 노동자의 직업적 지위 속에서 비슷한 유형의 변화가 나타났으며, 임금 노동자가 되었든 비임금 노동자가 되었든, 컴퓨터를 이용하는 자든 아니든 상관없이 모든 노동자가 이 같은 변화를 겪었다. 당장 1960년대부터 농업 분야에서는 이미 대규모 농산물 가공업체가 통제하는 네트워크로 자영농가가 통합된다.[38] 1970년대 중반부터 노동법은 노동자 신분의 개별화로 몸살을 앓고 있다. 노동자를 예속하는 대신 복지를 보장하던 전형적인 고용 형태가 쇠퇴하면서 임금 고용의 형태가 다양화되었고, 개별적 노동계약의 비중이 새롭게 늘어났으며, 노동자와 자영업자의 경계가 모호해지고 사생활과 직장생활 사이의 경계가 흐려졌다. 이제 노동자의 예속은 새로운 양상을 띠게 되었으며, 기업 네트워크의 그물망 사이로 경제 권력이 부상한다. 노동 시간이 단축됨에 따라 노동 강도는 증대되었으며,[39] 여기에서도 법과 기술은 다시금 서로 간에 보조를 맞춰준다. 노동자가 시간과 장소에 구애받지 않고 일하도록 만들어주며 언제 어디서든 통제될 수 있도록 해주는 PC와 휴대폰이라는 기술을 이용하지 않고서는 노동자의 세계에서 '예속 속에서의 자율'이라는 개념이 발전할 수 없었을 것이다.[40] 반대로 새로운 노동 조직 형태는 정보화 산업 발달의 강력한 원동력이었다. 제조업체들이 출시를 하자마자 곧 퇴물로 만들어버리려 애쓰는 기기들의 구입에 언제나 생각 없이 막대한 예산을 탕진해주었기 때문이다.[41]

　　사회학자나 경제학자, 또는 컴퓨터공학자에게 있어서 네트워크라는 개념은 무언가 꽤 현대적인 것처럼 여겨진다.[42] 그러나 법학자의 시각에서 바라본 네트워크는 확실히 봉건제도의 구조를 연상시킨다. 특히 자유로운 개별적 인간이 봉건 군주들에게 예속된 봉건적 주종관계가 두드러진 구조가 떠오른다. 새로운 노동 조직 형태에서 기업들이 추구하는 바도 바로 이 점이다. 기업들은 이제 단순한 예속관계 정도로는 만족하지 않으며, 더 이상 순종하는 노동자만을 원하지도 않는다. 생산물의 품질을 향상시키고 비용 감축을 실현해야 할 필요성이 대두됨에 따라 이제는 노동자들이 마치 그 스스로 독립적인 자영업자이면서 책임자인 것처럼 행동하길 기대한다. 반대로 기업 간의 의존관계는 더더욱 심화된다. 주된 업무에 집중하는 각 기업은 이제 납품업체나 하도급 업체가 제공하는 부품이나 용역의 품질과 기일 엄수 부분을 세세히 감독해야 한다. 그에 따라 자사 상품의 품질이 달라지기 때문이다.

규제에서 조절로

모두가 볼 수 있도록 주어지는 현실 외에 다른 명백한 현실은 존재하지 않는다는 생각에 기초한 정보통신 이론은 인간이 외부 환경과 소통하고 그로부터 받은 신호에 반응하는 방식을 통해서만 인간을 이해한다.[43] 인류학자인 베이트슨Bateson이나 사회학자 고프먼Goffman, 심리학자 바츨라빅Watzlawick 등 커뮤니케이션 이론가들에 의하면 인간은 '행동'을 하는 것이 아니라 '반응'을 하는 것이며, '행동'에 반응하는 것이 아니라 '반응'에 반응한다. 그리고 이러한 반응이 연쇄적으로 이어지면서 사회적 관계를 형성한다. '피드백'이라는 대응적 반응의 중요성도 바로 여기에서 비롯된다. 인간의 존재는 커뮤니케이션으로써 풍부해지는 것이지, 이를 제외하고 그 내부에 대해 아무것도 말할 것이 없으며, 알아야 할 것도 전무하다.[44] 이러한 행동주의적 관점에서 "살아 있는 인간의 신체적 기능과 최신식 커뮤니케이션 기계의 기능은 피드백을 통해 엔트로피를 통제하기 위한 동일한 노력 속에서 정확히 대응한다."[45] 바로 이 지점에서 출발하는 조절 이론은 인간과 동물, 기계를 모두 포괄하며, 기계와 법의 병행 발전을 유도한다.[46] 그러므로 현대의 법이 단순히 커뮤니케이션 기술의 진보에 적응하기만 한 게 아니라 '정보통신사회'의 도래에도 전적으로 참여하고 있었음을 확인하는 것은 그리 놀라운 일도 아니다. 이 같은 법의 참여는 정보와 절차 그리고 교섭, 이 세 가지를 촉진시키는 방식으로 나타난다.

정보의 촉진은 하나의 일반적인 법 현상으로, 이는 두 가지 방식으로 나타난다. 먼저 정보제공의 의무와 '투명성'의 의무가 대두되는 것으로 나타나는데, 오늘날 이러한 의무사항들은 모든 계약에 영향을 미치고 있으며, 의사와 환자, 서비스 제공자와 고객, 공무원과 민원인, 직업인과 소비자, 주주와 기업 등 여러 가지 다양한 사회적 관계의 전통적인 개념을 수정한다.[47] 이어 정보의 재산화를 통해서도 정보의 촉진이 이뤄진다. 오늘날 정보는 사적 소유가 가능한 정신적 재화로 다뤄지는 경우가 더욱 많아지고 있으며,[48] 바로 이러한 법적 규정 때문에 오늘날 '자기 소유의 독자적인 포맷'의 개발로 일부 독점적인 기업들의 기술 규범 장악이 가능해졌다. 전자 텍스트의 내용을 알아볼 수 없게 만드는 이 같은 사유형 포맷이 오늘날 정보화 툴을 장악하고 있으며, 이는 좋은 방향으로 나갈 때도 있고 안 좋은 방향으로 나갈 때도 있지만 대개는 후자인 경우가 더 많다. 대다수 법률가가 적극적으로 옹호하는 이러한 정보의 재산화는 정보통신사회에 대한 초기 이론가들의 관점에는 위배된다. 이들은 정보의 자유로운 소통 원칙을 강력하게 옹호했으며, 정보의 사유화가 가져 올 파괴적 효과에 대해 경고했다.[49] 노동법에서도 50여 년 전부터 정보에 관한 법률이 두각을 나타냈는데, 노동법은 커뮤니케이션 이론의 기본 원칙에 좀 더 부합하는 방향으로 발전한다. 노동법은 정보의 사유화를 부추기기보다 정보의 공유를 내세우는 쪽으로 나아갔는데, 고용주에게 정보의 공개 의무를 부과하고 직원 및 직원 대표들에게 기업 운영에 관한 정보를 배포하도록 했으며, 특히 고용에 영향을 주는 조치에 관계된 모든 것에 있어 정보 공개를 의무사항으로 부과했다.[50] 그러므로 정보통신사회의 초석을 다지는 소박한 면모는 민법에서보다 노동법에서 더 찾기 쉽다.[51] 정보통신 기술의 세계에서는 정보의 개념과 지식의 개념이 혼동되는 경향이 있는 반면, 노동법에서는 상호 간의 이해에 있어 커뮤니케이션만으로 충분하지 않으며, 정보를 제공받는 것만으로는 알 수 없다는 점을 보여준다. 일찌감치 노동법에서는 '정보'와 '교육' '전문성'을 연결해주는 끈이 필요하다는 점을 인지하고 있었으며,[52] 따라서 정보에 대해 알 권리와 정보를 공유할 의무에 더해 노동자의 정보화 교육 및 자문에 대한 권리와 의무, 전문가 의뢰에 대한 권리와 의무가 함께 발전한다.[53] 정보와 교육 사이의 이 필연적인 관계는 인간의 내면과 직업적 정체성에 대해 되돌아보게 하며, 행동주

의에서 그러는 것처럼 인간을 커뮤니케이션의 일개 요소에 지나지 않
는 존재로 국한시킬 수 없음을 보여준다.

법의 절차화에 관한 해석과 평가는 법학자들 간에 다양하게 의
견이 나뉘지만 어쨌든 이 현상 자체에 대해서는 법학자들 모두가 의
견의 일치를 보고 있다. '절차'의 개념은 컴퓨터의 발명에 있어 결정적
인 역할을 했다. 컴퓨터를 발명한 존 폰 노이만John von Neumann의 기
본적인 생각은 기계에서도 알고리즘 형태의 계산 명령이 이뤄질 수 있
도록 만드는 것이었다. 즉, 기계 안에 입력해둔 분명한 지시에 따라 모
든 문제가 풀리게끔 만드는 것이다. 이후 컴퓨터 언어는 그 어떤 내용
이라도 처리할 수 있는 절차적 규범 체계[54]로서 '프로그램'이라는 은
유를 구사하며 발전했고, 프로그램이란 말의 사용은 경영학과 유전
학으로도 확대됐다.[55] 같은 시기 법 분야에서도 '절차화'라는 주제가
등장했으며, 절차화에 관한 논의는 이후 새로운 영역으로 끊임없이
확대됐다. 공식화된 이론 가운데 가장 유명한 것은 독일의 철학자 위
르겐 하버마스Jürgen Habermas의 주장이다. 법학 분야와 커뮤니케이션
이론 사이의 융합을 도모했던 하버마스는 추론 절차의 발전 속에서
독일의 헤겔식 국가 개념이 무너진 것에 대한 해답을 찾고,[56] 민주주
의를 과학기술적 합리성에 조화시킬 수 있는 방법을 구하고자 했다.[57]
하버마스와 같은 독일 출신이었던 동시대 사회학자 니클라스 루만
Niklas Luhmann의 연구에서는 하버마스의 이 같은 바람이 나타나지 않
는다. 법에 시스템 이론[58]을 적용한 루만은 법의 절차화가 곧 법률 외
적인 가치에서 법의 기틀을 마련하고자 하는 모든 담론의 오류에 대

한 방증이라고 생각하고, 아울러 이로써 법의 자기준거적이고 자기생산적인 특징이 확인되는 것이라고 보았다.[59] 20년 전부터 유럽에서 법에 관한 이론적 논쟁을 이끌어온 이 두 이론의 대립은 어쨌든 법 분야 전체에서 나타나고 있는 절차화라는 현상에 대해 조명해주는 계기가 되었다. 노동법이라고 여기에서 예외는 아니며, 컴퓨터 프로그램이 기업들 사이로 확산되기 훨씬 이전에 이미 노동법에서는 절차화가 대두될 조짐이 보였다. 이는 특히 1973년 이후 해고와 관련한 부분에서 크게 두드러진다. 고용주가 내린 경제적 관점에서의 결정에 대해 입법 주체가 실질적으로 재판이라는 굴레를 씌울 수는 없었다. 그리 되면 기업의 올바른 운영 책임에 대해 판사에게 그 판결을 묻는 결과가 초래될 수도 있다. 따라서 입법 주체는 다양한 해고 절차를 마련한다. MS사의 소프트웨어처럼 겹겹이 절차가 중첩되고, 이로써 프로그램이 열리는 시간이 늦어지며 프로그램의 실행이 지연될 뿐만 아니라 점점 더 많은 메모리를 요구하고 시스템이 다운될 위험이 높아진다. 그런데 이는 컴퓨터 분야에서는 지탄의 대상이 될지라도 법적인 관점에서는 정당한 것일 수 있다.[60] 즉, 실질적으로 해고 관련법의 절차화가 갖는 심오한 의미는 해고 과정의 속도를 늦추고 그 절차를 지연시키는 데 있으며, 일자리를 잃게 될 위기에 처한 노동자들이 이직할 준비를 할 수 있게끔 만들어주는 데 있다.

마지막으로, 자기조절이 가능한 사회라는 이상은 오늘날 단체 교섭이 비약적으로 발전한 것으로 나타난다. 넓게 보면 노사관계의 계약화에서 이러한 이상이 표현된다. 전자계산기에 비해 초기 컴퓨터 모델들이 보여준 가장 새로웠던 부분은 주어진 목적에 따라 자기조절이 가능하다는 점이었다. 이로써 정보화 기술은 기존과 다른 새로운 세대의 기계를 탄생시켰으며, 컴퓨터라는 이 신형 기계들은 명령에 복종할 수 있을 뿐만 아니라 외부 환경에 맞추어 실시간으로 행동을 조절할 수 있었다. 이러한 원리에 따라 만들어진 자동차가 있다면, 목적지를 지정해주는 것만으로도 자동차는 스스로 속도와 경로를 조절하여 최단 시간 내에 승객을 목적지에 데려다줄 수 있을 것이다. 이미 선박이나 항공기의 운항에선 보편화되어 있는 이 자동항법장치의 예는 규제와 조절의 개념을 구분하는 데 도움이 된다. 규제는 외부에서 규칙을 일러주는 것인 반면, 조절은 조직이 항상성을 유지하며 운영되는 데 필요한 규칙을 준수하도록 하는 것이다.[61] 인공두뇌학 이론에 따르면, 엄격한 규제가 아니라 적절한 조절이 이뤄져야만 엔트로피적 무질서로부터, 즉 "질서정연한 상태를 훼손하고 이해 가능한 상태를 파괴하고자 하는 자연의 경향"[62]으로부터 사회를 보호할 수 있다.

이렇듯 조직 스스로 환경의 변화에 적응할 수 있도록 하는 조절 작용에 호소하며 규제의 엄격함을 비판한 것이 비단 인공두뇌학과 IT 신기술만은 아니었다. 이러한 발상은 30년 전부터 이미 노동법에서 나타나고 있었는데,[63] 단체교섭이 크게 대두된 것에서 이를 알 수 있다. 교섭의 주체와 대상 그리고 그 기능에 있어서도 심도한 변화가 있었는데,[64] 타율성이 줄어들고 직업적 자율규제가 생겨나면서 법률과 단체교섭 사이에 새로운 역할 분배가 이루어졌기 때문이다. 법률은 도달해야 할 목표와 원칙을 정하는 일을 맡았으며, 단체교섭은 이러한 목표의 정의에 기여하고 분야별 기업별 그룹별로 달라지는 구체적인 상황에 맞게 그 목표의 실현을 위해 노력한다. 35시간 근무제로 이행하는 과정이나 다국적기업에서 노동자 대표제를 도입하는 과정, 혹은 유럽법을 따르는 상사商社의 설립[65] 과정에 이르기까지, 이렇듯 조절 방식을 활용하는 것은 이제 공법과 사법의 전통적인 구분을 뒤엎어버리면서 점차 일반화되고 있는 추세다. 이 새로운 '조절' 형태가 최소 국가로의 회귀나 노사관계의 단순한 민간 이양을 의미하지는 않는다. 그보다 이는 '목표에 의한 통치' 정책의 일환으로 볼 수 있다. 그리고 이 같은 정책의 실효성은 공공 권력과 사용자 그리고 노동조합 사이의 소통 여하에 달려 있다.

기술 분야에서든 법조계에서든 이 '조절'이라는 개념을 극대화시켜보면 분쟁으로부터 완전히 벗어나며 (보증인 역할을 담당하는) 제3자의 존재 없이도 유지될 수 있는 세계라는 이상향에 도달한다. 법에서 이러한 이상향은 계약주의라는 얼굴을 하고 나타나는데, 이 이데올로기에 따르면 인간은 그 스스로 자유롭게 정한 제약 이외에는 다른 그 어떤 제약에도 종속되어선 안 된다.[66] 하지만 분명한 것은 어떤 인간사회도 그러한 기초 위에서는 작동할 수 없을 것이라는 점이며, 따라서 직장생활 차원에서든 사생활 차원에서든 조정자 없이는 조절이 이뤄질 수 없음을 주지해야 한다. 컴퓨터세계 역시 마찬가지다. 컴퓨터와 그 이용자 사이의 관계는 단순히 두 주체로만 이루어진 양자적 관계가 아니며, 이들 사이에서는 늘 자신의 이익에 따라 기계를 고안해낸 제3자가 둘 사이의 관계를 주재한다. 이 제3자가 이용자들의 수요를 진지하게 고려할 수 있도록 그에게 압력을 가하는 것은 노동자와 사용자의 공통된 이해관계에 속하는 일이다. 경쟁이 더 이상 제 역할을 하지 못하고 하나의 회사가 이 시장에서 사실상 독점을 행사하는 한, 교섭을 통해 이용자의 수요에 맞는 방향으로 컴퓨터의 기능 조절을 정의해야 한다.

요컨대 지난 40년 동안 법 분야에서 변화를 이끌어온 것은 이렇듯 IT 기술계와 같은 이상향과 구상안들이었다. 하지만 이와 같이 기술계의 역사와 비슷한 길을 걸어온 법은 그 안에서 하나의 특수한 기능을 수행한다. 기술을 인간적으로 만드는 도구로서의 기능을 담당한 것이다.

기술을 인간적으로 만드는 도구로서의 법

인간이 매머드를 사냥하던 먼 옛날부터 지금까지 인간의 몸과 본능에는 달라진 게 없는 반면, 인간의 기술은 지난 2세기 동안 아찔할 정도로 엄청난 힘을 거머쥐게 됐다. 이에 따라 생물학적 차원에서 인간과 기술 사이의 격차는 점점 더 커지는 양상이다.[67] 기술이 지닌 이 같은 위력은 여전히 인간에게 남아 있는 고도로 포식자적인 본능에 이용되는 순간, 인간 그 자신에게도 위협이 된다. 인간이 이 기술을 사용하여 주위 사람들을 구속하거나 말살하려들 때에는 주위 사람들에게도 위협이 되고, 인간이 지구를 과도하게 개발한다거나 지구 자원을 모조리 고갈시켜버리는 때에는 인간의 젖줄인 대지와 지구 그 자체에도 위협이 된다. "오늘날의 기술경제사회가 장차 어떤 종말을 고하게 될지 머릿속에 그려본다면, 인간이 자연계를 점유하고 있는 작금의 상황은 아마도 마지막 한 줌의 풀과 마지막 남은 쥐 한 마리를 익히기 위해 마지막으로 사용하게 될 석유 한 자루의 완전한 승리로 끝나게 될 것이다."[68] 모든 사회에서 제도의 용도는 이렇듯 순전히 인간에 의한 폭력적 자원을 사회 내의 대사 작용을 통해 변형시키며 이 자원들의 배출 경로를 만들어주고, 이 자원들로 인해 인간이 파국의 길로 치닫지 않을 수 있도록 방지해주는 데 있다.[69] 서양에서 법이 기술의 발전에 일익을 담당했다면, 이는 법이 기술을 인간적으로 감당할 수 있게끔 만드는 데 기여했기 때문이다. 법은 인간과 도구 사이에서 중재의 기능을 맡았으며, 도구가 인간에게 미칠 수 있는 위험 여부에 따라 각각의 특정한 금기 범위에서 벗어날 수 없도록 도구의 용도를 제한하는 일도 담당한다. 유럽연합법은 '일을 사람에게 맞추는 일반 원칙'[70]을 제시함으로써 이 같은 기능을 훌륭히 요약하고 있다. 장차 사회적 영역뿐만 아니라 환경 분야에까지 그 영향력을 미치게 될 원칙이다.

그러므로 오늘날 정보통신신기술이 법학자들에게 제기하는 핵심적인 문제는 이 기술이 인간에게 미칠 수 있는 특정한 위험들을 규명해내는 것이다. 이 위험은 두 가지 종류로 나뉘는데, 바로 편재성과 투명성의 환상에 노동자를 노출시키는 것이다. 노동자의 시공간적 틀을 없애준 IT 기술은 노동자가 가상세계에서 실시간으로 '즉석' 노무를 제공하게 만들었다. 이에 노동자는 '유비쿼터스'라는 편재성의 환상에 노출되고, 이어 IT 기술이 발전함에 따라 제아무리 사소한 것이라도 기계 안에 기록해두게 되면서 노동자는 '보이지 않는 감시체제'라는 투명성의 환상에 노출된다.

유비쿼터스의 한계

맨 처음 정착생활과 농경생활을 시작한 이후로 인간은 늘 보다 더 의미 있고 구체적인 시공간적 틀 속에 자신의 노동을 한정짓고자 했다. 프랑스의 선사학자 앙드레 르루아구랑André Leroi-Gourhan은 인간에게서 시간과 공간에 대한 생물학적 인식과 상징적 인식이 공존한다는 점을 다음과 같이 강조한다.

'그는 강에 있었고, 지금 우리 집에 있으며, 내일은 숲속에 있을 것이다'라고 말함으로써 인류가 시간과 공간을 되살릴 수 있음을 처음으로 깨닫게 된 순간, 시공간의 이미지는 새로워졌다. 인간 이외의 다른 생물계에서는 오직 본능과 (귀의) 내이강 신경, 근육 감각 등의 원초적 기준을 통해서만 시공간을 인지한다. [...] 인간 또한 이와 하등 다를 바가 없지만, 인간은 그 위로 거대한 상징체계를 쌓아올렸고, 이는 데카르트적인 관점의 근간을 이룬다.[71]

오늘날 노동법에서는 계약 당사자들의 의무사항을 정하거나 법률 및 법정 공방을 조정하고 질병이나 사고를 규명함에 있어 노동시간 및 장소가 기준으로 사용되는 경우가 많다. 그런데 IT 신기술이 이러한 시공간의 틀을 깨버리는 경우가 비일비재하게 나타난다. 노동시간의 개념과 일의 경계라는 개념을 흐려지게 만든 IT 신기술은 인간을 가상세계로 데려다놓는다. 밤도 낮도 없고, 거리감이란 것도 존재하지 않는 가상세계로 인간을 옮겨놓는 것이다. 엄밀히 말하면 인간의 지적 능력만이 가상세계로 옮겨지는 것이며, 이에 반해 인간의 몸은 모니터 앞에 붙박이로 붙어 있거나 계속해서 휴대폰에 매달려 있으며, 당장의 주위 환경과 이뤄지는 커뮤니케이션은 단절된다.

시공간의 경계가 허물어진 것은 산업혁명과 함께 시작된 하나의 과정 속에 포함된다. 화석 에너지를 이용하고 통신수단이 발달하면서 기계의 시공간과 인간의 시공간이 처음으로 분리된 것이다. 이에 노동법이 개입하며 다시금 인간이 살기에 편안한 시공간으로 만들어놓는다. 가스에 이어 조명으로 작업장의 불을 밝히면서 산업 노동은 낮과 밤, 여름과 겨울로 바뀌는 자연의 리듬에서 해방됐다. 이에 근무 시간이 비정상적으로 늘어나자 노동법이 끼어들며 일일 근무시간과 연간 근무기간을 제한하고, 이어 노동 연차 수를 제한한다. 법은 불가능한 일을 금지된 일로 바꾸었다.[72] 그렇게 해서 완전히 새로운 생활 리듬이 생겨났으며, 현대인의 삶과 현대인이 살아가는 지역 구조는 이를 바탕으로 질서가 유지된다. 즉, 지하철과 일, 잠, 휴가를 바탕으로 한 생활 리듬이 자리잡은 것이다. 그리고 1세기 전부터 노동법이 점진적으로 제도화해나간 이 시공간적 틀이 오늘날 IT 신기술의 등장으로 흔들리고 있으며, 편재성의 환상에 노출되고 있다. 인간이 언제

어디서든 일하고 소비할 수 있는 존재로 여겨지는 것이다. 이에 따라 노동자의 실제 생활과 호환될 수 있는 시간 및 장소 단위를 재구성하기 위하여 새로운 한계선의 필요성이 대두된다. 새로운 기계들이 '언제 어디서인지는 중요하지 않다'는 유비쿼터스의 개념을 들이대자 이에 대해 법은 '언제 어디서인지가 중요하다'며 반기를 든다.

산업 기계화는 공간의 조직을 근본적으로 뒤집어놓는다. 손도 없고 머리도 없는 기계는 인간이 작동을 시키고 조종해야 한다. 이에 산업혁명기의 공장은 다수의 노동자가 **집중**되어있는 곳인 동시에 도심 및 주거지와 **분리**되어 있는 곳이라는 특징을 보인다. 그리고 바로 이로부터 법이 직면해야 할 수많은 문제점이 생겨난다. 위생과 안전에 관한 문제도 생겨났고, 기계의 작동에 따른 책임 소재의 문제, 근무지에서의 규율과 단체활동 자유의 문제, 대중교통이나 보건 등 공공서비스의 조직에 관한 문제 등이 그것이다. 이 특별한 역사적 맥락에서 권리의 유형학은 장소의 유형학에 연동되는 경향을 보인다. 즉, 회사의 문을 나선다는 것은 하나의 법적 세계에서 다른 법적 세계로 들어서는 것이다. 그런데 새로운 통신 기술이 발달하면서 그리고 어딘가의 창고에 보관된 물리적 사물에 관한 일보다 장소의 구애를 받지 않는 일이 크게 대두되면서 이 같은 공간 조직이 차츰 쇠퇴해간다. 한곳에 집중되어 있던 노동자들은 이제 여기저기로 **분산**되는 경향을 보이며, 비록 몸은 물리적인 한 공간 안에 함께 있다 하더라도 모니터 앞의 모든 노동자가 하나의 동일한 활동 단위로 엮여 있는 공동체를 형성하지는 않는다. 심지어 고객 앞에서조차 이 노동자는 컴퓨터와의 이원적 관계를 통해 업무를 본다. 사무실에서든 집에서든[73] 기차 안에서든 **장소와 무관**하게 동일 업무를 볼 수 있을 때, 공장과 거리, 주거지로 분리되어 있던 공간 조직이 무너지고 모든 장소의 구분이 없어진다.

그러므로 신체적 차원에서 위생적이고 사회적 차원에서 견딜 만한 노동 공간을 보존하기 위하여 노동자의 분산과 공간의 무분별화를 어떻게 제한할 것인지 알아보는 문제가 제기된다. 공간의 무차별화를 제한한다는 것은 곧 공간의 법적 규정을 재정립한다는 뜻이다. 가령 1990년 3월 29일 제90/270호 유럽연합 지침에서 나타나는 것과 같이 장소의 개념에 대한 기술적 정의를 통해 장소의 법적 규정이 이뤄질 수 있다. '스크린 장비 앞에서 일을 하는 직업군'에 적용되는 이 지침에서 스크린 장비란 모니터와 키보드, 인간과 기계 사이의 접속을 위한 소프트웨어, 전화, 모뎀, 프린터, 책상, 의자 등의 장비 일체를 가리킨다(제2조). 공간의 법적 규정은 계약서 조항에서도 찾아볼 수 있는데, 계약서상에서 아무런 언급이 없으면 "노동자는 자신의 집에서 일할 것을 받아들이거나 집에 서류를 가져다놓고 작업 도구를 설치할 의무가 없으며",[74] 반대로 집에서 일하기로 규정되어 있으면 사용자는 그 노동자를 회사로 나오라고 할 수 없다.[75] 노동자의 분산을 제한하면 노동자 집단의 재구성이 이뤄진다. 노동자 집단의 재구성은 일단 물리적 차원에서 이뤄질 수 있는데, 예컨대 자택에 '분산'되어 있던 노동자가 회사의 품으로 돌아올 권리를 갖게 되는 것이다.[76] 아울러 가상적 차원에서의 재구성이 이뤄질 수도 있다. 사측에 대한 노측 대표단과 노동자 사이의 정보 교류와 커뮤니케이션을 수월하게 해주는 신기술을 사용하는 것이다. 컴퓨터 네트워크를 이용한 노동

자의 단체 조직 권리를 둘러싸고 논란이 일어나는 대목도 바로 이 지점이다.[77]

그러나 '정보통신사회'의 도래에 따라 가장 먼저 가장 심도 있는 법적 변화를 야기한 부분은 바로 노동시간과 관련한 측면이었다. 프랑스에서는 1970년대 말 무렵 1936년의 법체계가 문제시되면서 노동시간과 관련한 논쟁이 시작됐고, 이어 1990년대 초에 들어서서는 장차 어떤 방향으로 노동시간제의 재구성이 이뤄질 것인지 감지할 수 있었다.[78]

산업 기계화와 관련된 시간 조직에서 나타나는 특징은 두 가지다. 첫 번째는 기계 주위로 노동자들의 물리적인 집중이 이뤄짐에 따라 집단 시간관념이 나타난다는 점이고, 두 번째는 직장과 공적 사적 생활공간이 엄격히 분리되는 등 근무시간과 여가시간의 뚜렷한 구분을 기반으로 시간이 조직된다는 점이다. 정보통신사회에서의 시간 조직은 이 두 가지 측면과 확실히 단절된다. 먼저 집단 시간 체제는 개인적인 시간 체제로 바뀌는데, 작업이 더 이상 산업 일꾼들의 대대적인 움직임을 기반으로 하지 않고 개인 간에 '실시간으로' 이뤄지는 상호작용을 기반으로 삼기 때문이다. 근무시간과 여가시간의 뚜렷한 구분도 흐려진다. 새로운 통신수단이 등장하고 이에 따라 새로운 업무 조직 형태가 나타나면서 여가시간의 공간으로도 일이 뚫고 들어갈 틈이 생겼기 때문이다.

이에 노동법은 시간관념의 개인화를 제한하고 근무시간과 여가시간이 지나치게 혼동되지 않도록 한계선을 마련함으로써 개인적으로나 사회적으로나 살기 편한 시간관념을 지켜내려 노력한다. 노동법의 핵심은 이제 노동의 집단적 조직에서 노동자 개인의 삶으로 옮겨간다. 이로써 노동법에서는 개별적 상황에 맞게 시간관념을 변화시키는 '시간 상응의 원칙'이 부상한다. 보다 넓게 보면 이는 일을 사람에게 맞추어야 한다는 원칙이 적용된 것이다. 개인적인 차원에서 이 원칙은 각자가 자기 삶을 이루는 다양한 시간을 적절히 조절할 수 있어야 한다는 걸 의미한다. 이를 위해서는 사용자 측에서 '인적 자본'의 총체적 유연성을 도모하겠다는 오만함을 자제해야 한다. 즉 연중무휴 24시간 서비스나 '적시 생산' 방식에 대한 욕심을 버리는 것이다. 1930년대의 법제를 단순히 확장시켜놓은 것에 불과한 35시간 노동제 도입의 결과를 둘러싸고 현재 법학자들이 그 해결에 고심하고 있는 수많은 문제가 바로 여기에서 비롯된다.[79] 휴식시간이란 무엇인가?[80] 또 선택적 노동시간이란?[81] 대기시간이란 무엇을 말하는가?[82] 교육시간은 어떻게 규정할 것인가?[83] 관리직의 노동시간을 어떻게 제한할 것인가?[84] 24시간 생활 리듬을 어떻게 노동시간 조정에 통합시킬 것인가?[85] 노동시간만이 아니라 노동 강도는 또 어떻게 측정할 것인가?[86] 등과 같은 문제들이 제기되는 것이다. 집단적 차원에서 시간 상응의 원칙은 유럽인권협약에서 규정하는 바와 같이, 정상적인 가정생활과 사회생활에 대한 권리가 지켜질 수 있도록 해준다.[87] 이러한 생각은 오늘날 법률[88]뿐만 아니라 판례[89]에서도 더욱 늘어나는 추세다.

투명성과 그 한계들

정보통신사회 이론가들은 교류와 소통의 증대 및 보편화를 통해 그 스스로 완전히 투명해진 사회만이 전체주의의 회귀로부터 그 구성원을 보호할 수 있다고 생각한다. 전체주의사회는 절대적으로 비밀이 유지되고 있어야 거짓을 퍼뜨리고 범죄를 저지를 수 있기 때문이다. 정보통신사회 이론가들이 정보에 대해 모두가 자유롭게 접근할 수 있는 공공재로 여기는 이유도 바로 여기에 있다. 최근에는 유통되는 정보의 양도 막대하게 늘어났지만 정보의 사적 소유는 물론 주요 통신수단의 사적 소유 역시 확대되고 있다. 인공두뇌학 '사이버네틱스 cybernetics'●의 이상향에는 배치되는 현상이다. 그런데 투명함이 일방적인 것이라면 사이버네틱스에서 꿈꾸는 유토피아와는 정반대 방향으로 나아가고, 다수는 소수에 대해 투명해지지만 이 소수는 여전히 흑막 뒤에 숨어 모든 정보통신수단을 조종한다. 소수에 의한 다수의 조종은 직간접적인 방식으로 나타나는데, 미디어를 사유화하거나 통신에 관한 기술 규범을 사유화함으로써 직접적으로 통제하는 방식이 있고, 광고와 선전을 통해서 간접적으로 통제하는 경우도 있다.[90] 특히 산업화 시대 이후 지도부가 모든 비밀을 거머쥔 채 직원들을 한눈에 감시 통제하겠다는 이상을 좇는 기업이라면 더더욱 이 같은 위험

● 생물 및 기계를 포함하는 계系에서 제어와 통신 문제를 종합적으로 연구하는 학문. 미국의 수학자 노버트 위너를 위시한 과학자 그룹이 제창했다. 전자공학, 생물학, 수학, 논리학 등 다양한 과학 분야에 기반하고 있어 응용 분야 또한 광범위하다.

이 커지게 마련이다. 이러한 측면에 있어 IT 신기술은 해묵은 산업화 모델에 반기를 드는 게 아니라 외려 은밀히 이를 실현할 수 있는 수단을 제공한다. 감시의 눈초리가 사라진 대신 추적 가능한 방식으로 디지털화된 데이터가 그 자리에 들어온 것이다. 그런데 민주적 방식으로 쓰이든 독재의 수단으로 활용되든 투명성의 두 가지 측면 모두 내면성이 없는 인간 존재를 상정한다. 오로지 커뮤니케이션으로만 이루어진 인간을 전제하는 것이다.[91] 달리 말하면 인간을 기계와 하등 다를 바 없는 존재로 취급하면서 인간에 대해 비인간적인 관점으로 바라보는 시각을 밑바탕에 깔고 있는 셈이다. 바로 이 지점에서 법이 개입하며 기술적 일탈의 위험을 제한하고, 인간을 이성으로 인도한다. 즉, (내적 세계를 갖추고 있어) 불투명하며 (그 자신의 행위에 대처해야 하는) 책임감을 가진 존재로서 인간을 이성적인 법 주체로 바로 세우는 것이다.

산업 기계화에 따라 노동자는 신체적으로 온전하지 못한 존재로 전락할 위기에 처했고, 이로써 국가의 인적자원 역시 온전할 수 없게 되었다. 이에 따라 작업장에서 일을 하는 노동자의 신체와 기계 사이로 법이 개입한다. 위생 규정과 안전 규정이 만들어지면서 노동자의 신체를 보호하게 되었으며, 이 같은 규정은 한 사회의 미래를 구현하는 여성과 아동에게 먼저 적용되었다. IT 신기술의 등장에 따라 이제 위협의 대상이 달라지고 있는데, 인간의 몸이 아닌 지적 능력이 위험에 처하게 된 것이다. 그러나 이 경우 역시 법률적인 문제는 근본적으로 동일하다. 바로 어떻게 하면 이 새로운 기계를 살 만한 상태로 만들 수 있을 것인가의 문제다. 인간이 이 새로운 기술에 종속되지 않으면서 이를 이용할 수 있는 방법은 무엇일까? 신기술이 가하는 위협은 신체적인 것이 아니라 지적 측면의 성격을 띠고 있으므로, 이는 기업 차원에서뿐만 아니라 노동자 차원에서도 영향을 미칠 수 있다. 기업은 사업적 생명을 위해서나 설비, 상품, 서비스 등의 기술적 안전을 위해서나 최소한의 불투명성을 필요로 한다.[92] 이를 위해 기업은 관련 정보의 유포를 통제하기 위한 기술적 법률적 수단 일체를 개발했다. 그러나 기업의 이렇듯 정당한 필요성은 사이버상에서 직원들을 감시하려는 경향을 증대시킬 뿐이었고,[93] 직원들 역시 타인의 시선으로부터 자신의 사생활이 보호받아야 할 필요성을 느낀다. 1978년 이후로 프랑스는 회사 내에서의 개인적인 데이터 처리를 법으로 제한하고 있다.[94] ('정보처리기술과 자유'라 불리는 법으로, 데이터 프로세스와 데이터 파일 그리고 개개인의 자유에 관한 내용을 다루고 있다.) 컴퓨터와 관련한 개인 사생활 침해를 감시하는 프랑스 국립정보자유위원회의 보고서에서는 이 분야와 관련한 기술적 일탈 사례들이 해마다 늘어나고 있다는 사실에 우려를 표하고, 기업이 공표한 신기술 이용 '헌장'의 일방주의적인 성격을 비판하고 나섰다. 헌장의 내용이 노동자들에 있어서는 제한적이었던 것만큼이나 기업 지도부에 대해서는 관대했기 때문이다.[95] 정보자유위원회는 "허용 가능한 범위를 크게 넘어서는" 폐단들을 확인하면서 "기업 내 노동자들에 대한 사이버 감시"에 관한 보고서 작성을 지원했다. 보고서는 2001년 3월에 발표되었다.[96]

일명 '부셰 보고서'라 불리는 이 보고서에서 제안하는 사항은 세

가지다. 첫째, 보고서에서는 모든 감시사항에 대한 정보를 사전에 당사자에게 알려줄 것을 제안한다. 직원 개인의 정보든 직원 대표들의 집단 정보든 모든 정보가 감시의 대상임을 인지시키는 것이다. 이는 권위주의 통제 모델을 합당하게 전체주의 모델보다 우위에 두는 방식이다. '사악한 마부제 박사'[97]로 대표되는 전체주의 모델, 즉 자기 혼자만 보이지 않는 곳에 숨어 사람들을 몰래 지켜보는 모델보다 '쉬블림 포르트Sublime Porte'[•]라고 칭하는 오스만 정부의 통제 모델을 채택하며 설득력을 높이는 것이다. 오스만 정부의 재상들은 서로 한데 모여 '디반'이라는 어전회의를 하기 위한 회의실 내벽 위쪽에 마련된 창살 너머로 술탄이 언제나 자신들의 이야기를 들을 수 있다는 사실을 알고 있다. 따라서 기업은 감시 사실 자체를 노동자에게 인지시킴으로써 감시의 정당성을 높일 수 있다. 이어 이 보고서에서 두 번째로 제안하고 있는 사항은 개별적 통제보다 기능적 통제를 우위에 두는 것이다. 가령 위치별로 접속 시간은 기록하면서도 방문 사이트는 기록하지 않거나, 반대로 방문 사이트는 기록하면서도 접속 위치는 확인하지 않는 식이다.[98] 마지막으로, 노동자가 사적인 목적으로 정보통신수단을 이용했을 때와 관련하여, 보고서는 "남용했을 경우의 제재를 배제하지 않는 선에서 건전하게 용인해줄 것"을 제안한다. 이 마지막 제안은 유럽인권재판소의 판례에 근거하고 있는데, 유럽인권재

• '높은 대문'을 프랑스어로 번역한 어구로, 오스만 터키 정부의 대재상 집무실Grand Vizierate을 지칭한 것인데 이후에는 일반적으로 그 정부를 일컬었다. 특히 앙카라 천도 이전의 터키 정부를 이른다.

판소는 사생활이 직업 영역으로 어느 정도 확장될 수 있음을 인정했다.[99] 이 상식적인 제안들은 프랑스의 법률 및 판례와도 완벽하게 조화를 이룬다. 프랑스의 법률과 판례에서는 사이버상에서 직원들에 대한 감시가 이뤄질 경우, 세 가지 요구 조건을 충족시키도록 하고 있는데, 이에 따라 기업은 직원들에게 개별적으로 감시가 이뤄질 수 있다는 정보를 사전에 알려야 하고,[100] 이와 관련하여 노사 협의회에 자문을 구해야 하며,[101] 비례 원칙을 지켜야 한다.[102] 부셰 보고서가 발표된 이후 프랑스 최고재판소인 파기원은 한 기업의 노동자에게 외부에 차단된 상태에서 자신의 컴퓨터를 이용할 수 있는 불투명 영역을 부여해주고, 고용주가 이 영역을 침범할 수 없도록 함으로써 정보자유위원회의 권고사항을 시행했다.[103]

역설적인 것은 오늘날 시민 개개인의 사생활 보호가 도시 차원에서보다 기업 내에서 더 잘 이루어지고 있는 것 같다는 점이다. 은행원만 하더라도 사전에 우리에게 알리지도 않은 채 우리의 신용카드 내역을 이용하여 우리의 생활에 대한 거의 전부를 다 알 수 있으며, 고용주가 전화요금 고지서에 나온 비용 지출 내역을 열람하고자 할 때 부과되는 것과 같은 제약의 구애조차 전혀 받지 않는다. 지금까지 노동법의 역사는 시민사회에서 보장되는 자유를 직업사회로 옮겨놓는 방식으로 발전해왔지만, 이제는 반대로 기업에서 보장되는 자유를 시민사회 쪽으로 옮겨놓게 될지도 모르겠다.

산업 기계화는 민사책임법에 새로운 문제를 제기했다. 과연 이위험하고 예측 불가능한 새로운 기계들에 대해 누가 책임을 져야 하

는 것인가? 그에 대한 답을 내놓은 건 노동법이었다. 1898년 산업재
해에 관련한 법을 내놓은 노동법은 무과실책임 원칙의 개념을 도입한
다. 사용자의 과실이나 의도에 대해 책임을 묻는 것이 아니라 작업 중
위험에 대한 책임을 묻는 것이다. 이 법은 법조계에 일대의 지각변동
을 야기하면서 민사책임법을 송두리째 뒤흔들어놓았다. 이후 오늘날
과 같은 형태의 보험 관련 회사도 등장하게 되었다.[104] 정보통신 신기
술은 같은 맥락에서의 질문을 다시금 민사책임법에 제기하기 시작했
다. 즉, 컴퓨터에 내장된 정보 또는 컴퓨터에 의하여 전달되는 정보에
대해서는 누가 책임을 져야 하는가? 책임을 물으려면 비난의 대상이
되는 존재가 필요한데,[105] 그 자신이 어떤 원인에 따른 결과가 되지는
않더라도 일단 초래된 결과에 대한 원인이 될 수 있는 책임 주체가 있
어야 한다. 즉 하나의 법 주체를 설정하여 스스로 책임을 질 수 있고
또 책임을 져야 하는 말이나 행동의 근원적 존재로 삼는 것이다. 그런
데 하나의 행동이 언제나 특정 신호를 받은 것에 대한 대응으로 분석
되는 사회에서는 이러한 법 주체의 개념이 커뮤니케이션 네트워크 속
에서 점차 흐려질 수 있고, 그 누구도 그 무엇에 대해 아무런 대처를
하지 않을 위험이 있다.[106] 하나의 구심점 없이 이루어진 관계의 네트
워크 속에서 과연 어떻게 책임자를 규명할 것인가? (네트워크가 그물망
의 이미지에 대응하긴 하나, 그렇다고 분명 거미줄은 아니기 때문이다.) 노
동법에는 이미 이러한 법인들과 하도급 라인의 차단막을 뚫을 수 있
는 장치가 마련되어 있으며, 이를 이용하면 네트워크상에서 이뤄지는
경제적 결정들의 기원으로 거슬러올라갈 수 있다.[107] 이 같은 문제는
형법에서도 이미 나타난 바 있다. 마피아 조직과 싸우는 과정에서 나

타나는 특유의 문제이기 때문이다. 뿐만 아니라 계약 채널이 중첩되면서 책임 소재가 불분명해지는 환경 분야나 제품의 안전과 관련한 분야에서도 같은 문제가 제기된다.[108]

이와 관련하여 소프트웨어 제조사의 책임에 관한 논란은 특히 많은 점을 시사한다. 소프트웨어 제조사들은 보통 버터(무형물에 대한 소유권)도 가지려 하고, 버터를 팔아 생긴 돈도 챙기려 한다. 계약 차원에서 드러나지 않은 하자에 대해서도 책임을 지지 않으며,[109] 불법적으로 유통된 것이었든 하자가 생긴 물건에 대한 책임을 져야 하는 경우이든 판매된 소프트웨어가 야기한 피해에 대해서도 책임을 지지 않는다.[110] 그러나 끝까지 이러한 입장을 관철시킬 수는 없을 것이다. 유럽연합법에서 나타나는 바와 같이, 유통과 교류를 사회조직의 기본 원리로 삼는 사회에서는 책임 소재의 추구가 결국 유통 경로의 시발점에 이르게 될 것이기 때문이다.[111] 이에 따라 법률 분야에서도 이력 추적제의 개념이 부상한다. 이를 이용하면 계약 사슬을 거슬러올라가 손해가 생겨나게 된 원인을 규명할 수 있다.[112] 전자 증거와 관련한 최근의 법 규정에서도 이와 비슷한 경향을 엿볼 수 있다. 이 규정들에서는 서로 다른 층위에 속하는 텍스트가 서로 중첩되고 혼동되는 신기술 특유의 상황을 제한하고, 이로써 하나의 텍스트를 그 내용에 대해 책임지는 하나의 법 주체와 결부시키고자 한다.[113]

번식의 개념과 부딪히는 출산의 개념

법의 구속력으로 기술을 길들이는 문제는 애초에 노동법에서 맨

처음 풀어나간 것이었지만, 이제는 단순한 생산관계의 영역을 넘어선
다. 인간을 기술의 제국에 종속되는 사물로 취급하게 될 위험은 산업
분야에서뿐만 아니라 민법 그 자체에서도 생겨날 수 있기 때문이다.
특히 생명공학의 발달로 인해 사람의 지위와 관련하여 새로운 가능
성들이 열린 상황이다. 노동계에서와 마찬가지로 민법의 영역에서도
법 기술은 그 모든 진화과정에 오롯이 참여하고 있었으며, 여기에서
법은 단순히 등기를 하고 형식을 만드는 선에서만 그치지 않았다. 사
실 유전자 지문 감식 기술이 개발되기 훨씬 이전인 1972년부터 이미
프랑스 법은 그때까지만 해도 '적법성'의 개념이 지배적이었던 친자관
계법에 생물학적 '진실'이라는 개념을 도입했다.[114] 이때부터는 적법한
결혼에 의하여 출생한 아이와 혼외 출생한 아이를 구분하는 것이 차
별로 여겨지기 시작했다. (오늘날 유럽인권재판소에서는 그 원칙 자체를
비난하고 나설 정도다.[115]) 그 대신 생물학적으로 친자인지 아닌지를 구
분하는 것이 친자관계와 관련한 논란의 중심축이 되었다.[116] 사실 이
러한 움직임이 더욱 커지고 강화된 건 기술적 진보에 힘입은 바가 크
다. 과학기술의 발달로 이제는 누가 실제로 자식을 낳은 생물학적 부
모인지 거의 확실히 규명할 수 있게 되었기 때문이다.[117] 이에 따라 판
사는 친자관계를 둘러싼 분쟁의 해결에 있어 판사 본연의 역할을 포
기하고 실험실의 감정에 전적으로 판결을 의지하는 경향을 보인다.[118]
정보통신 기술과 마찬가지로 생명공학 역시 인간을 물리적인 관찰이
가능한 현상적 존재로 국한시키는 방향으로 몰고 간다. 이제 인간 게
놈은 인간을 다른 그 어떤 동물들만큼이나 투명한 존재로 만들어줄
것이며, 출산과 번식의 개념 구분도, 사회학적 아버지와 생물학적 아

버지의 개념 구분도 더 이상 필요하지 않게 될 것이다. 자식을 낳는다는 건 그저 종족 번식을 한 것일 뿐이고, 아버지는 그저 자식을 낳아준 사람에 지나지 않는다. 법률이 먼저 생물학적인 친자관계라는 개념에 활로를 열어준 이후, 이어 기술적 진보가 개입하며 기존 방식에 따른 친자관계의 인정보다 생물학적인 방식의 친자관계 인정을 더 우위에 놓도록 만든다. 이에 사람의 신분에 대한 양도 불가능성의 원칙은 뒤로 물러나고, 친자관계의 '진실' 여부를 추구하는 방향으로 나아간다. 일단 법이 먼저 해체시키고자 했던 길드 기반의 법적 지위는 이후 산업혁명이 십분 그 영향력을 발휘하며 무너진다. 이와 마찬가지로 먼저 법적 평등의 원칙을 내세우며 해체시키고자 했던 적자의 법적 지위는 유전자 혁명으로 실질적인 해체가 이뤄진다. 전자의 경우에는 사실 노동법이 개입하며 제3의 국면에 접어든다. 새로운 형태의 법적 지위가 생겨나며 기술이 곧 법을 만들어내던 제도에 따른 비인간적인 결과를 저지하고 나선 것이다. 하지만 친자관계와 관련된 측면에서는 아직 이 새로운 국면에 접어들지 못한 상태다. 이에 따라 '정육점에서와 다름없는 친자관계의 개념'[119]이 확대되고 있다. 그에 따른 파괴적 효과는 산업화가 노동자계급의 물리적 상태에 미친 영향만큼 그렇게 즉각적으로 감지되지는 않는다. 여기에서는 사실 그 어떤 사회 계층도 딱히 관련된다고 볼 수가 없다. 인간의 정체성을 소위 '생물학적 진실'[120]로 국한시킴으로써 가장 먼저 위협받는 것은 노동자의 물리적 기반이 아니라 개개인의 정신적 균형이기 때문이다. 이렇듯 과학적 진실, 개인의 자유, 친자관계의 평등성과 같은 가치들이 모여 친자관계를 보장해주는 제3자적 보증인의 개념을 비상식적인 것으로 만들었으며, 오늘날 법률학자들 가운데에는 한 아이의 정체성을 바꾸는 데 있어 관련 당사자들이 모두 생물학적 감정 의뢰에 동의하는 상황이 지극히 당연하다고 여기는 경우가 많다. 그리고 이를 금하는 일은 아마도 받아들이기 힘든 법률적 독단의 표시로 여겨질 수 있다.

그럼에도 프랑스 법에서는 친자관계가 단순히 생물학적 차원에서의 문제로만 국한되지 않는다는 생각이 아직 사라지지 않았다. 비록 전보다는 꽤 약화되었지만 민법 제311-1조에서 규정하고 있는 '신분 점유의 원칙'은 친자관계의 성립에 있어 계속해서 특정 역할을 담당하고 있다. 또한 생물학적 친자인지 여부와 상관없이 근친상간에 의한 친자관계의 성립은 여전히 허용되지 않는다. 특히 '입양'이라는 법적 기술에 따른 것이든(민법 제352조) 기증자에 의한 인공수정 기술을 통해서든(민법 제311-19조) 기술적 방식에 따른 친자관계의 형성에 있어 생물학적 부모와 법적인 부모를 혼동하지 말아야 한다는 의무 조항이 명시되고 있다. 프랑스의 법률은 이와 같이 생물학적 '진실'에 치중하는 것을 금하고 있는데, 친자관계라는 것은 부모의 물리적 결합이 아니라 부모의 요청으로부터 비롯되는 것이기 때문이다.[121] 친자관계가 기술에 가장 많이 종속되어 있는 곳에서 금기의 필요성이 가장 크게 나타나는 것도 그리 놀랄 일은 아니다. 하지만 법률이 법적 관계와 생물학적 관계 사이를 근본적으로 갈라놓는다면, 또 다른 기술적 망상의 길로 빠져들 수 있다. 아이의 정체성을 이루는 기반이 전적으로 부모의 뜻에 좌우된다고 생각하거나, 아이의 생물학적 신분 또한 부모의 의지를 실현하는 단순한 물리적 매개체로 간주해버리는 것이다.

최근 언론에서 많이 회자되는 몇몇 주장에 따르면, '자식 만들기 프로젝트'에 임하는 부모의 이 같은 의지는 극단적인 방식으로도 표출될 수 있다. 만들어내기에 적합한 존재를 찾을 때까지 '물리적 인간 자원'들을 찾아헤매며 '자식 만들기 프로젝트'를 시행해나갈 수도 있고, 아니면 아이에게 아이의 의지와 상관없이 어머니 쪽이나 아버지 쪽의 연고가 없는 호적을 갖게 함으로써 배우자 없이 혼자 부모가 되려는 욕심을 채운다거나 생식 목적에서의 복제를 실현하려는 욕구를 채우는 것이다.[122] 이로써 기술은 인간을 짐승의 수준으로 깎아내리는 대신 인간이 유성생식에서 해방되고 비물질적인 육체를 가진 천사로 다뤄지게 만든다. 그러나 우리가 아이를 낳는 부모의 지위에 대해 단순히 (아이에게 물리적 신체를 부여해주는 기원인) 번식 주체로만 국한시킨다거나, 아니면 반대로 (아이의 정신세계를 만들어내는 기원인) 작가적 존재로만 바라볼 경우, 이 두 경우 모두에서 우리는 인간이 아이를 낳는 과정에서만 나타나는 고유의 특징을 간과하고, 인간의 임신과 출산과정을 동물들의 번식과정이나 조물주의 창조과정과 구분시켜주는 부분을 놓치게 된다. 감각적인 존재로서 한 번 태어나고, 의미적인 존재로서 또 한 번 태어나는 등 인간이 두 번 탄생의 순간을 맞이해야 할 필요성을 놓쳐버리는 것이다. 다른 영역에서와 마찬가지로 친자관계와 관련해서도 법이 만들어놓은 허구적 세계는 소설가가 만들어놓은 허구적 세계와 전적으로 같지 않다. 전지적 작가의 존재로서 부모가 자신의 계획대로 변덕을 부릴 수 있는 세계가 아니라는 뜻이다.[123] 법이 구축해놓은 세계에서는 오로지 기술적 자원만을 제공할 뿐이며, 이 자원들의 기능은 모든 인간이 생물적 존재로서의 삶을 살아가는 동시에 의미적 존재로서의 삶을 살아가도록 만드는 데 있다. 그리고 이로써 인간이 이성적 존재의 세계에 다가가게끔 만드는 것이다. 인간의 삶에 제도적 기틀을 마련해주는 법의 이 인류학적 기능은 법적 기술이 갖고 있는 고유한 속성을 나타낸다. 법적 기술이 그 보조를 맞춰주고 있는 생명공학과 마찬가지로, 이러한 법적 기술들은 원대한 자유의 원천이 될 수 있다.[124] 다만 이를 역기능적으로 이용해서는 안 된다.[125] 그렇게 역이용될 경우, 법이라는 기술은 비행기를 날아다니는 폭탄으로 사용하거나 유전공학을 망상의 원천으로 활용하는 것만큼이나 치명적인 폐단을 불러올 것이기 때문이다.

인간 삶의 본질은 만인에 대한 만인의 투쟁이 아니며,
정치 이론은 권력에 관한 이론이 아니라 정당한 권위에 관한
이론이어야 한다.

— 루이 뒤몽[1]

제5장

권력의 이성적 근거:
통치에서 '협치'로

지속적으로 권력을 행사하려면 먼저 그 권력이 인정을 받아야 한다. 그렇지 않으면 권력은 서서히 그 힘을 잃어버리며 폭력과 살인 속에서 무너져내리고 만다. 보댕[2]에서 켈젠[3]에 이르기까지 위대한 법학자들이 갑론을박하던 논제이자 오늘날에도 여전히 회자되고 있음을 부인할 수 없는 논제가 바로 여기에서 비롯된다. 즉, 정부를 폭력 집단과 구분시켜주는 것은 과연 무엇인가? 이에 대한 다양한 답변은 언제나 기준이라는 관념을 제시한다. 다시 말해 권력은 우리가 찬동하는 의미에 의거하는 경우에만 인정된다는 것이다. 가령 내가 길거리에서 나를 붙잡아세우는 아무나의 명령에 복종하지는 않는다. 하지만 그 사람이 경찰 복장을 하고 있거나 경찰 표식을 달고 있는 경우에는 원칙적으로 복종한다. 또 나에게 돈을 내놓으라고 요구하는 서신이 날아온다면 나는 여기에 답을 하지 않아도 된다고 생각하나, 만일 그 서신이 세무서에서 보낸 것이라면 두 손 놓고 가만히 있을 수는 없다. 힘만 있다고 해서 권력이 정당화되지는 않는다. 이에 더해 권력은 그 이성적 근거를 부여해주는 증거를 제시해야 한다. 법 기술이 가진 능력 가운데 하나는 권력에 이성적 근거를 부여하고 권력의 무대에 정당성의 토대를 마련해주는 것이다. 영어와 독일어에서는 각각 'right'와 'recht'라는 동일한 단어가 '권리droit'와 '옳음raison'을 모두 가리키며, 프랑스어에서도 '권리를 가진다avoir droit'는 표현은 '옳다avoir raison'는 것을 말하는 또 하나의 방식이다. '옳음'을 판가름하는 '이성raison'은 곧 '판단능력'에 해당한다. 하지만 이는 또한 우리가 특정 방식으로 행위할 수 있게끔 허용해주는 것이기도 하다. 오로지 힘으로써만 내세우는 권력은 '옳지 못'하며, 반대로 정당한 권력은 우리가 믿는 하나의 '옳음'을 보여주는 권력이다.•

　　서양의 위대한 발명품인 국가는 영원불멸의 전지전능한 존재에 대한 뿌리깊은 믿음을 근간으로 하고 있다. 이 믿음은 근대의 태동기에 '세속화'되기 시작했다. 서양에서 속세의 권력은 결코 죽지 않는 왕4의 주권 아래 있었으며, 이어 끊임없이 새로운 세대가 태어나는 국민의 주권 아래 놓인다. 그리고 마침내 이 불멸의 주권 주체는 인간이 겪는 세상만사의 해결에 있어 신의 전능함을 몰아낸다. 16세기의 법학

• 프랑스어에서는 'raison'이라는 단어가 지적인 사고능력을 가리키는 '이성'이나 정당한 논리를 가리키는 '이치', 사리에 맞는 '옳음', 그 외 '원인'이나 '이유' 등을 모두 가리킬 수 있다. 'raison'이라는 단어 하나로 영어의 'reason' 'right' 'rationality' 'intellect'의 의미를 모두 표현할 수 있다는 뜻이다. 이에 흔히 '이성'을 의미하는 것으로 많이 쓰이는 'raison'이라는 단어를 '이성'이라는 단어 하나만으로 번역할 수가 없으며, 문맥에 따라 적절하게 바꾸어 표현하되 필요한 경우 원어를 병기하도록 한다.

자로 최초의 위대한 근대국가 이론가였던 장 보댕의 말에 따르면, "우리는 (군주를) 신의 형상으로 설정했다".[5] 이 형상은 구약에 나오는 신의 형상이며,[6] 신을 믿는 자들에게는 신의 율법에 따라야 할 의무가 부과된다. 이렇듯 권력의 유일한 원천에 대한 믿음으로부터 '주권'이라고 하는 "공화국의 절대적이고 영속적인 권능"[7]이 비롯되며, 주권은 절대 권력으로부터 모든 권력을 부여받는다. 이 절대 권력은 스스로가 그 자신의 근거와 원인이 되며, 다른 모든 권력 위에 군림한다. 독일의 법학자 칼 슈미트Carl Schmitt는 다음과 같은 유명한 문장으로 주권의 특징을 기술한다. "주권자란 예외적인 상황에 대해 결정하는 자다."[8] 보댕을 참고한 슈미트 역시 주권자는 어떠한 법률의 구속도 받지 아니하며 "다른 모든 질서와 마찬가지로 법질서는 하나의 규범이 아니라 하나의 결정에 기초한다"[9]고 생각한다. 장차 나치에 합류하게 되는 칼 슈미트의 이 같은 말에 대해서는 한 번 숙고해볼 가치가 있다. 무한 권력, 즉 인간 초월적인 권력과 동일시된 주권의 개념에 내재되어 있는 전체주의적 성격을 보여주기 때문이다. 이런 생각을 갖고 있는 슈미트였기에 전체주의 국가관과 더불어 1920년대에 대두됐던 복지국가론의 기본적 특징을 이해하지 못한 것도 어찌 보면 당연한 일이다. 복지국가와 관련해서는 나치 정부로부터 배척당한 다른 독일 법학자들만이 그 중요성을 인지했다.[10] 이에 따라 슈미트는 법질서가 피지배자에게 피지배자 스스로 정의의 표상이라 생각하는 것을 지배자에게 내세울 수 있는 권리를 부여해준다고는 생각하지 않았다.[11] 하지만 이로써 슈미트는 보댕이 주권에 대한 특징을 정의한 방식이 현대화된 국가를 설명하기에 역부족이라는 점을 이해할 수 없었다.

법은 국가보다 훨씬 먼저 태어났으며, 여러 이유에서 국가보다 더 오래 살아남을 것이다. 법의 긴 역사를 살펴보면 권력의 문제를 국가에 제기하는 다양한 방식이 나타난다. 가령 키케로는 다음과 같은 식으로 로마 공화국의 특징을 설명한다. "도시 안에서 권리와 직무와 의무의 균형이 잡히지 않아 관료들은 부족함 없는 권력을 갖고 원로회는 부족함 없는 권위를 누리며 시민들은 부족함 없는 자유를 누린다면, 그 체제는 안정적이지 못할 것이다."[12] 로마인들은 공적인 부분을 생각함에 있어 국가라는 형상을 내세우지 않았다.[13] 따라서 주권의 개념이 전반적으로 쇠퇴한 현대의 세계를 설명하는 데에는 아마도 권력과 권위와 자유라는 세 개의 축을 발판으로 공화국의 기초를 마련하려던 로마인들의 방식이 더 적합할 것이다. 이와 같이 권력의 제도적 틀을 마련하는 방식은 중세 사람들에게 계속해서 영향을 미쳤으며[14] 군주제나 국민 주권의 개념이 나타나며 권력과 권위의 구분이 차츰 흐려지기 전까지는 그 영향력이 지속된다.

그런데 요즘은 과학기술적 사안에 대한 권위가 부여된 독립 기관들이 생겨나면서 다시금 이러한 구분이 이뤄지는 양상이다. 다만 이제는 사회를 초월하는 주권자의 형상에서 권력의 근거를 찾으려는 게 아니라 사회 본연의 운영 규칙에서 이를 찾으려고 한다. 이렇게 되면 권력이라는 문제는 더 이상 **주권적 통치**라는 표현으로 제기되는 것이 아니라 **효율적 협치**라는 말로써 제기된다. 이러한 변화는 전후 사이버네틱스 이론가들이 제시한 관점의 맥락에서 나타난 것이었다. 사이버네틱스의 개념 자체도 그리스어 '쿠베르네테스kubernetes'에서 본뜬 것으로 이는 '키gouvernail'를 잡고 있는 '키잡이pilote'를 의미한다. 이에 사이버네틱스는 우리를 엔트로피의 무질서에 빠지지 않도록 해주는 포괄적인 (기계적 생물학적 인간적) 체계 이론 속에 **협치**gouvernance의 개념과 (모든 생리적 평형 상태의 내재적 속성인) 조절 개념을 통합한다.[15] 법적인 관점에서 이는 근대과학의 발전 이후 서양에서 대립해 온 두 가지 규범적 양상을 종합하려는 시도에 해당한다. 즉, 법적 규범과 기술적 규범을 통합하는 것이다. 법적 규범은 실현하고자 하는 당위성에 대한 믿음의 공유로부터 그 힘을 얻고, 기술적 규범은 이용하고자 하는 존재에 대한 과학적 지식으로부터 그 힘을 얻는다.[16] 인간에 대한 통치를 사물에 대한 관리로 대체하려는 야심을 가진 근대 서양은 이러한 두 종류의 규범을 서로 연결시키기 위해 노력한다. 즉, 한편으로는 법을 의미라는 알갱이가 빠진 하나의 기술처럼 만들어 가치에 대해서는 아무것도 논하지 못하고 마치 기술 규범과 같이 그 효율성에 따라 판단되도록 만들면서, 또 다른 한편으로는 '인적자원'의 규범화를 가치 체계의 중심으로 가져다놓는 것이다.

이를 기반으로 인간이 텍스트와 더불어 살아가는 새로운 방식들이 발전하고, 아울러 각자가 공동선의 규칙을 정의하고 실현하는 데 적극적으로 참여하도록 할 뿐 아니라, 그 실현과정에서 얻게 되는 가르침에 따라 지속적으로 이 규칙을 재검토하는 데 기여하도록 강제하는 새로운 법적 기술들이 발전한다. 이러한 변화들은 우리가 권력과 맺는 관계가 근원적으로 달라지고 있다는 신호다. 우리는 언제나 권력에 '이유raison'가 있다고 전제한다. 그러나 권력의 이러한 근거는 더 이상 주권자의 형상을 한 존재로부터 비롯되지 않으며, 푸코가 직 감했던 바와 같이[17] 권력에 관한 문제는 이제 공법의 틀을 벗어난다. 왜냐하면 국가 주권의 쇠퇴는 곧 자유의 증대인 것이 아니라, 그와는 반대로 그 누구의 결정으로부터도 비롯되지 않은 만큼 더더욱 강제되 는 목표의 추구에 따라 자유의 종속으로 나타나기 때문이다.

주권의 쇠퇴

1914년부터 1945년까지 30년간 두 번의 세계대전이 끝나고 나서 부터 최고 권력의 개념에 대한 근본적인 문제제기가 있었던 듯하다.[18] 이 30년간의 전쟁으로 인해 우리는 이성을 잃은 권력이 과연 어느 정 도로 치명적인 광풍을 휘몰아치게 할 수 있는지 알게 됐다. 또한 이 를 계기로 유럽 대륙 사람들은 한 가지 놀라운 사실을 깨달았다. 즉, 국가도 죽을 수 있다는 것이다. 따라서 국가의 재건은 마치 아무 일도 없었던 것처럼 거저 이뤄질 수 없다. 이제 권력이 인정을 받으려면 단 순히 주권을 천명하는 것 이외에 또 다른 명목의 정당성을 내비쳐야 했다. 권력에 대한 문제제기는 비단 국가의 차원에만 머물지 않았다. 기업에서든 가정에서든 혹은 공적인 영역에서든 사람들은 모든 형태 의 최고 권력에 대해 이의를 제기한다. 이에 따라 물론 권력관계 자체 가 사라진 건 아니었다. 하지만 그로 인해 권력관계가 근본적으로 달 라지는데, 법률적 관점에서 이는 두 가지 방식으로 나타난다.

첫 번째는 **무제한적 권력이 물러나고 기능적 권력이 대두했다는** 점이다. 무제한적 권력이 축소되자 권력을 쥐고 있는 사람들에 대해 행사되는 통제가 늘어난다. 행정 당국의 결정에 대한 동기나 취지에 대해 설명해야 할 의무가 점차 확대되면서 사전 통제가 이뤄지고, 판사와 전문가의 역할이 증대되면서 사후 통제가 이뤄지기 때문이다. 이제 최고 수장首長 혼자서만 자신의 행동이 옳았는지 여부를 판단하던 시대는 끝났다. 가족법의 개혁으로 이제는 민법에서 '부친의 권력', 즉 '부권'이라고 부르던 것이 사라지고 그 대신 아이의 이익을 책임지는 '부모의 권위'가 생겨났다. 행정 재판, 사법 재판, 헌법 재판, 유럽 재판 등 다양한 범주의 각급 재판소가 생겨나면서 공공 권력에 대한 판사의 통제 권한이 증대되었고, 이와 마찬가지로 공공 권력이 스스로의 결정에 대한 동기나 취지에 대해 설명해야 할 의무 또한 증대되었다. (혹자는 이에 대해 투명성을 거론하기도 한다.) 아울러 기업에서도 역시 더 이상은 고용주 혼자만이 유일한 판사가 아니다. 이제는 고용주도 지분 참여율이 높은 기업이나 주주들과 같이 명령권자의 경제적 감시를 받게 되었으며, 노동자 대표나 판사들의 사회적 통제로부터도 자유롭지 못하다.

이어 두 번째로 나타난 변화는 **권력의 중앙집중화 현상이 퇴보하고 그 대신 권력의 분배가 이뤄졌다**는 점이다. 여기에서 저 오랜 평등의 원칙과 (유럽 공동체의 권한보다 각 회원국의 권한이 우선한다는) 새로운 '보충성의 원칙'이 조합되며 모든 형태의 피라미드식 권력 조직에 문제를 제기한다. 가족법에서는 남녀평등이 활기를 띠며 부모의 권위가 양쪽에 공유되는 방향으로 나아갔고, 반면 민법에서는 성년의 나이가 낮아지고 '아동의 권리'가 신장됨으로써 부모의 권위 반경이 제한되는 경향이 나타난다. 공법에서, 권력의 수평적 분리, 즉 입법, 행정, 사법 이라는 3권 분립의 개념이 주춤하면서 유럽 분권화나 지방 분권화와 더불어 권력의 수직적 분배가 영역을 확장한다. 기업에서도 마찬가지로, 테일러식 또는 포드식 모델의 성공을 가져왔던 통합적이고 서열 화된 조직은 그 실효성을 의심받고, 그 대신 기업 내부에서나 외부의 경제적 협력자들과의 관계에서나 네트워크 모델이 대세로 자리잡는다.

물론, 실제로 일어난 변화에 대해 정확한 인식을 갖기 위해서는 법의 거울이 비추는 방향을 돌려봐야 할 것이다. 앞서 언급된 변화의 양상들 가운데 그 이면이나 배후 측면이 없는 경우는 하나도 없다. 민법상 성년의 나이는 앞당겨졌지만, 실업이 늘어나고 학업 기간이 연장되면서 경제적 성년의 나이는 더 늦어졌다. 부모에게 물질적으로 의존하는 기간이 더 늘어났기 때문이다. (학생이라는 신분을 사회적으로 인정해주어야 한다는 요구도 바로 여기에서 비롯된다. 그렇게 되면 완전한 성년이 되기 위한 준비과정이 제대로 확보될 수 있을 것이기 때문이다.) 또한 국가 권력이 주춤해진 대신 금전이나 판사, 전문가, 혹은 미디어의 권력이 더 늘어났다. 기업에서도 포드식 모델이 쇠퇴한 반면, '참여 경영'이라는 방식이 그 자리를 차지하고 들어온다. 이로써 노동자의 신체에 대해서만 소외 현상이 나타나는 것이 아니라 정신에 대해서도 소외 현상이 나타난다. 자유경쟁이 활기를 띠면서 국가나 독점적 기업의 경제적 권력이 쇠퇴하고 (유럽집행위원회, 주식거래위원회, 유럽은행 등) 준 사법적인 경제 기구들에게 권위가 주어졌지만, 이로써 금융시장은 전례 없는 권력을 부여받는다. 기업 조직에서도 네트워크 모델이 일반화되면서[19] 권력 공간이 재분배되고, 그 권력 행사 방식에 있어서도 근본적인 변화가 나타난다.

　법적 탈규제가 이뤄지면 이와 함께 소위 보편적이라고 하는 기술 규범의 힘이 강해지게 마련이다. 기술적 규범화가 이뤄지고, 특히 민간 대리 기관에 의한 품질 기준과 인증 절차가 이용되면서[20] 생산 통제 방식으로서의 법적 체계가 대체된다. 이러한 변화는 19세기의 자유주의적 법 이데올로기가 회귀한 것이라기보다는 자율성과 타율성의 대립을 뛰어넘는 새로운 법 개념과 법 기술을 탄생시킨 요인으로 봐야 한다. 이에 사람들 사이의 관계를 외부에서 강요된 규칙에 구속시키려 한다거나 반대로 계약 당사자 사이의 역학관계에만 일임하는 대신, 정당하면서 투명하고 효율적인 질서를 정의하고 실현하는 데 인간관계를 결부시키려는 노력이 행해진다. 그 기술적인 측면에 충실한 법은 새로운 형태의 권력을 만들어내는 데 일조하고 새로운 이상향을 제시하는 능력을 다시 한 번 드러낸다. 주권국가에 대한 믿음이 사라지면서 오랜 기간 법 역사의 생태적 기반으로 자리잡고 있던 (제국이나 보통법, 권위 등과 같은) 일부 개념들은 다시 생명력을 얻은 반면, (법률, 계약, 민주주의 같은) 또 다른 개념들은 특유의 특징들을 잃어버린다. 국가의 현대적 변신으로 말미암아 권력과 권위의 오랜 구분법이 되살아나고 입법자는 그 절대적 통치권을 잃어버리게 된 것이다.

국가의 변신

국가는 영원불멸의 보편적인 제도적 형태가 아니라 중세 서양
의 발명품이다. 불멸의 국가라는 개념은 에른스트 칸토로비치Ernst
Kantorowicz가 이야기한 왕의 두 신체 이론과 더불어 그리스도의 신비
체 개념에서 그 기원을 찾을 수 있다. 프랑스에서 국가의 최고 권력인
주권이 순전히 일시적인 성격을 지닌다고 단언하게 된 건 종교개혁 때
부터였다. 그 후로 주권은 교황의 권위에 전혀 기대지 않은 채 기독교
와의 그 모든 연계성으로부터 벗어나기 시작한다. 국가의 주권이 종
교로부터 해방되는 이 과정은 18세기 계몽주의 운동 및 1789년 프랑
스혁명과 더불어 계속해서 이어지며, 이에 따라 결국 국가는 그 모든
종교적 기준과 단절한다. 그러나 이는 국가가 가진 힘을 더욱 증대시
킬 뿐이었고, 제도적 차원에서 종교라는 숙적을 물리친 국가는 개개
인의 이해관계를 넘어서는 전지전능하고 영원불멸한 존재로 자리매
김한다. 독일 법학자들은 이를 두고 '지배권Herrschaft'이라 명했고, 프
랑스 법학자들은 '공공 권력puissance publique'이라 불렀다.

그런데 19세기에 산업혁명을 거치고 이에 따라 정치적 대립과 노
동조합 운동이 일어나면서 이러한 공공 권력의 정당성에 의문이 제기
된다. 사실 맨 처음 태동하던 시기부터 이미 시장경제는 산업화 이전
의 사회들이 기반으로 삼고 있던 지역적 연대의 전통적인 형식을 온
통 뒤흔들어놓았다. 유럽에서 맨 처음 나타났던 이러한 연대 형태의
붕괴는 전 세계적 차원에서 서구화가 진행됨에 따라 다른 모든 국가

에도 그 영향을 미쳤다. 가족생활, 지역생활, 직장생활 등에서 맺는 가까운 대인관계가 불안정해진 것은 19세기가 시작될 무렵엔 심지어 근대사회의 한 조건처럼 여겨지기도 했다. 그리고 이는 국가의 정당성에도 상처를 입힌다. 이 시기에는 이미 국가의 역할과 그 존재에 대해서도 의문이 제기되던 터였다.

　이 위기에 대한 첫 번째 해법은 전체주의 이데올로기였다. 전체주의 이데올로기에서 국가는 하나의 도구적 존재로 전락한다. 인간의 사회적 삶과 관련하여 (인종의 법칙, 역사의 법칙 등) 소위 '과학적'이라는 법칙을 내세우며 활동하는 유일당의 손아귀에 놓인 하나의 도구로서 국가를 바라보는 것이다.[21] 이렇게 국가에 대한 정당성이 거부되면서 인종이나 계급 등 사회 전체의 기능적 상징들에서 있어서도 같은 현상이 나타난다. 이러한 국가의 자살은 결국 소련의 강제수용소인 '굴라크'와 나치의 유대인 집단 학살인 '홀로코스트'로 이어진다. 그러나 오늘날 너무도 많은 법률가가 이 간단하면서도 끔찍한 교훈을 잊어버린 듯하다. 국가가 제도적 근거를 잃어버리면 권력은 살인의 망상에 빠져들며, 폭력배와 살인자 집단으로부터 정부를 구분해줄 만한 요인이 아무것도 없다는 점을 망각한 것이다. 오늘날 국가를 경제법칙에 순응하는 도구로 전락시키고자 하는 시도는 우리를 비슷한 나락의 길로 인도한다. 경제법칙이 시장의 비인격적인 힘을 구현하며 실정법을 종속시키는 한, 이 법칙들 속에는 전체주의 개념의 그 모든 씨앗이 내재되어 있다고 볼 수 있다. 과거 전체주의가 그러했던 것처럼 모든 인간 위에 초월하여 존재하며 모두에게 부과되는 법칙의 시행을 위한 하나의 단순한 도구로 법을 전락시켜버리기 때문이다.[22]

　　두 번째 해법은 반대로 국가의 정당성을 되살리는 것이다. 국가에 새로운 책임을 부여하고, 더듬더듬 정의를 모색해가는 과정에서 사람들의 단체행동에 자리를 내어주는 것이다. 이에 따라 국가는 사람들을 통치하는 일을 담당하며 통치 권력을 구현하는 존재의 자리에만 있기보다 구성원의 안녕을 추구하는 신하로 자리매김한다. 영어에서 'Welfare state', 독일어에서 'Sozialstaat'라고 말하는 이 '복지국가'는 사람들에게 새로운 권리와 자유를 부여하고, 이로써 정치적 시민권에 더해 사회적 시민권의 개념이 생겨났다. 공공서비스가 조직되면서 모두가 건강이나 교육 등 일부 기본적인 재화들에 접근할 수 있게 되고, 노동법이나 사회보장법 등 국가가 노동자 전체의 신분을 보호하는 규약을 수립하거나 보호해줌으로써 사회권이 생겨난다.**23** 하지만 무엇보다도 복지국가만의 뚜렷한 특징은 집단적 자유가 인정되었다는 점이며, 이로써 국가는 그 스스로의 정당성을 회복할 수 있었다. 복지국가의 위력은 사람들에게 행복에 관한 '선험적' 비전을 제시하는 데 있다기보다 이와는 반대로 단체행동과 갈등을 기반으로 하여 새로운 규칙을 생성하는 동력으로 이를 전환한다는 데 있다. 사실 전체주의 국가에 대해 복지국가가 더 우위에 놓이는 이유는 사회보장 서비스를 제공하기 때문이 아니다. 복지국가에서 내세우는 사회보장 내역은 대개 파시스트 국가나 공산주의 국가가 제시하는 것보다 더 취약하고 협소한 경우가 많다. 그러나 복지국가는 집단 행동의 권리를 보장하고, 이로써 피지배세력은 지배세력에 대해 올바른 질서에 관한 그 자신의 관념을 내세울 수 있다. 그리고 바로 여기에 복지국가의 우월성이 존재한다. 노동조합과 파업, 단체교섭 등은 알력관계를 법적 관계로 전환시키는 제도적 장치의 일부가 되었고, 이러한 단체행동권은 (나라별로 형태상의 차이는 있지만) 민법에 관한 사회적 해석이 크게 대두되는 계기가 되었다. 민법에 관한 사회적 해석이 이뤄지지 않았다면 노동법도 사회보장법도 빛을 볼 수 없었을 것이다. 복지국가라는 국가 형태의 발명은 산업사회에서 나타나는 개인주의화와 상호의존성이라는 두 가지 움직임을 다스리게 해주었다.[24] 그러나 복지국가는 이를 다스리게 해줌과 동시에 이를 더욱 가속화한다. 사회보장이나 공교육처럼, 사람들을 거대한 연대 네트워크에 편입시키는 것은 사람들을 지역적 연대로부터 해방시키면서 국가적 차원에서 점점 더 상호의존하도록 만들었기 때문이다. 이처럼 국가는 구성원의 반발을 용인하고 모든 기대에 부응할 수도 모든 악을 치료할 수도 있는 너그러운 주권자의 얼굴을 함으로써 그 정당성을 재발견한다.

경제적 요인이나 정치적 요인, 기술적 요인 등 오늘날 익히 알려진 일련의 요인들에 따라 각 나라의 국경이 개방되면서 국내의 사회생활을 포괄하던 기본 틀 역시 흔들린다. 한편에선 세계화의 영향으로, 또 다른 한편에서는 재지역화, 재국내화의 영향으로 자국 내에서의 연대 역시 문제가 제기된다. 세계화와 국내화는 서로 불가분의 관계에 있는 글로벌 경제 전략의 두 측면으로, 어느 지역이 경쟁에 더 유리한가에 대한 가치 부여에 기반을 둔다. 그리고 국가는 이 양쪽으로부터 압박을 받는다. 국제적 차원에서 '세계화'는 서로 다른 나라들의 공통된 이익을 실현해준다는 국제경쟁법이 각국에 부과되는 법질서로 나아간다. 그리고 각국은 국내적 차원에서의 연대만을 표명하며, 이 같은 연대는 오직 상품과 자본의 자유로운 순환을 저해하지 않는 범위 내에서만 허용된다. 이로써 '글로벌'의 개념과 '로컬'의 개념이라는 해묵은 이분법이 다시금 등장한다. 이는 개별적인 민족국가를 버리고 전체적인 통합국가를 세우려던 제국주의적 사고의 전형이다. 이러한 신자유주의적 관점에서는 경쟁법이 전 지구적 차원에서 일종의 헌법적인 지위를 차지하며, 무역과 관련한 국제기구들이 교역을 보증하는 제3자의 역할을 사이에 두고 국가와 겨루게 된다. 안타까운 점은 경쟁법에 법질서를 세울 만한 힘이 없다는 점이다. 경쟁법은 오직 상품의 유통에 대해서밖에 알지 못하며, 장차 사람과 자연이 어떤 운명에 처하게 될지에 대해서는 도외시하기 때문이다. 사람과 자연이 없다면 그 어떤 생산활동도 불가능하다. 이로 인해 오늘날 국제경제 질서는 심각한 사회적 환경적 문제점들을 야기하고 있으며, 결국 이는 각국에게로 영향이 미친다. 그럼에도 우리는 국가의 행동 역량을 축소하는 상황이다. 국내적 차원에서 각 국가는 국민의 안전 문제와 연대 문제도 해결해야 하고, 분권화 요구에도 맞서야 한다. 세계화가 불안정을 야기하게 되면서 더더욱 늘어나는 문제점들이다. 이에 대해 국가는 각 분야별 이해관계 대표자들과 협상을 벌이거나 협의를 통해 이 문제에 대처했다. '네오 코포라티즘Neo coporatism', 즉 '신조합주의'라고 부를 수 있는 이 같은 방식에서 공동의 이익을 정하는 것은 더 이상 국가만의 전유물이 아니며, 개별적인 이익의 역학관계가 만들어낸 결과물이 된다. 요컨대 국가는 더 이상 제3자의 입장에 있지 않으며, '사회적 대화'의 한 당사자가 된다.[25]

    신조합주의와 신자유주의가 실질적으로 결합되면서 국가는 스스로를 넘어서는 세력의 영향 아래 종속되는 단순한 도구가 되고 만다. 국제적 차원에서는 금융시장이, 국내적 차원에서는 각 분야의 이해 집단이 국가 위에 군림하는 것이다. 국제무대에서 여전히 훌륭한 법주체로서 활약하는 국가는 이와 같이 그 실체의 일부를 상실한다. 힘없고 가난한 자들로서는 가장 큰 부분을 잃은 것이기도 하다. 한편에선 국제 금융 기구들이 강요하는 구조조정 계획에 시달리고,[26] 다른 한편에선 구성원 다수의 생존을 책임지는 지하경제에 시달리는 이 힘없고 가난한 자들은 실제 사회와 경제에서 기껏해야 들러리를 서는 정도이고, 자칫하면 약탈자로 전락하기도 한다. 이와 같은 국가의 도구화, 혹은 국가의 역할 축소는 사회의 행보에 부담을 줄 수밖에 없다. 경제법칙에서는 개개인이 스스로의 정체성을 보장받는 세상이 존재함을 전제한다. 하지만 자신의 이익을 극대화하려는 합리적인 개인 각자가 모인 집합체 정도로 사회를 한정지으려는 서구적 신화는 인류학의 기본 상식을 외면한다. 인간의 이성은 결코 직접적인 의식의 소산이 아니라 제도의 산물이다. 이 제도의 힘에 의해 각자는 자신의 삶에 의미를 부여하고, 사회 내에서 저마다의 자리를 알아보며, 그 안에서 고유의 재능을 표현할 수 있다. 각자의 정체성이 국가에 의해 보증되지 않는다면, 사람들은 저마다 다른 것을 기반으로 스스로의 정체성을 세우고자 노력한다. 종교, 민족, 지역, 부족, 당파 등의 준거로써 정체성의 기반을 마련하려는 것이다.[27] 이에 따라 정체성에 관한 새로운 요구들이 나오는데, 이는 국가의 불안을 가속화하고 서로가 자신의 정체성을 내세우는 치열한 갈등의 포문을 열어준다. 국내적 국제적 현안들만 보더라도 이와 관련한 예는 얼마든지 찾아볼 수 있다. 이렇듯 정체성에서 나타나는 내향적 성격과 그로 인해 야기되는 폭력은 신뢰를 무너뜨리고 보호주의를 조장하며, 그럼으로써 이러한 현상을 초래한 경제의 세계화 자체를 위험에 빠뜨린다.

권력과 권위의 분리

서양에서 권력과 권위의 구분은 오랜 역사를 가지고 있다. 로마법에서 "'권력potestas'이란 무언가를 행할 수 있는 능력이고, '권위auctoritas'는 타인의 행위에 근거를 부여할 수 있는 능력이다".[28] 기독교의 도입 이후, 이러한 구분은 교황과 황제의 상호 권한에 관한 논쟁을 자극했다.[29] 이 논쟁은 정교분리를 통해 어느 정도 마무리되었으며, 이로써 국가는 권력과 권위를 양손에 거머쥔다. 다만 그에 대한 대가가 있었던 것은 사실이다. 국가 안에서 입법권과 사법권, 행정권이 각각 분리됐기 때문이다. 이때부터는 권력과 권위의 구분이 사라지고 다른 형태의 대립 구도가 나타난다. 국가와 국민, 국가와 시민사회, 정부와 시장이 대립하며 제도상의 논란을 부추겼던 것이다. 그러나 '조절'이라는 개념의 등장으로 (무언가를 행하는 힘을 가진) '행위자'와 (이 권력에 대해 권위를 가진) '조절자'의 기능이 구분되면서 다시금 권력과 권위의 구분 문제가 무대 위로 등장한다. 이러한 구분은 하나의 단순한 생각을 기반으로 하고 있다. 이에 따르면 복지국가는 '시장 조절자'로서의 기능을 이어받았으며, 이와 함께 시장의 법칙을 어기더라도 뒤탈이 생기지 않고 스스로의 이익을 위해 이를 왜곡할 수 있는 '경제 행위자'이기도 하다. 뿐만 아니라 정보의 자유 같은 다른 자유들도 자유자재로 활용할 수 있다. 그리고 바로 여기에 혼동의 위험이 존재한다. 따라서 이러한 기능 가운데 어느 한쪽의 기능을 배제시키는 편이 더 적절할 것이다. (아울러 가장 극단적인 경우에는 두 기능 모두를 박탈할 수도 있다.) 그러므로 조절 기능은 이러한 목적에서 특별히 만들어진 하나의 당국에 맡겨진다.

이에 시장 개방이 이뤄짐과 함께 수많은 조절 당국이 생겨났는데, 이러한 조절 기능을 담당한 당국들은 국가의 권력에서 벗어난다.[30] 국내적 차원에서는 이러한 권위를 부여받은 당국들이 기업과 공공서비스의 민영화, 혹은 경쟁에의 개방과 더불어 자본 이동의 자유화와 함께 번성한다. 이 당국들 대부분은 전문화되었으며, 전기나 통신, 방송, 증권, 제약 등 특정한 한 가지 상품이나 서비스를 담당한다.[31] 또한 의료 보건 분야처럼 특정 공공서비스의 기능 조절에 참여하도록 하기 위해 이 같은 당국을 설립하기도 하고, 아니면 컴퓨터나 정보 분야처럼 특정 자유를 보호하기 위해, 혹은 윤리위원회와 같이 주요 사회문제에 관한 공적 의사 결정을 명확히 하기 위해 이 같은 특별 당국을 창설하기도 한다.[32] 국제적 차원에서도 항공 운송 같이 특정 서비스의 기능 조절에 전문화된 당국들이 일정 수 존재한다. 하지만 가장 놀라운 점은 국제적 차원에 있어서도 시장의 포괄적인 조절 업무를 담당한 독립 당국이 만들어졌다는 점이다. 이 같은 맥락에서 가장 오래되고 심화된 조직은 분명 유럽집행위원회일 것이다. 이보다 더 넓은 범위에서 활동하지만 보다 협소한 역량을 갖고 있는 세계무역기구의 창설 역시 이에 상응하는 조절 당국으로 볼 수 있다.

조절 당국들의 권한은 그 목적만큼이나 다양하지만 두 가지 공통적인 특성을 지닌다. 집단의 대표적 성격이 아니라 전문성을 기반으로 하고 있기 때문에 기술 관료적이면서 동시에 윤리위원회처럼 윤리적 특징을 띠고 있다는 것이다. 이러한 당국들은 법률의 방향을 이끌어야 하며, 특정 국가나 민간 주체에 구애받지 않는다. 그런데 이러한 독립성에 종종 이의가 제기된다. (임명 절차를 중심으로) 여전히 개별 국가의 영향력이 존재하며, 민간 로비와도 결코 거리가 멀지 않다. 당국의 임무 역시 단순한 전문기술 영역만으로 제한되지 않는다. 과학, 기술, 경제 부문의 법 주체처럼 분쟁을 해결한다거나 가치 판단을 해야 하는 경우도 생기기 때문이다. 이 두 가지 이유로 인해 유럽 인권 및 기본 자유 협약에서 정해진 대로 이들 당국이 주요 절차적 원칙을 지키도록 하려는 경향이 나타난다.[33] 달리 말하면 법 기술의 핵심적인 부분으로 돌아가도록 하고 있는 것이다.

이 '권위들'의 소생은 1930년대 말 프랑스에서 사회법이라는 개념을 탄생시켰던 중요한 문제를 상기시킨다. 사회법을 구상했던 법률가들은 사회적 갈등을 통상적인 법적 방법으로는 다스릴 수 없다는 사실을 깨달았다. 즉 법률에서든 판례에서든 기존에 정해진 어떤 규칙과 결부시켜서 하나의 분쟁을 해결할 수는 없다는 점을 알게 된 것이다. 따라서 사회적 갈등의 대부분은 새로운 규칙의 채택을 목표로 한다. 법률가들이 사회적 법 주체가 생기는 걸 그토록 바라 마지않던 이유도 바로 여기에 있다. 이들은 이러한 법 주체가 생겨 사회경제적 권한을 갖고 있어야 하며, 갈등의 중재가 이뤄지도록 함으로써 경제적 정치적 알력관계가 아닌 노동계의 변화에 따라 실질적으로 연동할 수 있는 사회법을 구축해야 한다고 생각했다.[34] 역설적이게도 오늘날 이러한 생각이 발전하고 있는 것은 사회 부문이 아니라 경제 부문이다. 그리고 바로 여기에서 사회 부문과 경제 부문 사이의 불균형이 일어나는데, 경제 부문에서는 온갖 당국이 존재하는 반면 사회 부문에서는 그러한 당국이 없기 때문이다. 이로써 사회 분야와 경제 분야가 서로 대립하며 악영향을 만들어낸다. 시장을 맡고 있는 경제 당국에서는 이쪽에서 다뤄지는 문제들의 사회적 측면은 고려하지 말아야 한다고 생각하는 게 사실이다. 사회적 측면에서의 문제가 존재하지 않기 때문이 아니라 그 어떤 결정 기관이라도 국가가 사회적 측면에서의 고려를 내세우며 경쟁법의 적용을 제한하도록 허용할 수는 없다고 여기기 때문이다. 이에 따라 사회 전체에서 물질적인 생활 조건, 특히 가난한 사람들의 생활 여건이 단칼에 파괴될 수 있는 결정으로 이어질 수 있다.[35]

입법권의 분할

"법률은 일반 의지의 표현이다. 모든 시민은 개인적으로 혹은 그 대표를 통하여 법률의 구성에 참여할 권리를 갖는다."[36] 계몽주의의 정치철학에서 출발한 민주주의 제도에서 주권자인 국민에게는 스스로 그 자신의 법률을 정할 권한을 가진다. 국민투표의 경우처럼 국민이 이 권한을 직접 사용하는 경우가 아니라면 이 같은 법률 제정권은 선거를 통해 선출된 국민 대표들로 구성된 의회를 통해 행사되어야 한다.**37** 현대 민주주의에서 아테네 민주주의의 제비뽑기 방식**38**보다 선거를 더 선호하는 까닭은 법률이 국민 의지의 표현으로 여겨지기 때문이다. 중세의 의결 방식에서 나타나기 시작했던 다수결이라고 하는 양적 접근법은**39** 사람들의 신분이나 직업, 지역에 따른 차별을 두며 질적 차원에서 접근하는 대표제의 모든 관념을 사라지게 하면서 프랑스혁명과 더불어 승승장구한다.**40** 토크빌에 따르면 "정부의 개념은 점차 간소화된다. 즉, 숫자가 곧 법과 법률을 만드는 셈이다. 모든 정치가 결국 산수의 문제로 귀착된 것이다".**41** 이처럼 보통선거로 선출된 의회는 모든 민주주의 국가에서 통상 입법권의 주 본부가 되었다. 국내에서 국민을 대표하는 이 의회는 국민 전체의 의지를 구현하며, 개별 이익 집단이나 단체의 대표자들로 구성된 총회와 다르다. 국민 가운데 그 어떤 집단이나 매개 단체도 전체에게 그 자신의 법률을 강요하도록 허용되지는 않았으며,**42** 이는 "모든 주권의 근원은 본질적으로 국민에게 있고, 그 어떤 개인이나 집단도 명확하게 국민으로부터 비롯되지 않은 권위를 행사할 수 없다"는 이유 때문이다.**43**

프랑스에서는 주권을 가진 국민의 대표로 선출된 의원들의 입법권이 쇠퇴하기 시작한 시점이 1958년 제5공화국 헌법 때부터라고 보려는 경향이 있다. 정부가 국회의 의사일정을 좌우할 수 있는 권한을 부여받으면서**44** 입법 발의권은 입법권에서 거의 잘려나가다시피 했다. 그리고 조례제정권에 할당된 분야가 '헌법위원회'●라는 새로운 심

─────────

● 한국의 헌법재판소.

급 기관의 휘하에 놓이게 됨으로써 의회는 본래의 절대 권력을 상실한다.[45] 훗날 이 헌법위원회는 최초의 조절 당국 구성에 있어 그 모델로 작용한다. 1958년에 이와 같이 입법 주체인 의회의 권력이 약화되면서 행정부의 권력이 강화되었다. 그리고 실질적으로 이는 국가 주요 기관의 권력 강화로 이어지고, 이들 기관은 곧 가장 높은 지위의 정치 경제 행정 업무를 관할한다. 그리고 바로 이 시기부터 국가 권력 기관 내에 '국가 귀족'[46] 이라 일컫는 매개 집단이 다시 등장한다. 이후 새로운 유형의 매개 집단이 등장한 건 그로부터 막 10년이 지난 뒤의 일이었다. 68혁명 이후 사회적으로 급격한 진전이 생기면서 '자율 경영'과 '참여' '새로운 사회'에 관한 논쟁에 불이 붙자 입법 권력의 무대 위로 노동조합과 사용자단체라는 새로운 매개체가 등장하기 시작한 것이다. 이는 '계약 정책'의 시행과 더불어 나타난 현상이었다. 계약 정책은 공무의 이행에서 두 집단을 밀접하게 연계시키고자 하는 정책이다. 이러한 경향은 비단 사회적 사안에만 한정되지 않았으며[47] 공교육이나 보건, 농업 등과 같이 실질적으로 직업 노조의 보호 아래 정치권력이 행사되는 다른 분야에서도 역시, 보다 조심스럽기는 하지만 더욱 확실하게 이러한 경향이 나타난다. 그러나 계약 정책이 가장 확연히 눈에 띄는 것은 노사관계에서다. 헌법이 '참여 원칙'을 내어줌으로써 이 분야의 강력한 법적 추진력이 발견되었기 때문이다. 1946년 헌법 전문에서 1958년 헌법으로 이어진 제8조에 의하면, "모든 노동자는 그 대표자를 통하여 노동조건에 관한 집단적 결정과 기업의 경영에 참여한다".[48] 법적으로는 노동자만이 이 권리의 향유자이지만, 이 참여의 원칙이 특히 단체교섭의 영역 확대를 정당화하는 데 사용되었던 만큼 사용자 역시 결국 공동 운영자가 되었기 때문이다.

단체교섭은 일단 **법률 구상**의 역할을 맡을 수 있다. 이에 따라 '노사입법'이 생겨나는데, 30년 전부터 이 비중은 계속 커지고 있는 상황이다.[49] 법률의 방향은 협의를 통해 정해지고, 이 협의와 더불어 법률이 구상된다. 그리고 개별적인 이익집단 간의 거래를 의미하는 '교섭'과, 전체적인 이익을 추구하는 '심의' 사이의 구분도 흐려진다. 이러한 노사입법은 두 종류로 나뉜다. 하나는 법률의 내용에 대한 발의권을 노사 양측에 부여하는 것이다. 이에 의회 심의가 이루어지기에 앞서 단체교섭이 조직된다. 이후 합의안이 도출되면 그 가운데 일부 혹은 전부가 입법 형태로 다시 차용된다.[50] 이와 같이 변형된 입법권을 통해 노사는 헌법 제39조에서 법적으로 총리와 국회의원에 한해서만 부여하고 있는 발의권을 사실상 위임받게 된다. 이에 따라 노사 간의 협정은 법률안의 기능을 하게 되며, 이로써 노사 주체는 제5공화국 헌법에서 정부에 부여하고 있는 권력을 자기 것인 양 요구하고 나서게 된다.[51] 즉, 의회의 법률안 수정 권한을 제한하려 하고, 노사 협정안의 입법화에 관해 의회에 일괄 투표를 요구하는 것이다.[52] 두 번째 양상은 교섭 시기 별로 두 차례에 나누어 입법화하는 방식이다. 의회는 먼저 첫 번째 법에서 전체적인 목표 하나를 정하고 노사가 함께 교섭에 들어가 이 목표에 도달하기 위한 방법을 모색하도록 한다. 그리고 이와 같이 노사가 함께 교섭을 통해 도출해낸 결과들을 바탕으로 만들어진 두 번째 법을 채택하는 것이다. 여러 차례 차용됐던 이 방식은[53] 의회가 노사 주체에게 노동법의 기본 원칙에 관한 규정 제정 권한을 위임할 수 있다고 인정한 헌법위원회의 판례에도 부합한다. 단, "이와 같이 단체교섭 주체에게 자유가 부여된 이후, 입법 주체인 의회가 교섭의 결과로써 시행된 방식들을 일정 기간 검토 및 평가한 뒤 새로이 적절한 규정을 채택할 수 있어야 한다."[54]

법률의 구상에 이어 단체교섭은 **법률의 시행**에도 동참할 수 있다. 단체협약의 필터링 단계를 거친 이후에 법 적용이 이루어질 것이라고 의회가 정하는 경우가 바로 이에 해당한다. 이에 법률의 방향이 드러나는 것은 그 시행 단계에서이며, 법률의 제정과 적용 사이의 구분이 점차 희미해진다. 노사 주체가 법의 시행과 연계되는 이 같은 형태 역시 오늘날 잘 알려진 바와 같이 다양한 유형으로 나타난다. 그중 첫 번째는 노동법에 **보충법**에 해당하는 **디폴트 규정**을 도입하는 것으로서, 이렇게 되면 부문별 사업장별로 **법률 규정에 위배되는 협정**을 체결할 수 있는 길이 열린다. 따라서 법은 이제 단체협상을 통해 노동자에게 더 유리한 방향으로만 개정할 수 있는 불가침적인 최저 기준을 정하지 않게 되었으며, 협약에서 달리 대안이 정해지지 않은 경우에만 적용될 수 있는 부차적인 하나의 단순한 규범이 된다. 이 같은 구조에 따라 의회는 노사 주체에게 국가의 법률을 기업이나 업계 내의 법률로 대체할 수 있도록 권한을 부여한다. 이렇게 해서 노사 주체는 입법권의 일부를 부여받게 되지만, 이는 어디까지나 입법 주체인 의회가 이를 미리 원했던 경우에만 가능하다. 기실 이 같은 법률적 예외가 존재할 수 있으려면 입법 당국으로부터의 명확한 권한 부여가 전제되어야 한다.[55] 그러므로 의회의 최고 권력에 노사 주체가 참여하는 것은 전적으로 의회의 뜻에 달려 있다. 이러한 구조에 따라 법률은 **부차적 규범**이 되었으며, 법적 명령이 부과되면서도 이 같은 명령의 시행에 있어 다양한 맥락이 고려될 수 있도록 여지를 남겨둔다. 이 같은 구조가 가장 발달된 형태인 유럽연합법[56]이 크게 환호를 받았던 이유도 바로 여기에 있다. 프랑스에서 노사가 법 시행에 연계되는 두 번째 유형은 임의 권한을 부여해주는 **임의 법규**를 도입하는 것으로, 이 법규는 오로지 단체협약의 규정을 통해서만 시행될 수 있다. 보충 규정과 달리 임의 법규는 협약이 체결되지 아니할 경우에 적용될 수 있는 부차적 규칙을 일절 정하지 않는다. 이러한 구조로 말미암아 법률은 촉진책과 장려책으로서의 성격을 지니게 되었으며, 이 때문에 고용정책과 관련하여 이 같은 메커니즘이 폭넓게 활용됐다. 사실 이러한 규정에 따라 국가는 노동시장에 진입하는 행위자들의 자유를 존중하면서도 노동시장에 영향력을 행사할 수 있게 됐다.[57] 하지만 이 메커니즘은 노동법의 다른 여러 측면으로도 확대되었는데, 예컨대 차별 금지,[58] 노동자 이윤 분배,[59] 노동시간 단축 촉진[60] 등이 이에 해당한다. 세 번째 유형은 입법 주체인 의회가 제정한 규범의 구체적인 시행 방식을 노사 주체에게 정하도록 하는 것이다. 이로써 노사 주체는 통상적으로 정부에 속하는 조례제정권의 일부를 행사할 수 있게 된다. 헌법위원회는 헌법 전문 제8조에서 규정하는 노동자 참여 원칙을 근거로 이러한 방법을 지지해주었다.[61] 아울러 이 방법은 유럽연합법에서도 확실히 인정을 받는다. 단체협약을 통해 유럽연합의 지침을 시행할 수 있는 가능성이 유럽헌법 조약을 통해 열렸기 때문이다(유럽헌법 조약 제137조 4절 및 제139조 2절 참고).

사실 지극히 당연한 일이지만 '국가의 주권은 유일하며 오로지 국민의 대표자를 통해서만 발현될 수 있다'는 민주주의 원칙에 관한 전통적인 해석이 가장 눈에 띄게 어긋나고 있는 곳은 바로 유럽연합 법이다. 일찍이 로마조약에서도 이 원칙과 관련하여 매우 모호한 시각을 내놓았다. 행정 권한이 뒤섞인 시장 당국인 집행위원회, 각국 대표들이 모인 기관인 유럽이사회, 보통선거로 선출된 의원들의 의회인 유럽의회, 기속력 있는 판결을 내릴 수 있는 법원으로 ('말하면 곧 법이 되는') 유럽사법재판소 사이에 입법 업무의 분업이 이뤄졌기 때문이다. 물론 유럽이사회 그 자체도 민주적으로 선출된 각국 정부의 대표로 이루어진 조직이기 때문에 민주주의 제도에서는 선거가 입법권의 기반이 된다는 원칙 자체가 흔들린 것은 아니다. 그러나 분명한 것은 전체적으로 볼 때 이러한 제도적 조직 구성은 이미 대혁명 이전 '앙시엥 레짐(구 체제)'의 향기를 강하게 풍기고 있다는 점이다. 즉, 유럽집행위원회는 단일시장 박사들과 기술 관료들이 모여 권위를 행사하는 새로운 성직자 집단에 해당하고, 유럽이사회는 유럽 국민들의 (보통선거라는 방식을 통한) 양적인 대표단이라기보다는 (국가 간의 균형을 도모하는) 질적인 대표단으로서 또 하나의 삼부회 같은 역할을 하는 조직이라 볼 수 있다.[62] 그리고 1789년 대혁명 이후 영원히 추방된 줄 알았던 '입법' 판사의 모습은 유럽재판소와 함께 다시금 무대 위로 등장했으며, 끝으로 여러 국가에서 보통선거를 통해 선출된 의원으로 구성된 유럽의회의 경우, 실질적인 권한은 갖지 못한 채 대수롭지 않은 역할만 하는 조직 정도로 국한됐다. 나아가 유로존에 속하는 국가들은 유럽은행이라는 초국적 권위의 당국과 더불어 여기에서 한 발 더 나아간다. 유럽지역의 공용 화폐를 주조하는 이 기관의 운영은 그 모든 정치권력으로부터 벗어난다. 이는 중세 시대 이후 그 어디에서도 본 적 없는 새로운 형태다.

마스트리흐트 조약이 사회적 측면과 관련하여 노사 주체가 의회 대신 유럽연합 지침을 구상하는 과정에 참여할 수 있다고 허용한 것도 바로 같은 시기의 일이었다.[63] 협정에 이렇듯 입법 권한이 생긴 것은 분명 법률적으로 일대 혁신에 해당하는 일이다. 이에 따라 여러 단위 기관 사이에 입법권이 양분된다. 유럽집행위원회가 입법 발의를 하고, 노사 주체는 이러한 발의안을 바탕으로 새로운 문건에 대한 교섭을 하며, 유럽이사회는 이 문건에 지침으로서의 효력을 부여한다. 그리고 마지막으로 각 회원국은 자국의 법질서 내에서 지침이 유도하는 결과가 초래될 수 있도록 보장한다. 놀랍게도 유럽의 법률이 입안되고 시행되는 이 과정 속에서 유럽의회의 개입이 전혀 요구되지 않는다. 유럽사법재판소의 판사가 지적한 바와 같이, 이는 민주주의 원칙의 새로운 한 형태가 기존 민주주의 원칙의 지위를 적법하게 이어받은 것에 해당한다. 이 새로운 민주주의 원칙의 형태에서 이익집단들의 대표성은 '충분히 겸비'되었다고 인정되고, 이 새로운 형태의 대의제는 선거를 통한 유럽의회 의원들의 대표성을 대체한다.[64] 그리고 이를 보면 다시금 중세 봉건제도가 떠오르는데, 국민들의 의사를 표현하는 방식으로서 수의 법칙을 따르기보다는 다양한 사회집단 사이에 균형잡힌 대표성이 더 우위에 놓이기 때문이다.

그러나 이러한 유럽연합법을 프랑스 법 문화에 자리잡은 교묘하고 이질적인 술책으로 바라보기에는 무리가 있다. 마스트리흐트 조약에 따라 승인된 입법적 지위의 협정들은 전형적으로 프랑스적인 수법에 해당하기 때문이다. 사실 유럽의 다른 그 어떤 주요 국가도 국내의 직업 간 교섭을 입법과정에 연계시키는 모델을 제공하지 않았다.

그러므로 유럽연합법에서 나타나는 양상의 일정 정도는 프랑스 법 자체의 모습이라고 할 수 있다. 프랑스의 봉건제도에서 물려받은 이러한 부분이 지금까지도 프랑스 법 문화에서 여전히 명맥을 유지하고 있다는 부분을 프랑스인 스스로는 그리 인정하고 싶어하지 않지만, 이는 분명 프랑스적 법 문화의 일면에 해당한다. 오늘날 프랑스 법의 기본 범주들이 어디에서 시작되었는지 그 기원을 되짚어보는 수많은 저서에서 중세 시기는 마치 프로이트의 원초적 장면처럼 무언의 침묵 속에 묻어둔 채 그냥 넘어가고 만다. 이들 저서에서 오늘날 프랑스 법의 기원을 단순히 1789년으로 정한다거나, 나아가 민법이 발효된 1804년으로 정하지는 않는다 하더라도, 대개는 고대에서 르네상스 시기로 그리고 로마법에서 국내법으로 곧장 뛰어넘는다. 프랑스는 봉건제도가 가장 완결된 형태로 나타난 국가였던 만큼 중세 시기를 역사 속에서 억압해두는 힘은 더더욱 클 수밖에 없다.[65] 우리는 개별적인 민족국가의 쇠퇴가 곧 봉건적 구조의 현대적인 변형에 해당한다는 사실을 쉽게 이해하지 못한다. 그리고 개별 국가의 주권이 약화된 만큼 결코 개인의 자유가 증대된 건 아니라는 사실 또한 외면하고자 하는 것이 일반적인 분위기다. 이러한 사실에 눈을 뜨고 나면 오늘날의 계약 문화에서 봉건적 측면이 되살아났다는 사실을 받아들여야 하기 때문이다. 봉건시대의 주종관계와 마찬가지로 오늘날의 계약 문화는 자유로운 개개인에게 이들의 삶을 에워싸며 이들의 한계를 넘어서는 일련의 의무사항들을 부과한다.

자유의 봉건적 예속

우리는 국가의 주권이 쇠퇴하면 자동으로 개인의 자유가 신장될 것으로 생각할지도 모른다. 그러나 이는 재화와 용역의 교환에만 국한될 수 없는 모든 것, 다시 말해 수치로 잴 수 있는 가치의 협상을 넘어서는 모든 부분을 법이 맡아줄 때에야 비로소 우리가 완전한 자유를 누릴 수 있다는 사실을 망각하는 일이다.**66** 하지만 법이 분명히 해주어야 할 부분을 계약으로 하여금 정의하게 내버려두면, 계약 당사자들은 재산상의 단순한 이해관계를 넘어서는 목적들에 종속된다. 계약은 양적인 것들의 교환에 사용되기보다 공공선의 정의에 참여함으로써 스스로 '공적인 것'이 된다. 이는 당사자들의 의사 자치에 영향을 미친다. 즉 당사자들은 여전히 자유롭게 원하는 것을 할 수 있지만, 단 자신들의 이해관계 수준을 넘어서는 목적을 추구한다는 조건 하에서만 이 자유를 누릴 수 있다. 말하자면 자유가 계약의 목적에 봉건적 구조로 예속되어 있는 셈이다. 이러한 현상이 가장 명확하게 표출되는 것은 바로 사회경제 영역이다. 개인적으로는 행동의 표준화를 통해, 집단적으로는 법원法源의 도구화를 통해 이 같은 현상이 나타나고 있다.

행동의 표준화

계약이 한 사람의 의사를 다른 사람의 의사에 종속시키는 도구가 될 수 있다는 사실은 전혀 놀라운 일이 아니다. 노동계약의 특징인 종속적 관계의 맥락이 전적으로 이에 속한다. 하지만 이러한 종속성이 오늘날 새로운 형태를 취하려 하고 있다. 종속성의 기준이 낮아지면서, 오늘날 수많은 노동자가 일정 정도 자유를 누리게 되었지만, 이는 기업 지도자에 의해 계획된 자유이며, 기업 지도자와의 합의 아래 정해진 목적에 종속되는 자유다. 이에 비례하여 기업 지도자의 법적인 독립성도 계약적 관계나 회사에서의 관계 속에 편입되어 축소되게 마련이며, 이는 기업주의 경제활동 반경을 제한한다. 이에 따라 기업주의 권력은 대표의 자의적 권력과 무관한 '객관적인' 기준을 통해 표출된다. 사람들을 '통치'하던 것에서 오늘날 '협치'라고 부르는 형태로 이행하게 된 것이다. 협치와 통치의 차이는 조절과 규제의 차이와도 같으며, 윤리와 도덕의 차이와도 같은 맥락이라고 볼 수 있다. 즉 법률과 법 주체 사이의 간격을 메우고자 하는 행동들을 표준화하는 기술로, 어떤 경우에서든 모든 인간으로부터 기성 질서의 필요에 즉각 부합하는 행동을 이끌어내고자 하는 것이다.

그 무슨 역사의 모순적인 작용이었는지, 근대 서양은 의례적인 것이라면 그토록 꺼려했음에도 과거 중국 황실에서 전례주의ritualisme의 근간을 세웠던 원칙들을 재발견하고, 이 원칙들 덕분에 서구사회는 '법에 의한 통치' 원칙을 저버릴 수 있었다.**67** 중국학자 레옹 반데르메르쉬의 설명과 같이 의례적 질서란 사물의 근원이자 세상의 조화로운 운영에 있어 핵심이 되는 형식들에 사회적 관계를 끼워맞추는 것을 말한다.

의식을 준수함으로써 일단 조화로운 질서가 사회 안에 자리잡히면, 각자가 자기 자리에서 자발적으로 행동하되, 모두에게 있어서나 그 자신에게 있어서나 가장 적절한 방식으로 행동한다. 법치의 개념이나 자유의 개념이 전혀 없는 전례주의는 그 대신 자발성自然이라는 개념에 매우 중요한 의미를 부여한다.[68]

규범은 외부로부터 인간에게 강요되어선 안 되며 슬며시 주체에게 배어들면서 작용해야 한다는 이 같은 개념을 설명하기 위해 중국 학자들은 종종 액체가 안에서 밖으로 스며나오는 '삼출법'의 생리학적 은유를 사용한다. "백성이 신의로써 복종하기 위해서는 사람의 몸에서 나온 땀이 서서히 사람의 몸을 적시는 것처럼 군주의 명령도 그와 같은 방식으로 사람들의 마음을 적셔야 한다. 그러면 우주 안에 흩어져 있던 만물이 조화를 이룰 것이다."[69] 오늘날 이러한 이상향은 '협치'와 '조절' '윤리'라는 개념을 통해 나타난다. 이러한 개념들은 법과 예속을 멀리하고 어떤 한 질서를 자발적으로 따르도록 하는 데 쓰인다.

인간을 규율하는 이 새로운 방식은 일단 초국적 대기업 내에서 싹트고 실험을 거친다. 이들 기업의 태도에서 새로워진 점은 국제 무역이 기업 내에서 차지하는 지위가 아니라 이들 기업이 국가의 제도적 틀에서 해방되었다는 것이다. 오늘날 초국적 기업의 모델은 연구와 개발, 설계, 공학, 제조, 마케팅 등 특정 기능들이 하나의 초국적 계획에 따라 조직되는 세계적 시스템의 모델이 되고 있다. 국가의 간섭에서 해방되긴 했지만 그 국내의 폐쇄적인 시장 또한 잃어버린 이 초국적 기업들은 개방된 세계 시장에서 새로운 위험들에 노출되고 있다.[70] 초국적 기업들은 이제 회사 직원들뿐만 아니라 투자자나 소비자, 협력업체, 하도급 업체, 상대 교역국의 정계 인사 등 자사의 이윤 창출에 영향을 미치는 그 모든 행위 주체도 통제해야 하는 상황이 되었다. 이로써 초국적 기업들은 이어 공적인 영역으로도 확대될 새로운 권력 기법을 고안해내고 완성해가는 일종의 실험실이 되었다. 물론 이 새로운 기법의 세계에서는 정보통신 분야에 비중 있는 자리를 내어준다. 민영화와 교역 자유화를 추구하기 위해 초국적 기업들은 (자본 통제권을 쥐는 등의) 직접적인 방식으로, 혹은 (광고 출자를 통한) 간접적인 방식으로 (라디오, TV, 신문, 출판, 영화 제작과 배급 등) 대형 미디어 시장을 장악하며 이미지와 사고의 세계에 대한 통제권을 거머쥔다. 그렇게 해서 이들은 과거의 그 어느 교회보다도 확실하게 사람들의 정신세계를 점유할 수 있었다. 뿐만 아니라 이 초국적 기업들은 정치인과 지식인의 호감을 얻는 방법도 터득했다. 이 가운데 상당수를 기업이 추구하는 가치에 감화시키는가 하면 말 그대로 이들을 매수하기도 했다. 공직사회 곳곳을 물들이고 있는 수많은 부패 사건만 보더라도 이를 잘 알 수 있다.[71] 법률 쪽으로도 신종 기법을 동원하여 앞뒤로 통제 장치를 강화한다. 하도급 업체들에 대해서는 기술 인증제나 라벨링을 통해 사전 통제 작업을 확고히 하고, 후방에서는 관계적 계약을 통해 소비자들의 충성도를 높여간다. 소비자를 직접 납품업체와 연계시킴으로써 재화나 용역의 일시적인 서비스 공급 차원에만 머물지 않고 그 이상으로까지 관계를 공고히 엮어가는 것이다.

그러나 '협치'라는 새로운 기술은 '인적자원' 착취의 새로운 방식 속에서 그 법률적 측면이 가장 명확히 드러난다. (경영계에서는 꽤 유행 중인) '의식적'인 방법에의 동원 역시 배제하지 않은 채 이 '협치'라는 기술은 '계약'을 중심으로 서구 법 문화의 자원들을 다시금 재활용한다. 봉건적 색채를 재발견한 계약은[72] 새로운 형태의 충성 서약관계를 엮어가는 데 사용된다. 즉 사람들을 '객관적인' 평가 기준에 종속시킴으로써 이들에게 직접적인 명령을 내리지 않은 채 그 행동을 조종해나가는 것이다. 기업 내에서 혹은 기업 밑에서 일하는 사람들뿐만 아니라 실업자처럼 기업에서 배제된 상태에 있는 사람들, 심지어 사장단처럼 기업을 운영하는 지위에 있는 사람들까지 모두 이러한 관계에 구속된다.

'우리는 객체적 존재가 되었다'라며 오늘날 노동자들은 자신들을 구속하는 새로운 형태의 '인적자원' 경영 형태를 가리켜 이와 같이 말한다.[73] '객체적 노동자'란 목표 달성이라는 익명의 권력에 종속되어, 조직의 수장에 대한 인간적인 관계라는 주체성의 마지막 요소를 상실한 자다. 테일러의 구상은 노동자의 행동 규범을 표준화하는 데 있었고, 이 같은 표준화는 법적 종속 개념을 예고하는 것이었다. 기계식 노동 분업을 추구하는 테일러주의에서 각각의 직위는 가능한 한 단순하고 실적을 평가할 수 있는 일련의 작업들로 해체됐다. 이러한 직위에 배속된 노동자는 미리 정해진 질서와 속도에 맞춰 동작을 실행해야 했으며, 위계적으로 상위에 있는 다른 노동자의 통제를 받아야 했다. 이러한 테일러식 조직법은 품질 기준이 그리 까다롭지 않은 대량생산에 적합했다. 반면 새로이 구상된 조직법은 높은 품질의 다양한 상품과 서비스를 제작하는 것과 관련된다. 이제는 노동자의 노무 시행에 있어 어느 정도 자유의 여지를 주어야 하며, 이로써 테일러 조직법에서 그토록 뿌리 뽑으려 노력했던 '수공예'의 전통과 다시금 이어진다. 이러한 관점에서는 위계질서의 직접적인 비중이 약화되어야 한다. 노동자에 대한 통제가 사라지는 것은 아니지만, 통제의 대상이 달라진다. 노동자에 대한 통제가 이제 하나의 특정 업무를 수행하는 방식에 대해 이뤄지기보다는 그 업무의 결과에 대해 이뤄지게 된 것이다. 노동자는 이제 업무 수행에 있어 조직의 우두머리가 내리는 명령에 복종하기보다는 원칙적으로 투명하고 확인 가능하며 모두에게 알려진 목표들에 관한 계약서에 서명을 한다. 그리고 이러한 목표는 일련의 절차를 통해 이행되는데, 이 절차에 따라 노동자의 역량과 능력이 평가되며, 이와 동시에 해당 노동자에게 할당된 목표가 적절한 것이었는지 여부도 판단된다. 그리고 이 같은 업무 절차를 통해 노동자는 경험을 통해 쌓은 교훈들에 적응해간다.

이에 따라 각 기업에서는 노동자 한 사람 한 사람의 순수한 작업 기여도를 평가할 수 있는 규범들이 만들어진다. 테일러 구조의 특징이었던 **행동 규범의 표준화**는 **사람들의 표준화**로 이어지며, 노동계약에 내재되어 있던 위험 요소는 여전히 축소되고, 고용주는 고용된 노동자의 자질에 대해 결코 확신하지 않는다. 이와 같이 위험 요소가 축소되는 이유는 더 이상 노무 수행 방식의 체계화 때문이 아니라 기업

의 가치와 규범이 노동자 각각에게 내면화되었기 때문이다. 상사의 힘
은 이제 자신이 부하 직원보다 더 많이 알고 있다는 점에서 나오지 않
는다. 심지어 수행 업무를 보면 상사가 부하 직원보다 아는 게 더 적
은 경우가 왕왕 발생한다. 오늘날 상사의 권력은 부하 직원의 업무 성
과 평가에 대한 추상적인 규범을 이행할 수 있는 권한으로부터 비롯
된다.[74] 대개는 외부 기업 전문가가 세우는 이 추상적인 규범들은 고
용주의 의사 결정, 특히 임금 문제와 관련한 결정사항들을 정당화하
는 데 소용된다.[75] 임금이나 기업 이윤 배분 등 급여 정책은 사실 개
별 평가 면접이나 목표 설정 합의와 함께 참여적 경영의 중요한 부분
이다. 이 급여 정책은 종종 임금의 개별화 형태를 띠는데, 이는 직무
수행 평가에 대한 (소위 객관적이라고 하는) 평가 규범을 기반으로 한
다. 물론 이제는 노동자가 자기 시간의 일정 부분을 할애하며 임금을
받는 대가로 회사의 명령에 대해 기계적으로 복종하는 차원의 문제
가 아니다. 이제 노동자들은 자신의 소득을 극대화하기 위하여 자기
자신의 '최선'을 보여주어야 한다. 달리 말해 마치 자신이 프리랜서나
자영업자인 것처럼 회사 내에서 일을 해야 하는 처지가 된 것이다. 이
렇게 해서 '스스로' 일하는 노동자의 환상이 자리잡는다. 이렇듯 전지
전능한 '신권神權'을 가진 사용자의 권력은 전문가의 권위를 바탕으로
한 경영 규범을 시행하며 기능적 권력에 자리를 내어준다. 그리고 이
경영 규범을 고안해낸 전문가들은 감사 절차를 통해 이 같은 규범을
시행한다.[76]

　　그렇게 해서 노동자에게 할당된 목표에 어떠한 법적 효력을 부여
할 수 있는가에 관한 질문이 곧바로 제기된다. 판례에 의하면, 그 목

표 달성에 실패한 것만으로는 정당한 해고 사유가 되지 않는다. 노동자에게 구속력을 갖기 위해서는 이 목표와 관련하여 세 가지 조건을 충족시켜야 하기 때문이다.[77] 즉, 현실적인 목표여야 하고, 직업훈련 측면에서나 행동 방식 측면에서나 노동자의 직무 역량에 상응할 수 있는 목표여야 하며, 끝으로 목표 달성에 실패한 노동자의 과실 부분을 구체적으로 규명해야 한다. 이 판례는 권력 그 자체에 대해 일체의 임의적 성격에서 벗어난 객관적인 무언가로 만들고자 하는 목표에 의한 경영 원칙에도 완벽하게 부합한다. 판례로서 해결된 특수한 쟁점을 넘어서서 이 판례는 훨씬 더 포괄적인 영향력을 미치는 하나의 규칙을 나타내준다. 즉, 법률적인 관점에서 봤을 때 모순의 원칙에서 벗어나게 해줄 '객관적인' 기준이란 존재하지 않는다는 것이다. 이제 노동자의 명시적인 동의는 사용자의 결정에 대한 정당성의 한 요건이 되었는데, 이는 노동계약의 변경을 가져오는 징계처분의 적용을 노동자의 동의 여부에 두는 판례에서 또 다른 형태로 나타난다.[78] 법해석의 측면에서 강한 비판을 받은 이 판례에는 분명 역효과의 요소가 있다. 고용주로 하여금 좀 덜한 강도의 징계를 추구하기보다는 늘 해고 쪽을 더 선호하도록 유도하기 때문이다. 하지만 이 판례에서는 규율의 객관화가 의미하는 바가 매우 뚜렷하게 드러난다. 즉, 규율은 이제 일방적 권력의 표현이 아니라 규율을 따르는 사람들이 동의한 처벌로 나타난다는 것이다. 다른 말로 하면, 여기서 계약화는 규율의 내면화에 동참하는 일부분이 되고, 이는 형법의 최근 변화에서 목격되는 바이기도 하다.[79]

그러므로 노동계약을 넘어 비임금 노동자들까지 이 현상에 관련되는 것에 놀랄 이유는 전혀 없다. 하나의 상품을 종합적으로 제작하는 기업으로서 권력이 중앙집중화되고 위계질서가 확실하게 잡혀 있는 기업 모델의 경우, 본사에 종속된 노동과 독립적인 노동은 서로 뚜렷이 구별된다. 반면 오늘날 지배적으로 나타나는 네트워크형 경제 행위에서는 이러한 구분이 희미해지고 있다.[80] 노동법에서 법적인 종속의 개념이나 사용자의 명령에 엄격히 종속된다는 개념은 희미해지고, 대신 조직 내로 편입된다는 개념은 더욱 분명해졌다. 조직 내에서 노동자들은 자신들이 합의한 목표의 실현을 위해 자유로운 방식을 구사할 수 있는데, 이 목표는 노동자들뿐만 아니라 사용자에게도 강제되는 냉철하고 객관적인 평가 규범을 이룬다. 민법과 상법에서는 반대로 법적인 독립성의 요체가 사라지고 기업주들이 생산망 또는 유통망의 집단적 규율 속에 종속된다. 농업이나 상업 부문에서는 이렇듯 종속적인 업주들이 넘쳐나는데, 이들은 자신의 기업을 자유로이 다스릴 권력도 없이 기업을 책임진다.[81] 이 두 가지 경우에서 드러나는 것은 바로 종속의 새로운 형태다.[82] 노동은 이제 뚜렷하게 위계질서가 잡힌 안정적인 집단 조직 속에서 이뤄지기보다는 경계가 불분명한 네트워크 속에서 협의 절차에 부응하며 이뤄지는 추세로 나아간다. 사람을 표준화하는 방식으로서, 개인적 목표를 계약화하려는 생각은 노동계를 뛰어넘어 빠르게 확산되었다. 특히 이를 채택한 것은 프랑스 정부로, 정부는 20년 전부터 계약을 사회적 관계 복원의 수단으로 삼고자 하고 있던 터였다. 1988년 도입된 '최저통합수당' 제도는 그 시험대가 되었는데, 이 기본소득을 지급받기 위해서는 수급자와 공공 기관 사이에 **사회편입계약**을 체결해야 한다. 이 계약에 따라 최저통합수당 수급자는 일정한 사회편입 프로그램에 참여하고, 공공기관은 이 같은 편입 계획의 실현을 도와준다.[83] 그로부터 몇 년 후, 실업보험 개혁에 있어서도 이와 유사한 방식이 기본 토대로 사용됐다. 영국의 '구직협약'[84]에 착안하여 대대적으로 개편이 이루어진 실업보험 '개혁'의 주요 골자는 실업자와 실업보험 기관인 '상공업고용협회', 공공 고용 촉진 기관인 '국립고용청' 사이의 관계를 '계약화'하는 것이었다. 이제 모든 구직자는 상공업고용협회와 **일자리 복귀 지원 계획**을 체결해야 하는데, 여기에는 구직자의 권리 및 의무와 함께 상공업고용협회, 국립고용청 각각의 권리와 의무도 명시되어 있다. 실업급여인 대체소득은 이 계약에 서명을 하고 난 뒤에야 그 '결과'로서 지급된다.[85] 일자리 복귀 지원 계획은 구직자가 이행해야 할 사항들을 분명히 명시하고 있으며, 특히 서명 뒤 늦어도 한 달 이내에 국립고용청으로 가서 심화 면담에 참석해야 한다는 의무조항을 명시하고 있다. 이 면담이 끝나고 나면, 구직자와 고용청은 **개인별 활동 계획**에 대해서도 합의한다. 구직자가 일자리 복귀 지원 계획을 체결한 뒤 6개월 이내에 일자리를 찾지 못한 경우 갱신될 수 있는 이 프로그램의 체결 내용에서는 구직자의 자질과 직업능력에 상응하는 일자리 유형이 정의되고, 이밖에 구직자가 이직을 원하는 일자리의 유형이나 이 계획의 목표 실현에 필요한 교육 및 서비스 내용도 함께 정의된다.[86] 이렇게 하여 개인별 활동 계획은 참여 경영의 모든 요소가 나타나는 진정한 '목표성 계약'이 된다. 쌍방의 목표가 계약으로 정의되고, 초기의 목표 달성 여부에 대하여 소급력을 가지는 평가 절차가 이뤄지기 때문이다. 개인별 활동 계획의 경우는 상호 간에 합의를 통해 정한 계획의 실현이라는 상호 동반의 논리로 법 적용을 통한 통제 논리를 대체하는, 보다 포괄적인 변화에 있어 특히 특징적인 사례가 된다.[87] 따라서 쌍방의 권리와 의무를 주기적으로 수정해나가는 계약 구조에서는 제재의 개념이 차츰 흐려진다.

이후 즉각적으로 제기된 문제는 실업자가 실업급여 수급권을 상실하지 않고 일자리 복귀 지원 계획에의 서명을 거부할 수 있느냐는 것이었다. 이에 대해 그럴 수 있다고 바라보는 입장에서는 이 계획에의 서명이 새로운 실업급여 수급 조건에 해당한다는 사실, 법이 제한하고 있는 조건들에 대해 노사 양측이 다른 무언가의 내용을 추가할 권리가 없다는 사실을 내세운다. 반대로 최고행정법원은 일자리 복귀 지원 계획이 구직자의 입장에서 새로이 부담해야 할 의무사항을 만들어내지는 않았다고 보는 입장이다.[88] 최고행정법원은 이 계획에 서명해야 하는 의무가 구직활동에 있어 이뤄지는 법적인 의무사항의 한 형태라고 분석했다. 구직활동은 언제나 실업수당의 수급 조건이었으므로 실업수당과 구직활동 사이의 관계에 있어서는 달라진 게 없기 때문이다. 다만 새로워진 건 이 관계가 '계약'이라는 방식으로 정해진다는 것뿐이다.[89] 이와 같은 계약화의 첫 번째 목적은 구직활동을 함에 있어 법적인 의무사항의 내용을 정의하는 것, 그리고 두 번째 목적은 구직활동을 용이하게 해주는 실업급여제도를 법적인 틀로 구속하는 것이다. 그 후에 나온 판례에서 일자리 복귀 지원 계획은 확실히 하나의 계약에 해당한다는 사실이 인정되었기 때문에 최고행정법원이 채택한 입장은 계약 체결 의무가 법률상 의무 속에 암묵적으로 포함될 수 있음을 의미한다. (아울러 이 판례에서는 실업보험이 이와 같은 약정사항에 구속되는 것은 실업자 측에서의 이득이라고 보았다.[90] 구직 활동 의무가 법률로써 강제되는 순간, 이를 계약의 목적으로 삼는다는 내용이 추가되는 게 무척 수월해진다. 사람들을 예속시키는 기술들이 활개를 칠 수 있는 길이 열리는 것도 바로 이 지점이다. 하지만 법적인 의무의 계약화에서는 계약 그 자체 또한 무사하지 못하리라는 점 역시 이를 통해 알 수 있다. 사실 법적 의무의 계약화는 계약의 의무화를 수반하여 자유로운 계약 원칙을 침해하기 때문이다.

민간 기업의 경영자들이나 공공 행정기관의 고위 지도부는 권력을 쥐고 있는 사람들이기 때문에 이 새로운 권력 행사 기법과 무관할 것이라고 생각할지도 모른다. 하지만 전혀 그렇지 않다. 이 두 지도 세력 역시 '협치'의 계략에 걸려든다. 국가와 기업의 차이는 구조의 문제라기보다는 기준의 문제다. 국가는 질적인 가치를 기준으로 삼으며, 재산과 관련한 부분을 넘어서는 가치들에 관련된다. 국가는 사람들의 운명을 책임지고, 국민의 길고 긴 삶을 포괄적으로 조망한다. 그에 반해 기업은 양적인 가치를 기준으로 삼고, 자산적 가치에 관련된다. 기업이 책임지는 부분은 상품의 제작과 서비스의 제공이며, 기업은 시장의 단기적 관점만을 바라본다. 최근 들어 기업을 경영하듯 국가를 다스린다는 생각이라든가 경제권력, 정치권력, 행정권력 사이에 그 성격상 별 차이가 없다는 생각이 폭넓게 확산되고 있지만, 이러한 생각이 그토록 터무니없는 것도 바로 이와 같은 차이에서 기인한다. 물론 국가와 기업에 동일한 조직적 차원에서의 문제가 제기되는 것도 사실이고, 역사적으로 봤을 때 둘의 구조적 변천이 종종 병행적으로 이뤄진 것도 사실이다. 정부와 마찬가지로 대기업 역시 요즘은 최고 위 지도부에서 모든 의사 결정을 내릴 수 없으며, 새로운 통치 방법을 고안해내야 하는 상황이다. 또한 정부와 마찬가지로 기업 역시 정당 성의 위기를 겪고 있는데, 기업의 경우 이는 경영진의 기술 관료적 권 력보다 주주들의 권위가 더 우세한 양상으로 나타난다. 정부 지도부 와 마찬가지로 기업 지도부 또한 목표를 설정하는 맥락에서의 역할을 재정의해야 했으며, 그 목표의 세부적인 실행과정에서도 개별적 혹은 집단적 교섭과정을 거쳐야 한다. 금융 부문에서는 금융시장 당국과 회계감사위원이 버티고 있고, 상품 부문에서는 규격 및 인증 관할청 이 버티고 있으므로 그 어느 부문에서든 기업 내부적으로 독립 당국 이 존재한다고 보기는 힘들다.

원칙적으로는 여전히 기업주가 기업에 대한 경영 판단을 내리는 유일한 존재이며, 자신이 다스리는 기업의 틀 안에서 일어난 실책에 대해서는 기업주가 유일하게 그 책임을 진다. 그러나 기업주의 이러한 통치 권력도 계약의 영역에서 '객관적' 규율이 생겨나며 타격을 입게 된다. 자사의 노동자나 하도급 업체들, 또는 실업자와 마찬가지로 기 업주도 이제는 자신이 동의한 것으로 간주되는 목표의 실현에 예속된 다. **기업 네트워크**와 더불어 발전한 종속적 기업주의 모습은 목표 중 심적 경영이 기업주의 권력 그 자체보다 우위에 놓이는 현상을 가장 극명히 보여준다.[91] 기업 그룹 내에서 한 자회사의 경영자는 (회사의 기 구를 통해) 법적으로 모회사의 명령에 종속된다. 반면 기업 네트워크 상에서 각 기업의 활동은 품질 및 효율성 규범을 준수해야 하는 처지 에 놓이는데, 이 규범은 그 어떤 기업의 자발적 의지와도 무관하며,

기업들은 다만 계약을 통해 이 규범을 준수하기로 합의했을 뿐이다. 'ISO'라고 하는 이 '객관적' 규범은 민간 영역의 규범에 해당하며, '독립적'이라고 하는 기관 내의 전문가들이 세운 규범이다. 규범의 준수 여부는 독립적 인증기관에 의해 관리되는 듯하다.[92] 그리고 이 규범들의 법적 구속력은 법률적 네트워크를 구성하는 계약의 그물망으로부터 나온다. 어쩔 수 없이 산업화 이전 시기의 경제 조직 형태를 떠올리게 하는 이러한 조합으로,[93] 계약은 공동의 규율 도구, 기업주의 경영권 행사를 가장 기술적인 의미에서 표준화하는 도구가 된다.

이러한 표준화 기술은 주주들의 이익 수호를 위해 기업주를 예속시키려는 목적으로 사용되기도 했었다. 영미권에서 먼저 개념이 나온 뒤 이어 유럽 대륙으로도 퍼져갔던 '기업 지배 구조'라는 원리의 목적도 바로 이와 같았다.[94] 이 원칙은 주주를 위한 '가치 창출'이라는 목표, 즉 회사의 자본 소유주를 더욱더 부자로 만드는 목표에 기업의 경영진을 예속시키려는 목적을 갖고 있다. 경영진을 예속하고자하는 이러한 목적은 경영진에게 직접 명령을 내리는 식으로 표출되지 않으며, 경영진은 여전히 자유로운 수단과 방식으로 '가치 창출'을 할 수 있다. 그보다는 '객관적' 규범인 '회계 규범'의 적용으로써 이러한 목적이 표출되는데, 이 규범은 경영진의 선택을 안팎으로 결정짓는 작용을 한다. 알다시피 회계는 (분석회계라 일컫는) 관리회계와 (제3자에게 알리기 위한) 재무회계로 구분된다. 계열사 그룹의 경우, (연결회계라는) 재무회계 규정은 원칙적으로 독립적인 회계 전문가들로 구성된 사법상의 국제 당국에 의해 제정된다.[95] 당국이 정한 이 규범은 '경제적 부가가치' 같은 지표를 이용하여 '가치 창출' 측면에서 기업의 성과를 보다 잘 반영하기 위해 20여 년 전부터 개정되었다. 이렇게 하여 '취득원가주의'라는 저 오랜 (그리고 신중한) 원칙이 폐기됐다.● 취득원가주의는 하나의 재화에 대해 그 취득 가치로써만 회계 처리를 하는 원칙이었는데, 이렇듯 신중한 회계 원칙을 사용한 이유는 (감가상각기법이나 준비금 조성을 통해) 재화의 가치 하락을 고려하면서도 재화의 잠정적인 가치에 투기를 하지는 못하도록 하기 위함이었다. 그런데 이를 대체한 게 바로 '공정가치' 개념이다. '공정가치'의 원칙에 따르면 하나의 자산은 장차 이 자산이 창출해낼 미래의 소득분을 현재화한 가치, 즉 ('현재시장가치'라고 하여) 회계결산일의 실질적인 시장가치에 따라 회계 처리가 이뤄진다.

이에 기업주의 모든 고민은 오로지 이 가치를 상승시키는 것에 집중되며, 이는 그가 직위 보전을 할 수 있는 조건이 된다. 반면 급여 항목은 비용으로 처리되기 때문에, 특히 인력 감축 같은 방식을 써서 임금 부분을 강력히 줄여놓으면 기업의 회계상에서 충분히 기계적으로 이 가치를 창출해낼 수 있다. 이렇게 되면 고용, 해고, 구매, 판매, 차용 등 기업 운영의 모든 측면이 회계상의 수치로써 결정되며, 주식 성과를 기반으로 직원 해고가 이뤄지는 경우도 바로 이로써 설명된다. 오늘날 이 공정가치주의는 미국에서 그 심각한 부작용이 드러나고 있음에도 유럽연합의 주도 아래 만장일치로 도입되는 상황이다.[96]

● 취득원가주의란 유상 취득 자산에 대해 취득 비용으로 회계 내역을 기재하는 회계 원리로, 자산과 부채를 장부가액이 아닌 현재의 시장가격에 맞추어 평가하는 공정가치 회계의 개념과 반대된다.

회계 규범이라는 게 정치적 측면이 배제된 채 '순전히 기술적인' 규정이라고 믿는 것은 분명 착각이다. 미래의 소득분에 대한 가치 평가는 전적으로 우연의 소관에 들어가는 일이며, 실험을 통한 과학적 방식보다는 면죄부에 가격을 책정하는 것과 더 비슷하다. 그리고 고려해야 할 가치 창출 부분도 주주에 대해서가 아니라 기업이 설립되어 있는 나라에 대한 기여분이라고 생각하는 것 또한 얼마든지 가능하며, 퇴직 노동자를 위해 축적해둔 기금도 자산이 아닌 비용으로 처리할수 있다. 어디 그 뿐인가? 스톡옵션은 비용으로 회계 처리해야 한다는 결정을 내리는 것도 얼마든지 가능하다. 사실 이는 '순전히 기술적인' 규범이 아니며, 회계 기법은 다른 모든 규범 체계와 마찬가지로 공정한 질서라는 하나의 표상에 의해, 실험을 통한 과학이 아니라 막연한 믿음에 의해 좌우된다. 그러므로 주식 성과에 따라 해고가 이뤄지는 상황을 막으려는 입법 주체라면 해고법을 복잡하게 만드는 데 열중하기보다 회계 규범의 내용에 대한 고민에 더 집중하게 될 것이다. 따라서 사측의 의사 결정에 따른 결과를 제한하기 위해 힘을 빼는 대신, 사전에 그 같은 결정이 내려지기 전에 이러한 의사 결정을 결정짓는 부분에 영향을 미치고자 할 것이다. 사람을 결코 재산으로 생각하지 않고 언제나 비용으로만 처리하는 규범 체계에서 해고법은 예정된 사회적 파국을 그저 제한하는 수단에 불과하다.

이처럼 민간 영역에서 시도되고 행해졌던 방식들이 오늘날은 공공 업무의 운영 쪽으로도 점차 확대되고 있으며, 이는 행정이라는 개념 자체를 근본적으로 변화시킬 것이다. 프랑스에서 이는 특히 재정법에 관련한 새로운 조직법인 '예산조직법'[97]에서 극명히 드러난다. 프랑스의 이 새로운 '재정 기본법'은 목표 중심의 운영 방식에 따라 공공 지출이 이뤄지도록 한다. 예산은 "하나의 활동을 벌이기 위한" 기획안의 영향을 받으며, "공익이라는 목적성에 따라 정의된 특정 목적들에 관계되고 그에 따라 예상되는 결과가 있으며 평가의 대상이 되는 일관적인 활동 일체"(제7조)를 실행하기 위한 기획안으로 결정된다. 특정 기획안에 할당된 인력 외 예산도 대체가 가능해지며, 따라서 그 모든 형태의 예산 지출에 있어 해당 기획안의 추진이 자유로워진다. 예산안을 제출할 때, 각각의 기획안은 '연간 수행 계획안'을 함께 제시해야 하며, 여기에서는 특히 "활동 내역, 부대비용, 추진 목표에 대한 소개" 등의 내용을 포함해야 하고, 아울러 "향후 몇 년간 동 기획안의 실행으로 얻을 것이라 예상되는 성과에 대해 합당하고 구체적인 지표를 이용하여 추정한 결과물을 제시"(제51조)해야 한다. 또한 이에 상응하는 '연차 수행 보고서'를 작성함으로써, 시행되는 각 기획안으로 얻게 된 결과물을 보고한다. 이러한 개혁안에 더해 이 새로운 재정기본법은 '발생주의 회계'라고 하는 일반회계법을 도입한다. 이 회계 규정은 오로지 "그 활동의 특수성으로 말미암아"(제30조) 기업의 회계 규정과 구분될 뿐이다. 기업의 회계와 마찬가지로 정부의 회계 역시 "공정하게 정기적으로" 이뤄져야 하며, 국가의 "자산 및 그 재정 상태에 대해 믿을 수 있는 그림을 제공"해야 한다(제27조). 그리고 정부 회계 또한 검증 대상이 되어야 하며, 회계감사원에서 이 업무를 담당한다.[98] 이와 같은 개혁의 목적은 '협치'의 문화를 행정부로까지 확산시키는 것이다. 이에 따라 정부 책임자들은 사전에 정해진 규칙에 맞추어 지출을 하기보다는 스스로 정의한 목표의 달성을 위해 훨씬 더 자유롭게 활동할 수 있는 여지를 갖는다. 하지만 그 대신 그러한 활동의 효율성을 고려하며 행정을 집행해야 하고, 이는 다시 '객관적'이고 수량화된 지표들에 기초해서 평가된다. 이러한 개혁을 통해 계약화는 공적인 활동의 영역에서 전에 없던 재정적 수단을 부여받는다.

법원法源의 도구화

계약 기술은 법의 구상 단계에서도 빠르게 세력을 장악한다. 하지만 그렇다고 해서 계약화 현상이 계약 당사자들의 자유 신장으로 나타난 것은 아니다. 외려 이와는 반대로 계약의 기술이 법 근거에 개입하는 순간, 서로 간의 협의과정은 합의 내용을 협상하거나 이를 시행하는 당사자들의 의지에서 벗어나는 온갖 규범으로 뒤덮인다. 합의법이라는 것도 결국은 협상의 틀을 짜는 법률에 의해 도구화되며, 이법률과 규칙은 다시 정치적 결정이 내려지기 전 단계에서 그 방향을 제시하는 협정들에 의해 도구화될 수 있기 때문이다.

이러한 도구화는 무엇보다도 단체교섭법의 변화 속에서 두드러진다. 30여 년 전부터 단체협약은 서로의 이해관계와 관련하여 사측과 노측 교섭 대표 사이에 이뤄지던 단순한 합의가 아니라 이러한 이해관계를 초월한 목표 실현 도구로서 차츰 자리를 잡아나갔다. 이러한 변화는 계약 당사자들의 정체성 및 교섭의 목표 모두에 영향을 미친다.

단체협약을 체결하기 위하여 충족해야 하는 요건들은 해를 거듭

할수록 상당히 엄격해졌다. 처음에는 여하한 노동자 단체와 사용자 단체도 단체협약을 체결할 수 있었다. 이후 **협약능력**이라는 요건이 설정되면서 일련의 입법과정을 통해 점점 더 엄격한 방향으로 나아갔다. 노동자 대표의 경우 이 같은 협약능력은 일단 노조에 한해서만 인정되다가 나중에는 그 대표성이 정당하게 입증된 노동조합에게만 한정되었다. 1981년의 불이익 변경 협약 도입과, 이어 35시간 노동제의 개혁안과 더불어 다수대표성의 요건이 등장했으며, 곧이어 이 요건은 노사 양측의 요구대로 전면 확대되었다.[99] 유럽연합법에서도 이에 상응하는 변화가 감지된다. 마스트리흐트 조약에 의하여 도입된 입법 협약에 서명을 한 회원국에는 "충분한 대표성을 겸비한" 조직 역량이 요구되었기 때문이다.[100]

협약능력의 요구는 단체협약의 기능 변화에 따른 필연적 결과다. 단체협약이 전체의 이익에 관한 문제를 처리하는 한, 단체협약을 구상하는 주체는 (정부나 법원 등) 공공 권력으로부터 권한을 부여받고 (다수결 원리나 총투표 등) 수의 법칙을 정당화하는 법인격이어야 한다. 단체협약의 이 같은 변화를 통해 추구되는 비의회적 민주주의는 계약에 의한 법률 구상에 협력할 수 있는 정당한 계약 당사자들에게 권한을 부여하는 기법으로 나아간다. **교섭 의무**가 대두되면서 계약자들에게는 교섭의 대상 또한 강제되는데, 계약 자유의 원칙에서는 누구도 법적으로 교섭을 해야 할 의무 및 나아가 계약을 체결할 의무를 지지 않는다. 프랑스 노동법은 1971년부터 이러한 원칙에서 멀어졌다. 프랑스가 단체교섭에 대한 노동자들의 권리를 인정한 시기였다. 그리고 1981년이 되면 최초로 교섭 의무를 제도화함으로써 계약 자유의 원칙과 확실히 갈라서기 시작한다. 이러한 법적 혁신은 입법부 스스로가 선보인 것이었으며, 이에 대해 여러 판례와 학설은 '노동자를 위한 새로운 권리 인정'이라고 해석했다. 이 같은 분석이 틀렸다고 볼 수는 없지만, 이는 상당히 한정적인 해석이다. 사실 법률은 단체교섭을 강제하는 데 그치는 것이 아니라, 단체교섭의 대상을 정하기도 한다. 이 교섭 대상의 목록, 즉 교섭의 의무가 부과되는 목록은 시간이 지남에 따라 계속해서 늘어난다. 1981년, '오루Auroux' 개혁을 통해서는 매년 임금 협상과 노동시간 협상을 해야 할 의무 그리고 5년에 한 번씩 직업능력에 관한 협상을 해야 할 의무 정도만이 부과되었을 뿐이다. 달리 말하면 고용관계에 있어 핵심적인 부분들에 대해서만 교섭 의무를 부과한 것이다. 하지만 이후 노동법의 다양한 측면이 차례차례 교섭 의무 대상이 되었다. 즉, 교섭 의무 대상의 영역이 직업훈련, (노동자가 자신의 회사에 자본출자를 하거나 사측의 도움으로 예금을 조성할 수 있도록 해주는 장치) 급여 적립 저축제도, 남녀평등으로까지 확대된 것이다. 이 같은 경향은 유럽연합법에서도 관찰된다. 다국적기업에 '유럽노사협의회'를 설치하는 문제나 유럽주식회사를 제도화하는 문제, 노동자 대표의 조직 및 그 협의에 관한 문제 등에 있어 유럽연합의 지침은 (특별 교섭 그룹의) 특별 교섭 의무 또는 일반 교섭 의무를 제정한다.[101] 교섭 의무는 협약을 체결할 의무가 아니며 이러한 변화가 곧 사측의 일방적 권력이 축소된 것을 의미한다고 해석하면 곤란하다. 아마 중요한 건 다른 데 있을 것이다. 즉, 중요한 건 바로 교섭 당사자들이 더 이상 스스로 계약의 대상을 정하는 자유로운 계약 당사자인 것이 아니라 전체의 이익 실현을 내세운 정책 집행의 대리인이 되었다는 점이 아닐까? 교섭 당사자들이 이제는 직업교육정책이나 남녀평등 실현, 고용정책 등 집단 전체의 이익 실현을 위한다는 명목으로 자신들의 의지와 무관하게 정해진 목표들을 자신들의 목표인 양 그 실현을 위해 이용되는 도구가 된 것이다.

　국가의 합의 하에 체결된 협약이 정한 목표를 실현하기 위하여 입법권이 행사될 때, 법원法源 차원에서 이뤄지는 도구화는 입법권 혹은 조례제정권에도 또한 영향을 미친다. 대기업의 경영진들이 가치 창출이라는 목표의 실현에 종속되어 있는 것과 마찬가지로, 오늘날 (미국을 제외한) 국가들 대부분의 정부는 국제기구들이 제정한 '기술' 규범들을 시행하는 계획들에 대해 스스로 자유롭게 합의한 것으로 간주한 뒤 그 계획들의 실현 도구가 될 것을 권유받고 있다. 가령 후진국들 가운데에는 국제 금융 및 경제 기구 전문가들이 정의한 '건전한 경영 지표'들을 시행하는 '구조조정계획'의 규율들을 자발적으로 따르게끔 유도되는 나라들이 많다. 이와 비슷하게 유럽연합 또한 새로운 '협치' 방식을 수립했다. 이에 따르면 각 회원국은 유럽집행위원회가 제정한 공동 지표들에 대해 합의해야 하며, 이 지표들은 이어 국내적 차원에서 진행되는 정책들의 '가이드라인'이 되어야 한다. 경제적 수렴 기준 및 단일화 도입에 따른 규정들의 채택 이후, 이 "개방된 조율 방식"[102]은 (고용정책에서 해마다 정해지는 가이드라인처럼[103]) 비단 사회적 문제들에만 국한되는 것이 아니라, 유럽식 '협치'의 전형적인 형태가 되었다. 이에 따라 로마법 전통에 따른 '경성법dura lex' 문화는 이른바 '연성법soft law'이라고 하는 완화된 합의 규정의 법 문화로 대체된다. 회원국들이 스스로의 법률을 제정할 수 있는 자유는 이러한 합의 규정들이 미리 마련해놓은 틀 속에 구속되며, 이는 회원국들의 자발적인 승인 하에 이뤄진다. 회원국들은 스스로 합의한 목표들을 실현하기 위하여 각자 적절한 방식을 취할 수 있지만, '기술적' 지표들을 근거로 한 유럽연합 기구들, 즉 집행위원회, 유럽은행 등의 주기적인 평가 대상이 된다. 여기서 우리는 통상적인 규범적 무기를 수반한 '목표에 의한 경영' 논리에 다시 한 번 직면한다. 즉, '중립적인' 성과 지표, 법 주체의 미리 예정된 '구속적' 자유, 합의된 목표의 달성 여부를 감시하는 역할을 맡은 전문 당국들을 무기로 삼으며 '목표에 의한 경영'을 추구하는 상황과 다시금 대면하게 되는 것이다.

물론 유럽연합 차원에서 마련된 공공 정책 지표가 회계 규범이나 ISO 표준처럼 그렇게 '순수하게 기술적인' 규범은 아니며, 따라서 이 기술적인 규범들같이 그 성격상 입법적 또는 사법적 부분을 감론을박할 대상에서 벗어날 수는 없을 것이다.[104] 하지만 이 규범들도 그런 기술 규범과 마찬가지로 취급되고 있으며, 이러한 부분이 바로 이 새로운 '협치'의 방식이 민주주의에 미칠 중대한 위험 중 하나다. '협치'가 이뤄짐에 따라 법이 계약에게 밀려나는 것은 아니지만, 그보다는 계약과 법이 희한한 형태로 뒤섞인 돌연변이 방식이 나오게 될 공산이 크다. 이 같은 기형적 방식에 따라 오늘날 나타나는 그 주된 특징은 규칙을 제정하려 한다는 데 있다기보다 (정부나 노조, 노동자, 기업주 등) 법 주체 각각의 행동을 한정짓는 관계를 만들어낸다는 데 있다. 이러한 시스템상에서는 절대적으로 주권 주체라 할 수 있을 만한 존재가 없다. 각자가 조직 전체의 조절 기제가 되어야 하기 때문이다. 그리고 조직 전체의 이러한 조절 메커니즘은 더 이상 그 어디에서도 제대로 논의되지 않는다.[105]

이러한 관점에서 보면, 봉건적 요소의 법적 관계가 다시 회귀하는 현상에 대해 원칙적으로 개탄해봤자 별 소용이 없다. 반면 새로이 부상하는 이 규범적 질서의 근거에 대해서는 비판해볼 필요가 있다. 기술 규범의 중립성이나 전문 기관의 학술적 권위든, 법률로부터 자유로운 주체 문제든, 그 밖에 으레 제기되는 현대적 신조든 간에 모두 근본적으로 새로운 요소이기 때문이다. 계약화 현상이 개별적 이익과 전체 이익 사이의 불가피한 조정사항들을 새롭게 물갈이하는 데 도움이 되긴 하지만, 이는 또한 전에 없던 새로운 억압 형태에 포문을 열어줄 수도 있다. 최소한 『법학제요法學提要』를 쓴 로마 법학자 가이우스Gaius[106] 이후, 우리는 제도적 기틀을 마련함에 있어 인적 물적 토대를 기반으로 삼아야 할 뿐 아니라 행위에도 근거하고 있어야 함을 알게 됐다. 즉, 사물의 상태에 대해 문제삼을 수 있는 인간의 권리에도 근거하여 제도적 무대를 세워야 하는 것이다. '협치' 이데올로기에서 가장 우려스러운 부분 중 하나는 사람들의 단체행동과 갈등이 사회의 흐름 속에서 갖는 의미에 대해서 전혀 인정하지 않는다는 점이다.[107] 따라서 '협치' 이데올로기는 역설적이게도 사회적 갈등이 제거된 세계라고 하는 전체주의적 이상향과 다시 연결된다. 최근 중국의 제도적 전망에 대해 질문을 받은 한 중국 지도자는 중국이 서양을 교훈으로 삼아 '민주적 독재'를 일구어야 한다고 대답했다. 이는 때로

멀리서 보는 게 더 정확하다는 비교 연구의 한 역설적인 측면에 해당한다.

우리는 어떤 것에 희망이 없다는 점을 깨달을 수 있어야 하고,
그럼에도 이를 변화시키기로 마음먹어야 한다.

— F. 스콧 피츠제럴드[1]

제6장

인류의 결속:
인권의 올바른 쓰임

우리가 '글로벌화'라고 부르는 것은 근본적으로 새로운 현상이 아니라 수 세기에 걸친 세계화과정의 마지막 단계에 해당한다. 르네상스와 신대륙 정복에서 그 기원을 찾을 수 있는 이 세계화과정은 아메리카 인디언 학살에서부터 오늘날에 이르기까지 다른 나라에 대한 서구 국가들의 지배과정과 언제나 동일했다. 이 같은 지배는 서구세계의 그 어떤 신체적 정신적 우월함에 근거한 것이 아니었다. 그보다 이는 서구세계가 과학기술의 발전으로부터 얻게 된 물질적 힘에 기반을 두고 있었다. 서구의 과학과 기술이 전 세계로 확대되고, 이와 더불어 시장경제가 세계 전체에 확산되면서 새로울 게 전혀 없는 문제 한 가지가 다시금 제기된다. 즉, 모든 인류에게 공통된 믿음이 존재하는가? 다시 말해 보편적으로 인정되고 나아가 실제로 관찰되기까지 하는 가치들이 그리고 이 같은 '글로벌화'에 제도적 기초를 제공할 수 있을 만한 가치들이 존재하는가? 아니면 반대로 교조적 체계라는 것은 한쪽에서 다른 쪽으로 침투할 수 없는 것인가? 이들은 상호 간에 서로 무시하거나 전쟁을 벌일 수밖에 없는 것인가?

물론 이 문제는 일단 인권에 관한 문제다. 인권은 그 보편성을 둘러싸고 이를 믿는 자들과 그렇지 않은 이들로 나뉜다. 인권의 보편성을 믿는 사람들에게 있어 인권은 하나로 통합된 세계에서 이 세계가 필요로 하는 보편타당한 십계명을 제공해주는 반면, 인권의 보편성을 부정하는 이들은 오로지 '백인의 인권'만을 생각한다. 비서구권에 대한 서구의 지배를 정당화해주는 발상이다. 인권을 저버린 사례는 서구의 전체주의와 독재 체제, 식민지 건설의 경험으로부터 숱하게 찾아볼 수 있는데, 이 같은 인권의 거부가 과거 서구의 지배를 감내해야 했던 국가들에서 수많은 국민의 생각을 장악하려 하고 있다. 런던으로 망명한 프랑스 정부를 위해 1943년 작성했던 한 참조 글에서 시몬 베유 역시 이와 같이 고찰하고 있다. "알코올 중독이나 결핵, 그밖에 몇몇 질병과 마찬가지로 회의주의라는 독소는 얼마 전까지만 해도 이와 무관했던 지역에서 더욱 악영향을 미친다. 유감스럽게도 우리는 무언가를 대수롭지 않게 여기게 되었으며, 우리가 접촉한 그곳에서 우리는 그 무엇도 믿지 않는 하나의 인종을 만들어낸다. 이러한 상황이 지속된다면 언젠가 우리는 그 여파를 뼈저리게 느끼게 될 것이다. (1943년의) 일본은 다만 그 전조에 불과하다."[2]

사실 인권의 문제가 제기되는 것은 바로 믿음의 영역이다. 인권 문제에 대한 모든 고찰은 인권의 교조적 성격을 확인하고 인권이 서구 기독교 문명의 가치에서 비롯된 한 신조의 내용에 해당한다는 점을 인정하는 것에서부터 시작해야 한다. 그러나 인권의 이 교조적 성격 때문에 인권의 가치를 폄하해선 안 된다. 하나의 교리 또한 엄연히 삶의 한 방편이며, 아마 인간의 삶에 가장 필수불가결한 자원일 것이다. 겉으로 증명할 수 있는 의미가 전혀 없더라도 인간은 자신의 삶에 하나의 의미를 부여한다는 것이 인간 삶의 고유한 속성이기 때문이다. 그러다 설령 개인 혹은 집단의 광기에 빠지고 상식을 벗어나는 경우가 있다 하더라도 인간은 그렇게 의미를 부여하며 살아가야 한다. 우리는 스스로의 행위에 의미를 부여하는 확실한 기준 없이는 자유롭게 행동할 수 없다. 토크빌이 지적하고 있는 바와 같이 "그럴 듯한 신념 없이 발전할 수 있는 사회란 존재하지 않는다. 설령 존재한다 하더라도 그 상태로 사회가 존속할 수는 없다."[3] 그러기에 인권은 교리적 원천으로서 과학기술적 시도에 개입된다. 인권은 한편으로 이를 정당화하는 동시에, 다른 한편으로는 그 방향을 잡아주고, 과학기술적 시도가 비인간적인 방향으로 나아가지 않도록 유도한다. 20세기에 저질러진 전례 없는 극악무도함의 풍부한 사례는 이 두 번째 기능이 얼마나 중요한지를 일깨워주며, 인권의 교조적 성격에서 벗어난 과학기술이 어디까지 치달을 수 있는지 보여준다. 하지만 인권이 계속해서 이러한 교조적 기능을 충족하기 위해서는 과학기술의 지리적 확대와 역사의 발전에 따라 인권 해석에 대한 부분 역시 발전해야 한다. 그러자면 비서구권 국가에서도 인권을 제대로 소화해내고 그 의미와 영향력을 확대해나가야 한다. 그렇게 해야만 비로소 인권은 '인류' 전체에 강요되는 하나의 신조로서 모두의 해석에 대해 열려 있는 공통된 교리적 원천이 될 것이다.

인권이라는 신조

인권에 교조적 성격이 있다는 점은 부인하기 어렵다. 물론 '과학적 진리'를 바탕으로 인권의 토대를 마련하고자 하는 사람들도 많고, 인간의 생물학적 동일성을 근거로 인간의 법적 평등을 정당화하는 분별력 있는 사람들도 도처에서 눈에 띈다.⁴ 하지만 좋은 의도에서일지 언정 이들은 나치즘과 유대인 학살의 토양이 되었던 사회생물학적 방식으로 다시 이어진다. 생물학적 차이가 법적 불평등을 정당화할 수 있다는 점을 전제하기 때문이다. 그리고 그러한 차이가 존재한다고 오랫동안 주장해왔던 과학 분야에서 장차 새로운 생물학적 차이를 내세우고 나온다면, 평등의 원칙은 포기하고 말아야 할 것이다.⁵ 이러한 과학 근본주의적 사고의 함정에 빠지지 않는다면 더더욱 인권이 제도적 전제가 된다는 점을 인정할 수밖에 없다. 즉 인권이 우리의 법적 구조물에서 주춧돌을 이루고 있는 증명 불가능한 긍정 명제임을 받아들이는 것이다. 신이 우리의 제도적 무대에서 퇴장한 이상, 이제 그 자리를 차지하고 있는 것은 바로 인간이며, 오귀스트 콩트의 예언처럼 사회의 세속화는 '인류'라는 종교를 탄생시켰다.⁶ 그러나 앞장에서 계속 언급된 바와 같이 전 세계를 하나로 묶고자 하는 이 '인류교'는 서구사회를 지배하고 형성해온 믿음 체계의 오랜 역사 속에 포함된다.

신의 자리가 인간에게로 대물림된 것은 우리의 모든 권리선언이 기준으로 삼고 있는 불멸의 보편적 인간형에서 드러난다.⁷ 인권선언에서 나타나는 인간의 모습은 서구의 '법률적 인간'에서 알아보았던 이

마고 데이, 즉 신의 형상을 본떠 만든 인간의 모든 특징을 다 가지고 있다.[8] **법률적 인간**의 개념에서와 마찬가지로 인권에서 말하는 인간 역시 일단은 **개인**을 의미한다. 법적 기원(로마법 : indivis)을 갖고 있는 이 말의 '단위'라는 양적인 의미에서나 '단일적 존재'라는 질적인 의미에서나 인권과 관련한 '인간'은 '개인'이다. 하부 개체로 나누어질 수 없는 개인은 모든 인간사회를 구성하는 최소 단위의 소립자로서, 항구적이고 단일한 형태의 법적 소유권을 타고난 안정적이고 가산적可算的인 존재다. 단 하나밖에 없는 유일한 존재로서 개인은 다른 그 누구와도 비교할 수 없으며, 그 자체로서 스스로의 목적이 된다. 개인은 완전하고 고립된 존재이며, 자신이 속한 다양하고 변화무쌍한 사회집단을 초월하여 존재한다.[9] 그러므로 인류라는 이름의 '가족'은[10] 서로 동등한 개체들이 모여 사회를 이루는 거대한 형제 집단이며, 그 안에서 개개인의 권리는 '형제애 정신'과의 충돌이 불가피하다.[11] 이렇듯 형식적으로 평등한 개인들의 집합체로 국한된 사회에서 공정한 질서유지를 위한 열쇠는 사실 개인 간의 경쟁 이외에 다른 것에서는 찾을 수가 없다. 이러한 초상은 다른 수많은 문화권에서 우세하게 나타나는 그림과 굉장히 다르다. 이들 문화권에서는 인간이 자기 안에서 다른 존재들과 함께 공존한다고 느끼며, 전체의 일부로서 스스로를 바라본다. 그 자신을 관통하고 초월하며, 자기보다 앞서 존재했고 이후로도 자신보다 더 오래 존속할 전체 안에서 이를 구성하는 일부 요소로 자기 인식을 하는 것이다.

　인권에서 말하는 또 다른 인간은 주권적 '주체'다. '법률적 인간'으로서의 한 개인적 존재에서와 마찬가지로 주권적 주체의 개념에서 또한 인간은 고유한 존엄성을 지니고 있으며,[12] 자유로운 존재로 세상에 태어나 이성을 지니고 권리를 보유한 존재다.[13] 주권적 주체에서 말하는 '주체'의 개념은 두 가지 의미를 가진다. 하나는 법을 지키고 그 보호를 받아야 하는 종속된 존재로서의 주체이고,[14] 다른 하나는 스스로 법칙을 정할 수 있으며 그에 따라 자신의 행동에 대해 책임을 져야 하는 행위적 '자아'로서의 주체다. 인간은 두 가지 차원에서 법을 다스려왔으며, 이는 인권선언문에서도 잘 드러난다. 우선 하나는 과학적 '발견'으로 신의 '계시'를 대체한 과학법칙이다.[15] 이로써 인간은 스스로 자연의 주인이 된다.[16] 다른 하나는 민법이다. 민법의 정당성은 그 적용 대상이 되는 국민에게서 나온다.[17] 오늘날 투표권은 이제 하나의 역할이 아닌 시민 개인의 권리로 정의되는데,[18] 이러한 투표권으로 표현되는 개인 주권은 각자가 주인으로서 행동할 수 있어야 하는 제도적 기반이 된다.[19] 하지만 일본에서와 같이 개인의 의지를 내세우지 않는 것에 가치를 부여하는 다른 문화권에서 이는 매우 생소한 관점이다.[20] 오직 신만이 진정한 입법자로 여겨지는 이슬람 문화권에서도 인간은 신 앞에서 그 자신의 무력함을 털어놓음으로써만 자유에 다가갈 수 있다.

끝으로 인권에서 말하는 인간의 또 다른 개념은 '인격'이다. 1948년 세계인권선언 제6조에서도 "모든 사람은 어디에서나 법 앞에서 그 인격을 인정받을 권리가 있다"고 천명한다. 앞서 살펴본 바와 같이 기독교에서는 그리스도와 마찬가지로 인간에게도 신체적 한계 속에 불멸의 영혼을 집어넣어 정신과 물질의 이중성을 부여함으로써 인격을 모든 인간의 속성으로 만들었다.[21] 이러한 신체와 영혼이 하나로 결합하여 인격을 형성하는 것이다. "인격의 자유롭고 완전한 발전"[22]이라는 주제를 거듭 반복하는 인권선언은 이러한 개념을 계승한다. 한 사람 한 사람을 하나의 유일한 정신으로 인식하는 이 같은 개념에서 저마다의 정신은 살아가는 내내 차츰 성장·발전해나가며 그 창작물을 통해 계속해서 살아남는다.[23] 이와 같이 고안된 인격이라는 개념은 인도철학에서 이야기하는 것처럼 벗겨내야 할 가면이 아니라 발견해야 할 하나의 존재다. 인격은 각 개인의 영혼이 현실 속에서 구현되는 과정에서 저마다의 정신이 갖는 정체성을 드러내 보여준다. 1948년 인권선언에서 여러 권리 가운데 법 앞에서 그 인격을 인정받을 권리를 포함시킨 이유는 단지 인간이 다른 권리를 향유함에 있어 인격에 대한 권리가 기술적으로 반드시 필요하기 때문만은 아니다. 그보다 더 핵심적인 이유는 다른 데 있다. 과학주의가 지배하는 서구 사회에서는 인간의 유일한 실체가 오로지 생물학적 본성 밖에 없다는 사실을 깨달았고, 이에 법률적 인격은 순전히 기술적인 측면으로 전락하여 마음대로 처분할 수 있는 부분이 되고 만다. 하지만 인간을 이렇듯 생물학적인 존재로만 국한시키면 사회 전체가 강자의 법칙에 따르는 약육강식 세계에 이르고 말 것임은 나치의 참혹한 과거를 통해 드러났다. 법적으로 인정되는 인격에 대해 세계인권선언에서 이를 보편적이고 절대불가침한 권리의 대상으로 삼은 이유도 바로 여기에 있다. 뿐만 아니라 법률적 인격을 이렇듯 격상시킨 것에 더해 소위 '2세대'라고 하는 새로운 인권도 인정한다. 2세대 인권은 인간의 지적 신체적 존엄성으로부터 파생된 권리들을 말한다.[24] 물론 노동에 대한 권리, 사회보장에 대한 권리, 교육을 받을 권리. 문화를 향유할 권리

등 이런저런 것에 대한 인간의 권리들은 전체주의의 길보다는 복지국
가의 길을 걸어온 서구 국가들의 개별적 경험에서 비롯된 것이었다.
그러므로 서구권 이외 국가들의 사례에는 부합하지 않는 개념들이 나
오게 마련이다. 가령 암묵적으로 임금노동을 의미하는 '노동'의 개념
이 이에 속한다.

　이어 '**법**'과 '**권리**'라는 어휘 역시 원래부터 보편적인 것은 아니었
으며, 이 또한 순수하게 서구적인 관념 체계를 나타내고 있는 부분이
다. 세상이 보편적이고 범접할 수 없는 법칙에 따른다는 생각도 성서
에 기반을 둔 문명 고유의 특성이다. 독실한 무슬림이든 아인슈타인
이나 무신론적 신경생물학자든 인간은 불변의 법칙에 종속된 존재라
고 생각한다. 마이모니데스가 이미 쓰고 있는 바와 같이[25] 이 법칙을
연구하고 이해하는 것보다 더 중요한 건 없다. 다만 이를 세상에 풀어
내는 방식의 차이만이 있을 뿐이다. 한쪽에선 신의 **계시** 안에서 율법
을 탐구하는 반면, 또 다른 한쪽에서는 자연이라는 위대한 경전 속에
새겨진 법칙을 **발견**하는 데 매진하는 것이다. 하지만 인간이 인지하고
관찰할 수 있는 법칙에 따라 세상의 질서가 잡힌다는 생각만큼은 그
어느 쪽이든 동일하게 갖고 있다. 앞에서도 살펴봤듯이 일부 문화권
에서는 이러한 믿음이 지금도 완전히 생소한 관념이다. 특히 중국의
경우가 대표적인데[26] 유교 사상에서 자연이나 사회의 질서는 각자가
자신의 자리를 내면화하는 과정에서 잡히는 것이지, 모두에게 통일된
법칙을 적용함으로써 질서가 만들어지는 게 아니다. 이들 문화권에서
서구사회로부터 유입된 법사상에 적응해야 했고, 또 오늘날에도 그리
해야 한다는 사실은 이들 문화권이 서구의 법리 문화에 동화되었다

는 착각을 안겨준다. 그러나 이러한 서구의 법 개념이 단순히 식민주의 열강에 의해 강요된 게 아니었다고는 해도 이는 서양과의 교역에 필요한 하나의 조건으로서 유입된 것이었지, 결코 인간적 혹은 사회적 가치의 표현으로서 받아들여진 게 아니었다. 이는 특히 일본의 사례에서 잘 드러나는데, 일본은 대외적으로 서구의 법 문화를 받아들이면서도 대내적으로는 여전히 인간에 대한 본래적 관점을 더 우선시했기 때문이다.[27]

　하물며 종교적 율법과 과학적 법칙만 하더라도 이러한데, **'법'이라는 개념**은 더더욱 그 보편성을 내세우기가 힘들다. 법과 더불어 율법과 법칙은 그 성격이 달라지는데, 불변의 텍스트 속에서 영원히 계시되는 명령이었던 율법과 법칙은 이제 하나의 기술적 대상이 되며, 이를 만들거나 고칠 수 있는 인간의 정신으로부터 그 의미가 생겨난다.[28] 이렇게 정의된 법은 오랜 유럽 역사의 결실로, 이에 따라 인간에게는 인간을 다스리는 율법과 법칙의 지배권이 인정된다. 해럴드 버먼Harold Berman과 피에르 르장드르의 연구에서 드러난 것처럼, 유럽의 이 같은 역사에서 결정적이었던 순간은 바로 11~12세기 무렵의 그레고리오 개혁이었다.[29] 로마법을 알맞게 재활용한 교황권은 모든 기독교도에게, 즉 결과적으로는 세상 전체에 적용될 모든 율법과 법칙의 살아 있는 원천으로 거듭난다. 미술사가 엘리 포르Élie Faure 역시 일찍이 다음과 같이 지적했다. "서양에서 교황권은 로마 행정권의 추상적 연장에 불과했다."[30] 법과 국가에 관한 서양의 개념 역시 이로부터 출발한다. 서구권에서 법이란 독자적이고 통합적이며 진화적인 규칙 체계다. 그리고 국가는 결코 사멸하지 않는 인격으로서, 법률의 원천이 되며 개개인의 권리를 보장해준다. 정교분리가 이뤄지면서 이러한 제도적 구조는 근대적인 모습을 갖추게 된다. 과학은 종교의 자리를 대신하여 우주적 차원에서 진리를 판단해주는 존재가 되었으며, 생시몽의 예언처럼 공적 영역에서 권위를 갖는 유일한 **영적 권력**이 되었다. 동일한 지역에서 동일한 언어를 사용하며 동일한 종족으로 구성된 민족국가는 교회의 권위에서 해방되었으며, 국내적 차원에서나 (여러 국가가 모인) 국제적 차원에서나 동시에 하나의 주권적 '주체'가 된다. 그리고 인간은 그 모든 신의 기준으로부터 벗어나 스스로 그 자신의 고유한 목적이 되었다. 이제 인간은 '인권'이라는 십계명을 가지고 '인류'라는 종교를 만들어낸다.

처음에는 하나의 유일한 종교적 기준이었던 것이 여러 개로 쪼개지면서 구축된 이 현대적 구조물은 원래부터 하나의 모순에 사로잡혀 있었고, 이는 세계가 하나로 통합되면서 세상에 드러난다. 사실 국가와 법은 국내적 토대에 기반을 두고 있으며, 국제사회는 국가와 국가가 모인 하나의 사회로 인식된다. 하지만 다른 한편에서는 인류 전체에 적용될 수 있는 '보통법'과 보편적 주권이라는 로마 교회법적 개념이 여전히 존속하고 있는 것이다.[31] 이에 대규모 민족국가를 구축한 강대국들은 선전 정책을 펴든 아니면 무기를 동원해서든 하나둘씩 차례차례로 '제국imperium'의 보편적 가치에 대한 믿음을 강요하려 애를 썼다. 프랑스와 '대영제국', 독일의 '라이히Reich',• 그리고 소비에

• '제국'이라는 뜻의 독일어.

트 연방 등이 내세운 '문명화 사명'이 이와 같았으며, 오늘날 미국이 전 세계에 퍼뜨리겠다는 사명감을 갖고 있는 '상품의 제국'도 마찬가지 양상을 띠고 있다.

물론 이러한 제국주의적 시도는 인권이 곧 서구식 메시아주의의 현신에 지나지 않는다고 생각하는 사람들에게 더욱더 힘을 실어줄 뿐이다. 전 세계적으로 점점 더 그 수가 늘어가고 있는 이들로 하여금 자신들의 신조로 서구사회의 이 신조에 반박하도록 부추기고, 서구의 무기와 기술로 서구 문명 그 자체를 겨누게 만드는 것이다. 그렇게 되면 '문명의 충돌'[32]이라는 소용돌이에 빠져들 위험이 있다. 그 누구도 탈출구를 찾을 수 없는 전 세계적인 종교전쟁이 시작되는 것이다. 사실 무기로써 사람을 개종시킬 수 있을지도 의문이다. 서구 사상의 가장 아름다운 표현 중 하나인 인권은 이러한 면에 있어 인류 그 자신에 관한 지혜의 일부가 되며, 어쨌든 보다 나은 대우를 받을 만한 자격이 있다.

서양식 근본주의의 세 가지 형상

좀 더 발전적인 방향으로 나아가기 위해서는 '인류 공동의 가치'에 대한 고민이 그 모든 근본주의적 함정을 피하는 것으로부터 시작되어야 한다. 개신교에서 비롯된 개념인 '근본주의'는 원래 19세기 말 미국의 교조주의 세력 내에서 맨 처음 등장한 교리적 주장이었다. 1895년 미국의 근본주의자들이 채택한 이 교리적 입장은 성서를 문자 그대로 해석하는 입장을 지지하는 게 그 특징이며, 신학적 자유주의와 '사회복음주의'에는 반대한다. 경전의 내용에만 집착하는 이 폐쇄적인 사고 성향은 오늘날 이슬람 근본주의라고 하는 것에서 다시 발견된다. 이슬람 근본주의에서는 중세의 법사상으로부터 도입된 부분을 율법의 원천에서 배격하고, 교부의 합의 관행에 대해서는 거부하며 오로지 코란과 수나의 문구에만 매달린다. 인권에 대한 근본주의적 해석은 세 가지 양상을 띤다. 그중 첫 번째는 메시아주의로, 경전에 대한 문자 그대로의 해석을 이 세상 전체에 강요하고자 할 때 나타나는 특성이다. 두 번째는 특수주의로, 인권에 대해 서양의 우월함을 드러내는 표식으로 삼는 한편, 문화적 상대주의를 내세우며 다른 문화권이 스스로 인권을 적절히 소화해내는 능력이 없다고 부정할 때 나타난다. 마지막은 과학주의인데, 이는 인간 행동에 대해 변하지 않는 진리의 법칙이라고 일컫는 생물학적 또는 경제학적 교리에 인권의 해석을 결부시키는 경우에 드러나는 양상이다.

메시아주의

메시아주의에서는 인권을 하나의 새로운 십계명으로 인식하며, '선진' 사회가 '개발도상' 중인 사회에 계시를 내리는 '경전'이라고 생각한다. 그리고 이 '개발도상' 국가에게 있어 '뒤처진 부분을 채우고' 인권과 시장경제를 아우른 현대사회로 전향하는 것 외에 다른 선택의 길은 없다. 이 역시 하나의 근본주의에 해당한다. 국내법에 따른 그 모든 목적론적 해석보다 인권에 대한 문자 그대로의 해석을 우선시하고 있기 때문이다. 이렇듯 자구 해석에만 급급할 때, 인권의 기본이 되는 개인의 자유와 평등에 관한 원칙은 어리석은 해석의 대상이 될 수 있다. 예를 들어 사도 바울이 "남자도 여자도 없다"[33]라고 말한 것이나 시몬 드 보부아르가 "여자는 태어나는 것이 아니라 만들어진다"[34]고 말했을 때, 이들은 성별의 차이를 부인하려고 했던 것이 아니라 바울의 경우 종교적 차원에서, 보부아르의 경우 시대적 차원에서 각각 온전한 성적 평등을 말하고자 했던 것이다. 즉, 이들은 각 개인이 자리를 잡을 수 있도록 지켜주는 신과 사회라는 제3자의 원칙 앞에서 남자와 여자가 평등함을 주장했다. 산술적 의미에서의 평등과는 다르게 법적인 평등에서는 그 적용 대상이 되는 존재들의 상호 대체 가능성을 배제한다. (민법전이나 기독교 신의론에서) 아들이 아버지와 동등하다고 말하는 건 아들이 곧 아버지가 된다는 걸 의미하지 않는다. 딸아이가 사랑하는 남자와 내가 동등한 사람이라고 해서 나에게도 그 남자처럼 딸과 혼인할 권리가 주어지는 것도 아니다. 다시 말해 법적 평등이란 언제나 주어진 준거의 틀 속에서 해석해야 한다. 인권에 대한 근본주의적 해석은 모든 종류의 외적 기준으로부터 평등의 원칙을 단절시키고, 인간을 민법전에서 말하는 '종류물種類物'[35]로 취급한다. 즉, 인간에 대해 상호 교환이 가능하고 고유한 특성이 없는 대량생산품으로 인식하며, 인간사회에 대해서는 은행 계좌의 총액 이외에는 그 어떤 개별적 가치도 갖지 못하는 계약적 요소 같은 기본 단위의 산술적 총합으로 인식한다. 이와 같이 해석된 인권은 각 개인의 상태를, 저마다 세상에 태어나는 순간부터 자유롭게 채워나갈 수 있어야 하는 하나의 백지장처럼 만드는 데 이용된다. 수많은 지식인에 이어 사회문제를 외면한 곳곳의 정치인들은 '최후의 금기'와 맞서 싸우는 전문가를 자처하며 성별의 차이가 없어진 사회를 만들고자 노력하고 있다. 이러한 사회에서는 모성의 제도적 기반이 흔들리고 혈연관계는 계약으로 대체될 것이며, 아이들은 '억압받는 소수'라는 '특수한 신분'으로부터 벗어날 것이다. 아울러 광기가 인간의 양도할 수 없는 권리로 인정될 것이다.[36]

이와 더불어 서구에서든 다른 그 어디에서든 이 놀라운 관점에 동조하지 않으며 시대에 뒤떨어진 자들이라면 반박당할 우려도 있다. 사실 이는 메시아적 근본주의로, 인권에 대한 극단적인 해석을 전 세계 모든 나라로 확대시키려는 발상에 해당한다. 서구권 국가들을 필두로, 이어 개발도상국들로까지 퍼뜨리려는 것이다. 이 메시아주의는 미디어와 사회과학을 시작으로 하여 믿음을 전파하는 모든 현대적 수단을 다 동원한다.[37] 반세기 전부터 '저개발'을 물리치기 위해 시행되어온 '개발' 계획이나 '구조조정' 계획에서도 이에 관한 수많은 예를 찾아볼 수 있다. 뿐만 아니라 인권이 제대로 지켜지고 있는지 감시하기 위해 특별히 만들어진 법원들의 판례에서도 메시아주의가 두드러지게 나타난다. 군대에 의해 의원직으로 선출되었다 해임되었다를 주기적으로 반복하는 터키 국회의원들이 낸 소송에서 유럽인권재판소는 이들의 청구를 기각했다. 청구인들이 원용한 이슬람 율법 '샤리아'는 "종교적으로 천명된 신의 교리와 규칙들을 충실하게 반영하며 안정적이고 변하지 않는 특성을 드러내고 있다는 점" 그리고 "정치적 참여에 있어 다원주의와 공적 자유의 끊임없는 진화 등의 원칙은 샤리아에서 생소한 개념이라는 점"[38] 때문이었다. 이 판결은 이슬람 법사상의 풍부한 역사를 아무것도 아닌 것으로 일축하며, 이로써 이슬람 율법인 샤리아의 가치와 인권의 개념을 서로 조화시키고자 하는 그 모든 발상을 차단한다. 그렇게 함으로써 이 판결은 이슬람 근본주의에서 옹호하는 이슬람 율법의 해석에 기판력旣判力을 부여한다. 인권에 대한 근본주의적 해석이 가져오는 가장 확실한 결과는 이에 대한 반대급부로 반서구적 근본주의를 더욱 키워가고, 이에 따라 인권의 영역을 일종의 종교전쟁으로 몰아간다는 점이다. 남녀평등 문제는 이를 잘 보여주는 적절한 사례다. 성별의 차이를 부정하며 평등의 원칙에 대해 어리석은 해석을 하는 것에 대항하여, 여성을 언제까지고 변치 않을 성 역할 속에 가둬두고자 하는, 그에 못지않은 어리석은 해석들이 맞장구를 쳐주기 때문이다.

특수주의

반대로 특수주의에서는 인권이 오직 서양에만 계시된 일종의 십계명으로 간주하고, 자유나 평등, 민주주의 같은 가치를 다른 문화권에서는 그 의미를 가질 수 없는 것으로 치부한다. 교리 체계란 상호 간에 소통 불가능하다고 전제하는 이 특수주의에서는 문화적 상대주의에 일종의 규범적 가치를 부여한다. 이게 하나의 근본주의에 해당하는 이유는 이러한 교리 체계에 대해 해석적 자원을 발판으로 변화할 수 없는 불변의 구조 취급을 하고 있기 때문이다. 이 같은 근본주의는 서구권 국가 내부에서도 특수주의를 부추기는 방향으로 나아가는데, 특히 50여 년간의 '개발' 정책으로 본국에서 밀려난 이민자들

의 특수집단화를 부추기며 '다문화주의'의 이상을 일구어나간다. '문
화적 기준'이라는 완곡어법을 쓰고 있는 '다문화주의'에서는 (북미지역
의 경우) 인종적 소속이나 (유럽의 경우) 종교적 소속을 인간 정체성의
궁극적인 기반으로 삼으며,**39** 사회를 '인종' 혹은 '신앙' 공동체를 단순
히 짜깁기한 것 정도로 국한시킨다. 이에 따라 현지 토착민의 공동체
가 돋보이는 것은 물론, 폭력과 인종차별주의의 밑거름이 형성된다.
이는 정체성에 있어서의 근본주의다. 모든 사람을 그 민족적 혹은 종
교적 기원의 '숙명' 속에 가둬두기 때문이다. 이에 따라 한쪽에는 인권
에서 말하는 자유로운 사람들이 존재하는 한편, 다른 한쪽에는 인종
적 개념에서 접근한 '인류anthropoid'가 존재한다.**40** 전자의 경우, 그 자
신의 삶을 다스릴 운명을 타고난 사람들을 가리키며, 미국에서 '앵글
로색슨계 신교도 백인'이라는 뜻으로 'WASPwhite anglo-saxon protestant'
라 일컫는 이들이 이에 속한다. 후자는 출생과 동시에 그 소속된 공
동체로 구분되며, 미국에서 '아프리카계 미국인' '히스패닉계 미국인'
'아시아계 미국인' 등으로 불리는 사람들이나 프랑스에서 '외국계 프랑
스인', 유대계 혹은 무슬림계 '공동체' 소속으로 분류되는 사람들이 이
에 해당한다.**41** 스스로의 존재를 부정함으로써 '변절자'가 되지 않는
이상 이 같은 소속 공동체로부터 벗어날 수 없는 이 '인류anthropoid'적
존재들은 오늘날 인류학의 새로운 연구 대상으로 떠오르고 있다. 과
거 식민지 사람들을 연구하던 인류학은 이제 교외의 빈곤지역 사람들
로 연구 대상을 옮기고 있는 추세다. 국제적 차원에서 이러한 관념은
민족국가의 정당성을 훼손하고 오스만 체제 하의 '밀레트Millet 제도'●
같은 제국주의적 형태를 다시 복원하려는 시도로 나아간다. 즉, 지역

내부적으로는 각자의 신앙과 관습을 자유롭게 지키도록 해주며 인종 혹은 종교적 공동체를 유지하는 한편, 전체적으로는 부를 갈취하는 구조로 나아가는 것이다.**42** 이렇듯 우리로 하여금 지역적 차원에서의 '로컬'이라는 말과 전체적 차원에서의 '글로벌'이라는 말을 끊임없이 반복하게끔 만들 때에는 1914년 이후 이러한 제국주의적 모델이 발칸반도에서 지속시켜온 끝없는 전쟁과 학살을 떠올려볼 필요가 있다. 대내적으로든 대외적으로든 보편적 관용주의로 치장한 상대주의는 모든 문화가 저마다 나름대로의 가치를 지니고 있다고 이야기하면서도 이러한 형평성을 보장하는 문화가 필연적으로 다른 문화보다 더 우수하다는 믿음을 기저에 깔고 있다.

과학주의

마지막으로 과학주의에서는 맹목적으로 숭배되는 과학이 밝혀낼 인간 행동의 법칙에 따라 인권을 해석하는 방향으로 나아간다.**43** 다양한 학문이 이러한 과학주의적 타락의 위험에 노출되는 양상은 저마다 다르게 나타난다. 수학처럼 가장 엄격한 영역은 거의 전적으로 그 위험에서 벗어난 것처럼 보인다. (약간의 한심한 예외적 경우를 제외하면) 문학이나 법학같이 스스로 과학적 신분을 내세우지 않는 분야

● 오스만 제국에 편입된 다양한 이질적 민족을 종교 문화적 자치성과 고유성을 보장해주면서, 술탄을 정점으로 결집시켰던 제도. 밀레트는 오스만 제국 아래 피지배 계층에게 허락된 종교와 민족에 따른 자치 공동체를 의미한다. 밀레트 내에서는 독자적인 관습법과 제도가 통용되고, 술탄에게만 책임을 지는 최고 종교 지도자에 의해 통치되었다.

들도 마찬가지다. 반면 사회과학이나 생명과학과 같이 이론적 기반이 가장 덜 확보된 학문에서는 과학만능주의가 만성적으로 나타난다. 특히 생물학과 경제학은 한 세기 전부터 때로는 함께, 때로는 각각 규범적 구축물이 혼재된 사회를 만들어왔다. 이들 학문이 비록 공개적으로 인권에 반하는 것은 아니라 할지라도, 두 학문이 만들어놓은 규범적 구축물은 저들의 해석을 강요하고 나선다. 지난 두 세기 동안 서구 역사의 굴곡을 만들었던 독재주의와 전체주의의 경험들이나, 지난 30년간 눈에 띈 사회적 기본권의 후퇴 등은 과학만능주의의 '현실적 시각'으로서는 사실 인본주의적 가치라는 게 얼마나 견디기 어려운 것이었는지를 잘 보여준다. 오로지 법적인 교리에만 기반을 두고 있는 인권은 이렇듯 서구에서조차 제대로 보장되지 못하는 취약한 무언가였다. 과학이라는 이름을 내세우며 인권의 시행을 가로막거나 그 밑바탕에 토를 다는 그 모든 믿음에 직면해야 했기 때문이다.

이렇게 하여 30년 전부터 경제학을 앞세워 소위 '2세대 인권'이라고 하는 것의 밑바탕을 강하게 부인하는 학자들이 등장한다. 오스트리아 경제학자 프리드리히 하이에크Friedrich Hayek와 같이 가장 영향력 있는 인물을 필두로 한 이 경제학자들은 '위대한 사회'의 근간이 되어야 한다는 자유경쟁의 원칙을 전 세계 모든 나라 사람들의 생활 속에서 그 모든 양상으로 확대시키려 하면서, 1948년 인권선언에서 사회경제적 권리를 인정한 것에 대해 전체주의적 사고라고 일축하고, 플라톤에서 스탈린에 이르기까지 모두를 하나로 묶어 비판한다.[44] 그리고 "이 권리들은 전통적인 시민권들이 지향하는 자유의 질서를 파괴하지 않고서는 구속력 있는 법률들로 나타날 수 없을 것"[45]이라고 주장했다. 사회적 권리에 대해 이와 같이 폄훼하는 태도의 기원이 되는 사회적 다원주의의 관점이[46] 국제통화기금이나 세계은행 같은 국제기구 내부에서 교조적 가치를 획득하고 있다는 점은 주지의 사실이다. 그러나 세계노동기구ILO 같이 앞서 말한 사회경제적 권리의 실현을 책임지고 있는 국제기구에서조차 사회적 다원주의의 영향력이 감지되고 있다는 사실은 그리 잘 알려져 있지 않다.[47] 그럼에도 하이에크는 노조운동가들에게 퍼붓는 것과 같은 비난을 ILO 측에도 퍼붓는다. 그는 1948년 세계인권선언에 대해서도 다음과 같이 쓰고 있다. "이 선언문 모두 조직적 사고방식 특유의 은어로 작성되었으며, 국제노동기구나 노조 간부들의 선언문에서도 이 같은 은어를 찾아볼 수 있을 것이다. [⋯] 이 은어에는 위대한 사회 질서의 기반이 되는 원칙에 부합하는 것이 전혀 없다."[48] 이렇듯 법의 영역에서 사회적 권리를 배척하기 위해 제시된 주장은 두 가지다. 그중 첫 번째는 사회적 권리가 부의 분배를 추구하는 반면, 법의 영역은 그 성격상 '공정한 행동규칙'에 국한된다는 것이다. 이어 두 번째는 사회적 권리가 개인의 영역을 보장하지 않은 채, 공동체에 기반을 둔 '채권적' 신용 구조를 채택하고 있다는 주장이다. 이들에 따르면 일체의 채무자로부터 독립하여 존재할 수 있는 **자유의 권리**만이 진정한 권리이며, 반면에 **사회적 권리**는 원칙적으로 청원에 불과할 뿐, 그 실현을 가능하게 할 수 있는 조직의 존재에 좌우된다는 것이다.

　그러나 이러한 비판은 근거 없는 비판이며, 사회경제적 권리는 그 내용 면에 있어서나 구조 면에 있어서나 그 자체로 완전한 권리에 해당한다. 먼저 내용 면에서 살펴보면, 1789년 인권선언에서와 같이 초창기 인권선언에서 말하는 '인간'은 순수한 관념적 존재였으며, 인간의 물리적 존재는 오직 형법의 관점에서만 파악되었다. 그런데 다수의 사람들이 가난과 공포에 사로잡히는 순간, 인간의 시민권과 참정권은 그 의미를 상실하고 사라질 위기에 처한다는 사실이 역사를 통해 증명되었다. 그러므로 자유 혹은 재산권을 지켜내려면 일단 최소한의 물리적 경제적 안정이 확보되어야 하며, 폭력과 질병, 추위와 배고픔에 사람들이 노출되어선 안 된다. 나치즘이 부상할 때 브레히트는 "이미 배불리 먹은 자들이나 먹는 것을 혐오한다"고 썼다. 이와 마찬가지로 오늘날 '리스크포브risquophobe', 즉 위험을 기피하는 자들이 있다면 그건 이들이 위험에서 벗어나 있기 때문이다. 빈곤과 대량 실업이 독재의 온상이라는 점은 1930년대가 우리에게 가르쳐준 교훈 중 하나이며, 아울러 이 시기의 가르침을 통해 우리는 물리적 혹은 경제적 불안이 팽배해 있는 곳에서는 자유가 존재할 수 없다는 사실도 깨달았다. 이게 바로 전후에 사회적 권리가 천명된 이유였다.

2세대 권리의 구조적인 측면에 있어서도 마찬가지다. 노조의 자유와 같은 2세대 권리 중 일부는 전통적인 권리와 형식적으로 동일한 구조를 갖는다. 즉, 개인의 자율적 영역을 보장한다는 뜻이다. 건강 보장권의 경우에서처럼 이 권리들이 비록 그 실행과정에서 집단적 조직을 전제로 하고 있기는 하지만, 결코 법에 미치지 못하는 영역으로 격하되지는 않는다. 외려 그와는 반대로 재산권 같은 1세대의 일부 개인적 권리에 영향을 주는 방향으로 발전해나아갈 것을 미

리 예고하고 있다. 세계화와 가장 관련이 깊은 측면에서 보면 재산권
은 이제 '물적'재산권이 아닌 '지적'재산권의 형태가 된다. 즉 법률가
들이 '무형재산'이라고 일컫는 상표, 특허, 저작권 등과 관련된 재산
권인 셈이다. 완벽하게 복제된 음반이나 명품 가방, 소프트웨어 등은
그 원본과 물질적으로 전혀 구분되지 않으며, 또한 그 누구든 자유롭
게 자신의 음반, 가방, 컴퓨터를 사용할 수 있는 환경 속에서 복제가
이뤄지기 때문에 다국적기업의 입장에서는 이러한 복제본이 자유롭
게 유통될 수 없도록 막아내는 것이 기업의 사활과 관련된다. 또한 기
업은 자신들의 이익을 떼어가는 이들 상품의 제조와 유통에 대해 지
적재산권 존중이라는 방어진을 펴면서 그 자유로운 유통에 제약을
걸어야 한다.[49] 이는 지적재산권이 적용되는 상품의 제조, 재생산, 판
매에 대한 **국민부담금**의 징수를 전제로 하며,[50] 따라서 재산권의 개념
이 곧 사회권과 동일한 구조를 갖고 있음을 의미한다. 무언가를 물리
적으로 소유한다는 점에서 동일한 것이 아니라 일종의 '채권적 권리'
로서 등장한다는 점, 국가의 구체적인 개입 없이는 권리 행사가 이뤄
질 수 없다는 점에서 유사한 것이다. 물론 지적재산권과 사회적 권리
의 이와 같은 구조적 동일성은 두 권리 사이의 조율과 서열에 관한 문
제를 제기한다. 예를 들어, 1948년 세계인권선언은 제약회사가 자신
의 특허에 대하여 갖는 재산권보다 사람들이 적절한 치료에 접근할
권리가 더 우위에 있다는 방향으로 해석될 수 있을 것이다. 이로부터
정치권에서는 시장의 법칙을 내세우는 이들이 부인하고자 하는 중재
의 권한을 되찾는다. 사회적 권리와 지적재산권 사이의 유사성이 존
재하므로 사회적 권리가 사회보장 수급권자에 대해 그 수입에 비례하

여 집단 연대 조직에 기여하도록 강제하고 있는 바와 같이,**51** 지적 소
유권자에 대해서도 그 권리 수행을 보장하는 국가를 위한 분담금 지
불이 제안된다. 하이에크 같은 근본주의적 경제학자들이 제동을 걸
고자 하는 것이 바로 이러한 종류의 해석들이다. 이들은 '시장의 힘'을
극대화시키는 방향으로 인권을 이용하고자 하는 것이지, 그 반대는
아니기 때문이다.

그러나 과학만능주의가 2세대 권리만을 '경제' 법칙이라는 것에
비추어 해석하는 것은 아니다. 1세대 인권 역시 그 대상이 되고 있
다. 예를 들어 "그 누구도 고문에 처해서는 안 되며, 잔인하고 비인도
적이거나 굴욕적인 대우 혹은 형벌에 처해서도 안 된다"는 내용의 세
계인권선언 제5조에 대해서도, 법의 경제학적 분석에 있어 선구자 중
한 명인 리처드 포스너Richard Posner 같은 인물은 "고문 시행의 기준이
꽤 높다면, 고문이 허용될 수 있다"고 주장한다.**52** 아무리 좋게 보더
라도 '과감하다'고 밖에 할 수 없는 이 같은 해석은 '테러와의 전쟁' 및
'9·11 이후' 애국적 행보의 맥락에서 나타난다. 하지만 이는 법경제학
적 분석의 원리에 완벽하게 부합한다. 이 같은 원리에 따르면 효용성
의 계산은 언제나 개인적 권리들의 기반이자 한계점이 된다. 그러므
로 (해당 인권의 밑바탕이 되는) 고문받지 않을 권리는 한 개인에게 있
어서의 효용과, 그에게 고문을 가할 경우 다른 사람들에게 있어서의
효용을 비교해봐야 한다. 과학적 잣대를 들이대며 인권의 배격을 정
당화하려는 것이라면 이는 알제리 전쟁 때 고문을 허용한 것으로 논
란이 되었던 마쉬Massu 장군의 어쭙잖은 변명과 하등 다를 바가 없다.

　더욱이 이런 맥락에서 거론되는 것이 비단 경제학뿐인 것만도 아니다. 몇 해 전부터 동성애 부모를 옹호하며 전개되고 있는 대대적인 언론 공세 역시 동성애 부부가 법적으로 부모 자격을 인정받을 권리의 근거를 마련하기 위해 사회학과 심리학, 생물학 등을 기준으로 삼고 있다. 물론 아기가 없어 고민하는 동성 커플과 관련해서 인권 문제, 특히 이성애 부부와의 평등 원칙이 거론되기는 한다.[53] 하지만 아이의 인권에 대해서는 어떻게 생각하는가? 1789년 인권선언 제1조와 1948년 세계인권선언 제1조에서 제시된 첫 번째 원칙, 즉 "인간은 **태어날 때부터** 법적으로 평등하다"는 원칙을 침해하지 않은 채, 아이에게 순전히 남성 혹은 여성으로만 이뤄진 친자관계, 다시 말해 두 명의 아버지나 두 명의 어머니만을 부모로 만들어줄 수 있는 것인가?[54] 또 아이가 둘 중 한 사람은 어머니로, 혹은 아버지로 삼을 수 있는 권리를 누리지 못하도록 금할 수 있는가?[55] 동성애 부모를 옹호하는 사람들에게서는 이런 문제가 **한 번도** 제기되지 않는다. 아이의 문제에 관한 한, 이들은 인권의 영역을 떠나 과학의 세계로 들어간다. 과학적 시각에서 바라보면 아이는 법주체로서 접근해서는 안 되며, '객관적 대상으로서' 다뤄져야 한단다. 동성애 부부의 의지에 따른 대상이라거나 사회심리학적 인식의 대상으로 바라보는 것이다. 그리고 '동성애 부부에 반대할 만한 그 어떤 진지한 학술적 논거도 존재하지 않는다'[56]는 말로 일축해버린다. 나아가 이를 의심하는 자들에게는 일단 한 번 시험해보는 것만으로도 충분히 그 의심을 거두게 될 수 있을 것이라고 반박한다.

　고문에 관한 것이든, 아이의 호적에 대한 실험이든, 과학만능주의의 관점에서는 이렇듯 학술 분야에서의 가르침에 맞추어 인권을 해석하려는 특징을 보인다. 과학만능주의 입장에서 보면 규범적 문제라는 것이 사실 '팩트'의 영역에 속하는 일이 되고, 법이라는 것은 그저 과학 분야에서 밝혀낸 규범 체계를 보다 앞당기는 역할을 할 뿐이기 때문이다. 학문이라는 도구의 올바른 용도는 "저마다 주어진 역할에서 벗어나도록 부추기며 창조적으로 생각해내도록 하기 위하여 개인의 심도 있는 대중화를 저해하는" 집단적 믿음을 해체하는 데 있다.[57] 이처럼 과학이 우리에게 새로운 인간의 길을 제시하는 한, 법은 더 이상 할 말이 없다는 점에 대해서는 그간의 역사적 경험을 통해 익히 알려져 있다.[58] 하지만 여기에서 우리는 누구에게나 가장 기본적인 것으로 간주되는 인권이 서양에서조차 보다 더 기본적인 것이라 여겨지는 규칙들에 예속될 위험이 얼마나 큰 지 알 수 있다.

실상, 서양식 근본주의의 이와 같이 다양한 측면은 선진국과 후진국 사이의 교류관계에서도 감지된다. 서구권 국가들이 메시아주의와 서구 특수주의, '자연선택적' 현실주의를 때에 따라 적절히 섞고 있기 때문이다. 가령 인권을 내세우며 공격적인 전쟁을 감행하면서도 경우에 따라서는 지역적 상황의 특수성을 앞세워 인권 존중을 회피하고, 군사적 승리로써 그 가치 체계의 우월성을 증명하려들 때가 바로 이에 속한다. 대혁명과 나폴레옹 통치, 식민 지배를 거쳐온 프랑스의 역사에서는 이런 종류의 모순들이 넘쳐나며, 오늘날에는 미국을 중심으로 이뤄지는 '테러와의 전쟁' 속에서 이 같은 모순들이 재현되는 상황이다.[59] 인권에 대한 그 모든 근본주의적 해석은 소위 '후진국 진영'에 속하는 나라들로 하여금 양자택일의 기로에 놓이게 한다. 즉, 원래의 모습을 포기하고 변화를 택하거나, 변화를 포기하고 원래의 모습을 유지하거나 둘 중 하나인 것이다. 이들 국가들 가운데 일부는 불가피하게 심리적 퇴보와 사회적 분리 현상이 나타남에도 정체성 측면에 있어 신화적 순수성의 원천으로 돌아가려는 정치적 움직임을 보이는데, 이러한 움직임이 그토록 성공을 거두고 있는 이유도 바로 이로써 설명된다.

개방적인 해석의 가능성

종교적 성격이 있든 없든 그 모든 교리 체계에는 살인과 폭력에 대한 충동을 흡수·변형시킨다는 공통점이 있다. 이러한 면에 있어 교리체들은 모두 인류 그 자신에 대한 인류의 지혜라는 성격을 띤다. 그러므로 인권을 교리체 혹은 '인류'라는 이름의 종교로서 받아들이는 시각은 '세계화된' 세계에서 '가치'의 문제를 다른 식으로 접근할 수 있게 해준다. 무한히 다양한 언어와 마찬가지로, 각각의 교리 체계는 나름의 방식으로 독특하게 세상을 표현해내고 있으며, 다른 여러 세계에 대해 제각각이지만 있는 그대로의 모습으로 표현해준다.[60] 일본 에도시대의 목판화가 호쿠사이가 작업한 「후지산 36경」처럼, 이 각각의 교리 체계는 하나의 동일한 대상에 대해 저마다 다른 시각을 보여주고 있으며, 언어와 마찬가지로 어떤 것이 다른 것보다 더 진실하다고 말하기란 불가능에 가깝다. 실험으로 검증된 진리의 기준에 해당하지 않기 때문이다. 언어가 상호 간에 환원이 불가능하면서도 한 언어에서 다른 언어로의 번역은 가능한 것처럼, 교리 체계 역시 이와 마찬가지 성격을 띤다. 이러한 점에 유념하면 가치에 관한 절대주의 대 상대주의의 딜레마에서 벗어날 수 있으며, 모든 문화권에 개방된 시각으로 인권을 해석할 수 있는 길이 열린다. 그러자면 먼저 모든 문화권에 대해 인권 **해석의 문을 열어주어야** 한다. 이를 위해 여기에서는 무슬림 지식인 세대가 옹호해온 개념을 사용하고자 한다. 자국이 퇴보의 길로 빠지는 것을 우려했던 이들은 이슬람 문명이 가장 화려하게 빛났던 시기와 다시 연계하려 노력하고 있다.[61]

인권, 인류의 공동 자산

해석의 문을 열기 위해서는 먼저 인권을 인류 공동의 자산으로 인식해야 한다. 모든 문화권이 인권의 확립에 이바지한다는 생각을 전제해야 하는 것이다. 로마법에서 말하는 '공통물res communes omnium'의 맥락에서 인권에 대해 이와 같이 규정해야 하는 이유는 두 가지다. 첫째, 이러한 규정은 자의적인 것이 아니기 때문이다. 사실 이는 국가의 모델이 객관적으로 전파될 수 있으며, 아울러 국제사회에서 인권이 인정되는 것 역시 객관적으로 전파될 수 있음을 시인한다. 국가라는 기준은 다양하기도 하거니와 시간의 흐름에 따라서도 달라지게 마련이지만, 개별 국가들이 모인 국제사회라는 조직은 하나의 사실적 존재에 해당한다. 서구로서는 지금까지 있었던 그 어떤 것보다 더 위험한 또 하나의 제국주의적 시도에 뛰어들고 싶지 않다면, 국제

사회라는 이 사실적 존재에 의거해야 한다. 대다수 국가가 형식적으로는 인권이라는 가치를 따르고 있으나, 인권에 대한 해석이 오로지 서구 국가들만의 해석으로만 이뤄져서는 안 된다. 둘째, 인권을 공동의 자산으로 규정하게 되면, 서구 중심적 통합주의에서 탈피할 수 있다. 서구권 국가들이 자신에게 좋은 것만 취하고 나머지는 버리는 식으로 전 세계를 통합하려는 움직임과 단절하는 것이다. 사실 어떤 자산이 공동의 것이 되기 위해서는 이를 배타적이지 않은 방식으로 소유할 수 있어야 한다. 이는 각 문화권 고유의 특징을 해당 문화권 속에만 가둬두지 않고 존중할 수 있는 유일한 방법이다.[62]

이러한 가능성이 존재한다고 생각할 만한 이유는 많다. 근대의 역사를 살펴보면 서구 근대사회에 자국 문화를 파괴당하지 않은 채 서구식 근대사회를 소화해낸 사례가 얼마든지 많기 때문이다. 이에 해당하는 국가들은 최근의 중국을 비롯하여 일본이나 인도 등 대개 스스로의 교리적 자원에 기댈 수 있었던 나라들이다. 사실 이들 국가는 스스로의 교리 체계 안에 교리적 자원을 보유하고 있으며, 그 풍부함이나 심오함에 있어서는 서구 국가들을 부러워할 게 전혀 없고, 심지어 발전적인 해석으로 뻗어나갈 준비도 되어 있다.[63] 가령 인도의 고전 『마하브하라타 Mahâbhârata』를 읽고 자란 사람이라면 월트 디즈니의 문화 속에서도 길을 잃을 위험이 거의 없다. 하지만 서구에서든 다른 이슬람 국가에서든 근본주의로 인해 교리적 자원이 위협을 받고 있는 나라이거나, 성문화된 교리체가 없는 나라라면 상황이 꽤 달라진다. (사하라 이남 아프리카지역의 상당 국가가 이에 속한다.) 예를 들어전자의 경우에서 나타나는 위험은 이슬람을 근본주의와 동일시하거나, 혹은 공적인 영역에서 그 모든 종교적 기준을 배제하는 것이 곧 근대화라고 생각해버리는 것이다. 터키에서는 아랍 문자를 포기함으로써 젊은이들이 자국의 문자 유산에 접근하지 못하도록 만드는 등 이 같은 맥락의 실험을 했으나, 성공을 거두지는 못했다. 아울러 인권과 이슬람 율법을 조화시키게 되면 그와 관련한 해석의 문제가 제기되면서 무슬림사회 자체적으로 자기들만의 근대화 길을 만들어내기 위한 훌륭한 토양이 다져질 수 있다. 단, 이슬람 근본주의자들이나 유럽인권재판소가 그리하듯이 이 같은 조화가 애당초 불가능하다고 전제하지만 않으면 된다.

아프리카의 경우는 사실 이보다 훨씬 더 걱정스러운 상황이다. 서양에서는 춤이나 음악, 조형예술 등 아프리카의 풍부한 문화가 가진 여러 측면을 자기 것으로 가져갈 수 있었지만, 그에 반해 성문화된 교리체의 부재는 아프리카가 문화적 말살 위기에 처하도록 만든다. 인권의 '근본주의적'인 적용은 아프리카의 가치가 전수되는 생생한 현장인 사회구조의 훼손을 가속화해 이 현상을 더욱 재촉하는 결과만을 가져올 수 있다. 예를 들어, 학교가 없는 사회에서 아동의 노동을 금지하는 것은 그 아이들이 자신들의 문화를 배울 일체의 기회를 박탈하는 것이다.[64] 반면, 아동 노동의 금지에 대해 해석의 여지를 두며 아프리카에도 발언 기회를 준다면, 서양 또한 스스로의 교육 방식이 반드시 모두에게 귀감이 되는 건 아니라는 점을 깨닫게 될 것이다. 그리고 학교 공부가 노동법의 대상은 아니지만, 이 또한 하나의 노동에 해

당한다는 점을 깨달을지 모른다. 여기에서 '공동의 가치'라는 것은 그
렇게 찾기 어려운 것이 아니다. 아이가 그저 아이로 존재할 수 있는
권리, 그리하여 아이로서 대우받을 권리, 즉 아이가 필요로 하는 것
과 아이 그 자신의 능력에 따라 고려될 권리가 곧 공동의 가치인 셈이
다. 그런 점에서 보면, 현재 ILO에서 장려하고 있는 '품위 있는 노
동'[65]의 개념은 각 문화의 차이를 무시한 채 적용되는 금지사항들을
가지고 성을 내는 것보다 훨씬 더 영양가 높고 미래지향적인 것으로
보인다. 남녀평등과 관련해서도 마찬가지다. 남녀평등이 분명 산술적
인 평등을 의미하지는 않는다. 만국 공통으로 일괄적인 적용이 가능
한 수학 공식이 아니라는 뜻이다. 그보다 이는 차이 안에서의 평등,
이 차이를 존중하느냐 하지 않느냐에 따라 금방이라도 깨질 수 있는
취약한 균형을 의미한다. 어쨌든 오늘날 아프리카 여성들은 기존의
선교사들이 그랬던 것과 같이 서양인들이 자기들에게 와서 여자가 남
자와의 관계 속에서 어떤 입장을 택해야 하는지에 대해 왈가왈부하
는 것을 그리 곱게 보지 않는다는 게 이해가 간다.

  그렇다고 아프리카 국가들이 본디 인권적 가치에 대해 적대적이
라는 뜻은 아니다. 그보다 이는 아프리카 국가들 스스로 자신들의 고
유한 해석에 가치를 부여할 수 있도록 해주어야 한다는 걸 의미한다.
더욱이 인권을 자체적으로 소화해내려던 법적 시도 가운데 가장 눈
에 띄는 시도를 보여준 것도 바로 아프리카였다. 1981년 6월 27일, 소
위 '아프리카 헌장'이라 일컫는 '인간과 국민의 권리에 관한 아프리카
헌장'이 공표되었기 때문이다.[66] 헌장의 제목에서도 알 수 있듯이, 아
프리카 헌장에서는 서구의 인권선언에 등장한 개인적 권리를 취하면

서도, 고립된 주체로서의 개인이라는 개념이 아니라 주변 사람들과 연결된 존재로서의 인간에 대한 개념 속에서 개인의 권리를 인정한다. 개인을 소속된 일련의 공동체로부터 그 정체성을 얻는 존재로서 정의하는 것이다. 그렇기에 이 헌장에서는 '개인'이나 '국가' 이외의 다른 주체들이 등장한다. 개인이든 국가든 그 의무를 지는 다른 주체들(제27조, 제29조), 즉 '가족'과 '국민'이 존재하는 것이다. 가족은 세계인권선언 제16조에서 말하고 있는 바와 같이 단순히 개인적 '권리'의 대상으로만 국한되지 않으며, 국가는 가족이 "공동체에서 인정하는 전통적 가치와 도덕을 수호"하는 임무를 수행할 수 있도록 보조해야 한다(제18조). 국민은 "그 권리의 존중과 실체적 존재가 필연적으로 인권을 보장하게 마련이며", 국민은 "외국의 정치적 경제적 혹은 문화적 지배에 맞서 그 자신의 자유를 위해 싸울 권리"를 갖는다(제20조).

이러한 '아프리카의 가치들' 가운데 일부를 고려하는 것이 인권에 대한 서양의 관념에 있어 득이 될 수 있다. 그렇게 되면 다시금 개방적인 차원에서 인권의 해석이 가능해질 것이며, 서구권 국가들은 오늘날 제기되고 있는 일부 문제들에 대한 해법을 찾을 수 있을 것이다. 인간이 그 주위 사람들과 맺고 있는 관계들로부터 인간을 떨어뜨려놓지 않을 것(제28조), 연대의 원칙을 제시할 것(제29조), 국민이 자신의 주변 환경을 보호할 권리를 천명할 것(제24조), 가족의 교육적 기능을 수호할 것(제18조 및 제29조) 등은 세계인권선언에는 나와 있지 않지만 그에 못지않은 보편적 영향력을 갖고 있는 '가치들'에 해당한다.

연대 원칙에 대한 재해석

연대의 원칙에 대해 가만히 생각해보면 이에 대해 납득할 수 있을 것이다. 연대의 원칙은 오늘날의 현안과 특히 관련이 깊은 원칙이다. 세계화에 따라 상호의존성이 강화되어, 인류는 이제 기술, 환경, 정치, 보건 분야의 중대한 위기들에 맞서 함께 손을 잡아야 한다. 그 어떤 나라도 피할 수 없는 이러한 위기들 앞에서, 이에 맞서기 위한 연대 조직을 구축하는 것은 전 지구의 사활이 달린 중요한 문제다. 1948년 세계인권선언에서는 연대의 원칙이 (전문에서 '인류사회'에 대한 암시만 있을 뿐) '연대'라는 말 그 자체로 본문에 포함되지는 않았다. '사회보장에 대한 권리' '여유 있는 생활수준을 누릴 권리' '생계수단을 보장받을 권리' 등 **개인적 권리**의 형태를 띠고 있기 때문이다(제22조와 제25조 참고). 이에 반해 아프리카 인권선언에서는 연대의 원칙이 '의무'로서 규정되어 있다(제29-4조: "개인은 사회적 국민적 연대를 유지 강화할 의무를 갖는다"). 전자의 경우에서 연대는 사회로부터 개인이 챙겨받아야 할 빚, 즉 채권적 형태로 나타나며, 후자의 경우에서는 개인이 사회에 갚아야 할 빚이라는 채무적 형태로 표현되는 셈이다. 실제로는 두 가지 경우 모두에서 '권리'의 개념과 '의무'의 개념이 서로 연관되어 있다. 선진국 쪽에서 이야기하는 **사회적 권리**의 경우, 조세와 사회보장세를 아우르는 국민부담금을 지불함으로써 연대에 기여해야 할 의무와 동일시된다고 볼 수 있다.[67] '구유럽' 진영의 사회보장 모델에서 상당히 큰 비중을 차지하고 있는 이 국민부담금은 재산이 있는 모든 아프리카인에게 적용되는 연대의 의무에 구조적으로 상응하는 개념이다. 다만 아프리카의 전통적 연대는 인간관계의 틀 속에서 표출되는 반면, '근대적'이라고 하는 연대의 비용은 익명의 기관에 납부된다. 공공서비스의 경우 국가에 납부되고, 사회보장 서비스의 경우 해당하는 담당 기관들에 납부되는 것이다.

인적 연대에서 제도적 연대로의 이행은 서구에서도 최근에 나타난 현상이다. 연대의 개념은 사실 민법에서 유래한 것인데, 민법에서 연대 개념은 하나의 동일한 의무사항에 대해 다수의 권리권자들(적극적 연대)[68] 혹은 다수의 의무 이행자들(소극적 연대)이 생김으로써 파생되는 단점들에 대해 중화적인 역할을 하는 개념이었다. 뒤르켐 이후의 사회학이나 사회법에서 연대라는 이 법적 개념이 지배적으로 나타나는 이유는 개인 간의 합의나 가족관계, 공동체적 관계에 기반을 두지 않는 '채무자 집단' 및 '채권자 집단'이라는 집단적 책임관계를 고려하게 만들어주는 유일한 개념이 바로 '연대'이기 때문이다. 그러나 민법에서 사회법으로 넘어오면서 연대의 개념은 달라졌다. 연대라는 개념이 채권자들과 채무자들을 직접 연결하는 법적 관계를 지칭하기보다는 새로운 유형의 제도 구성 원리가 되었기 때문이다. 이러한 원리에 따라 수립된 제도에서 나타나는 공통점은 (구성원의 보유 재산에 따라 금액이 달라지는) 분담금이란 채권 소유자와 (계약 수립 당시의 물질적 재정적 재산 규모와 무관하게 수령하는) 급부라는 채무 보유자로 구성된다는 점이다.[69] 그러므로 연대라는 건 각자가 능력껏 지불하고 필요한 만큼 수령할 수 있는 공동기금제도를 의미한다.[70]

아프리카의 톤틴 연금[71] 같은 전통적 재분배 구조와는 달리, 복지국가의 틀 속에서 제도화된 연대 방식은 채권자들과 채무자들 사이의 모든 인적 관계를 배제한다. 이에 따라 연대의 개념이 한 나라 전체로 확대되어 ('국민 연대의 원칙'에 근거한) 전국 단위의 사회보장제도나,[72] 혹은 (시민 누구나가 건강, 에너지, 교통, 교육, 정보 등의 필수적 재화를 이용할 수 있도록 보장하는) 공공서비스가 실시될 수 있는 것이다. 이러한 맥락에서의 연대는 익명성을 지닌다. 이는 연대의 힘을 강화시키기도 하지만 약하게 만들기도 한다. 우선 연대 강화의 요인이 되는 이유는 사람들을 개인적인 충성관계로부터 해방시키고 상당한 규모의 자원을 동원함으로써 위험 요소에 대한 대대적인 상부상조가 가능하도록 만들어주기 때문이다. 반면 그 익명성 때문에 연대의 힘이 더욱 약화될 수도 있는데, 서로 연대관계에 있는 사람들 사이의 직접적인 연결고리가 사라지고 개인이 개개인과 무관한 기관과 일대일로 대면함으로써 개인주의가 더욱 부추겨지기 때문이다. 돈을 받는 입장에 있는지 내는 입장에 있는지에 따라 바라보는 관점은 달라진다. 받는 입장에선 빚지지 않고 돈을 받을 수 있기 때문에 하늘이 내린 양식과 같은 느낌을 받을 테고, 내는 사람의 입장에선 채권에 대한 권리 보증 없이 돈을 내는 것이기 때문에 일종의 갈취 같은 느낌을 받을 수 있다.[73] 뿐만 아니라 이러한 형태의 연대 구조에서는 그 운영 주체가 아닐 때 보증 주체가 되는 국가의 틀 안에서밖에 연대관계가 발전할 수 없기 때문에 연대관계가 약해질 수 있다.

복지국가의 틀 속에서 발전한 연대 시스템은 이러한 모든 이유로 인해서 오늘날 심각한 위기의 순간을 맞고 있다. 우선 다른 나라로까지 확산된 이 서구의 모델이 가난한 나라 여러 곳에서 실패했는데, 이들 국가에서는 사실 인적 연대관계밖에는 기댈 게 없었기 때문이다.[74]

그리고 부국 진영에서도 이와 같은 연대 시스템은 시장 원칙주의자들의 비판과 날로 늘어가는 재정적 어려움에 부딪힌다. 특히 국경의 개방으로 재정적 어려움이 더욱 심화되는 상황인데, 국경이 열리면서 기업과 자본이 조세와 사회보장세의 부담으로부터 도피할 수 있게 됐기 때문이다. 일체의 연대관계로부터 벗어나 자급자족하는 개개인들로 구성된 '글로벌사회'라는 신화는 이러한 난제들에 대한 답을 주지 못한다. 그렇다고 사회의 척추로서 사회와 함께 움직이는 국가적 연대 구조의 문을 닫아거는 것도 능사는 아니다. 2세대 인권선언의 내재적 특성인 연대의 의무에 국제적 영향력을 부여하지 않는다면, 이 같은 연대 구조의 불안정화에 대응할 수 없다. 이 권리들은 연대 원칙의 일면에 해당할 뿐이며, 이는 상호 간의 재정적 기여 의무와 연관된다. 일찍이 여러 선언과 헌장에 의하여 공인된 의무다.[75] 그러므로 이미 승인된 사회경제적 권리들은 법적 무기들을 제시하는 것만으로도 충분히 경제 행위자들에게 경제적 기여 의무를 강제할 수 있다. 자신들이 활동을 벌이는 국가에서 유의미한 방식으로 의무를 충족시키도록 강요할 수 있는 것이다. 다른 한편으로는 연대의 원칙으로부터 새로운 영향력을 끌어내고 사회경제적 권리에 대한 해석을 보다 발전적인 방향으로 이끌어갈 필요가 있다. 전 세계적 차원에서의 교류에 관한 새로운 법적 체제를 고려하는 방향으로 변화시키는 것이다. 국제적 차원에서의 사회적 격차를 줄이고 오늘날 빈국과 부국 노동자 사이의 이해관계에서 나타나는 갈등을 줄이고자 한다면, 가난한 나라들이 연대의 개념을 이해하고 실천하는 방식으로 해석의 문이 열려야 한다.

유럽공동체법은 연대의 원칙을 재확인하고 재해석하는 두 가지 움직임이 이미 유럽에서 시작되었음을 보여주며, 특히 이는 유럽연합이 옛 공산권 국가들로 확대되는 과정을 계기로 드러난다. 아프리카 인권선언이 발표된 지 20년 뒤, 유럽 기본권 헌장에서도 이러한 연대 원칙을 한층 더 확대시켜[76] 승인한다. 즉, 유럽 기본권 헌장에서 나타나는 연대의 개념에는 이미 세계인권선언에서 천명된 사회적 권리뿐만 아니라 새로운 기본권도 포함된다. 노동자의 정보 접근권, 단체교섭권 및 단체행동권, 공공서비스 접근권 등까지 아우르는 것이다. 뿐만 아니라 정부와 기업에 부과되는 일부 원칙들도 포함되는데, 직장생활과 가정생활을 조화시키고 환경을 보호하며 소비자를 보호한다는 원칙 등이 이에 해당한다. 이와 같이 정의된 연대의 개념은 세계화에 따른 사회적 구조의 파괴가 미치는 영향력을 두 가지 방식으로 저지할 수 있다. 먼저 연대는 국제 교역의 자유화로 생활 및 노동조건이 영향을 받는 사람들에게 국제적인 차원에서 조직하고 행동하며 교섭할 권리를 인정하도록 해준다.[77] 여기에서 연대는 비단 삶의 위협적 요소들로부터 사람들을 보호하는 수단으로서만 여겨지는 것이 아니라, 앞서 언급한 톤틴 연금제와 같이 서구권 이외의 지역에서 행해지던 전통적인 연대 형태처럼 사람들에게 특정 자유를 행사할 수 있는 구체적인 수단을 제공해주는 한 방식으로서 여겨지기도 한다.[78] (이렇게 되면 톤틴 연금제도 꽤 근대적인 방식으로 나타난다.) 한편 연대 원칙에 대한 이 같은 정의는 사람과 사물의 상품화를 제한하는 규정들의 기본 원칙으로도 쓰일 수 있다. 인권 헌장에서 그리하고 있는 바와 같이 환경권이나 소비권을 연대의 원칙 휘하에 두면, 현대 경제의 네트워크 조직으로 인해 수월해지는 책임 회피에 맞서 싸울 수 있게 된다.[79] 기업이 그 어떤 복잡한 법적 전략을 채택하든지 간에 경제활동으로 이익을 얻는 자라면 누구든 그 같은 활동의 결과로 환경과 소비자에 게 미친 손해에 대해 연대책임을 지는 존재로 간주되어야 한다.[80]

이렇게 하여 민법에서 말하는 연대의 첫 번째 의미, 즉 보험에 서 유래된 기법들 때문에 사회적 차원에서 오랜 기간 퇴색된 개념으 로 남아 있던 연대의 의미가 새롭게 부상한다. 이는 서구권 이외 지역 에서 여전히 건재하는 '전통적' 연대의 형태, 연대의식으로 한데 묶이 는 사람들의 개인적인 책임의식을 동원하는 연대 형태와 신기할 정도 로 비슷하다.[81] 국제적 차원에서 활동하는 기업들의 사회적 책임은 초 국적 네트워크상의 여러 주체나 계열사 사이에 이러한 유형의 연대가 존재할 수 있음을 전제로 한다. 특히 이를 기반으로 하면 "다른 기업 들의 활동에 지대한 영향을 미칠 수 있는"[82] 기업들에 대해 그 소재지 가 있는 나라에서 이들의 책임을 추궁할 수 있게 된다. 아울러 그렇 게 되면 같은 계열사나 동일 네트워크에 속하는 기업들이 '현지 국가' 에서 이러한 원칙을 위반할 시 이에 대해 책임을 지도록 강제할 수도 있다. 이와 같이 강제하면 좋은 하도급 관행을 장려하고 나쁜 관행은 저지할 수 있을 것이다.[83] 이러한 책임 소재의 규명 그 자체도 계열사 나 기업 네트워크의 노조가 조정하는 방식으로 나아갈 수 있으리라 생각된다.

연대의 원칙에 대해 이렇듯 새롭게 해석하고 나면, 이러한 연대 체제의 시행과 관련된 모든 나라의 기여 부분으로 자연히 눈이 갈 것 이다. 이와 같이 각국이 노력을 보여주면, 인간이 전지전능하다고 느

끼는 것으로부터 비롯되는 결과들의 방향을 정해주는 인권 본연의
기능을 인권이 되찾을 수 있을 것이다. 인간이 스스로를 전지전능하
다 느끼는 것은 과학기술의 발전이 거듭될수록 인류의 생존 그 자체
에 위협이 되었으며, 이러한 위협으로부터 우리를 보호해주는 것이
바로 법의 고유한 기능이다.[84]

새로운 해석 장치를 위하여

세계인권선언에서는 '인류라는 가족의 모든 구성원'이 동참해줄
것을 호소하고 있는데, 어떻게 하면 인권에 대한 해석이 이와 같은 방
향으로 열릴 수 있을까? 이 문제에 접근하면서 유념해야 할 사실은
"교조적 체계에서 그렇듯 (커뮤니케이션 이론에서 섣불리 이야기하는 맥락
으로) **대화가 이루어지지는 않으며,** 이러한 체계 하에서는 **오로지 교섭**
(을 통한 합의)**만이 가능**"하다는 점이다.[85] 그러므로 인권에 대한 개방
적인 해석은 이러한 교섭을 용이하게 하고, 그에 따른 합의에 법적인
힘을 부여하는 **'제도적 장치'**의 존재를 전제한다. 차제에 이런저런 인
권 재판소가 생김으로써 경제적 '세계화' 및 상품과 자본의 유통 장벽
철폐에 관련된 그와 같은 교섭에 적절한 자리가 마련될 것인지에 대
해서는 의심스럽다. 사실 물적 영역에 대해서는 개방된 국경이 인적
영역에 대해서는 여전히 닫혀 있으며, 전 세계적 차원에서 봤을 때 사
람의 자유로운 이동은 존재하지 않는다. 과거에는 공산권 국가로부터
도피해온 망명자들을 영웅으로 추앙했던 서구권 국가들도 오늘날에
는 가난한 나라에서 도피해온 '불법체류자들'을 추방하고 있기 때문

이다. 그리고 이 불법체류자들이 왜 그렇게 자기 나라에서 도망쳐나와야 했는지 그 이유에 대해서는 언급을 자제한다. 이에 대해 파고들면 자신들이 전 세계에 강요하는 교역 체제의 해악을 직시해야 하기때문이다. 세계무역기구는 그 정관에서 정하고 있는 일회성 문제들을제외하면, 사람들의 운명은 자신의 소관이 아니라는 점을 명확하게알려주었다. 그러나 시장 개방이 사람들에게 미치는 결과를 고려하지않고서는 이 같은 무역장벽의 철폐가 오래 지속될 수 없을 것이다. 또한 최근에는 상품과 자본 등 물적 부분을 담당하는 국제기구와 노동,보건, 사회보장, 문화, 교육 등 인적 부분을 담당하는 국제기구 사이에 업무가 분담되고 있다.

그리고 바로 이러한 맥락에서 전 세계 서로 다른 문화권에 내재된 가치와 시장경제의 원칙 사이를 조율하는 문제가 제기된다. 세계화를 통한 전 지구의 통합은 다양한 민족과 문화를 획일화하는 과정이 아니라 그 다양함을 없애지 않고 이를 양분으로 삼는 통일화의 과정으로 여겨질 때에만 지속될 수 있다. 이처럼 인권에 대한 해석은 경제 교역의 자유화에 따라 제기되는 문제의 일부를 이룬다. 그러므로이 같은 자유화로 갈등이 생길 때마다 인권(및 기본권)에 대한 해석이이에 개입될 수 있고, 또 그리해야만 한다. 그렇게 해야만 사회적 조항을 무역 조약 안에 포함시키려는 발상을 실패로 이끌었던 서방 선진국의 일방적인 사고를 피할 수 있다.[86]

빈국 쪽에서 부국 쪽의 기본권 해석에 대해 맞수를 놓을 수 있을만한 적절한 제도적 규정이 없는 한, 우리는 '세계화의 사회적 측면'[87]이

하나의 공허한 슬로건처럼 남아 있는 것에 대해 규탄해야 한다. 가령 유럽연합이 유럽 농산물에 대한 대대적인 덤핑 체제를 가동하여 빈국의 식량 농업이 살아남을 수 없게 만들 경우, 빈국 측은 자국민이 온당한 대우를 받고 일할 권리를 수호할 수 있어야 하고, 아울러 국제적 차원의 의사결정기관 앞에서 적절한 배상을 받아낼 수 있어야 한다. 산업 선진국에서 지난 두 세기 동안 노동법 확립을 위해 국내적 차원의 노력을 경주하여 얻어낸 것을 이제는 노동에 대한 인간의 기본권 확립을 위해 국제적 차원에서 노력할 필요가 있다. 즉, 법을 남용하여 약자를 착취하던 강자에 맞서 싸울 수 있도록 법이라는 무기를 약자에게 되돌려주고, 이로써 법 전체가 진일보하는 데 약자들이 동참할 수 있도록 만드는 노력을 이제 국내적 차원이 아닌 국제적 차원으로 확대하는 것이다. 우리는 애초부터 노동운동 진영에서 법에 대한 입장 차이로 노동자들 간의 내적 분열이 존재했음을 알고 있다. 법이라는 게 부르주아계급의 착취를 눈속임하기 위한 가면에 불과하며, 법과 정부의 전복을 목표로 삼았던 혁명 진영, 이와 반대로 기존의 법적 틀을 유지한 채 법의 일부 수정으로 변화를 추구하는 개혁 진영 둘로 나뉜 것이다. 전자의 경우, 계급투쟁에서 벗어난 세계라는 이상향을 추구하는 공산주의자들의 실험적 방향으로 나아갔고, 후자는 민법의 사회적 해석을 기반으로 한 복지국가를 만들어냈다. 이러한 해석은 법에 대항할 권리를 인정함으로써 가능해진 것이었다. 복지국가가 가장 혁신적이고 지속적인 공헌을 해주었던 부분에 해당한다.

시장경제의 '세계화'에 직면해서도 우리는 경제 분야의 법에 대한 인간적이고 사회 중심적인 해석을 가능하게 해주는 구조가 필요하다. 노동운동 분야에서의 경험과 다른 부분이 있다면 이러한 해석이 이제 개별 국가의 비호 아래 이뤄질 수 없다는 점이다. 그러므로 교역의 국제적 절차 안에서 그러한 해석의 여지를 마련해야 한다. 가장 간단한 해법은 세계무역기구 앞에 나선 분쟁 당사자들이 소송 용어로 '관할 위반의 예외'라 칭하는 부분을 요청할 수 있도록 하는 것이다. 이렇게 되면 이 분쟁 건은 다시 국제 관할 기구 산하의 적절한 분쟁 해결 기관으로 보내질 것이다. 가령 노동 및 사회보장에 관한 부분이라면 국제노동기구가, 문화에 관련한 부분이라면 유네스코가 해당 사안을 맡게 되는 셈이다. 이들 분쟁 해결 기관은 WTO의 사전 해결 기구인 패널 방식을 차용하여 문제가 되는 서로 다른 문화권 사이에 균형잡힌 대표성을 확보할 수 있다. 이렇듯 균형을 추구하거나, 아니면 국제적 차원에서의 불균형을 최소화하고자 한다면, 부국과의 경제 교역에 있어 빈국의 특수한 행동권을 인정해주어야 한다.

이는 우리가 그동안 사회사를 통해 깨우친 교훈, 즉 평등이 실제로 존재할 수 있으려면 단순히 평등을 주장하는 것만으로는 부족하다는 가르침에 해당한다. 사실 단순히 형식적인 평등을 선언하는 것은 일단 약자들로부터 이들의 고유한 보호 수단을 박탈하는 데 쓰일 뿐이기 때문이다. 사회경제적 권리가 부상하고, 사용자와 노동자 사이의 평등이 한쪽에 대한 다른 한쪽의 착취를 정당화하는 것 이외의 무언가가 되기까지는 한 세기의 시간이 필요했다. 오늘날에도 여전히 남녀 간의 평등은 보다 형식적인 것이 되었을 뿐 실제와는 거리가 멀고, 과거 유럽공동체법에서도 이러한 평등권을 인정하긴 했으나 이는 주로 일이 가정의 영역을 침범하는 것으로부터 가정을 지켜주던 규정의 이점을 남성 노동자들에게로까지 확대하기보다 이러한 규정의 철폐를 정당화하는 데에만 소용됐다. 빈국과 부국 사이에 천명된 평등 또한 전자에 대한 후자의 과도한 착취를 정당화하는 데에만 쓰이고 있을 뿐이다. 개인과 민족을 추상적 존재로 바라보지 않고 이들이 인간적으로 존재한다는 점을 깨달을 때에야 비로소 평등의 실질적인 실현이 가능해질 수 있다. 이를 망각하고 강자와 약자를 똑같이 취급하면, 평등의 반대 진영으로 약자들이 합류하는 모습을 보게 될 수 있다.

더반Durban에서도 나타났다시피, 오늘날 빈국 진영 내에서는 과거 산업혁명에 직면한 서구인들이 인권에 대해 어떤 태도를 취해야 할지에 관한 문제를 두고 노동운동의 향방을 정해나갔던 것과 같은 종류의 논의가 진행 중에 있다. 일부에서는 주저 없이 인권을 저버리고 세상에 대한 인종차별주의 시각을 내세우는 반면, 또 다른 일각에서는 인권에 순응해야 한다며, 선진국들이 과거에 인권을 유린했다는 사실을 인정해야 한다고 주장한다. 과거에 행해진 흑인 노예무역과 수백만 아프리카인들의 예속 및 강제수용에 있어 유럽과 미국의 책임을 인정해야 한다는 것이다. 이러한 서구의 행위가 인류에 대한 범죄에 해당했음을 부인하기란 어렵다. 이는 시간이 지났다고 해서 그 자체로 공소시효가 만료될 일도 아니다. 뿐만 아니라 독일에 대한 연합군의 '융단폭격'과 게르니카 대참사를 비롯하여 프랑스혁명기의 공포정치[88]에서 히로시마 원폭 투하에 이르기까지, 정치적 목적에서 민간인에 대해 결정된 대량 학살이라는 국가적 테러가 서구에서 이론화되고 대대적으로 자행되었다는 사실 또한 부인하기 어렵다. 이를 시인하고 나면 해석에 대한 또 다른 시각이 열릴 수 있으며, 모두가 인정한 테러리즘의 법적 정의를 도출해낼 수 있고, 뚜렷한 적을 규명하지 않은 채 이뤄지는 '테러와의 전쟁'에 따른 우려스러운 결과를 피할 수 있다.

우리가 실로 장려해야 할 부분은 바로 이와 같이 모두에 대해 실질적으로 개방적인 해석의 길이 열려 있는 법적 시각이다. 그래야만 무한히 다양한 인류가 인류를 하나로 묶어주는 가치에 대해 공감할 수 있기 때문이다. 이를 위해서는 먼저 부국에 속하는 나라들이 자기들만의 관념을 한결같이 여기저기에 강요하는 것을 포기하고, 아울러 인간의 존재에 관한 공통의 고민에 대해 다른 문화권으로부터 그 가르침을 얻기 시작해야 한다.

주

서문

1 Platon, *Cratyle*, in *Œuvres complètes*, trad. L. Robin, Gallimard, 1950, t. I, p. 620 이하. (출판지가 파리인 경우 특별히 명시하지 아니함.)

2 고전 라틴어 'signum'은 그리스어 'σημα(sêma)'에 해당한다. 이 말은 '구별되는 표식' '각인된 자국'이라는 일반적 의미를 가지고 있으며, 어떤 사람을 구별하게 해 주는 '이름'이나 신호, 표어, 전조 또는 징후뿐만 아니라 군기, 깃발, 회화 이미지나 조각 이미지도 가리킨다. 프랑스어에서 이 말은 맨 처음 사용되었을 때부터 이미 '무 언가 그 자리에 없는 것을 존재한다고 규정하도록 해주는 것'을 가리키는 데 사용되 었다. '의미하다signifier'와 '의미signification'라는 말은 일찍이 '통지하다notifier' '어떤 행위를 공식적으로 그 수신인이 인지할 수 있도록 하다'라는 법률적 의미를 갖 고 있었다. A. Rey (dir.), *Dictionnaire historique de la langue française*, Robert, 1992, s.v. signe ; A. Ernout, A. Meillet, *Dictionnaire étymologique de la langue latine*, Klincksieck, 2001, 4e éd., s.v. signum 참조.

3 P. Legendre, *De la Société comme Texte. Linéaments d'une anthropologie dogmatique*, Fayard, 2001 참조.

4 H. Arendt, *The Origins of Totalitarianism*, 박미애·이진우 옮김, 『전체주의의 기원』, 한길사, 2006.

5 1948년 세계인권선언 제6조.

6 인간의 사물화에 대한 다양한 측면에 관해서는 B. Edelman, *La Personne en danger*, PUF, 1999 참조.

7 R. Guénon, *Le Règne de la quantité et les signes des temps*, Gallimard, 1945 참조.

8 '이성raison'이라는 말은 라틴어 'ratio'에서 유래하는데, 이 말은 '다시 헤아리다' '계산하다'를 의미하는 동사 'reor'에서 온 것이다. 라틴어에서 처음에는 계산을 의미했으며, 나중에는 판결, 독트린 그리고 마침내 결정적 이성을 가리키게 되었다(A. Ernout, A. Meillet, *Dictionnaire étymologique de la langue latine*, op. cit., s.v. reor). 현대 프랑스어에서 '수적 비율'을 의미하는 단어 'ratio'는 여전히 이 수적인 의미를 간직하고 있다.

9 E. Kant, *Beantwortung der Frage : was ist Aufklärung ?* [1783], trad. fr. H. Wismann, *Réponse à la question : qu'est-ce que les Lumières ?*, in *Œuvres philosophiques*, Gallimard, "Bibliothèque de la Pléiade", 1985, t. II, p. 209 이하.

10 G. Canguilhem, "Le problème des régulations dans l'organisme et dans la société", *Cahiers de l'Alliance israélite universelle*, 92, sept.-oct. 1955, p. 64 이하, *Ecrits sur la médecine*, Seuil, 2002에 재수록, p. 108에서 인용.

11 G. Vico, *Princìpi di Scienza nuova d'intorno alla comune natura delle nationi* [1744], trad. fr. A. Pons, *Principes d'une science nouvelle relative à la nature commune des nations*, Fayard, 2001, p. 536 이하.

12 '서구'라는 기준은 로마제국이 동로마제국과 서로마제국으로 분열한 데에서 유래한다. 이 말은 중세 기독교 사회가 이루어놓은 제도적 구축물을 물려받은 다양한 문화들을 가리킨다. 이러한 제국주의적 유산은 특히 자신들의 세계관이 절대적으로 보편타당한 것이라고 믿는 서양인들이 자신들을 다른 문화권과 동등한 반열에 올려놓는 이러한 '서구'라는 기준 속에서 스스로를 인정하길 꺼려 하는 성향을 설명해 준다.

13 J.-C. Schmitt, "La croyance au Moyen Age", *Raison présente*, 115, 1995, p. 15, *Le Corps, les rites, les rêves, le temps. Essais d'anthropologie médiévale*, Gallimard, 2001, p. 77 이하에 재수록.

14 L. Parisoli, "L'involontaire contribution franciscaine aux outils du capitalisme", in A. Supiot (dir.), *Tisser le lien social*, MSH, 2004, p. 199 이하.

15 E. Kantorowicz, *The King's Two Bodies : A Study in Medieval Political Theory*, Princeton, Princeton University Press, 1957, trad. fr. *Les Deux Corps du roi*, Gallimard, 1989.

16 2002년 6월 캐나다에서 열린 G8 정상회담에서 부시 대통령은 다음과 같이 선언했다. "충성서약에서 하나님에게 기도를 올리는 것은 권리 침해가 아니다. 사실, 이는 우리의 독립선언이 천명하는 바와 같이 우리가 우리의 권리를 하나님으로부터 부여받았다는 사실을 확인하는 것이다"("The declaration of God in the Pledge of Allegiance doesn't violate rights. As a matter of fact, it's a confirmation of the fact that we received our rights from God, as proclaimed in our Declaration of Independence.", *United Press International*, 2002년 6월 28일자 및 *USA Today*, 2002년 6월 27일자).

17 "The dogmatic foundations of the market", *Industrial Law Journal*, vol. 29, 4, December 2000, p. 321-345 참조.

18 엔론Enron과 월드콤World Com의 부정회계 사건 이후 2002년 7월에 제정된 사르반느-옥슬리Sarbanes-Oxley 법에 따라 상장회사의 경영진은 명예를 걸고 회계의 진실성을 보장해야 한다. 거짓 맹세를 한 자는 징역 20년 이하의 벌을 받으며, 파산에 관한 법률을 활용하여 책임을 벗어나지는 못한다.

19 A. Pichot, *La Société pure. De Darwin à Hitler*, Flammarion, 2000 참조.

20 *Rapport mondial sur le développement humain*, 유엔개발계획UNDP 차원에서 발간된 보고서, Bruxelles, De Boeck et Larcier, 2002 참조. 인간개발지수와 관련한 부분은 이 보고서의 부록으로 실린 기술적 주석에서 설명되고 있다. p. 252 이하 참고. 이에 따르면 2002년 지구상에서 가장 발전 수준이 높았던 국가는 노르웨이였다.

21 K. Löwith, *Weltgeschichte und Heilsgeschehen. Die theologischen Voraussetzungen der Geschichtsphilosophie* [1983], trad. fr. M.-C. Challiol-Gillet, S. Hurstel et J.-F. Kervégan, *Histoire et Salut. Les présupposés théologiques de la philosophie de l'histoire*, Gallimard, 2001 참조.

22 법률적 담론에 고유한 이러한 시간성은 성서 기반 종교에서 유래하는 다른 문화

권에서도 발견된다. 이슬람의 사례에 대해서는 Aziz Al-Azmeh, "Chronophagous discours : a study of clericolegal appropriation of the world in an islamic tradition", in F.E. Reynolds, D. Tracy (eds.), Religion and Practical Reason, Albany, State University of New York Press, 1994, p. 163 이하를 볼 것.

23 특히 P. Legendre, L'Empire de la vérité. Introduction aux espaces dogmatiques industriels, Fayard, 1983 ; Sur la question dogmatique en Occident, Fayard, 1999 ; De la Société comme Texte, op. cit. 참조.

24 M. Herberger, Dogmatik. Zur Geschichte der Begriff und Methode in Medizin und Jurisprudenz, Francfort, Klostermann, 1981 참조.

25 P. Legendre, Sur la question dogmatique en Occident, op. cit., p. 78.

26 A. de Tocqueville, De la démocratie en Amérique, II, I, chap. II : "De la source principale des croyances chez les peuples démocratiques", in Œuvres, Gallimard, "Bibliothèque de la Pléiade", t. II, 1992, p. 518.

27 Considérations sur le pouvoir spirituel [1826], in Appendice général du système de politique positive, Thunot, 1854, p. 204.

28 E.B. Pasukanis, La Théorie générale du droit et le marxisme [1924], trad. fr., EDI, 1970.

29 ('비판법학critical legal studies'의 뛰어난 대표자인) 던컨 케네디Duncan Kennedy는 법 연구를 시작한 당시의 심경을 다음과 같이 묘사한다. "나는 1967년에 '시스템'은 많은 부정의를 안고 있다는 생각, 즉 부와 소득과 권력의 분배 및 지식에의 접근은 계급과 인종에 따라 부정의하게 기울어져 있는 것 같다는 생각을 가진 채 법대에 들어갔다"("I started law school in 1967 with a sense that the "system" had a lot of injustice in it, meaning that the distribution of wealth and income and power and access to knowledge seemed unfairly skewed along class and race lines", "The Stakes of Law, or Hale and Foucault!", Legal Studies Forum, 1991, vol. 15, p. 327).

30 프랑스의 '비판법학critique du droit'운동은 공개적으로 마르크스주의적 흐름 속에 위치했다(M. Bourjol, Ph. Dujardin, J.-J. Gleizal, A. Jeammaud, M. Jeantin,

M. Miaille, J. Michel, *Pour une critique du droit. Du juridique au politique*, Paris, Grenoble, Maspero et PU de Grenoble, 1978 참조). 이는 아마도 오늘날의 '비판적 법실증주의자들'이 더 이상 거의 프랑스식 비판법학에 의거하지 않는 이유를 설명해줄 것이다. 이들은 차라리 미국의 '비판법학critical legal studies'(약어로 Crits : R.M. Unger, *The Critical legal studies Movement*, Cambridge, Mass., Harvard University Press, 1986 ; A.C. Hutchinson, P.J. Monahan, "Law, politics, and the Critical Legal scholars : the unfolding drama of American legal thought", *Stanford Law Review*, vol. 36, 1984, p. 199 및 프랑스어로 된 소개로는 P. Gabel, "'Critical legal studies' et la pratique juridique", *Droit et Société*, 36/37, 1997, 379 ; M. Fabre-Magnan, *Les Obligations*, PUF, "Thémis", 2004, n° 43) 운동을 인용한다. 기실 'Crits' 운동은 푸코와 데리다를 많이 인용하면서, '해체'로 재명명되고 그럼으로써 현실 공산주의라는 부담스러운 기억이 제거된, 법의 '몰락'이라는 오래된 기획에 신선한 충격을 던져준다.

31 S. Weil, *L'Enracinement. Prélude à une déclaration des devoirs envers l'être humain* [1943], in *Œuvres*, Gallimard, "Quarto", 1999, p. 1179-1180.

32 1938년에 이미 뒤페이루H. Dupeyroux가 그들에게 한 준엄한 비판을 참고. "우리의 법실증주의자들은 정의라는 이 거추장스러운 개념을 추방하고 싶어하지만, 이와 결별하고 이를 격리하며 모든 출구를 막아두고, 법의 목적론적 성격이 필연적으로 그것을 자신의 자리로 돌려놓기를 희망하지만, 이는 소용없는 일이다. 정의는 모든 규칙에 침투해들어가고, 이를 이행하거나 이행하지 않는 상황 속에서 다시 나타나며, 이를 얼버무리려던 그 모든 시도는 사전에 실패로 끝이 난다. 감히 말하건대 정의는 사방에서 배어나온다"("Les grands problèmes du Droit", *Archives de philosophie du droit*, 1938, vol. 1-2, p. 20-21).

33 (스스로를 핵물리학자와 비교하는) 일부 법률가들이 이른바 인간의 과학적 지위를 주장하는 것은 나치 법률에 관한 논문집에 조르주 리페르Georges Ripert가 서문을 쓰면서 한 다음의 말을 불쾌하게 상기시키는 것이 아니라면 그저 어이없는 잡설일 뿐이다. "과학자는 자신의 연구가 실제로 가져올 결과에 대해서 무관심할 권리가 있다"(in *Etudes de droit allemand*, LGDJ, 1943, p. VI-VII. C. Singer, *Vichy,* l'Université et les juifs, Les Belles-Lettres, 1992, p. 179에서 재인용). 파리법과대의 학장이었다가 비시정부의 교육장관이 된 리페르는 교원들의 정치적 인종적 정화에 관한 초기 정책들을 주재했다. 그는 사적으로는 초기의 반유태주의 법률들이 "폭력적이고 부정의한" 것으로 본다고 주장했지만 동시에 '기술자'로서 그 법률들을 집행에 옮겼다(C. Singer, Vichy, l'Université…, op. cit., p. 95. 이 주제에 대해서는 로샤크Lochak의 용기 있는 비판 또한 참고할 것. D. Lochak, "La doctrine sous Vichy ou les mésaventures du positivisme", in D. Lochak et al. (dir.), Les Usages sociaux du droit, PUF, 1989, p. 252 이하).

34 이 점에서 패권적 경제주의를 따른다고 볼 수 있다. 롤스의 유명한 저서 『정의론』(황경식 옮김, 이학사, 2003)이 성공을 거둔 이유 중 한 가지는 효용성 계산의 일반화에서 계약적 기초를 상정했기 때문이다. 이런 방식으로 사회를 생각하는 것에 있어 좀 더 과격하되 명확하게 표현한 자료를 보려면 G.S. Becker, The Economic Approach to Human Behavior, Chicago, University of Chicago Press, 1976 참조.

35 R. A. Posner, Economic Analysis of Law, 1re éd. 1972, 5e éd., New York, Aspen Law & Business, 1998 ; R. Cooter, Th. Ulen, Law and Economics, Glenview-Illinois, Scott, Foresman & Cie, 1988, 2e éd. 1996 ; E. Mackaay, "La règle juridique observée par le prisme de l'économiste, une histoire stylisée du mouvement de l'analyse économique du droit", Revue internationale de droit économique, 1986, t. 1, p. 43, et id., L'Analyse économique du droit, vol. 1 : Fondements, Montréal et Bruxelles, Thémis et Bruylant, 2000.

36 어떤 학설을 지지하고 전파하는 것이 아니라 재판하는 것을 임무로 한다고 여겨졌던 이 최고 법원은 (파리정치학연구소의 '규율과 조절Régulation' 강좌와 공동으로) 2004년에 '경제학적 분석이 법과 경제와 정의에 대하여 갖는 적절함과 이익'이라는, 더할 나위 없이 명확한 주제로 일련의 콘퍼런스를 조직했다. 그리고 대법원장은 언론에서 다음과 같이 설명했다. "대법원 판사들은 경제학적 분석을 법률적 논증 속에 통합시킬 수 있어야 한다"(G. Canivet, "La Cour de cassation doit parvenir à une analyse économique 'pertinente'", Les Echos, 2004년 3월 1일자). 법률적 논증 속에 통합됨으로써 법률의 구실을 하도록 요청받은 경제학적 분석은 이처럼 프랑

스에서 최고위의 법관에 의해 그 규범적 차원을 승인받기에 이른다.

37 이러한 경향에서는 법이 계약 속에서 실현되는 이익 계산으로 환원된다. 그러나 그렇게 함으로써, '효율적 계약 파기efficient breach of contract'라고 하는 현대의 이론이 보여주는 것처럼 계약이라는 개념 자체를 파괴하기에 이른다. 이 이론에 따르면 약속을 지키는 것과 약속 위반에 대한 결과를 보상하는 것 사이에는 아무런 차이가 없다. 아래 제3장 참조.

38 J. Carbonnier, *Flexible droit. Pour une sociologie du droit sans rigueur*, LGDJ, 6e éd., p. 85.

39 'dirigo'에서 파생된 단어: 길을 가리키다, 이끌다(A. Ernout, A. Meillet, *Dictionnaire étymologique de la langue latine, s.v. rego*).

40 예컨대 가이우스의 『법학제요』, 1-3을 보라. 'ius' 개념의 기원에 관해서는 A. Magdelain, "Le Ius archaïque" [1986], *Ius imperium auctoritas. Études de droit romain, Rome*, École française de Rome, 1990, p. 3-93에 재수록.

41 헤겔의 *Grundlinien der Philosophie des Rechts*의 영어 번역은 이러한 어려움을 증명한다. (T.M. Knox, Oxford, Oxford University Press, 1965 또는 S.W. Dyde, New York, Prometheus Books, 1996년 번역본 등에서) 'Philosophie of Rights'라는 제목은 영어권 독자에게는 특히 난해하기 때문이다.

42 L. Gernet, "Droit et prédroit en Grèce ancienne", *L'Année sociologique*, 1951, p. 21 이하, *Droit et institutions en Grèce antique*, Flammarion, 1982에 재수록, p. 110에서 재인용.

제1부 법률적 교리

제1장 인간이란

1 "*Das ist eben das Charakteristische am erwachenden Geist des Menschen, daß ihm eine Erscheinung bedeutend wird*", "Remarques sur *Le Rameau d'or*", trad. fr. J.-P. Cometti et E. Rigal, in L. Wittgenstein, *Philosophica III*, Mauvezin, TER, 2001, p. 32. 한국어판으로는 이영철 편역, 「프레이저의 '황금가지'에 관한 소견들」, 『소품집』, 비트겐슈타인 선집 2, 책세상, 2006, 45쪽.

2 Pensées, in *Œuvres complètes*, Gallimard, "Bibliothèque de la Pléiade", 1962, p. 1108. 한국어판으로는 홍순민 옮김, 『팡세』, 삼성판 세계사상전집 18, 삼성출판사, 1981, 33쪽.

3 *L'Epopée de Gilgameš. Le grand homme qui ne voulait pas mourir*, trad. fr. J. Bottéro, Gallimard, 1992. 한국어판으로는 이현주 옮김, 『길가메시 서사시』, 범우사, 1978(초판), 1997(3판).

4 *L'Epopée de Gilgameš*. op. cit., p. 69.

5 Saint Augustin, *Les Confessions*, livre X, VIII, 15, Gallimard, "Bibliothèque de la Pléiade", 1998, p. 991. 한국어판으로는 성 아우구스티누스의 『고백록』 번역서 제10권 내용을 참고.

6 A.-G. Haudricourt, *La Technologie, science humaine. Recherches d'histoire et d'ethnologie des techniques*, MSH, 1987, p. 37 참조.

7 인간 언어의 특수성에 관해서는 T. Deacon, *The Symbolic Species. The Co-evolution of Language and the Human Brain*, Londres, Penguin, 1997 참조.

8 E. Husserl, *La Crise des sciences européennes et la phénoménologie transcendantale* [1936], trad. fr., Gallimard, 1976 참조.

9 인간 지성의 교리적 기반에 관해서는 A. Comte, *Considérations sur le pouvoir spirituel, op. cit.*, p. 204 ; A. de Tocqueville, *De la démocratie…*, II, I, chap. II, in *Œuvres, op. cit.*, p. 518 이하 참조.

10 F. de Saussure, *Ecrits de linguistique générale*, Gallimard, 2002, p. 79 (강조된 부분은 소쉬르가 원문에서 강조한 부분임).

11 모든 인간이 태어났다는 그 한 가지 사실로 인해서 삶의 빚을 지게 된다는 생각에 대해서는 Ch. Malamoud, *La Dette*, EHESS, 1980 및 *id., Liens de vie, nœuds mortels. Les représentations de la dette en Chine, au Japon et dans le monde indien*, EHESS, 1988 ; 추가로 M. Aglietta, A. Orléan (dir.), *La Monnaie souver-*

aine, O. Jacob, 1988, p. 65 이하 참조.

12 죽음은 규범 체계의 기반이 되는 원형적 한계이며, 베다교에서 죽음의 신인 야마Yama는 이와 동시에 율법의 신인 다르마Dharma이기도 하다(Ch. Malamoud, *Le Jumeau solaire*, Seuil, 2002, p. 8 이하 참조).

13 Vercors, *Les Animaux dénaturés*, Albin Michel, 1952. Le Livre de poche 재출판본 참조.

14 시신의 법적 지위가 현대에 이르러 어떻게 변화했는지는 다음을 참고. J.-R. Binet, *Droit et progrès scientifique. Science du droit, valeurs et biomédecine*, PUF, 2002, p. 299를 볼 것.

15 Ch. Malamoud, *Le Jumeau solaire, op. cit.*, p. 36.

16 C. Isler Kerényi, *Dionysos nella Grecia arcaica. Il contributo delle immagini*, Pisa-Roma, Istituti editoriali e poligrafici internazionali, 2001 참조.

17 R. Zapperi, *L'uomo incinto. La donna, l'uomo e il potere*, trad. fr. *L'Homme enceint*, PUF, 1983 참조.

18 A. Pichot, "Clonage : Frankenstein ou Pieds-Nickelés ?", *Le Monde*, 2001년 11월 30일자 및 id., "Qui se souvient de M. J. ?", *Le Monde*, 2002년 12월 27일자.

19 고대 그리스의 사례에 대해서는 C. Isler Kerényi, *Dionysos nella Grecia arcaica, op. cit.*, p. 120 이하, 인도의 사례에 대해서는 Ch. Malamoud, *Le Jumeau solaire, op. cit.* 참조.

20 드레빌J. Dréville 감독의 영화, 「원본대조필Copie conforme」, Paris, 1947.

21 그리모P. Grimault 감독의 영화, 「왕과 새Le Roi et l'Oiseau」, Paris, 1979.

22 E.P. Jacobs, *Les 3 formules du prof. Sato*, Iʳᵉ partie : *Mortimer à Tokyo*, Bruxelles, Ed. du Lombard, 1977.

23 인류학자이자 콜레주 드 프랑스 교수인 프랑수아즈 에리티에Françoise Héritier가 동성 부모의 합법화를 옹호하면서 제시한 논거에 대해서는 "Quand les choses sont possibles et commencent à être pensables, elles finissent un jour ou l'autre par être réalisables", *Le Monde*, 2001년 3월 3일자, p. 10 참조.

24 J.-L. Baudouin, C. Labrusse-Riou, *Produire l'homme : de quel droit ? Étude* éthique et juridique des procréations artificielles, PUF, 1987.

25 G. Bataille, Théorie de la religion [1948], Gallimard, 1973, p. 50 이하 참조.

26 J.-P. Changeux, P. Ricœur, Ce qui nous fait penser. La Nature et la Règle, O. Jacob 1998

27 J. Escarra, Le Droit chinois. Conception et évolution, Sirey, 1936 ; V. Vandermeersch, La Formation du légisme. Recherche sur la constitution d'une philosophie politique caractéristique de la Chine ancienne, École française d' Extrême-Orient, vol. LVI, 1965, réimp. 1987, p. 192 이하 참조.

28 세계인권선언, 1948, 제1조.

29 E. Cassirer, Individu et cosmos dans la philosophie de la Renaissance [1927], trad. fr., Minuit, 1983 참조.

30 A. Wijffels, "European private law : a new soft-package for an outdated operating system ?", in M. van Hoecke, F. Ost, The Harmonisation of European Private Law, Oxford, Hard Publishing, 2000, p. 103-116 및 id., "Qu'est-ce que le ius commune ?", in A. Supiot (dir.), Tisser le lien social, op. cit., p. 131 이하 참조.

31 M. Gauchet, Le Désenchantement du monde. Une histoire politique de la religion, Gallimard, 1985. '탈주술화Entzauberung'라는 개념을 세운 건 막스 베버였다(L'Éthique protestante et l'esprit du capitalisme, trad. fr. J.-P. Grossein, Gallimard, 2003, 특히 p. 106-107 ; 또한 id., Sociologie des religions, textes réunis et traduits par J.-P. Grossein, Gallimard, 1996, p. 380 볼 것). 베버는 안녕을 기원하는 것에 있어 주술적 수단을 저버리게 된 것과 같이 상당히 다른 맥락에서도 이 개념을 사용했으며, 고대 유대교에서 그리스의 과학적 사고를 통해 예언하던 것을 탈주술화의 시작으로 보았다(이에 관해서는 J.-P. Grossein이 위 Sociologie des religions의 프랑스어판 역자 서문(p. 108 이하)에서 언급한 내용을 참고).

32 A. Compte, Catéchisme positiviste ou Sommaire exposition de la religion universelle [1852], Gallimard-Flammarion, 1966 참조.

33 A. Hampâté Bâ, "La notion de personne en Afrique noire", in La Notion de

personne en Afrique noire, ouvrage coll., préface de M. Cartry, CNRS, *reprint* L'
Harmattan, 1993, p. 182 참조.

34 M. Leenhardt, *Do kamo. La personne et le mythe dans le monde mé-
lanésien*, Gallimard, 1947, rééd. "Tel", 1985, p. 248 이하 참조.

35 예컨대 L. Dumont, "Absence de l'individu dans les institutions de l'Inde",
in I. Meyerson (dir.), *Problèmes de la personne*, Paris, La Haye, Mouton, 1973, p.
99 이하 ; O. Nishitani, "La formation du sujet au Japon", *Intersignes*, 8/9, 1994, p.
65-77, 특히 p. 70 ; M. Chebel, *Le Sujet en islam*, Seuil, 2002 참조.

36 「갈라디아서Épître aux Galates」, 3:28.

37 당연히 여기서 토크빌(특히 *De la démocratie en Amérique*, II, II, chap. I, in
Œuvres, op. cit., p. 607 이하)과 루이 뒤몽을 참조해야 한다. 뒤몽은 다시금 서양
에 인류학적 질문을 제기한 최초의 인물이다(*Homo æqualis*, Gallimard, t. I, 1977,
t. II, 1991 ; *Essais sur l'individualisme. Une perspective anthropologique sur
l'idéologie moderne*, Seuil, 1983).

38 "모든 시민은 평등하므로 [⋯] 자신의 성품이나 능력 이외의 다른 그 어떤 차별
도 받지 아니하며 공적인 직위와 직무 등 모든 지위를 자신의 능력에 따라 누릴 수
있다"(1789년 8월 26일 인간과 시민에 관한 권리선언 제6조).

39 L. Dumont, *Homo hierarchicus. Le système des castes et ses implications*,
Gallimard, 1966, rééd. "Tel", 1979 참조.

40 이러한 개념의 중세적 기원에 관해서는 L. Moulin, "Les origines religieuses
des techniques électorales et délibératives modernes", *Revue internationale
d'histoire politique et constitutionnelle*, 1953, 4-6, p. 143-148 ; id., "Sanior et
maior pars. Étude sur l'évolution des techniques électorales et délibératives
dans les ordres religieux du VIe au VIIIe siècles", *Revue historique de droit
français et étranger*, 1958, 3, p. 368-397 및 4, p. 491-529 참고. 프랑스혁명 이
후 다수결의 원칙이라는 개념이 우세하게 된 과정에 대해서는 P. Rosanvallon, *Le
Sacre du citoyen. Histoire du suffrage universel en France*, Gallimard, 1992 참조.

41 G. Canguilhem, *Le Normal et le Pathologique*, PUF, 3^eéd. 1975. 통치gouvernement와 규제réglementation라는 낡은 양식에 맞서서 협치gouvernance와 규율 및 조절régulation이라는 새로운 양식을 고취하는 것은 바로 이러한 '객관적' 규범에 근거한 질서의 추구다(A. Supiot, "Un faux dilemme : la loi ou le contrat ?", *Droit social*, 2003, p. 59 이하 참조).

42 M. Hauriou, *Leçons sur le mouvement social*, Libr. de la soc. du recueil général des lois et arrêts, 1899, p. 148-149, A. David, *Structure de la personne humaine*, PUF, 1955, p. 1에서 재인용.

43 R. de Berval (dir.), *Présence du bouddhisme*, Gallimard, 1987, p. 113 이하 ; A. Bareau, "La notion de personne dans le bouddhisme indien", in I. Meyerson (dir.), *Problèmes de la personne, op. cit.*, p. 83 이하 참조.

44 M. Weber, *L'Ethique protestante*⋯, *op. cit.*, ; E. Troeltsch, *Protestantisme et modernité*, Gallimard, 1991 참조.

45 F.G. Dreyfus, "Les piétismes protestants et leur influence sur la notion de personne aux XVIIIᵉ et XIXᵉ siècles", in I. Meyerson (dir.), *Problèmes de la personne, op. cit.*, p. 171 이하 참조.

46 L. Dumont, I. Meyerson (dir.), *Problèmes de la personne, op. cit.*, p. 185.

47 Ph. Thureau-Dangin 보고서, *La Concurrence et la Mort*, Syros, 1995.

48 기본적인 참고문헌으로는 O. von Gierke, *Das deutsche Genossenschaftsrecht*, Berlin, 1868-1913, 4 vol. ; R. Saleilles, *De la personnalité juridique. Histoire et théories*, Rousseau, 1910 ; L. Michoud, *La Théorie de la personnalité morale. Son application en droit français*, LGDJ, 1924 [rééd. 1998], 2 t. 참조. 법인격 개념의 교회법적 기원에 관해서는 P. Gillet, *La Personnalité juridique en droit canon, spécialement chez les décrétistes et les décrétalistes et dans le Code de droit canonique*, thèse, Université catholique de Louvain, Malines, W. Godenne, 1927 참고.

49 M. Griaule, *Dieu d'eau. Entretiens avec Ogotemmêli*, Fayard, 1966 참조. 인용은 p. 86.

50 M. Granet, *La Pensée chinoise* [1934], Albin Michel, 1988, p. 363 이하 참조.

51 Platon, *Cratyle, op. cit.* (위 프롤로그 참조). 이 직조 이미지는 *Le Politique*(in *Œuvres complètes, op. cit.*, t. II, p. 375 이하)에서 정치 기술을 묘사하는 것과 관련하여 두드러지게 나타난다. A. Laks, "Pour une archéologie du lien social", in A. Supiot (dir.), *Tisser le lien social, op. cit.*, p. 61~72 참조.

52 L. Gardet, La Cité musulmane. *Vie sociale et politique*, Vrin, 4ᵉéd. 1981, p. 80 이하 참조.

53 A. Alpa, *I principi generali*, in G. Iudica, P. Zatti (a cura di), *Trattato di diritto privato*, Milan, Giuffrè, 1993, p. 58 참조.

54 아래 제2장 볼 것.

55 L. Gardet, *La Cité musulmane*…, *op. cit.*, p. 117 참조.

56 J. de Romilly, *La Loi dans la pensée grecque*, Les Belles-Lettres, 1971. 2001년 재출판본 참조.

57 C. Herrenschmidt, "L'écriture entre mondes visibles et invisible en Iran, en Israël et en Grèce", in J. Bottéro, C. Herrenschmidt, J.-P. Vernant, *L'Orient ancien et nous*, Albin Michel, 1996, p. 173 이하 참조. J. de Romilly가 언급한 nomos의 어원(nemô, 공유하다) 부분을 참고. (*La Loi dans la pensée grecque, op. cit.*, p. 14 : 법은 원칙적으로 사람들 사이에서 공유되는 것인바 그들 중 어느 누구의 것도 될 수 없다.)

58 C. Herrenschmidt, "L'écriture…", *op. cit.*, p. 162 이하 참조.

59 L. Gardet, *La Cité musulmane, op. cit.*, p. 36 이하 참조. 아울러 M. Chebel, *Le Sujet en islam, op. cit.* 참조.

60 K. Löwith, *Histoire et Salut, op. cit.*, p. 242 참조. 히브리어로 'berith'라 일컫는 성서적 의미의 '약속' 혹은 '동맹'은 신과 이스라엘 민족 간의 쌍무적 계약인 반면 (F. Ost, *Du Sinaïau Champ-de-Mars. L'autre et le même au fondement du droit*, Bruxelles, Lessius, 1999 참조), 이슬람에서 '약속'을 의미하는 단어인 'mithaq'는 신이 모든 인간에 대해 대가 없이 하는 약속, 즉 인간이 감각의 노예에서 벗어나 권리와 의무의 주체가 될 수 있도록 하는 일방적 계약이다(L Gardet, *La Cité musulmane, op. cit.*, p. 53 이하 볼 것).

61 M. Pinguet, *La Mort volontaire au Japon*, Gallimard, 1984, p. 59 이하 참조.

62 M. Heidegger, "La question de la technique", in *Essais et conférences*, Gallimard, 1958, p. 26 참조.

63 고대 그리스에서 기술은 결코 "전통적 처방과 관행적 기교 체계"의 수준을 넘지 않았다(J.-P. Vernant, "Remarques sur les formes et les limites de la pensée technique chez les Grecs", *Revue d'histoire des sciences*, 1957, p. 205-225, *Mythe et pensée chez les Grecs*, Maspero, 1971, t. II, p. 44 이하에 재수록).

64 P. Legendre, *Les Enfants du texte. Étude sur la fonction parentale des Etats*, Fayard, 1992 참조. 특히 서양의 법적 전통 속에서의 'vitam instituere'에 관한 p. 87 이하 및 같은 저자의 *Sur la question dogmatique en Occident, op. cit.*, p. 106 이하 참조).

65 가령 이스라엘에서는 인적 신분 체제가 더 우세하며 랍비의 재판소가 가족의 비재산권에 대한 배타적 관할권을 갖는다(C. Klein, *Le Caractère juif de l'Etat d'Israël*, Cujas, 1976 및 *id., Le Droit israélien*, PUF, 1990, p. 69 이하 참조). 유사한 제도가 몇몇 이슬람 국가에서도 존재한다.

66 이 논쟁에 대한 명쾌하고 완전한 설명에 대해서는 C. Labrusse-Riou, F. Bellivier, "Les droits de l'embryon et du fœtus en droit privé", *Revue internationale de droit comparé*, 2, 2002, p. 579 이하를 볼 것.

67 장례 때 죽은 자의 얼굴을 본뜬 데스마스크 '이마고imago'는 고인의 '이미지image', 즉 눈에 보이게 만들어놓은 하나의 형상, 고인을 표상하는 허구적 이미지인 'fictio('모방하다' '형성하다'라는 뜻의 라틴어로, '허구'를 의미하는 'fiction'의 어원 ―옮긴이)'가 아니다. 그것은 고인의 모습을 그대로 찍어놓은 인장, 실제의 육체적 흔적으로, 그 가치는 은유적인 것이 아니라 환유적인 것이다. 고인을 암시적으로 나타내는 게 아니라 우회적으로 표현한 대상물인 셈이다. 고인의 데스마스크인 이 '이마고'들은 평소 장롱 속에 갇혀 있었으며, 따라서 통상적으로는 숨겨져 있다가 제례 때에만 옷장 밖으로 나와서 후손을 맞이했다. 반면 고인의 '이름nomina'과 '직위honores'는 장롱 밖에 고정된 '명패titulus(복수형 tituli)'에 쓰여 있어 사람들 눈에 띄게 노출되어 있었다. 이마고와 명패는 서로 분리될 수 없는 일체적 관계에 있었

으며, 데스마스크가 확보된 선조의 이름만이 게시될 수 있었다(F. Dupont, 'L'autre corps de l'empereur-dieu', in "Ch. Malamoud, J.-P. Vernant, *Corps des dieux*", Gallimard, 1986, p. 315 이하 참조).

68 다음을 참조할 것. M. Mauss, "Une catégorie de l'esprit humain : la notion de personne, celle de 'moi'" [1938], *Sociologie et anthropologie*, PUF, 8e éd. 1983, p. 333 이하에 재수록.

69 『법학제요』의 유명한 체계(personœ, res, actiones)를 참고할 것. 『법학제요』에서는 인격들 사이에서 노예를 분류해놓되, 사물로서 취급했다(Gaius, Institutes, éd. bilingue par J. Reinach, Les Belles-Lettres, 1991).

70 P.F. Girard, *Manuel élémentaire de droit romain*, Rousseau, 5e éd. 1911, p. 91 이하 참조.

71 J. Daniélou, "La notion de personne chez les Pères grecs", in I. Meyerson (dir.), *Problèmes de la personne, op. cit.*, p. 114 이하 참조.

72 G. Le Bras, "La personne dans le droit classique de l'Église", in I. Meyerson (dir.), *Problèmes de la personne, op. cit.*, p. 189 이하 참조.

73 O. von Gierke, *Das deutsche Genossenschaftsrecht, op. cit.* ; P. Gillet, *La personnalité juridique en droit canon, op. cit.* ; E. Kantorowicz, *Les Deux Corps du roi, op. cit.*

74 M. Mauss, "Une catégorie de l'esprit humain…", *op. cit.*, p. 357.

75 E. Kantotowicz, *Les Deux Corps du roi, op. cit.*, p. 278 이하 참조.

76 *Ibid.*, p. 326 이하. 이 주제는 단테의 후계자들에 의하여 계승 발전되는데, 특히 픽 드 라 미랑돌Pic de la Mirandole의 『인간 존엄성에 관한 연설Oratio de hominis dignitate』이 대표적이다. 미랑돌은 다음과 같이 쓴다. "그것은 우리에게 속한다. 왜냐하면 우리의 타고난 조건은 우리로 하여금 우리가 원하는 것이 될 수 있도록 하고, 특히 우리가 우리의 위대한 책무를 잊어버리고 몽매한 야수나 이성이 없는 동물과 비슷한 것이 되어버렸다고 비난받지 않기 위하여 조심하도록 하기 때문이다"(*De la dignité de l'Homme*, éd. bilingue par Y. Hersant, Combas, Ed. de l'éclat, 1993, p. 13).

77 "Sic ego, hoc mundi theatrum conscensurus, in quo hactenus spectator existi, larvatus prodeo"(Descartes, *Cogitationes privatœ* [1619], in *Œuvres*, Vrin, t. X, 1986, p. 213).

78 H. Zimmer, *Les Philosophies de l'Inde*, 김용한 옮김, 『인도의 철학』, 대원사, 1994.

79 H. Zimmer, *Les Philosophies de l'Inde, loc. cit.*

80 *Ibid., loc. cit.*

81 H. Zimmer, *Les Philosophies de l'Inde, op. cit.*

82 Ph. Ariès, *L'Homme devant la mort*, Seuil, 1977 및 *Images de l'Homme devant la mort* (Seuil, 1983)의 코멘트가 붙은 초상학 참조.

83 Ch. Malamoud, *Le Jumeau solaire, op. cit.*

84 E. Troeltsch, "L'édification de l'histoire de la culture européenne", in *Religion et histoire*, Genève, Labor et Fides, 1990, p. 141 이하 ; K. Löwith, *Histoire et Salut, loc. cit.* 같은 생각이 시몬 베유의 저작에서도 비판적 양식으로 전개되었다. "기독교주의는 이전까지는 알려지지 않았던 이러한 진보 개념을 세상에 들어오게 했다. 그리고 이 개념은 근대 세계의 독이 되어 세상을 탈기독교화시켰다. 그것을 포기해야 한다"("Lettre à un religieux"[1942], in *Œuvres, op. cit.*, p. 1001).

85 L. Wittgenstein, "Remarques sur *Le Rameau d'or*", *op. cit.*, p. 33. 한국어판으로는 이영철 편역, 「프레이저의 '황금가지'에 관한 소견들」, 『소품집』, 비트겐슈타인 선집 2, 책세상, 2006 참고.

86 B. Edelman, *Le Sacre de l'auteur*, Seuil, 2004 및 *id, La Propriété littéraire et artistique*, PUF, 3ᵉéd. 1999 참조.

87 이 문화유산에 대해서는 A.-H. Mesnard, *Droit et politique de la culture*, PUF, 1990, p. 419 이하 ; F. Choay, *L'Allégorie du patrimoine*, Seuil, 1992 참조.

88 Alain Supiot, *Critique du droit du travail*, PUF, "Quadrige", 1994, 2ᵉéd. 2002, p. 39 이하 참조.

89 자신의 정체성을 상실하고 쫓기는 짐승의 상태로 내몰린 인간이라는 주제는 고대 신화에서부터 (계보적 무질서의 희생양으로 상징되는) '당나귀 가죽' 및 그림 동

화에서 곰으로 변한 왕자 이야기를 거쳐 할리우드 영화에 이르기까지 언제나 문학적 창조의 강력한 원동력이었다.

90 P. Legendre, *Les Enfants du texte, op. cit.* 참조.

91 L. Dumont, *Essais sur l'individualisme, op. cit.*, p. 69-70 참조.

92 폭넓은 비교법적 연구에 대해서는 다음을 보라. J. Pousson-Petit (dir.), *L'identité de la personne humaine. Étude de droit français et de droit comparé*, Bruxelles, Bruylant, 2002.

93 P. Bourdieu, *Réponses*, Seuil, 1992, p. 82.

94 A. Pichot, *Histoire de la notion de vie*, Gallimard, 1993 참조.

95 H. Atlan, *La Fin du "tout génétique"? Vers de nouveaux paradigmes en biologie*, INRA, 1999, p. 52.

96 J.-J. Kupiec et P. Sonigo, *Ni Dieu, ni gène. Pour une autre théorie de l'hérédité*, Seuil, 2000에서 주장하는 바다. 뛰어난 생물학자인 저자들은 "인간은 존재하는가?"라고 자문하면서 다음과 같이 대답한다. "우리는 이 질문을 침착하게 분석해야만 한다"(*op. cit.*, p. 32 이하). 리처드 도킨스는 그러한 신중함을 보이지 않은 채 유전자만이 존재한다고 단도직입적으로 주장한다(R. Dawkins, *Le Gène égoïste*, trad. fr., O. Jacob, 1996).

97 '묻다' '매장하다'를 뜻하는 'humare'에서 비롯된 말이며, 이탈리아 철학자 비코 Vico의 어원학에 의하면 '인간humanitas'라는 말도 여기에서 나왔다고 한다. Vico, *La Science nouvelle, op. cit.*, p. 14.

98 이는 가장 깨어 있는 생물학자들도 인정하는 부분이다. 이들에 따르면 윤리학은 "생물학적 데이터와 차츰 무관해지는 선택들을 수용해야 한다"(P. Sonigo, "Une vague idée de l'individualité", in M. Fabre-Magnan, Ph. Moullie, *La Génétique, science humaine*, Belin, 2004, p. 170).

99 타인과 자신을 관찰함에 있어 데카르트식으로 거리를 두려는 움직임이 하나의 지속적인 사유 태도로 굳어지고, 이에 따라 관찰 주체는 저들과 무관하게 존재하는 다른 모든 타인과 단절된 존재의 시각을 갖게 된다는 점에 대해서는 엘리아스의 예리한 분석을 참고. N. Elias, *La Société des individus, op. cit.*, p. 152 이하.

100 *Le Monde*, 27 juin 2000.

101 P. Legendre, "L'attaque nazie contre le principe de filiation", in *Filiation*, Fayard, 1990, p. 205 이하 참조.

102 J. C. Guillebaud, *Le Principe d'humanité*, Seuil, 2001 참조.

103 O. Nishitani, "La formation du sujet au Japon", *op. cit.* 참조.

104 히틀러가 1928년 2월 5일에 한 말. Louis Dumont, *Essais sur l'individualisme*, *op. cit.*, p. 178에서 재인용.

105 L. Dumont, *Essais sur l'individualisme, op. cit.*, p. 182.

106 L. Dumont, *Essais sur l'individualisme, op. cit.*, p. 185. 이미 1911년에 에른스트 트뢸치Ernst Troeltsch는 역사의 동력으로서 이해의 조화 대신 생존을 위한 투쟁을 제시하는 진화론은 "세상의 의미에 대한 종교적 믿음의 마지막이자 나약한 찌꺼기와 다름 없다"라고 적었다.(*Die Bedeutung des Protestantismus für die Entstehung der modernen Welt*[1911], trad. fr. in *Protestantisme et modernité, op. cit.*, p. 116).

107 히틀러 유겐트 입문서. H. Arendt, *Le Système totalitaire, op. cit.*

108 제6장 참고.

109 인간에 대한 서구적 관점이 '극한에 다다른 것'이라는 표현은 무언가 질적으로 다른 차원에서의 가치 전복이 이뤄짐을 의미한다(R. Guénon, Les Principes du calcul infinitésimal, Gallimard, 1946, p. 77 이하 참조). 에른스트 트뢸치는 이미 20세기 초에 자본주의 역사 속에서 이와 같은 가치 전복이 일어나는 것에 주목했다. "한 치의 오차도 없이 가혹하게 밀고 나가며 비인간적이고 포식자적인 모습을 보여주는 자본주의는 인정사정 봐주지 않은 채 이윤을 위한 이윤 창출에 집착하고 가차 없는 과격한 경쟁을 추구하며, 승리에 대한 극도의 욕구를 보인다. 그리고 상거래가 도처에서 위세를 떨치는 것을 보며 승리의 기쁨을 누리고 있다. 그러나 이러한 자본주의는 초창기의 윤리적 가치와 완전히 단절되었으며, 정통 칼뱅파든 개신교든 이와 정면으로 대비되는 위력으로 변모했다"(*Protestantisme et modernité, op. cit.*, p. 94).

110 L. Dumont, *Essais sur l'individualisme, op. cit.*, p. 186.

111 P. Legendre, "L'attaque nazie…", *loc. cit.* 참조.

112 나치의 집단수용소에 대한 끔찍한 기억은 수용소에서 해방되던 때에 찍은 영화와 사진을 통해 알 수 있지만, 소비에트 연방의 강제수용소인 '굴라크Goulag'혹은 '쿨라크koulak'에서 이뤄졌던 처형에 대한 기억을 되살릴 수 있는 이미지는 거의 전무하다.

113 피쇼의 상세한 연구 내용 참고. A. Pichot, *La Société pure. De Darwin à Hitler, op. cit.*

114 A. Pichot, *Histoire de la notion de gène*, Flammarion, 1999 참조.

115 최근에 발견되어 주요 유력지의 헤드라인을 장식한 언어 유전자는 이로써 동성애 유전자, 지능 유전자, 공격성 유전자 등 인성을 설명해주는 유전자 목록에 포함된다(*Le Monde*, 9 mai 2003, "La mutation du gène FOXP2 pourrait avoir engendré la parole" 참고). 앞서 규명된 이 유전자들도 과거 두개골의 형상으로 인성과 심리를 설명하던 골상학을 대체한 것으로, 수학 돌기 같은 두개골의 돌기로 사람을 설명하던 것이 유전자를 통한 설명으로 바뀌게 됐다.

116 L. Dumont, *Essais sur l'individualisme, op. cit.*, p. 292 참조.

117 G. Canguilhem, "Le problème des régulations dans l'organisme et dans la société", *op. cit.*, p. 114에서 인용. 다시 형태의 문제로 돌아감으로써 생물학의 시각이 확대된 것에 대해서는 쉘드라크가 발전시킨 형태발생학 분야의 개념을 참고. R. Sheldrake, *Une nouvelle science de la vie. L'hypothèse de la causalité formative*, Monaco, Ed. du Rocher, 1985.

118 'vitam instituere' 개념에 대해서는 P. Legendre, *Les Enfants du texte, op. cit.*, p. 87 이하 및 *id., Sur la question dogmatique en Occident*, p. 106 이하를 볼 것.

119 로마법상 '종spacies'과 '속genus'의 구분에 대해서는 J.-H. Michel, *Les Instruments de la technique juridique*, Cahiers du Centre de recherches en histoire du droit et des institutions, Bruxelles, Publications des facultés universitaires Saint-Louis, 2002, p. 3 이하를 참고. 키케로의 정의에 의하면 "속은 몇 가지 공통적인 요소로 서로 비슷한 개체를 아우르고 있는 것으로, 두 개 이상의 종을 일컫는다

는 점에서 종과 구별된다"(De oratore, 1, 42, 188).

120 이 같은 권리는 프랑스 파기원 총회 자리에서 허용됐다(Cass. Ass. Plén., 11 déc. 1992, Bulletin civil, 1992, n° 13, Gazette du Palais, 1993, 1, jur. 180, concl. Jéol). 흡적 양두 불가의 원칙을 배제하 파기원은 성전환자의 사생활 부 호에 잇어 유럽인권재판소가 요구한 수준에서 한 걸음 더 나아갔다(CEDH, 25 mars 1992, Botella c/ France, Recueil Dalloz 1993, J, 101, note Marguénaud).

121 J.-P. Dupuy, Pour un catastrophisme éclairé. Quand l'impossible est certain, Seuil, 2002 참조.

122 법률가들에게 익숙한 이 두 가지 측면은 사람들의 정체성 문제를 다룸에 있어 (법률에 의하여) "강요된 정체성"과 (개인에 의하여) "선택된 정체성"을 구별할 때 이 같은 이데올로기의 성격을 분명히 드러내준다. J. Pousson-Petit (dir.), L'Identité de la personne humaine, op. cit. 따라서 인간의 정체성을 보증하는 법률은 이처럼 법 률가의 머릿속에서 차츰 흐려지며 "정체성 감정"이라는 개인적인 문제로 전락한다 (D. Gutmann, Le Sentiment d'identité. Étude de droit des personnes et de la famille, LGDJ, 1999 참조).

123 "믿음이 생기기 전, 우리는 언젠가 믿음이 발현될 운명으로 율법의 보호 하에 놓여 있었다. 그러므로 이 단계에서 율법은 우리에게 있어 가르침을 주는 교사의 역할을 해주었다. […] 하지만 믿음이 생기고 난 후, 우리는 더 이상 율법의 보호 하에 있지 않게 된다."「갈라디아서」 3장 23절-25절.

124 성의 구별은 '평등성과 보편성의 관점에 부합되지 않는' 하나의 '이데올로기' 라는 것이다(Association Mix-Cité Paris [Mouvement mixte pour l'égalité des sexes], "Quels parents pour demain ?", Le Monde, 19 juin 2001, p. 15). 오늘날 국립과학연구원CNRS의 법률가들은 언론 매체를 통해 성별에 대한 법적 구분이 '피상적' 성격을 띤다는 이론을 발전시키고 있다(M. Iacub, "Filiation : le triomphe des mères", Le Monde des Débats, mars 2000, p. 16-17 참고). 그리고 고등사범학교École normale supérieure의 일부 사회학자들은 인류가 성 정체성을 고집하기보다 각자가 자유롭게 (사회적) 성별을 선택하는 성지향성으로 나아가야 한다고 주장한다.(E. Fassin, "Les pacsés de l'an" I, Le Monde, 14, oct. 2000, p. 20 볼 것).

125 M. Iacub, *Le Monde*, 9-10 mars 2003.

126 "남성과 여성 사이에 평등을 수립해야 할 필요성에 따라 여성이 어머니로서의 역할에 대한 강제성으로부터 급격히 벗어나게 된 것과 마찬가지로, 남성성과 여성성 사이의 평등, 부모 간의 평등 수립 문제는 아이의 양육에 있어 반드시 어머니 쪽이 이를 담당한다든가 성이 다른 두 부모가 이를 담당해야 한다는 고정 인식에서 벗어날 것을 요구한다("Quels parents pour demain ?", *op. cit.*). 같은 맥락에서 "여성을 아이와의 근본적이고 전통적인 애착 관계에서 해방시키지 못한" 프랑스 법의 후진성과 관련한 CNRS 법률가들의 비판도 참고. 이들에 따르면 프랑스 법은 "서로 '상호 보완적 관계에 있는 인류의 두 축'이라는 해묵은 이념에 뿌리를 두고 계속해서 이를 지속시켜가는 두 개의 이성적 주체라는 기본 인식을 근간으로 한다"(M. Iacub, "Filiation…", *op. cit.*, p. 17).

127 "아동의 취약함과 그들의 '특수한' 지위를 강조하는 주장은 여성들로부터 자율성을 박탈하기 위하여 '약한 여성'을 내세우던 주장의 연장선상에 있다"("Quels parents pour demain ?", *op. cit.*). 유엔 아동인권협약ONU(1989)에서는 아동에 대해 (결사의 자유, 양심의 자유, 사상의 자유, 종교의 자유, 표현의 자유, 평화적 집회의 자유 등) 모든 권리를 가진 '준 성인mini-adulte'으로 보고 있으며, '어린이가 될 권리'만 제외시켜놓음으로써 이런 안타까운 방향에 동참하고 있다.

128 F. de Singly, "Le contrat remplace la lignée", *Le Monde des Débats*, mars 2000, p. 19 참조. 가족사회학에 관한 이 저명한 학자는 근친상간의 금기란 언젠가 현대인이 벗어날 수 있는 역사적 특징이라고 설명하기도 했다("La suite dans les idées", *France Culture*, 14 mars 2002).

129 프랑스에서는 고등사회과학연구원EHESS의 일부 법률가들이 이 같은 주장을 펴고 있는데, 이들에 따르면 자유란 "일종의 양도할 수 없는 광기에 대한 권리"다(O. Cayla, Y. Thomas, *Du droit de ne pas naître*, Gallimard, 2002, p. 65 이하).

130 *Procréation, sexualité et filiation*, séminaire dirigé par V. Nahoum-Grappe et P. Jouannet, Cité des sciences, janvier-mars 2003.

131 Ph. d'Iribarne, *Vous serez tous des maîtres. La grande illusion des temps modernes*, Seuil, 1996 참조.

132 G. Canguilhem, "Le problème des régulations dans l'organisme et dans la société", *op. cit.*, p. 106 이하.

133 이 개념에 대해서는 P. Legendre, *L'Empire de la vérité, op. cit.*, p. 29 이하를 참고

134 제4장 참고.

135 N. Elias, *La Société des individus, op. cit.*, p. 120.

제2장 법률의 제국

1 'ius'의 어원은 모호한데, 이 말은 대체로 정의와 관련한 언어적 표현을 의미한다. 방바니스트E. Benveniste는 이로부터 다음과 같은 주장을 전개했다. "'법'을 구성하는 것은 언제나 '행위faire'가 아니라 '진술prononcer'이다"(*Vocabulaire des institutions indo-européennes*, Minuit, 1969, t. II, p. 114). 같은 맥락에서 마그들랭A. Magdelain 참고. 마그들랭에 의하면 "고대 로마에서 법은 하나의 언어였다"(*Ius imperium auctoritas, op. cit.*, p. 33 이하).

2 N. Elias, *La Dynamique de l'Occident* [1969], trad. fr., Calmann-Lévy, 1975, p. 324 참조.

3 M. Granet, *La Pensée chinoise, op. cit.*, p. 475-476에서 인용(강조는 원문에서).

4 M. Granet, *La Pensée chinoise, loc. cit.*

5 행정법에 대해서는 특히 E. Bazals, *La Bureaucratie céleste*, Gallimard, 1968 참조. 특히 제1부 '사회와 관료제Société et bureaucratie', p. 15 이하를 볼 것.

6 J. Escarra, Le Droit chinois, op. cit. 참조. 리 샤오핑의 좀 더 미묘한 관점도 함께 참조. Xiaoping Li, "L'esprit du droit chinois : perspectives comparatives", *Rev. internat. dr. comp.*, 1-1997, p. 7 이하. 용어에 대한 분석으로는 Tche-hao Tsien, "Le concept de 'loi' en Chine", *Archives de philosophie du droit*, t. 25, p. 231. 현대의 변화에 대해서는 X.-Y. Li-Kotovtchikhine (dir.), *Les Sources du droit et la réform juridique en Chine*, Litec, 2003, bilingue fr.-angl.

7 L. Vandermeersch, *La Formation du légisme, op. cit.* ; id., "An inquiry into the Chinese conception of the law", in S.R. Schram (ed.), *The Scope of State Power in China*, London, European Science Foundation, St. Martin's Press, 1985, p. 3-26.

8 F. Kafka, *In der Strafkolonie*, in *Ein Landarzt und andere Erzählungen*, Gallimard, "Folio bilingue", 1966, p. 23 이하.

9 L. Vandermeersch, *La Formation du légisme, op. cit.*, p. 200에서 재인용.

10 「사도행전」, 15:1-34, 사도 바울, 「로마인들에게 보낸 편지」, 2:25 이하를 볼 것. "네가 율법을 어긴다면 너는 할례를 하지 않는 것이 된다. [⋯] 할례는 육신에서 보이는 그런 것이 아니다." 이 논쟁과 그 의미에 대해서는 J. Taubes, *Die politische Theologie des Paulus* [1993], trad. fr. *La Théologie politique de Paul. Schmitt, Benjamin, Nietzsche et Freud*, Seuil, 1999 ; P. Legendre, *Les Enfants du texte, op. cit.*, 특히 p. 220과 243 볼 것.

11 특히 '100조각으로 찢겨죽는 형벌(능지처참)'이라고 부르는 중국의 형벌에 대해서 쓴 부분을 보라. G. Bataille, *Les Larmes d'Eros*, J.-J. Pauvert, nouvelle éd., 1971, p. 237 이하. 또는 질 드 레Gilles de Rais의 처형에 대해서 쓴 부분을 보라. G. Bataille, *Gilles de Rais*, J.-J. Pauvert, 1965, p. 92 이하.

12 M. Foucault, *Surveiller et punir*, Gallimard, 1975, p. 9 이하를 볼 것.

13 이와 같이 주관적 법의 부재는 확실히 주관적 책임 관념이 아니라 객관적 책임 관념으로 이어진다(이에 대해서는 J. Gernet, *L'Intelligence de la Chine. Le social et le mental*, Gallimard, 1994, p. 70 이하를 볼 것. 일본의 경우에 대해서는 팽게M. Pinguet의 노작 *La Mort volontaire au Japon, op. cit.*, 특히 p. 49 이하를 볼 것).

14 A.-G. Haudricourt, *La Technologie, science humaine, op. cit.*, p. 285.

15 A.-G. Haudricourt, "Domestication des animaux, culture des plantes et traitement d'autrui", *L'Homme*, 1962, p. 40-50, *La Technologie, science humaine, op. cit.*, p. 277 이하에 재수록.

16 Traité d'agriculture, A.-G. Haudricourt, *La Technologie, science humaine, op. cit.*, p. 284에서 재인용.

17 『니코마코스 윤리학』 8월 제2장 '우애의 대상', A.-G. Haudricourt, *La Tech-*

nologie, science humaine, op. cit., p. 282에서 재인용.

18 가령 정치 기술의 기원을 생각하기 위하여 플라톤이 신의 목자와 인간의 목자를 비교한 것을 보라(*Le Politique, op. cit.*, t. II, p. 362 이하).

19 『논어』 자로편 중 "其身正 不令而行 其身不正 雖令不從"

20 S. Van der Sprenkel, Legal *Institutions in Manchu China : A Sociological Analysis*, Londres, Athlone, 1966, p. 77에서 재인용.

21 Montesquieu, *L'Esprit des lois*, I, 1, in *Œuvres complètes*, Gallimard, "Bibliothèque de la Pléiade", t. II, 1951, p. 232. 국내 번역서로는 몽테스키외 『법의 정신』 참고(번역서 다수).

22 Montesquieu, *L'Esprit des lois, loc. cit.*

23 그럼에도 불구하고 이 주제에 대해서는 Chr. Atias, *Épistémologie juridique*, PUF, 1985, 특히 p. 99 이하를 볼 것.

24 여러 참고문헌 중에서도 R. Draï, M. Harichaux (dir.), *Bioéthique et droit*, PUF, 1988 ; G. Braibant (dir.), *Sciences de la vie. De l'éthique au droit*, étude du Conseil d'Etat, La Documentation française, 1988 ; N. Lenoir, *Aux frontières de la vie : une éthique biomédicale à la française*, rapport au Premier ministre, La Documentation française, 1991 ; Cl. Neirinck, *De la bioéthique au bio-droit*, LGDJ, 1994 볼 것. 오늘날에는 도덕이라는 말보다 윤리라는 말을 더욱 선호한다. ('생명윤리'라는 표현에서도 알 수 있듯이) 확실히 윤리는 기술, 수학, 물리학 또는 생물학적 어휘의 장에 속하며, 따라서 우리를 논리의 세계로 인도하는 반면, '망자 mort'라는 단어와 빈사자의 '숨 가쁜 호흡râle'을 연상시키는 단어인 '도덕morale'은 사람의 머리로 이해할 수 없는 불가사의한 세계로 우리를 이끈다. 국립'윤리'위원회 라면 어떤 사람들은 안도하겠지만, 국립'도덕'위원회라면 모두가 불안해할 이유가 바로 여기에 있다.

25 풍부한 참고문헌들 가운데 특히 J.-L. Baudouin et C. Labrusse-Riou, *Produire l'homme : de quel droit?*, PUF, 1987 ; B. Edelman, M.-A. Hermitte, C. Labrusse-Riou, M. Rémond-Gouilloud, *L'Homme, la nature et le droit*, C. Bourgois, 1988 ; C. Labrusse-Riou (dir.), *Le Droit saisi par la biologie. Des juristes au labo-*

ratoire, LGDJ, 1996 ; B. Feuillet-Le Mintier, *Normativité et biomédecine*, Economica, 2003 볼 것. 아울러 다음 학술지의 특집호들도 참고. "Biologie, personne et droit", *Droits*, 13, PUF, 1991 ; "Droit et science", *Archives de philosophie du droit*, tome 36, 1991.

26 이러한 의미로 M. Fabre-Magnan, Ph. Moullier (dir.), *La Génétique, science humaine, op. cit.* 참조.

27 J. Needham, "La loi humaine et les lois de la nature"(1ʳᵉ publication in *Journal of History of Ideas*, 1951, 12, 3, p. 194), trad. fr. in *La Science chinoise et l'Occident*, Seuil, 1973, p. 204 이하.

28 J. Needham, "La loi humaine…", *op. cit.*, p. 215 참조. 이러한 표상과 함무라비 법전의 현대성은 강조될 만하다. 사실 함무라비 법전은 그 체계적인 기술적 측면에서 봤을 때, 과학적 사고의 전조로 여겨질 수 있었다. J. Bottéro, *Mésopotamie. L'écriture, la raison et les dieux*, Gallimard, 1987, p. 191 이하 볼 것.

29 메소포타미아의 우주론과 성서의 「창세기」 사이의 관계에 대해서는 J. Bottéro, *La Naissance de Dieu. La Bible et l'historien*, Gallimard, nouvelle éd. 1992 볼 것.

30 Digeste, 1, 1, 1, 3.

31 중세 시대 동물에 가한 형벌 관행에 대해서는 M. Pastoureau, *Une histoire symbolique du Moyen Age occidental*, Seuil, 2004 참조.

32 데카르트Descartes, 『방법서설Discours de la méthode』 (1637), 제5부(*Œuvres et lettres*, Gallimard, "Bibliothèque de la Pléiade", 1953, p. 153-154).

33 J. Needham, "La loi humaine…", *op. cit.*, p. 238-239.

34 이 비교는 데카르트 자신이 한 것이다. 데카르트는 메르센 신부에게 보내는 편지에서 수학적 진리에 관하여 "왕이 자신의 왕국에 율령을 세우는 것처럼, 자연에 이 법칙들을 설정한 것은 신입니다"라고 썼다(1630년 4월 15일의 편지. *Œuvres et lettres, op. cit.*, p. 933). 자연의 법칙에 대한 데카르트적 생각에 대해서는 또한 P. Thuillier, *La Grande Implosion*, Fayard, 1995, 특히 p. 280 이하의 예리한 분석을 보라. 한편, 보댕의 주권 개념에 대해서는 아래 제5장을 볼 것.

35 J. Needham, "La loi humaine…", *op. cit.*, p. 222-223 참조. 니덤은 여기서 에

드가 질셀의 작업을 참조한다(특히 Edgar Zilsel, "The genesis of the concept of physical law", *The Philosophical Review*, mai 1942 참고). 과학의 역사와 제도의 역사 사이의 이러한 관계는 새로운 것이 아니다. 행성들의 입법자라는 생각과 함무라비 시대의 정치적 중앙집권 사이의 관계는 이미 언급된 바 있다. 우리 시대에 좀 더 가깝게는, 보편적 법칙에 대한 스토아학파의 이론은 알렉산더 대왕의 정복이라는 발자취 속에서 발전되었던 것이다.

36 E. Kantorowicz, *Les Deux Corps du roi, op. cit.* ; P. Legendre, *La Pénétration du droit romain dans le droit canonique classique*, Jouve, 1964 ; id., *Les Enfants du texte, op. cit.*, 특히 p. 237 이하 ; H. J. Berman, *Law and Revolution. The Formation of the Western Legal Tradition*, Cambridge, Mass., Harvard University Press, 1983(trad. fr. R. Audouin, *Droit et Révolution*, Aix, Librairie de l' université d'Aix-en-Provence, préface de Chr. Atias, 2002), 특히 p. 85 이하 등 참조. 버먼 역시 율칙의 연구 속에서 경험과학의 원형을 찾지만, 니덤에 대해서는 이 영역에서 그레고리오의 혁명이 한 역할을 잘못 이해했다고 비판한다(*op. cit.*, p. 151 이하 및 각주 78, p. 587).

37 피에르 르장드르의 명명이다(*Les Enfants du texte, loc. cit.*).

38 그라티아누스는 몽테스키외보다 한참 앞서 a) (계시에 의하여 접근할 수 있는) 신법 b) 마찬가지로 신의 뜻을 표현하지만 인간의 이성에 의하여 접근할 수 있는 자연법ius naturale c) 앞의 두 가지 법 어디에도 위반해서는 안 되는 인간의 법(군주의 법과 교회의 법)으로 구별하고 서열화했다(H. J. Berman, *Law and Revolution, op. cit.*, p. 145 참조).

39 아벨라르Abélard의 지적 기여에 대해서는 졸리베J. Jolivet와 아브리아P. Habrias가 주최한 국제 학술 대회에서 발표된 글들을 모은 *Pierre Abélard à l'aube des universités*, Nantes, Presses de l'université de Nantes, 2001 볼 것.

40 원인 이론이 일정한 자리를 차지하고 있는 것은 거의 민법밖에 남아 있지 않으며, 계약법 및 책임에 관한 부분만이 이에 해당한다(J. Carbonnier, *Droit civil*, t. IV, Les Obligations, PUF, 20ᵉéd., 1996, § 58 이하와 213 이하 그리고 인용된 참고문헌 볼 것).

41 P. Legendre, *Le Désir politique de Dieu. Étude sur les montages de l'État et du Droit*, Fayard, 1988, p. 21 참조.

42 H. J. Berman은 '이탈disembeddedness'이라는 개념을 쓴다. *Law and Revolution, op. cit.*, p. 121 볼 것.

43 E. Panofsky, "Die Perspektive als symbolische Form", in *Vorträge der Bibliothek Warburg*, Leipzig, 1927, p. 258–330, trad. fr. *La Perspective comme forme symbolique*, Minuit, 1975, p. 180에서 인용.

44 사실 원근법은 "예술 작품이 스스로 기적을 수행하는 마술의 영역 및 예술 작품이 기적을 예언하거나 기적의 존재를 증언하는 교의적 상징의 영역"을 종교예술로부터 박탈한다(E. Panofsky, *La Perspective*…, *op. cit.*, p. 181 참조).

45 *Ibid.*, p. 160.

46 심지어 데카르트를 읽으면, 국가 이전에 신도 "너 자신의 고유한 법을 따르라tu patere legem quam ipse fecisti"라는 규칙에 예속되어 있었던 것으로 보인다. "신이 이 (수학적) 진리들을 확립했다면 왕이 자신의 법을 만드는 것처럼 신은 그 진리들을 바꿀 수 있을 것이라고 사람들은 말할 것입니다. 이에 대해서는, 신의 뜻이 바뀔 수 있다면 그렇다고 대답해야 합니다. 그러나 저는 그 진리들이 영원불변하다는 것을 압니다. 그리고 저는 신에 대해서도 마찬가지로 판단합니다"(데카르트, 메르센 신부에게 보낸 1630년 4월 15일의 편지, *Œuvres et lettres, op. cit.*, p. 934).

47 오컴William of Ockham(1285?~1349)의 유명론적 비판에서 데카르트의 코기토로 넘어가는 과정에 대해서는 특히 H. Blumenberg, *La Légitimité des temps modernes*, Gallimard, 1999(독일어 제2판(1988) 프랑스어 번역본) 볼 것. "자연에 대한 기계적 철학이 자기확신의 수단으로 파악될 수 있었던 것은 단지 유명론이 인간이 믿을 수 있는 우주를 과격하게 파괴하는 결과를 초래했기 때문이다"(p. 164).

48 이 개념에 대해서는 P. Legendre, *Les Enfants du texte, op. cit.*, p. 254 이하를 참고.

49 주지하다시피 이는 라이프니츠, 그로티우스, 홉스 또는 푸펜도르프 같은 사람들의 의도였다. A. Dufour, "La notion de loi dans l'École du Droit naturel moderne", *Arch. de philo. du droit*, t. 25, p. 212 이하를 참고.

50 이 점에 있어서는 장 동브르Jean Dhombres의 견해를 빌려온다(1995년 낭트 MSH에서 열린 세미나에서 토론 중에).

51 제5장 참고.

52 Luther, *Von der Freiheit eines Christenmenschen* [1520], éd, bilingue *De la liberté du chrétien*, Seuil, 1996, §8과 9, p. 34 이하 ; 사도 바울, 「로마인들에게 보내는 편지」, IV:13 "율법이 없는 곳에서는 위반도 더 이상 존재하지 않는다.", V:13 "율법이 없으면 죄도 없다.", VII "나는 율법을 통해서만 죄를 알았다. 그러므로 만약 율법이 '남의 것을 탐하지 말라!'고 이야기하지 않았다면 나는 탐욕을 몰랐을 것이다."

53 『소송』의 전편에서 이 이야기는 유일하게 카프카가 살아 있는 동안 출판을 허용한 것인데, 카프카의 사후 출판본에서는 제9장에 등장한다(Kafka, *Œuvres complètes*, t. I, Gallimard, "Bibliothèque de la Pléiade", p. 453-455).

54 서재의 성 제롬을 그린 판화와 이 판화의 관계에 대해서는 E. Panofsky, *La Vie et l'Œuvre d'Albrecht Dürer*, 1ʳᵉéd. 1943, trad. fr., Hazan, 1987, p. 237-265를 참고.

55 E. Panofsky, *La Perspective⋯*, *loc. cit.*

56 *Catéchisme positiviste* [1852], *op. cit.*, 특히 p. 238 이하에 정리된 그의 이론들을 보라. 인간의 정신이 신학적 상태, 형이상적 상태, 실증적 상태를 거쳐 발전한다고 보는 '3단계의 법칙'은 1822년 *Plan des travaux scientifiques pour réorganiser la société*(*Appendice général du système de politique positive*, *op. cit.*, p. 47 이하에 출판)에서 처음으로 정식화된 학설이다. 콩트는 특히 『실증철학강의Cours de philosophie positive』(1830~1842)에서 그에 대한 설명을 제시한다. t. II, *Physique sociale*, présentation et notes de J.-P. Enthoven, Hermann, 1975, 특히 51ᵉ leçon, p. 202 이하를 볼 것.

57 W. Lepenies, *Die drei Kulturen. Soziologie zwischen Literatur und Wissenschaft*, Munich, Hanser, 1985, trad. fr. *Les Trois Cultures*, MSH, 1990 참조.

58 이러한 비판의 가장 명석하고 가장 체계적인 전개는 의심할 바 없이 E.B. Pasukanis, *La Théorie générale du droit et le marxisme*, *op. cit.*에서 발견된다.

59 P. Legendre, *La 901e Conclusion. Etude sur le théâtre de la Raison*, Fayard, 1998, p. 95와 비교할 것.

60 *Tractatus de legibus* [1612], J. Needham, "La loi humaine…", *op. cit.*, p. 221 에서 재인용. 수아레스에 대해서는 또한 J.-L. Vullierme, "La loi dans le droit, les sciences, la métaphysique", "La loi", *Archives de philosophie du droit*, t. XXV, Sirey, 1980, p. 47 이하, p. 55 및 M. Bastit, *Naissance de la loi moderne. La pensée de la Loi de saint Thomas à Suarez*, PUF, 1990 참조.

61 따라서 그러한 시스템은 더 이상 합법과 불법, 허용되는 것과 금지되는 것이라는 범주가 아니라 정상적인 것과 병리적인 것이라는 범주에 의존한다. 과거 소련에서 행해졌던 것과 같은 "흰 복장 판결"(즉, 반대자 또는 비판자들의 정신병원 감금)은 이성의 원칙이 전복된 좋은 사례다(이에 대해서는 Alain Supiot, *Critique du droit du travail, op. cit.*, 3ᵉ partie, "Le légal et le normal", p. 187 이하를 참고).

62 H. Arendt, *The Origins of Totalitarianism*, 박미애 및 이진우 옮김,『전체주의의 기원』, 한길사, 2006. 참고 부분은 프랑스어판 번역서 note 52, p. 260에서 재인용.

63 Hitler, *Mein Kampf*, Simone Weil, *L'Enracinement, op. cit.*, p. 1177-1178에서 재인용. 시몬 베유에 의하면, "이 문장들은 우리의 과학 속에 갇힌 세상이라는 관념으로부터 이성적으로 뽑아낼 수 있는 유일한 결론을 더할 나위 없이 잘 표현한다. 히틀러의 전 생애는 이 결론의 실천과 다름 없다."

64 이 표현에 대해서는 V. Klemperer, *LTI. Notizbuch eines Philologen*, Leipzig, Reclam Verlag, 1975, trad. fr. *LTI, la langue du IIIe Reich*, Albin Michel, 1996, p. 197 이하를 참고. 그러한 사고 체계는 전쟁 후 사라지기는커녕 오늘날에도 계속해서 번성하고 있다. 오늘날에는 더 이상 "인적 물자matériel humain"라고 하지 않고 대신 "인적 자본capital humain"이라고 하는데, 그럼으로써 부지불식간에 스탈린의 어휘를 차용하는 셈이다.

65 H. Arendt, *The Origins of Totalitarianism*, 박미애 및 이진우 옮김,『전체주의의 기원』, 한길사, 2006. 참고 부분은 프랑스어판 번역서 p. 185.

66 Hitler, *Mein Kampf*, trad. fr. Nouvelles éd. latines, 1982, p. 393.

67 H. Arendt, *The Origins of Totalitarianism*, 박미애 및 이진우 옮김,『전체주의의 기원』, 한길사, 2006. 참고 부분은 프랑스어판 번역서 p. 76에서 재인용.

68 *Ibid.*, p. 286.

69 H. Arendt, *The Origins of Totalitarianism*, 박미애 및 이진우 옮김, 『전체주의의 기원』, 한길사, 2006. 참고 부분은 프랑스어판 번역서 p. 258에서 재인용.

70 이러한 관점에서 아이히만의 경우는 좋은 예다. H. Arendt, *Eichmann à Jérusalem*, 김선욱 옮김, 『예루살렘의 아이히만』, 한길사 2006 아렌트는 나치 친위대SS의 문제점 중 하나가 자신들이 저지르는 행위에 대한 공포를 자신들 사이에서 함구하도록 하는 것이었다고 지적한다. "우리가 그대들에게 기대하는 것은 초인간적인 것이다. 그대들은 초인간적으로 초인간적이어야 할 것이다."

71 생물학자들에 의한 우생학의 '과학적' 정당화는 특히 개신교 국가들에서 제2차 세계대전 때까지 널리 퍼져 있었다(A. Pichot, *La Société pure, op. cit.* 참조).

72 H. Arendt, *The Origins of Totalitarianism*, 박미애 및 이진우 옮김, 『전체주의의 기원』, 한길사, 2006. 참고 부분은 프랑스어판 번역서 p. 211.

73 H. Arendt, *The Image of Hell* (1946), trad. fr. in *Auschwitz et Jérusalem*, Deuxtemps Tierce, 1991, p. 154-155에서 인용. 나치의 학살에 대한 기억의 바른 용례와 나쁜 용례에 대해서는 T. Todorov, *Les Abus de la mémoire*, Arléa, 1995의 예리한 분석을 보라.

74 법률가들 사이에 퍼져 있는 '중립적이고 객관적인' 법실증주의의 폐해에 대해서는 D. Lochak, "La doctrine sous Vichy ou les mésaventures du positivisme", *op. cit.* ; Chr. Jamin, "L'oubli et la science", *op. cit.* 참조. L. Fuller, *The Morality of Law*, New Haven, Yale University Press, 1964에서 전개된 실증주의 비판도 아울러 참조. 지금도 여전히 법 기술의 중립성이라고 하는 굳건한 주장을 되살리려는 법률가들이 많다(M. Troper, "La doctrine et le positivisme"(Danièle Lochak의 논문에 관한 글), in D. Lochak et al. (dir.), *Les Usages sociaux du droit*, PUF, 1989, p. 291 ; Y. Thomas, "Le sujet de droit, la personne et la nature", *Le Débat*, 100, mai-août 1998, p. 85 이하를 볼 것). 이들은 다른 모든 기술과 마찬가지로 법 기술 또한 애초에 이를 구상하게 된 목적과 관련이 있을 때에만 의미가 있다는 점을 모르고 있다(이후 4장 내용 참고).

75 H. Arendt, *The Origins of Totalitarianism*, 박미애 및 이진우 옮김, 『전체주의의 기원』, 한길사, 2006. 참고 부분은 프랑스어판 번역서 p. 124에서 재인용.

주

76 M. Rebérioux, "Le génocide, le juge et l'historien", *L'Historique*, 138, nov. 1990, p. 93 및 J.-P. Le Crom et J.-C. Martin (dir.), *Vérité historique, vérité judiciaire*, in *Droit et Société*, 38, 1998 역시 참조.

77 P. Legendre, *La 901e Conclusion, op. cit.*, p. 139에서 인용.

78 레비스트로스의 표현이다. C. Lévi-Strauss, *Anthropologie structurale*, Plon, 2ᵉéd. 1974, p. 374.

79 R. Musil, *L'Homme sans qualités*, trad. fr. Ph. Jaccottet, Seuil, t. I, 1982, p. 45.

80 R. Pérez, présentation de l'ouvrage d'Ibn Khaldûn, *La Voie et la Loi, ou le maître et le juriste*, Sindbad, 1991, p. 58에서 인용.

81 Cf. T. Kuhn, *The Structure of Scientific Revolutions*, Chicago, University of Chicago Press, 2ᵉéd. 1970, trad. fr. *La Structure des révolutions scientifiques*, Flammarion, 1983.

82 R. Pérez, présentation de l'ouvrage d'Ibn Khaldûn, *La Voie et la Loi···*, *op. cit.*, p. 14.

83 M. Weber, *Wissenschaft als Beruf* (1919), 전성우 옮김,『직업으로서의 학문』, 나남, 2006. 참고 부분은 프랑스어판 번역서 p. 77에서 인용.

84 오늘날 법에 자신의 이름을 갖다붙이는 건 오직 정치인들밖에 없다. (더욱이 프랑스에서는 이렇듯 사람 이름을 붙인 법이 점차 늘어나면서 우려가 되고 있다. 발렉루소 법은 하나지만 미테랑 정부 시절 노동성 장관 장 오루의 이름이 붙은 법은 네 개이며, 조스팽 총리 체제 하의 오브리 사회고용 장관 이름을 딴 법은 또 몇 개인지 모르겠다.) 과학 쪽에서는 최초 발견자의 이름을 붙여 법칙화하는 관행을 포기한 듯하다. 케플러법칙이나 뉴턴 법칙, 라플라스 법칙 같은 게 더는 만들어지지 않는 것이다. 다만 이론이나 개념에는 여전히 이를 만들어낸 학자의 이름을 붙여 '영생'하도록 만들고 있다. 르네상스 시대에 등장하기 시작한 경향인 연구 작업의 개인화 추세는 아직 그 종말을 고할 때가 아닌 듯하다.

85 *J'étais structuraliste avant tout le monde*, in Gombrowicz, *Cahier de l'Herne*, s.d., p. 228.

86 R. Jakobson, C. Lévi-Strauss, *Anthropologie structurale, op. cit.*, p. 100에서 재인용(강조는 이 책에서만 이뤄진 것으로, 원문에서는 강조 표기가 되어 있지 않음).

87 C. Lévi-Strauss, *Anthropologie structurale, op. cit.*, p. 71

88 *Ibid.*, p. 74(강조는 이 책에서만 이뤄진 것으로, 원문에서는 강조 표기가 되어 있지 않음).

89 *Ibid.*, p. 107.

90 *Ibid.*, p. 334-335에서 인용.

91 심지어 법학자들까지도 이에 동참한다. A.-J. Arnaud, *Essai d'analyse structurale du Code civil français. La règle du jeu dans la paix bourgeoise*, LGDJ, 1973, préface de M. Villey et postface de G. Mounin.

92 C. Lévi-Strauss, *Anthropologie structurale, op. cit.*, p. 353(원문 강조). 게임 이론을 참조하고 있는 점이 특기할 만하다. 게임 이론 또한 규칙들의 시스템이라는 생각에 바탕하고 있다.

93 J.-C. Perrot, *Une histoire intellectuelle de l'économie politique (XVIIe-XVIIIe siècle)*, EHESS, 1992, p. 335.

94 인간의 특성인 언어를 주고받고 재화를 주고받는 것의 유사성은 이미 애덤 스미스에게서도 나타난다. (cf. J.-C. Perrot, *Une histoire intellectuelle…, op. cit.*, p. 333. 저자는 로크, 흄, 튀르고, 콩디야크 같은 사상가들에게서 이미 오래전부터 언어와 화폐 사이의 유사점을 찾아내려는 시도가 있었음을 강조한다.)

95 G.S. Becker, *The Economic Approach to Human Behavior*, Chicago, University of Chicago Press, 1976.

96 "The combined assumptions of maximizing behavior, market equilibrium, and stable preferences, used reflentlessly and unflichingly, form the heart of the economic approach […]. They are responsible for the many theorems associated with this approach"(G.S. Becker, The Economic Approach to Human Behavior, op. cit., p. 5).

97 A. Smith, *Recherches sur la nature et les causes de la richesse des nations*

[1reéd. 1776], trad. fr., Gallimard, 1976, J.-C. Perrot, *Une histoire intellectuelle*…, *op. cit.*, p. 335에서 재인용. 개리 베커에게 있어 "경제학적 접근에서는 의사 결정 단위 주체들이 스스로의 효용 극대화를 위한 노력을 반드시 인식하고 있음을 전제하지 않으며, 이들이 그 어떤 정보 제공 경로를 통해서든 자신들의 체계적인 행동 패턴 방식에 대한 이유를 기술하거나 묘사함을 전제로 하지 않는다"("the economic approach does not assume that decisions units are necessarily conscious of their efforts to maximize or can verbalize or otherwise describe in any informative way reasons for the systematic patterns in their behavior", *The Economic Approach to Human Behavior, op. cit.*, p. 7).

98 이 중요한 점에 대해서는 G.S. Becker, *The Economic Approach to Human Behavior, op. cit.*, p. 153 이하를 보라.

99 "가격 및 시장의 여타 도구들은 희소한 자원의 사회 내 분배를 결정하며, 그럼으로써 행위자들의 욕망을 구속하고 그들의 행동을 조율한다. 경제학적 접근에서, 이 시장의 도구들은 사회학 이론에서 '구조'에 부여된 기능의 거의 대부분 혹은 전부를 수행한다"("Prices and other market instruments allocate the scarce ressources within the society and thereby constrain the desires of participants and coordinate their actions. In the economic approach, these markets instruments performe most, if not all, of the fonctions assigned to 'structure' in sociological theories", *ibid.*, p. 5).

100 "All human behavior can be viewed as involving participants who maximize their utility, from a stable set of preferences and accumulate an optimal amount of information and other inputs in a variety of markets. If this argument is correct, the economic approach provided a unified framework for understanding behavior that has long been sought by and eluded Bentham, Comte, Marx and others"(*ibid.*, p. 14).

101 *Ibid.*, p. 205 이하. 마찬가지로 범죄에 대한 분석도 일체의 사회심리학적 고려와는 무관하게 국가와 범죄자 양자 모두의 입장에서 비용과 이익으로 분석될 수 있고(*ibid.*, p. 39 이하), 정치의 영역에서 선거는 정치인들이 서로 경쟁하는 하나의 시

장으로 분석될 수 있다(*ibid.*, p. 34 이하). 인구학자들은 그저 관찰만 하는 수준에서 그치고 마는 출산율의 변화 추이도 부모를 움직이는 효용적 기능의 측면에서 분석해볼 때, 이 또한 경제학적 분석의 대상이 될 수 있다(*ibid.*, p. 171 이하).

102 앵근르-새슨 나라든에서 '법경제학' 운동을 통해 체계화된 이론(특히 R A Posner, *Economic Analysis of Law, op. cit.* 참조). 프랑스어로 된 비판적 분석에 대해서는 다음을 참고. M. Fabre-Magnan, *De l'obligation d'information dans les contrats. Essai d'une théorie*, LGDJ, 1992, n° 66 이하, p. 57 이하(참고문헌도 중요하니 꼭 같이 볼 것) 및 *id., Les Obligations, op. cit.* ; colloques d'Aix-en-Provence et Corte, *L'Analyse économique du droit*, actes in *Droit prospectif*, Presses universitaires d'Aix-Marseille, 1987 ; E. Mackaay, "La règle juridique observée par le prisme de l'économiste", *op. cit.*

103 P. Bourdieu, *Réponses, op. cit.*, p. 82.

104 '장'이란 "서로 다른 위치에 있는 것들 사이에 객관적인 관계의 네트워크, 혹은 그 배치"로 정의된다. "이 각각의 위치는 그 존재 속에서 규정되며, 이 위치가 해당 위치의 점유자들, 즉 행동 주체나 해당 제도에게 부과하는 결정사항들 속에서도 정해진다. '장' 내에서 활동하는 다양한 종류의 권력이나 자본이 분배되는 구조 속에서 현재의, 혹은 잠재적인 상황에 의해 위치가 정해지는 것이다. 아울러 다른 위치에 대한 객관적인 관계, 즉 지배나 종속 관계, 동등한 관계로도 위치가 정해진다."(*ibid.*, p. 73).

105 *Ibid.*, p. 74.

106 P. Bourdieu, *La Distinction. Critique sociale du jugement*, 최종철 옮김, 『구별짓기』, 새물결, 2005. 참고 부분은 프랑스어판 번역서 p. 93. (강조 표기는 원문에 따른 것.)

107 『구별짓기』, *op. cit.*에서 정의되고 있는 이 모든 개념을 참고.

108 *Réponses, op. cit.*, p. 90.

109 부르디외는 자신에게 쏟아졌을 것이 분명한 경제주의라는 비판에 대해, 자신이 경제학적 전통과 공유하는 유일한 것이 있다면 "그것은 몇 개의 단어들"(*ibid.*, p. 94)이라고 말하면서 스스로를 옹호한다. 그러나 그다지 설득력이 있지는 않다. 언어

의 철학적 사용에 대해 부르디외 자신이 가했던 비판으로 그에게 반박할 수 있을 것이기 때문이다. 언어의 철학적 사용에 대해 그는 "부분적으로 교차된 개인어의 집합체"로 정의했다. 따라서 철학적으로 사용된 언어는 "발화자가 어떤 단어를 이야기했을 때, 이 단어가 해당 언어 체계에서 발화자 스스로가 이 단어에 부여한 그 의미를 가리킬 때에만 그 쓰임이 적절하다고 볼 수 있다"(P. Bourdieu, *Ce que parler veut dire. L'économie des échanges linguistiques*, Fayard, 1982, p. 188).

110 *Réponses, op. cit.*, p. 94. (강조는 이 책에서만 이뤄진 것으로, 원문에서는 강조 표기가 되어 있지 않음.)

111 P. Bourdieu, *Questions de sociologie*, Minuit, 1980, p. 113. (강조 표기는 원문에 따른 것.) 법칙이 이성적 원리의 보증인으로 존재하고 있음이 여기에서 보인다.

112 P. Bourdieu, *Ce que parler veut dire, op. cit.*, p. 15. (강조는 이 책에서만 이뤄진 것으로, 원문에서는 강조 표기가 되어 있지 않음.)

113 *Ibid.*, p. 14. (강조는 이 책에서만 이뤄진 것으로, 원문에서는 강조 표기가 되어 있지 않음.)

114 법가에서는 이미 개인적 이익 추구의 보편성을 법 개념의 기본으로 삼고 있었다. 일면 이는 18세기 서구의 공리주의를 비관적으로 해석한 시각 같기도 하다(cf. L. Vandermeersch, *La Formation du légisme, op. cit.*, p. 219 이하).

115 *Op. cit.*

116 보이지 않는 손은 보이지 않는 신의 모든 특징을 갖고 있다(J.-C. Perrot, *Une histoire intellectuelle*…, *op. cit.*, p. 333 이하, 보이지 않는 신, 땅 속의 입법자, 인간성에 관한 심층 규칙들의 지배자라는 생각은 많은 사상가의 정신 속에서 하늘의 입법자를 대체한 것처럼 보인다.

117 다음을 참고. M. Castells, *The Rise of the Network Society*, Oxford, Blackwell, 1996, trad. fr. *La Société en réseaux*, Fayard, 1998 ; G. Teubner, "The many-headed hydra : networks as higher-order collective actors", in J. McCahery, S. Picciotto, C. Scott, *Corporate Control and Accountability*, Oxford, Oxford University Press, 1993, p. 41 이하 ; F. Ost, M. van de Kerchove, *De la pyramide au réseau? Pour une théorie dialectique du droit*, Bruxelles, Publications des facultés universitaires Saint-Louis, 2002.

118 이를 전체적으로 잘 소개하고 있는 문헌으로는 S. Goyard-Fabre, *Les Fonde-ments de l'ordre juridique*, PUF, 1992를 참고.

119 샘플학과 사이버네틱스에서 영감을 얻은 '자기생산autopoièse' 개념은 자기의 구성 부분을 스스로 생산하고 스스로 보존하는 데 적합한 폐쇄적 체계를 가리키는 데 쓰인다. 이는 니클라스 루만의 사회학에서 핵심적인 개념인데(Niklas Luhmann, *Soziale System. Grundriß einer allgemeinen Theorie*, Francfort, Suhrkamp Verlag, 1984), 법 영역에서는 특히 군터 퇴브너에 의하여 발전되었다(cf. Gunther Teubner, *Recht als autopoietisches System*, Francfort Suhrkamp Verlag, 1989, trad. fr. *Le Droit, un système autopoiétique*, PUF, 1993 및 id., *Droit et réflexivité. L'autoréférence en droit et dans l'organisation*, LGDJ, 1994).

120 예컨대 하트가 그러하다. H.L.A. Hart, *The Concept of Law*, Oxford, Clarendon Press, 1961, trad. fr. *Le Concept de droit*, Bruxelles, Publications des facultés universitaires Saint-Louis, 1976.

121 프랑스에서는 특히 제모Jeammaud 교수가 '법적 규범성의 도구적 개념'을 옹호하는데, 이에 따르면 법률이란 규범적인 것이라고 사회적으로 간주되는 전체에 편입됨으로써 사회적 행동에 있어서의 측정 도구, 평가 모델의 기능을 수행하는 서술문에 해당한다(cf. A. Jeammaud, "La règle de droit comme modèle", *Rec. Dalloz*, 1990, chr. p. 199 이하).

122 특히 하버마스(Habermas, *Faktizität und Geltung. Beiträge zur Diskurstheorie des Rechts und des democratischen Rechtsstaats*, Francfort, Suhskamp Verlag, 1992, trad. fr. *Droit et démocratie*, Gallimard, 1997) 또는 롤스(Rawls, *A Theory of Justice*, Cambridge, Mass., Harvard, 1971, trad. fr. *Théorie de la justice*, Seuil, 1987)의 연구가 법률가들에게 미친 영향을 참고할 것.

123 S. Weil, "Quelques réflexions autour de la notion de valeur" [1941], in *Œuvres, op. cit.*, p. 121.

124 M. Troper, "La doctrine et le positivisme" (à propos d'un article de Danièle Lochak), in D. Lochak *et al.*, *Les Usages sociaux du droit*, PUF, 1989, p.

291.

125 같은 논문의 약간 앞부분에서(p. 290), 이 법이론의 대가는 법률가가 텍스트를 해석한다고 주장하는 순간, 즉 '법 이성ratio legis'에 의거하는 순간, 그는 "실증주의의 대척점에" 서게 된다고 보았다. 따라서 해석을 거부하는 것은 곧 법 과학을 구분하는 표식이 된다. 전제는 옳다. (실증과학의 의미에서 해석은 과학이 아니기 때문이다.) 그러나 이로부터 나오는 규범적 결론, 즉 현명한 법률가는 해석을 삼가야 한다는 것은 옳지 않다. 왜냐하면 이 전제로부터 나올 수 있는 유일한 결론은 오히려 해석의 지혜를 다루는 법이 실증과학이 아니며 될 수도 없다는 것이기 때문이다.

126 *"Omnia in corpore iuris inveniuntur"*, P. Legendre, *La 901e Conclusion, op. cit.*, p. 409에서 재인용. 오늘날 대부분의 법학 교수는 "법률가가 경제학, 사회학, 심리학 또는 인류학을 배워야 하는가?"라는 질문에 아쿠르시오와 마찬가지로 부정적인 답을 내놓을 것이다. 그리고 19세기 말 이래 법과대학들은 이들 지식과 관계가 있을 수 있는 모든 것을 법 이외의 영역으로 축출했다.

127 P. Bourdieu, "La force du droit. Éléments pour une sociologie du champ juridique", *Actes de la recherche en sciences sociales*, 64, 1986, p. 5 이하.

128 P. Legendre, *Sur la question dogmatique en Occident, op. cit.*, p. 246.

129 "Altruism, egoism, and genetic fitness : economics and sociobiology". 이 마지막 장에 대한 관심을 일깨워준 봅 안케Bob Hancké(WZB/Berlin)에게 감사의 말을 전한다.

130 이 같은 생각의 기초가 되는 인간 중심적 추론의 오류에 대해 잠시 짚고 넘어가고자 한다. 사람들은 동물의 세계를 설명할 때 먼저 인간의 경험에서 나온 사고 범주를 동물의 세계에 투사한다(여기서는 이타주의가 이에 해당). 이어 인간과 동물은 동일한 행동 규칙을 따른다는 결론을 이끌어낸다. 중간에 인간 고유의 언어가 개입한다는 사실은 그 과정에서 감쪽같이 사라진다. 이기적이기 짝이 없는 내 고양이가 이를 알면 꽤나 재미있어 할 것이다. 그 녀석이 말을 할 수 없다는 게 아쉬울 뿐이다. 이런 식의 오류는 상징의 세계를 다루는 것이 동물과 인간 사이에 (생물학자들 스스로가 밝혀낸 바와 같이) 얼마나 큰 격차를 만들어내는 것인지에 대한 무지를 보여준다(이에 대해서는 A. Leroi-Gourhan, *Le Geste et la Parole*, Albin

Michel, 1964, t. II, *La Mémoire et les Rythmes*, p. 20 이하 및 좀 더 최근으로 T. Deacon, *The Symbolic Species. The Co-evolution of Language and the Human Brain*, New York, W.W.Norton, 1997의 기본 연구 작업들을 참고).

131 "사회생물학자들의 접근은 확실히 경제학자들에게 친숙하다. 왜냐하면 사회생물학자들은 경쟁, 제한된 자원, 즉 식량과 에너지의 분배, 효율적인 환경 적응 및 기타 마찬가지로 경제학자들이 사용하는 개념들에 근거하고 있기 때문이다"("The approach of sociobiologists is highly congenial to economists, since they rely on competition, the allocation of limited resources—of, say, food and energy—, efficint adaptation to the environment and other concepts also used by the economists", G.S. Becker, *The Economic Approach to Human Behavior, op. cit.*, p. 283). 사회과학과 생물학의 관계는 이미 오귀스트 콩트가 천명한 바 있다. 콩트에 의하면 "사회에 대한 체계적인 연구는 생명의 일반 법칙들에 대한 사전 지식을 요구한다." 그러나 콩트에 의하면 생물학은 "생명을 향유하는 모든 존재에게 생물학이 공통적으로 제공하는 것 속에서만 생명을 연구해야 하기 때문에 '인간'에 대한 진정한 탐구는 대강의 윤곽을 그릴 수 있을 뿐이다"(*Catéchisme positiviste, op. cit.*, p. 96). 그러므로 콩트를 희화화하지 말아야 한다. 콩트는 인간과 사회의 교의적 기초를 모르지 않았으며, 그의 '인류교' 사상은 특히 '인간의 권리'(*infra*, 제6장 참조)에 관한 교리를 통해 서양에서 오늘날까지 아직 과학만능주의에 저항하는 유일한 사상이다.

132 예컨대 R. Dawkins, *Le Gène égoïste, op. cit.* 참조. 도킨스에게 있어 "인간은 살아남기 위한 기계다. 유전자라는 이름으로 알려진 이기적 분자들을 보존하기 위하여 맹목적으로 프로그래밍된 로봇이다"(p. 7). 또한 M. Ridley, *The Origin of Virtue : Human Instincts and the Evolution of Cooperation*, New York, Viking Press, 1997 ; J. Barkow, L. Cosmides, J. Tooby (eds.), *The Adapted Mind : Evolutionary Psychology and the Generation of Culture*, Oxford, Oxford University Press, 1992 참조. 이 주제에 대해 나의 눈을 뜨게 해준 텔아비브대의 생물학 교수인 에바 야블롱카Eva Jablonka에게 감사드린다. 프랑스에서 인간-기계라는 테마는 국립윤리위원회의 전임 회장인 장피에르 샹죄Jean-Pierre Changeux의 『신경학적 인

간L'Homme neuronal』의 구절들로 더 잘 알려져 있다. 이러한 기계주의적 이데올로기에 대한 비판으로는 P. Thuillier, *La Grande Implosion, op. cit.*, passim 및 특히 p. 447 이하 참조.

133 P. Singer, "Evolutionary workers' party", *The Times Higher*, 15 mai 1998, p. 15 참조.

134 Cf. H. Arendt, *Le Système totalitaire, op. cit.*, p. 205 이하.

135 세계은행이나 국제통화기금의 경제적 성서에 대한 분석으로는 M. Michalet, in *La Régulation sociale : le rôle des organisations européennes et internatinales*, Institut d'études politiques de Paris, 23-24 mai 1997, actes publiés par la Fondation national des sciences politiques ; J. Stiglitz, *Globalization and Its Discontents*, New York, W.W.Norton, 2002, trad. fr. *La Grande Désillusion*, Fayard, 2002 참조. (프랑스어 번역서의 제목이 '대대적인 환각 탈피'라는 자극적인 타이틀이었음에도 크게 이목을 끄는 데에는 실패했다.)

136 아렌트가 고안한 '악의 평범성'이라는 개념이 오늘날에 적용되는 경우다. cf. C. Dejours, *Souffrance en France. La banalisation de l'injustice sociale*, Seuil, 1998, p. 93 이하. 장마크 무투Jean-Marc Moutout 감독은 영화 「평온 속에서의 폭력Violence des échanges en milieu tempéré」(2003)에서 이 주제를 다룬 바 있다.

137 노예선의 2등 항해사였던 로베르 뒤랑Robert Durand의 항해일지에 대한 연구에서 로버트 함스Robert Harms 교수는 그에 대한 관찰 내용을 다음과 같이 기록한다. "로베르 뒤랑의 글을 읽을 때 등골을 오싹하게 하는 것은 그 직업적이고 평범한 말투다. 그는 마치 포도주통이나 보리짐을 파는 것에 대해 말하듯이 사람을 파는 것에 대해 말했다. 그는 자신의 임무와 관련해 어떠한 부끄러움이나 도덕적 양면성의 감정도 드러내지 않았다. 그렇지 않았다면 그는 그토록 열정적으로 '신과 성모 마리아의 가장 위대한 영광'에 항해를 봉헌하지 않았을 것이다. 뒤랑은 닳고 닳은 노예상인도 아니었다. 그는 겨우 26살이었으며, 그것은 그의 첫 번째 아프리카 여행이었다"("What is especially chilling about Robert's Durand words is their businesslike, matter of fact tone. He was writting about selling people exactly as he would have written about selling barrels of wine or loads of wheat. He gave no indication that he felt any sense of shame or moral ambivalence about his mission ; otherwise he would not have dedicated the voyage with such flourish to the 'greater glory of God and the Virgin Mary'. Nor was Durand a hardened slave trader. He was only 26 years old, and this was his first trip to Africa", R, Harms, *The Diligent. A Voyage Through the Worlds of the Slave Trade*, New York, Basic Books, 2002, p. 5).

138 P. Bourdieu, *Réponses, op. cit.*, p. 86.

139 P. Bourdieu, *Contrefeux, op. cit.*, p. 46.

140 P. Bourdieu, *Réponses, op. cit.*, p. 87. (원문 강조.)

141 P. Bourdieu, *Contrefeux, op. cit.*, p. 31. (원문 강조.)

142 특히 M. Mauss, "Une catégorie de l'esprit humain…", *op. cit.*, p. 331 이하 참조.

143 그런데 프랑스에서는, 특히 법과대학에서는 사회보장에 대한 연구에 별 관심이 없다.

144 R. Salais, "La politique des indicateurs. Du taux de chômage au taux d' emploi dans la stratégie européenne pour l'emploi", B. Zimmermann, P. Wagner (dir.), *Action publique et sciences sociales*, MSH, 2004.

145 Cf. P. Legendre, *De la Société comme Texte, op. cit.*

146 노동법에서 불이익 변경 협약의 증가(J. Pélissier, A. Supiot, A. Jeammaud, *Droit du travail*, Dalloz, 22ᵉéd. 2004, n° 847 이하).

147 Montesquieu, *L'Esprit des lois*, I, 3, in *Œuvres complètes, op. cit.*, p. 238. (원문 강조.) 국내 번역서로는 몽테스키외『법의 정신』참고. 이 대목에서 몽테스키외는 파스칼이『팡세Pensées』에서 법에 대해 "괴상하기 짝이 없는"이라고 칭한 것에 대해 은연중에 그 답을 제시한다. 피레네를 경계로 한쪽에선 진실인 것이 다른 한쪽에선 진실이 아니라며 법의 상대성을 지적한 파스칼에게 실정법의 특성을 설명한 것이다. 오늘날의 일부 학자들과 마찬가지로 파스칼 역시 법에 대해 절대적인 것이라고 밖에 생각하지 못했다.

제3장 말의 구속력

1 L. Josserand, "Le contrat dirigé", *Recueil hebdomadaire Dalloz*, 1933, n° 32.

2 "The law of contracts may justly indeed be said to be an universal law adapted to all times and races, and all places and circumstances, being founded upon those great and fundamental principles of right and wrong deduced from natural reason which are immutable and eternal", Addison, *Traité des contrats*, 1847, P.S. Atiyah, *Essays on contract*, Oxford, Clarendon Press, 1986, p. 17에서 재인용. 동일한 확신이 당시 대륙 법률가들의 글에서도 발견된다. "모든 계약에서 비롯되는 의무는 민법보다 앞서 존재한다. 입법자는 계약상 의무가 완전히 생성되었다고 간주하며 의무 이행의 구체적인 사항과 의무 이행 방식을 해결하기만 하면 되었다."(L. Larombière, *Théorie et pratique des obligations*, 7 vol., 1ʳᵉéd. A. Durand, 1857, vol. I, p. 379).

3 H. Sumner Maine, *Ancient Law. Its Connection with the Early History of Society and Its Relation to Modern Idea*, 1861, 제4판의 프랑스어 번역으로 J.-G. Courcelle-Seneuil, *L'Ancien droit considéré dans ses rapports avec l'histoire de la société primitive et avec les idées modernes*, Durand et Pédone, 1874, 특히 제9장, p. 288 이하.

4 L. Bourgeois, *Solidarité*, A. Colin, 1896, 3ᵉéd. 1902, p. 132.

5 이러한 낙관주의에 빠지지 않고 그러한 생각이 갖고 있는 그늘과 빛을 동시에 바라볼 수 있기 위해서는 토크빌의 독보적인 명철함이 필요했다.

6 요컨대 굉장히 실용적인 이 특이한 용어에 대해서는 D. Tallon, D. Harris (dir.), *Le Contrat aujourd'hui : comparaisons franco-anglaises*, LGDJ, 1987 ; G. Alpa, "L' avenir du contrat : aperçu d'une recherche bibliographique", *Rev. interna. dr. comp.*, 1-1985, p. 7-26 ; D. Tallon, "L'évolution des idées en matière de contrat : survol comparatif", *Droits*, 1990, p. 81-91 참조.

7 동양의 법 문화는 꽤 오래전부터 서양에 영향을 미쳐왔다. Etiemble, *L'Europe chinoise*, Gallimard, vol. I, 1988, vol. II, 1989 참조.

8 M. Griaule, *Dieu d'eau, op. cit.* 참조.

9 중국의 모든 정치철학에 공통된 이른바 정명론이 여기에서 비롯된다. M. Granet, *La Pensée chinoise, op. cit.*, p. 47 이하 ; J. Escarra, *Le Droit chinois, op. cit.*, p. 21 이하 ; X. Li, "L'esprit du droit chinois : perspectives comparatives", *op. cit.*, p. 7 이하, p. 33-35.

10 제1장 참조.

11 M. Granet, *La Pensée chinoise, op. cit.*, p. 33 이하 참조.

12 M. Pinguet, *La Mort volontaire au Japon, op. cit.*, p. 180 참조. 또한 Y. Noda, "La conception du contrat des Japonais", in T. Awaji et al., *Etudes de droit japonais*, Société de législation comparée, 1989, préface de J. Robert et X. Blanc-Jouvan, p. 391 이하도 참조.

13 이 중요한 개념에 대한 전문적인 내용에 대해서는 R. Benedict, *The Chrysantemum and the Sword*, Boston, Houghton Mifflin, 1946, trad. fr. *Le Chrysanthème et le Sabre*, Arles, Ed. Ph. Picquier, 1995, p. 157 이하 참조. 덧붙여 I. Kitamura, "Une esquisse psychanalytique de l'homme juridique au Japon", *Rev. interna. dr. comp.*, 4-1987, repris in T. Awaji et al., *Etudes de droit japonais, op. cit.*, p. 25 이하도 참조.

14 베네딕트는 '의리'에 대한 이와 같은 정의를 한 일본어 사전에서 찾았다고 말한다. "Quelque chose que l'on fait contre son gré pour ne pas devoir d'excuses au monde"(*Le Chrysanthème et le Sabre, op. cit.*, p. 158). 한국어 판으로는 김윤식·오인석 옮김, 『국화와 칼』, 을유문화사, 제1판, 1974, 제3판, 1995, 148쪽 "세상에 대한 변명 때문에 본의 아니게 하는 일" 참고.

15 M. Pinguet, *La Mort volontaire au Japon, op. cit.*, p. 345.

16 E. Hoshino, "L'évolution du droit des contrats au Japon", in T. Awaji et al., *Etudes de droit japonais, op. cit.*, p. 403 이하 참조.

17 R. Abel, Ph. S.C. Lewis (eds.), *Lawyers in Society*, Berkeley, University of California Press, 1988 참조.

18 Cf. T. Awaji, "Les Japonais et le droit", *Rev. interna. dr. comp.*, 2-1976, repris in T. Awaji *et al.*, *Etudes de droit japonais, op. cit.*, p. 9.

19 I.R. MacNeil, *The New Social Contract. An Inquiry into Modern Contractual Relations*, New Haven, Yale University Press, 1980 참조. 이 "관계적 계약rela-tional contracts"이라는 개념은 격렬한 학설 논쟁을 일으켰다. 특히 M. A. Eisen-berg, "Relational contracts", in J. Beatson, D. Friedmann (eds.), *Good Faith and Fault in Contract Law*, Oxford, Oxford University Press, Clarendon Paperbacks, 1997, p. 291-304 ; H. Muir-Watt, "Du contrat 'relationnel'", in Association H. Capitant, *La Relativité du contrat*, LGDJ, 2000, p. 169 참조.

20 프랑스어에서는 '세계monde'라는 단어를 써서 '세계화mondialisation'라고 표현하는 데 반해, 독일어와 영어에서는 '지구Globe'라는 단어에서 온 'globalisierung' 'globalization'라는 단어를 각각 사용한다. (각 언어에서 '세계'를 뜻하는 'welt'나 'world'라는 단어를 쓰지 않는 것이다.) 같은 방식으로 'Globalisation'이라는 단어를 써도 됐을 텐데 굳이 이를 'mondialisation'이라고 한 것은 그만큼 프랑스어에서 이 개념에 대한 고민이 많았다는 뜻이다.(의미의 혼동을 피하기 위해 번역본에서는 가급적 '세계화'라는 단어로 'globalisation'과 'mondialisation'을 통일하되, 구분이 필요한 곳에서는 '지구촌화' '글로벌화' 혹은 '글로벌'이라는 단어를 살려서 번역했다—옮긴이.) 애덤 스미스의 『국부론The Wealth of Nations』에서 따온 듯한 제목으로 출간된 로버트 라이히Robert Reich의 저서 *The Work of Nations*(New York, Alfred Knopf, 1991) 역시 프랑스어 번역판에서는 『세계화된 경제L'Économie mon-dialisée』(Dunod, 1993)라는 제목으로 출간됐다.(참고로 한국에서는 『국가의 일』이라는 제목으로 번역되었다—옮긴이.) '노동'과 '국가'라는 말에 '종말'이라는 표어가 따라붙지 않는 한 이들 표현은 더 이상 프랑스에서 팔리지 않는 말이 되었기 때문이다.

21 여기서 '이데올로기'는 결코 폄하의 뜻을 담고 있지 않다. 어떤 사회도 가치를 서열화시키는 사상 체계 없이는, 즉 '이데올로기' 없이는 유지될 수 없다(cf. L. Du-mont, *Homo œqualis, op. cit.*, tome I, *Genèse et épanouissement de l'idéologie économique*, p. 26 이하).

22 H. Sumner Maine, *L'Ancien droit*…, *op. cit.*, p. 289.

23 특히 R. A. Posner, *Economic Analysis of Law, op. cit.* ; R. Cooter, Th. Ulen, *Law and Economics, op. cit.* ; B. Coriat et O. Weinstein, *Les Nouvelles Théories de l'entreprise*, Le Livre de poche, 1995 참조. 법을 경제학적으로 분석하는 흐름 들에 대한 총체저인 조만으로는 E. Mackaay, *L'Analyse économique du droit*, vol. 1 : *Fondements, op. cit.* ; Th. Kirat, *Economie du droit*, La Découverte, "Repères", 1999 참조.

24 "Let us outline the steps in a complete economic analysis of a legal problem. The first step is to assume that the individuals or institutions who make decisions are maximising well-known and clearly specified economic objectives, for example, that businesses are maximising profits and that consumers are maximising wealth and leissure. The second step is to show that the interaction among all relevant decision makers settles down into what economists call an equilibrium, a condition that not spontaneously changes. The third step is to judge the equilibrium on the criterion of economic efficiency", R. Cooter, Th. Ulen, *Law and Economics, op. cit.*, p. 7.

25 Cf. A.T. Kronman, R.A. Posner, *The Economics of Contract Law*, Boston-Toronto, Little, Brown & Cie, 1979, p. 2-3.

26 예를 들어 R. Cooter, Th. Ulen, *Law and Economics, op. cit.*, p. 234 이하 및 p. 241의 표 6.1 참조.

27 예를 들어 M. Miaille, *Une introduction critique au droit*, Maspero, 1976 참조.

28 "One of the things I have learned in my short time at the bank is that whenever anybody says 'But things work differently here', they are about to say something dumb", C.A. Michalet, "Le nouveau rôle des institutions de Bretton Woods dans la régulation et la mondialisation", in M. Berthod-Wurmser, A. Gauron, Y. Moreau (dir.), *La Régulation sociale : le rôle des organisations européennes et internationales*, IEP, 1997, p. 66에서 재인용.

29 Cf. G. Davy, *La Foi jurée. Etude sociologique du problème du contrat. La formation du lien contractuel*, Alcan, 1922. 여기서 데이비Davy가 사용한 '인위적

인 친족 관계'의 개념이 반대로 친자관계에 대한 생물학적 정의를 채택하는 것으로
이어지지는 않는다. 그와는 반대로 Davy는 "부자 관계가 처음부터 생리학적인 개념
이었던 것은 아니다"(p. 53)라고 주장한다.

30 그 가운데 대표적인 것이 헤로도토스다. 스키티아인들이 서약을 주고받는 과정
참고. ("그들은 커다란 잔에 포도주를 따르고, 서약을 하려는 사람들의 피를 여기에
섞는다.") 헤로도토스의 『역사Enquête』 IV-70 프랑스어 번역판, 갈리마르출판사 '플
레이아드 도서관Bibliothèque de la Pléiade' 1964년판 중 헤로도토스 전집Œvres
complètes, p. 310. 보다 최근 사례로는 G. Davy, *La Foi jurée…, op. cit.*, p. 43 이
하에서 제시된 사례와 참고문헌 내용을 참고.

31 A. Chouraqui, "L'alliance dans les Écritures", *Revue de sciences morales et
politiques*, 1995, p. 5 참조.

32 Cf. G. Davy, *La Foi jurée…, op. cit.*, p. 72 이하.

33 사회보장제도 가입은 고용자가 피고용자와의 인위적인 친자관계에 얽매이지 않
게 해주며, 연대제도에 그 부담을 떠넘기는 방식이다. 채무법과 가족법을 혼합한 잡
종격인 이 연대의 개념은 사회보장제도 가입자들 사이에 인위적인 친자관계를 형성
해준다(cf. Alain Supiot, "Les mésaventures de la solidarité civile", *Droit social*,
1999, p. 64). 그러나 사회보장제도에서 우선시되는 것은 '교환'의 개념이고, 사람들
사이의 '관계'에 관한 맥락은 그에 따른 결과일 뿐이다(다음에 나오는 퇴직자들 관
련 내용 참조).

34 전국프랑스사용자위원회(CNPF, Conseil national du patronat français)는 1998
년에 프랑스경제인연합회(Medef, Mouvement des entreprises françaises)로 이름
을 바꾸었다.(한국의 전국경제인연합회에 해당하는 조직—옮긴이.)

35 "Le patron a donné la personnalité à l'affranchi, un peu comme le père à l'
enfant", P.F. Girard, *Manuel élémentaire de droit romain, op. cit.*, p. 123.

36 해방 노예는 아버지의 이름 대신 l.(libertus)를 앞에 붙여 (속격으로) 주인의 이
름을 취한다(G. Sicard, "L'identité historique", in J. Pousson-Petit (dir.), *L'Identité
de la personne humaine, op. cit.*, p. 119).

37 M. Mauss, "Essai sur le don. Forme et raison de l'échange dans les sociétés archaïques", *L'Année sociologique*, 1923-1924, *Sociologie et anthropologie, op. cit.*, p. 145 이하에 재수록.

38 M. Mauss, "Essai sur le don", *op. cit.*, p. 159.

39 *Un contrat entre les générations*, Livre blanc gouvernemental sur les retraites, Gallimard, 1991 참조. '세대 간 계약'이라는 개념은 사람들 사이의 관계를 계약적 용어 이외에는 달리 지칭할 수 없는 우리의 무능함을 여실히 보여준다. 이는 인간과 자연의 관계에서도 마찬가지인데, 저명한 과학철학자 가운데 한 명인 미셸 세르 Michel Serres(1930~)에 따르면 오늘날은 자연의 보존 역시 자연과 체결한 '계약'을 통해서만 가능하다(M. Serres, *Le Contrat naturel*, F. Bourin, 1990). 이렇게 해서 사회법과 환경법은 사물과 사람의 구별을 무너뜨림으로써 계약주의에 예속된다.

40 은퇴할 권리의 법적인 성격에 관한 문제는 근대법의 개념들로만 무장한 법률가에게는 골치 아픈 문제다. 왜냐하면 이 문제는 계약적인 것과 불법적인 것, 개인적인 것과 집단적인 것의 근대법적 구별에 위배되기 때문이다. 이러한 구분법보다 더 오래된 법적 관계의 형식들에 사회법을 맞추어보면 문제는 명확해진다. 증여에 기반을 둔 북미 원주민의 풍습인 '포틀래치potlatch'와 마찬가지로 이 같은 법적 관계는 계약일 수 없다. '포틀래치' 풍습대로 이들 관계 또한 의무적으로 재산을 주고받는 상호성에 의거하여 집단과 집단 사이에 연대 의식이 자리잡는다.

41 'nexum' 및 그 해석의 어려움에 대해서는 P.F. Girard, *Manuel élémentaires de droit romain, op. cit.*, p. 478 이하 ; P. Noailles, *Fas et Jus. Études de droit romain*, Les Belles-Lettres, 1948, p. 91 이하 ; A. Magdelain, *Ius imperium auctoritas, op. cit.*, p. 25 이하 및 p. 713 이하 ; P. Ourliac, J. de Malafosse, *Histoire du droit privé*, PUF, t. I, *Les Obligations*, 2ᵉ éd., n° 15 및 p. 36-37에 인용된 참고문헌 참조.

42 Cf. M. Mauss, "Essai sur le don", *op. cit.*, p. 229 이하, 특히 p. 230 이하.

43 프랑스 민법전에 영향을 미친 유스티니아누스의 『학설휘찬』은 가이우스가 확립한 삼분법을 채택했다. 첫 번째는 인격이다. 모든 권리는 그 권리의 주체이며 그 권리를 행사하는 인격을 전제로 한다. 두 번째는 물건이다. 물건은 권리의 목적이며 권리는 그 물건에 대해 영향력을 행사한다. 끝으로 세 번째는 소송이다. 이는 권리의

승인이며 권리의 실현을 보장해준다(cf. P.F. Girard, *Manuel élémentaire de droit romain, op. cit.*, p. 7 이하 참고).

44 Cf. M. Villey, "Préface historique à l'étude des notions de contrat", in "Sur les notions du contrat", *Arch. philo. droit*, t. XIII, Sirey, 1968, p. 1 이하, p. 7. 'contrahere'의 과거분사인 'contractus'는 로마법에서 명사로는 거의 사용되지 않는다. 'contrahere'는 법적으로 구속되는 행위를 의미했지만, 그 행위의 결과는 'obligatio'로 총칭되거나 해당 계약의 고유한 이름(emptio, locatio, societas, mandatum 등)으로 지칭되었다. W. Wolodkiewicz, "Contrahere-contractum-contractus dans le droit romain classique", in *Le Droit romain et sa réception en Europe*, actes d'un colloque, Varsovie, éd. H. Kupiszewski et W. Wolodkiewicz, 1978, p. 295도 참조.

45 역사가들은 문답계약의 종교적 기원에 대해 동의한다. 이 종교적 기원은 동사 'spondere(spondai : 통음하다)'의 어원으로 더욱 확실해지는데, 이는 약속의 교환을 위하여 이용되었음이 분명하다(P.F. Girad, *Manuel élémentaire de droit romain, op. cit.*, p. 486 ; P. Ourliac, J. de Malafosse, *Histoire du droit privé, op. cit.*, n° 18, p. 31 ; 좀 더 일반적으로는 P. Noailles, *Du droit sacré au droit civil*, Sirey, 1949 참조). '회초리stips'의 의례적 사용으로부터 문답계약을 끌어내는 이론은 더 논란이 큰 편이다. P.F. Girard, *Manuel élémentaire de droit romain, op. cit.*, p. 485 이하 ; M. Mauss, "Essai sur le don", *op. cit.*, p. 230 참조.

46 "(형식의) 옷을 갖춰입지 않은 합의로부터는 소권이 발생하지 않는다" Ulpien(I, 7, § 4, D., 2, 14, *de pactis*) ; Paul (*Sentences 2*, 14, I).

47 P.F. Girard, *Manuel élémentaire de droit romain, op. cit.*, p. 432 참조.

48 Cf. J. Imbert, "De la sociologie au droit : la 'Fides' romaine", in *Droits de l'Antiquité et sociologie juridique, Mélanges Henry Lévy-Bruhl*, Sirey, 1959, p. 409. 같은 의미로, 고대 그리스의 경우에 대해서는 L. Gernet, "Droit et prédroit en Grèce ancienne", *op. cit.*, p. 138 이하 참조.

49 P. Ourliac, J. de Malafosse, *Histoire du droit privé, op. cit.*, n° 69, p. 84 이하 및 p. 104의 참고문헌 참조할 것.

50 Institutes coutumières, L. III, t. I. 루아젤은 유스티니아누스의 『학설휘찬』에서 '법의 사슬iuris vinculum' 주석이 "ut enim boves funibus visualiter ligantur, sic homines verbis ligantur intellectualiter… voce ligatur homo"라고 하는, 성사 집행 시 쓰이던 경구의 본래 의미를 변형시켜 사용한다(cf. F. Spies, *De l'observation des simples conventions en droit canonique*, Sirey, 1928, p. 228).

51 F. Spies, *De l'observation des simples conventions*…, *op. cit.* ; 같은 의미로 H.J. Berman, *Law and Revolution*, *op. cit.*, p. 246 이하 ; P. Legendre, *Les Enfants du texte*, *op. cit.*, p. 269 ; J. Bärmann, "*Pacta sunt servanda*. Considérations sur l'histoire du contrat consensuel", *Rev. interna. dr. comp.*, 1961, p. 18 이하 참조.

52 Cf. F. Spies, *De l'observation des simples conventions*…, *op. cit.*, p. 24 이하. 이 교회법에서 약속 위반은 처벌 가능한 죄로 규정된다. 안티고누스Antigonus와 옵탄티우스Optantius 두 명의 주교는 각자의 교구 경계를 합의로 정했다. 안티고누스는 옵탄티우스가 약속을 지키지 않은 것에 대해 공의회에 이의를 제기했는데, 공의회 의장은 다음과 같이 대답했다. "옵탄티우스는 약속을 이행하든지 아니면 교회의 징계를 받든지 하라." 그리고 총회는 다음과 같이 덧붙였다. "평화는 유지되어야 하고, 합의는 지켜져야 한다."

53 C. 22, qu. 5, c. *iuramenti, distantiam* 주석 : *Ex nudo pacto oritur actio* (F. Spies, *De l'observation des simples conventions*…, *op. cit.*, p. 40 이하에서 재인용).

54 Cf. H.J. Berman, *Law and Revolution*, *op. cit.*, p. 246.

55 Cf. F. Spies, *De l'observation des simples conventions*…, *op. cit.*, p. 139 이하.

56 이 규정의 기원에 대해서는 F. Spies, *De l'observation des simples conventions*…, *op. cit.*, p. 258 ; A.-J. Arnaud, *Les Origines doctrinales du Code civil français*, LGDJ, 1969, p. 199 이하 참조.

57 특히 공정 가격 이론이 이 요구에서 비롯되었다. H. J. Berman, *Law and Revolution*, *op. cit.* ; A. Söllner, "Die causa im Kondiktionen- und Vertragsrecht des Mittelalters bei den Glossatoren, Kommentatoren und Kanoniken", *Zeitschrift* *des Savigny-Stiftung für Rechtgeschichte(romanistische Abteilung)*, 77(1960), p. 182-269 ; K.S. Cahn, "The Roman and Frankish roots of the just price of medieval canon", *Law Studies in Medieval and Renaissance Story*, 6(1969), p. 1 참조.

58 Cf. K. Polanyi, *La Grande Transformation. Aux origines politiques et économiques de notre temps* [1944], trad. fr., Gallimard, 1983, p. 102 이하.

59 원문에서 영어로 되어 있다("Why pay me if he doesn't believe in anything?"). M. Weber, "'Églises' et 'sectes' en Amérique du Nord" [1906], trad. fr. J.-P. Grossein, in *L'Ethique protestante* ···, *op. cit.*, p. 260.

60 *De la démocratie en Amérique*, II, 29, L. Dumont, *Homo hierarchicus, op. cit.*, p. 29에서 재인용.

61 민법전 제1134조 : "적법하게 성립한 계약은 그 계약을 한 자들에 대해 법으로서의 효력을 갖는다. 계약은 당사자들의 상호 합의에 의하거나 또는 법이 허용하는 경우에만 철회될 수 있다. 계약은 신의로서 이행되어야 한다."

62 계약상 의무에 적용될 수 있는 법률에 관한 1980년 6월 19일 로마협약 제3조 제1항.

63 그러므로 국제 사법 분야에서 법률 없는 계약에 대한 환상이 일으켰던 논쟁에 대해서는 다루지 않기로 한다. 이 부분에 대해 관심이 있는 독자는 다음의 자료를 참고하면 주요 쟁점들을 정리해보는 데 유용할 것이라 생각된다. P. Mayer, V. Heuzé, *Droit international privé*, Montchrestien, 7ᵉéd. 2001, n° 700. 법률 없는 계약이라는 생각이 어느 정도 의미를 갖는 유일한 경우는 바로 국가와 체결한 '계약'이다. 그러나 국가가 일반적인 계약 주체가 아니라는 점은 자명한 사실이며, 국가가 체결한 협정은 언제나 계약법에 대치된다(뒷부분 내용 참조). 오늘날 법률과 계약의 매우 복잡한 상호 관계에 대해서는 Ph. Gérard, F. Ost, M. van de Kerchove (dir.), *Droit négocié, droit imposé?*, Bruxelles, Publications de facultés universitaires Saint-Louis, vol. 72, 1996 참조.

64 "화폐는 경제적 실체가 아니며, 우리 사회 역시 이로부터 예외는 아니다. 화폐라는 것은 단지 우리가 경제에 대해 생각해볼 수 있도록 만드는 매개체일 뿐이며, 이렇듯 경제에 관한 사고는 오직 경제 외적인 영역에서만 가능하기 때문이다", M. Aglietta, A. Orléan (dir.), *La Monnaie souveraine, op. cit.*, p. 20에서 인용. G. Simmel, *Philosophie de l'argent*, trad. fr., PUF, 1987, R. Libchaber, *La Monnaie en droit privé*, LGDJ, 1992 및 인용된 참고문헌도 참조.

65 Cf. A. Orléan, "La monnaie autoréférencielle : réflexions sur les évolutions monétaires contemporaines", in M. Aglietta, A. Orléan (dir.), *La Monnaie souveraine, op. cit.*, p. 359 이하.

66 벤저민 프랭클린의 유명한 경구 "시간은 돈이다" 및 이와 관련하여 막스 베버가 다음 책에서 제시한 내용 참고. *L'Éthique protestante et l'esprit du capitalisme*, trad. fr., Plon, 1964, p. 46 이하.

67 이러한 다양한 측면에 대해서는 Association H. Capitant, *La Relativité du contrat, op. cit.* 참조.

68 M. Mauss, "Essai sur le don", *op. cit.*, p. 260.

69 컴퓨터 소프트웨어 제작자가 복제 방지를 위해 해당 소프트웨어 안에 모종의 바이러스를 삽입해두는 것은 부정 이용자(나아가 정당한 이용자)에게 사물의 저주가 미치는 현대적 방식이라 할 수 있다.

70 우리는 자연 자원이나 문화유산이 인류 공동의 자산에 속한다고 이야기하며 이들 재산의 완전한 사적 소유를 방지하고자 노력한다. 여기에서 이들 자산이 가진 양면성이 드러나는데, 한편으로는 우리가 교환이라는 수평적 차원에 놓이도록 하면서도 이와 동시에 혈통이라는 수직적 차원에 우리를 위치시키기 때문이다(A. Sériaux, "Brèves notations civilistes sur le verbe avoir", *Rev. trim. dr. civ.*, 1994, p. 801-813 ; F. Ost, *La Nature hors la loi. L'écologie à l'épreuve du droit*, La Découverte, 1995, p. 306 이하 참조).

71 1792년 프로이센-오스트리아 연합군과 프랑스 사이에 있었던 발미Valmy 전투에서 프랑스 병사들이 "조국 만세Vive la Nation!"라고 외쳤을 때, 여기에서 말하는 '조국'이란 '프랑스'라는 나라가 아니라 공통된 이익에 기반을 두고 있는 사회 조직체의 보편적 원리로서 '국가Nation'를 의미하는 것이었다(E. Hobsbawm, *Nations et nationalismes depuis 1780*, trad. fr., Gallimard, 1992, p. 32 참조). 하지만 오늘날에도 여전히 정부에서 기초한 사회보장제도에 대해 정부가 '보편적'이라고 이야기할

때, 이 보편성은 자국민과 내국인으로 한정된다. (최근의 사례로는 프랑스에서 '보편적 질병보험제도Couverture maladie universelle'라 일컫는 일반 의료보험제도가 이에 해당한다.)

72 신과 맺은 계약은 기껏해야 전계약적前契約的인 방식의 언약에 지나지 않았으며, 이를 협약과 유사한 형태로 보기에는 다소 무리가 있을 것이다(앞의 내용 참조).

73 A. Orléan (dir.), *Analyse économique des conventions*, PUF, 1994 및 "L'économie des conventions", *Revue économique*, 40(2), numéro spécial, mars 1989에 수록된 논문들 참조.

74 표준 경제학의 분석 대상으로서 인간은 '행위'하는 것이 아니라 '행동'한다. 하지만 현실에서 "개별적 인간은 '행동'하는 것이 아니라, 머릿속에 어떤 생각을 가지고서 '행위'를 한다. 설령 그 생각이 관행에 따르는 것이라 하더라도 말이다"(L. Dumont, *Homo hierarchicus*, *op. cit.*, p. 19). '행위'를 다시 끌어들인다는 것은 행위의 목적이 행위의 과정 속에서 구축될 수 있다는 점을 다시 개입시키는 것이다. 이에 따라 인간이 언제나 스스로 원하는 것을 미리 알고 있다는 추상적 관념이 무너진다.

75 Cf. R. Boyer, Y. Saillard (dir.), *La Théorie de la régulation : état des savoirs*, La Découverte, 1995.

76 합의 이론 학파의 최근 연구에서는 제도의 문제를 다루고 있지만, 이는 제도를 합의의 결과물로 국한시키기 위한 노력에 지나지 않는다(R. Salais, E. Chatel, D. Rivaud-Danset, *Institutions et conventions. La réflexivité de l'action économique*, EHESS, 1998). 조절 이론도 법을 무엇보다도 '조절'의 한 형식으로 바라봄으로써, 법에 대한 도구적 관점을 극복하지 못했다. 이 모든 과정에서 주체를 수립하는 것에 관한 문제는 여전히 배제되어 있다. 그러나 오늘날 주류 법학계의 분석에서도 도외시되고 있는 주체 수립의 문제에 대해 경제학자들이 이를 외면하고 있다고 비난하기란 어렵다.

77 노동에 있어서 기본 원칙과 권리에 관한 ILO 선언(1998) 참조.

78 Cf. B. Edelman, *La Personne en danger*, *op. cit.*, p. 277 이하 ; *id.*, "L'Homme dépossédé. Entre la science et le profit", in M. Fabre-Magnan, Ph. Moullier, *La*

Génétique, science humaine, op. cit., p. 215 이하 ; J.-R. Binet, *Droit et progrès scientifique. Science du droit, valeurs et biomédecine*, PUF, 2002.

79 M. Freedland, S. Sciarra (eds.), *Public Services and Citizenship in European Law*, Oxford, Clarendon Press, 1998

80 Cf. F. Ost, *Le Temps du droit*, O. Jacob, 1999.

81 제5장 참고.

82 P. Legendre, "Remarques sur la reféodalisation de la France", in *Études offertes à Georges Dupuis*, LGDJ, 1997, p. 201 이하.

83 Cf. Ph. Kourilsky, G. Viney, *Le Principe de précaution*, rapport au Premier ministre, O. Jacob/La Documentation française, 2000 ; K. Foucher, *Principe de précaution et risque sanitaire*, L'Harmattan, 2002 ; J.-P. Dupuy, *Pour un catastrophisme éclairé. Quand l'impossible est certain, op. cit.*

84 Cf. M. Mekki, *L'Intérêt général et le contrat. Contribution à une étude de la hiérarchie des intérêts en droit privé*, LGDJ, 2004, préface de J. Ghestin.

85 Cf. C. Labrusse-Riou, "De quelque apports du droit des contrats au droit des personnes", in *Le Contrat au début du XXIe siècle. Études offertes à J. Ghestin*, LGDJ, 2001, p. 499 이하.

86 G. Virassamy, *Les Contrats de dépendance*, LGDJ, 1986.

87 네트워크 구조의 법적 분석에 대해서는 G. Teubner, "The many-headed hydre : networks as higher-order collective actors", in J. McCahery, S. Picciotto, C. Scott, *Corporate Control and Accountability, op. cit.*, p. 41 이하 ; F. Ost, M. van de Kerchove, *De la pyramide au réseau?, op. cit.* 참조. 프랑스에서 이러한 분석은 아직 유통 분야에 국한되어 있는 것으로 보인다(L. Amiel-Cosme, *Les Réseaux de distribution*, LGDJ, 1995 참조).

88 A. Supiot (dir.), *Au-delà de l'emploi. Transformations du travail et devenir du droit du travail en Europe*, rapport pour la Commission européenne, Flammarion, 1999, 특히 p. 25 이하 참조.

89 C. Del Cont, *Propriété économique, dépendance et responsabilité*, L'Harmattan, 1997.

90 제5장 참고.

91 L. Josserand, "Le contrat dirigé", *Rec. hebdo. Dalloz*, 1933, n° 32, chr. p. 89.

92 Cf. A. Rouast, "Le contrat dirigé", *Mélanges juridiques dédiés au prof. Sugiyama*, Tokyo, Maison franco-japonaise, Assoc. fr. des juristes de langue française, 1940, p. 317-327 ; R. Morel, "Le contrat imposé", in *Le Droit français au milieu du XXe siècle, études offertes à Georges Ripert*, LGDJ, 1960, t. II, p. 116.

93 Conseil d'Etat, *L'Intérêt général*, rapport public 1999, La Documentation française, Études et documents du Conseil d'Etat, n° 50, 1999, p. 323 이하 ; 이 미 J. Caillosse, "Sur la progression en cours des techniques contractuelles d'administration", in L. Cadiet (dir.), *Le Droit contemporain des contrats*, Economica, 1987, p. 89 이하 ; chr. A. Garbar, "Les conventions d'objectifs et de gestion, nouvel avatar du 'contractualisme'", *Droit social*, 1997, p. 816 ; Y. Fortin (dir.), *La Contractualisation dans le secteur public des pays industrialisés depuis 1980*, L'Harmattan, 1999 ; Association H. Capitant, *La Relativité du contrat, op. cit.*

94 M. Bloch, *La Société féodale*, 한정숙 옮김,『봉건사회』, 한길사, 2010. 인용 부분은 알뱅미셸Albin Michel 출판사가 간행한 1939년 프랑스어 초판본의 1994년 재판본 p. 618-619 참고.

95 중세의 역사는 화폐를 발행하는 왕의 특권이 중세의 영주들에게 위임되는, 정 반대 흐름이 가능함을 보여준다(M. Weber, *Histoire économique. Esquisse d'une histoire universelle de l'économie et de la société* [1923], trad. fr., Gallimard, 1991, p. 270 참조).

96 *Götterdämmerung*, Prologue, trad. A. Pauphilet, in *La Tétralogie de Richard Wagner*, H. Piazza, 1993, p. 154.

97 O.W. Holmes, "The path of the law", 10 *Harvard Law Review*, 457, 1897. M. Fabre-Magnan(*Les Obligations, op. cit.*)에서 재인용. 파브르-마냥은 이 이론에 대해 명쾌하고 풍부한 자료를 덧붙여 소개하고 있다. D. Friedmann, "The efficient

breach fallacy", 18 *Journal of Legal Studies*, 1(1989)의 다시 결정적인 비판을 참고.
98 Cf. Ph. Rémy, "La 'responsabilité contractuelle' : histoire d'un faux concept", *Rev. trim. dr. civ.*, 1997, p. 323 이하 ; Ph. Le Tourneau, L. Cadiet, *Droit de la responsabilité et des contrats*, Dalloz, 2002, n° 222,

제2부 법적 기술

제4장 과학기술의 제어

1 Cf. A. Leroi-Gourhan, *Le Geste et la Parole, op. cit.*, t. I, *Technique et langage*, p. 245 이하 ; A.-G. Haudricourt, *La Technologie, science humaine, op. cit.*, p. 44 이하.

2 제2장 참고.

3 R. Magritte, *Ecrits complets*, Flammarion, 2001, p. 627.

4 A.-G. Haudricourt, *La Technologie, science humaine, op. cit.*, p. 37-38.

5 G. Bataille, *Théorie de la religion*, 조한경 옮김, 『어떻게 인간적 상황을 벗어날 것인가』, 문예출판사, 1999. 아울러 하이데거가 기술의 본질에 대해 정의하며 사용한 '게슈텔Gestell'이란 개념도 참고. (하이데거는 기술의 본질에 대해 '게슈텔'이라는 용어를 사용했는데, 이에 따르면 현실 세계는 오직 과학기술의 힘으로써 인간에게 어떠한 도구적 가치를 갖느냐로 그 의미가 결정된다. 그러므로 자연은 인간이 필요로 하는 것을 제공해주도록 '독촉'받는 대상에 지나지 않는다―옮긴이.) Heidegger, *Essais et conférences*, 이기상 외 2명 옮김, 『강연과 논문』, 이학사, 2008. 프랑스어 판본으로는 1958년 갈리마르 판본을 재발행한 1980년 판본 "Tel" p. 26 이하 참고.

6 M. Mauss, 'Les techniques du corps'(1934), in *Sociologie et anthropologie, op. cit.*, p. 366-383에 재수록.

7 Cf. P. Legendre, *La Pénétration du droit romain dans le droit canonique classique, op. cit.* ; H.J. Berman, *Law and Revolution, op. cit.*, p. 85 이하.

8 Cf. P. Noailles, *Du droit sacré au droit civil*, *op. cit.* ; A. Magdelain, 'Le Ius archaïque', *op. cit.* 엘리 포르의 지적에 따르면, 로마는 진정한 의미에서의 종교 관념이 부재한 자리를 행정과 법으로서 메꾸었다(Elie Faure, *Découverte de l'archipel*, 1932, 이후 쇠유Seuil 출판사의 1995년 판본 210쪽).

9 Cf. P. Legendre, *La 901e Conclusion*, *op. cit.*, p. 214 이하.

10 G. Abitbol, *Logique du droit talmudique*, Ed. des sciences hébraïques, 1993 참조.

11 J. Berque, *Essai sur la méthode juridique maghrébien*, Rabat, M. Leforestier, 1944 ; L. Milliot, F.-P. Blanc, *Introduction à l'étude du droit musulman*, Sirey, 2e éd., 1987 ; J. Schacht, *An Introduction to Islamic Law*, Oxford, Oxford University Press, 1964, trad. fr. *Introduction au droit musulman*, Maisonneuve et Larose, 1983 참조.

12 인간의 형상에 따라 만들어진 기계라는 주제에 대해서는 골렘Golem(원시적 인조인간의 한 형태로, 유대교 율법학자가 흙으로 만들어 생명을 불어넣은 인형을 뜻한다. 비유적 의미로 자동화 기계나 로봇을 의미하기도 한다―옮긴이) 신화, 즉 창조주를 배신하는 노예 기계의 신화 및 이에 관한 노버트 위너Norbert Wiener의 해석을 참고. Norbert Wiener, *God & Golem inc. Sur quelques points de collision entre cybernétique et religion*, Cambridge, Mass., MIT Press, 1964.

13 카를 마르크스의 『자본론』 제1권 15장 '기계 및 대규모 공업'에 관한 내용 참고. 인용 부분은 갈리마르 출판사의 '플레이아드 도서관Bibliothèque de la Pléiade'시리즈로 발행된 프랑스어 번역본 K. Marx, *Œuvres. Economie*, 1965, 제1권 913쪽 이하 참고.

14 Cf. Ph. Breton, *L'Utopie de la communication*, La Découverte, 1992 및 이러한 과학적 탈선에 대해서는 앞의 제2장 참조.

15 Cf. Ph. Breton, *Une histoire de l'informatique*, La Découverte, 1987, rééd. Seuil, 1990, p. 90. 이처럼 인간의 오성을 이진법적 논리로 국한시키는 것은 근대과학의 특징인 선험적 철학 관념으로부터 비롯되는데, 이는 논리를 규범의 보편적 기술이자 학설로 만들어버리고 만다(cf. E. Husserl, *La Crise des sciences europée-*

nnes et la phénoménologie transcendantale, op. cit., p. 106 이하).

16 N. Wiener, *The Human Use of Human Beings (Cybernetics and Society)*, Boston, Houghton Mifflin, 1950, trad. fr. *Cybernétique et société*, UGE-Ed. des Deux Rives, 1962 참조. 이러한 이데올로기에 대한 비판으로는 Ph, Breton, *L'Utopie de la communication, op. cit.*, p. 124 이하 ; L. Sfez, *Critique de la communication*, Seuil, 1988 ; P. Thuillier, *La Grande Implosion, op. cit.*, p. 363 이하 ; C. Lafontaine, *L'Empire cybernétique. Des machines à penser à la pensée machine*, Seuil, 2004 참조.

17 법사상에서 이러한 'vitam instituere'의 계보학에 대해서는 P. Legendre, *Sur la question dogmatique en Occident, op. cit.*, p. 106 이하 참조.

18 네트워크에 대한 법적 분석에 대해서는 G. Teubner, *Droit et réflexivité. L'autoréférence en droit et dans l'organisation, op. cit.* ; F. Ost, M. van de Kerchove, *De la pyramide au réseau?, op. cit.* 참조.

19 이러한 변화에 대해서는 R. Chartier, *Le Livre en révolution. Entretiens avec Jean Lebrun*, Textuel, 1997 ; J.-Y. Mollier (dir.), *Où va le livre?*, La Dispute, 2000 ; J.D. Bolter, *Writing Space : The Computer, Hypertext, and the History of Writing*, Hillsdale, New Jersey, Lawrence Erlbaum Associates, 1991 ; Ilana Snyder, *Hypertext : The Electronic Labyrinth*, Melbourne, New York, Melbourne University Press, 1996 참조.

20 "지침에 따라 달성해야 할 결과에 대해서는 해당되는 모든 회원국이 지침의 적용을 받지만, 이 같은 결과를 이끌어내기 위한 그 형식과 수단에 대해서는 국내 기관의 관할로 둔다"(유럽공동체조약 제249조[구 제189조]). 제137조[구 제118조]에서는 노사 양측의 요구가 있을 경우, 정부가 노사 관련 지침의 시행 권한을 노사 양측에 위임하는 것을 허용하고 있다.

21 유럽공동체조약 제138조와 제139조(구 제118조의 A와 B). P. Rodière, *Droit social de l'Union européenne*, LGDJ, 1998, n° 75 이하, p. 72 이하 ; B. Teyssié, *Droit européen du travail, Litec*, 2001, n° 120 이하, p. 49 이하 참조.

22 CJCE, 20 sept. 1988, aff. 190/87 (Moormann), *Rec.* p. 4689. 이 판례는 지침

에 대해 수직적인 직접 효력을 인정하는 데 그치고 있다. 그러나 일부 학설에서 지지하고 있는 국내 판례에서는 지침에 대해 수평적인 직접 효력도 부여하고자 한다. 가령 직업상 남녀평등에 관한 지침(76/207 CEE sur l'égalité professionnelle)에 대해 룩셈부르크 법원이 행한 해석에 부합하는 이행 방안이 결여되었다는 이유로 프랑스 법원이 여성의 야간노동에 관한 프랑스 법률의 적용을 거부한 사례를 참고. cons. purd. Laval, 5 nov. 1998, *Droit social*, 1999, 133, ss. obs. critiques J.-Ph. Lhernould ; H. Masse-Dessen, M.-A. Moreau, "À propos du travail de nuit des femmes : nouvelle contribution sur l'application des directives communautaires", *Droit social*, 1999, p. 391.

23 가령 협약 당사자들의 비대표성을 이유로 한 다음 사례를 참고. TPI, 17 juin 1998, aff. T-135/96(CGPME), *Droit social*, 1999, 60, ss. obs. M.-A. Moreau.

24 이에 대해서는 제5장 참조.

25 특히 헌법위원회 2000. 1. 13. 결정(99-423 DC) 참조. 헌법위원회는 법 제정 이전의 단체협약 내용을 무효로 하는 법률 규정들이 충분한 공익적 동기에서 정당화되지 않는다는 이유로 위헌 결정을 내린다(X. Prétot, "Le Conseil constitutionnel et les trente-cinq heures", *Droit social*, 2000, 257 참조).

26 Cf. F. Bocquillon, "Que reste-t-il du 'principe de faveur'?", *Droit social*, 2001, 255. 다음과 비교할 것. A. Jeammaud, "Le principe de faveur. Enquête sur une règle émergente", *Droit social*, 1999, 119.

27 제3장 참조.

28 Cf. M. Borrus, J. Zysman, "Globalization with borders : the rise of wintelism as the future of global competition", *Industry and Innovation*, vol. 4, 2, déc. 1997.

29 1978년에 통과된 I. Vacarie의 박사 학위 논문, *L'Employeur*, Sirey, 1979.

30 특히 1994년 9월 22일 유럽연합 지침 94/45 참조. P. Rodière, *Droit social de l'Union européenne, op. cit.*, n° 252 이하, p. 262 이하 ; B. Teyssié, *Droit européen du travail, op. cit.*, n° 730 이하, p. 264 이하 참조.

31 파기원 사회부 1995. 4. 5., *Droit social*, 1995, 487, ss. obs. Ph. Waquet ; G.

Lyon-Caen, "Sur le transfert d'emploi dans les groupes multinationaux", *Droit social*, 1995, p. 489 ; M.-A. Moreau, "La délocalisation des entreprises à l' étranger", in *Droits fondamentaux des salariés face aux intérêts de l'entreprise*, Aix-Marseille, P.U. Aix-Marseille, 1994, 1.

32 Cf. G. Couturier, "L'article L. 122-12 du Code du travail et les pratiques d'externalisation'"(2000. 7. 18. *Perrier Vittel France* 판결들), *Droit social*, 2000, p. 845.

33 M.-L. Morin, "Sous-traitance et relations salariales. Aspects de droit du travail", *Travail & Emploi*, 60, 1994, p. 23 이하.

34 Cf. F. Gaudu, M.-L. Morin, A. Cœuret, J. Savatier, P. Rémy, "Les frontières de l'entreprise", *Droit social*, 특별호, 2001. 5., p. 471-513.

35 노동의 관점에서 S. Darmaisin, "L'ordinateur, l'employeur et le salarié", *Droit social*, 2000, p. 580. 좀 더 일반적으로는 J.-M. Chevalier, I. Ekeland, M.-A. Frison-Roche, M. Kalika, *Internet et nos fondamentaux*, PUF, 2000.

36 Cf. A. Leroi-Gourhan, *Le Geste et la Parole, op. cit.*, t. II, p. 35 이하.

37 PC와 가장 비슷한 일상의 사물은 아마 신발일 것이다. 새 신발은 해당 사이즈의 그 어떤 발에도 맞출 수가 있지만, 일단 한 번 착용하고 난 뒤에는 단 하나의 발에만 들어맞기 때문이다. 더욱이 인간의 생물학적 측면을 연구하는 자연인류학에 따르면 인간은 먼저 발에서의 변화가 있고 난 뒤에야 비로소 뇌가 발전할 수 있지 않았던 가? 이와 관련해서는 A. Leroi-Gourhan, *Le Geste et la Parole, op. cit.*, t. I, p. 90 *sq.* 참고. 신발과 PC의 차이점이 있다면, 신발의 경우 잃어버리면 다시 장만할 수 있지만, 컴퓨터는 데이터를 따로 저장해두지 않는 한, 컴퓨터를 잃어버리고 나면 일부 메모리의 소유권을 영원히 상실하게 된다는 점이다.

38 J. Danet, "Droit et disciplines de production et de commercialisation en agriculture", thèse, Paris I, 1982 ; L. Lorvellec, "L'agriculteur sous contrat", in *Le Travail en perspectives*, ouvrages coll., LGDJ, 1998, p. 179 *sq.*

39 이러한 관계는 이미 마르크스가 노동시간을 제한하는 법률들에 관하여 지적한 바 있다. *Le Capital, op. cit.*, p. 949 *sq.*

40 Cf. J.-E. Ray, "Nouvelles technologies et nouvelles formes de subordination", *Droit social*, 1992, p. 525.

41 솔로Solow의 유명한 패러독스에 대한 설명들 중의 하나가 아마도 여기에 있을 것이다. 솔로에 따르면 컴퓨터는 기업의 생산성 곡선을 제외한 모든 곳에서 볼 수 있다(cf. Th.K. Landauer, *The Trouble with Computers. Usefulness, Usability, and Productivity*, Cambridge, Mass, MIT Press, 1995).

42 Cf. M. Castells, *La Société en réseaux, op. cit.*

43 Cf. G. Bateson et al., *La Nouvelle Communication*, textes réunis et présentés par Y. Winkin, Seuil, 1981(참고문헌 목록 다수).

44 Cf. Ph. Breton, *L'Utopie de la communication, op. cit.*, p. 54 sq.

45 N. Wiener, *Cybernétique et société, op. cit.*, p. 31. 열역학에서 나온 개념인 엔트로피(어원은 진화의 원인을 의미하는 그리스어 entropê)는 모든 질서 잡힌 시스템이 갖고 있는, 스스로 붕괴하고자 하는 자발적인 경향을 가리킨다. 엔트로피는 붕괴가 전체적일 때 최대치에 이른다. 이로써 "다 흙으로 말미암았으므로 다 흙으로 돌아가나니 다 한곳으로 가거니와"(「전도서」 3:20)라는 성서의 오래된 계시가 과학적 발견의 모습으로 되풀이된다.

46 N. Wiener, *Cybernétique et société, op. cit.*, chap. Ⅵ, 제6장, "Loi et communication", p. 129 sq.

47 Cf. Y. Loussouarn, P. Lagarde (dir.), *L'Information en droit privé*, LGDJ, 1978 ; CURAPP, *Information et transparence administratives*, PUF, 1988 ; M. Fabre-Magnan, *De l'obligation d'information dans les contrats, op. cit.*

48 Cf. P. Catala, "Ébauche d'une théorie juridique de l'information", *Rec. Dalloz* 1984, p. 975 ; "La 'propriété' de l'information", in *Mélanges Pierre Raynaud*, Dalloz-Sirey, 1985, p. 97-112 ; textes repris in *Le Droit à l'épreuve du numérique*, PUF, 1998, p. 224 sq. ; M.-A. Frison-Roche, "Le droit d'accès à l'information, ou le nouvel équilibre de la propriété", in *Le Droit privé à la fin du XXe siècle. Études offertes à Pierre Catala*, Litec, 2001, p. 759 sq.

49 Cf. N. Wiener, *Cybernétique et société, op. cit.*, p. 139 sq. ; Ph. Breton,

L'Utopie de la communication, op. cit., p. 126 sq.

50 특히 오루 법의 기여에 대해서 R. Vatinet의 박사 학위 논문, *Les Attributions économiques du comité d'entreprise*, Sirey, 1983. 이 논문의 제1편 전부는 정보 제공 의무에 대해서 다루고 있다

51 "Le progrès des Lumières dans l'entreprise", in *Les Transformation du droit du travail. Études offertes à Gérard Lyon-Caen*, Dalloz, 1989, p. 463-484.

52 Cf. G. Couturier, *Traité de droit du travail*, t. II, *Les Relations collectives de travail*, PUF, 2001, n° 78 sq., p. 172 sq.

53 Cf. P.-Y. Verkindt, "NTIC et nouvelles pratiques d'expertise", *Droit social*, 2002, p. 54.

54 Cf. Ph. Breton, *Une histoire de l'informatique*, op. cit., p. 93.

55 Cf. A. Pichot, "Sur la notion de programme génétique", *Philosopha scientœ*, 6(1), 2002, p. 163 이하.

56 Cf. J. Harbermas, *Theorie des kommunikativen Handelns*, Francfort, Suhrkamp Verlag, 1981, trad. fr. *Théorie de l'agir communicationnel*, Fayard, 2 t., 1987 ; *Faktizität und Geltung. Beiträge zur Diskurstheorie des Rechts une des demokratischen Rechtsstaats*, Francfort, Suhrkamp Verlag, 1992, trad. fr. *Droit et démocratie. Entre faits et normes*, Gallimard, 1997.

57 J. Harbermas, *Technik und Wissenschaft als Ideologie*, Francfort, Suhrkamp Verlag, 1968, trad. fr. *La Technique et la science comme "idéologie"*, Gallimard, 1973.

58 글로벌한 과학적 모델로서 시스템 이론 또한 사이버네틱스에 기원을 두고 있다. cf. D. Lecourt (dir.), *Dictionnaire d'histoire et de philsophie des sciences*, PUF, 1999, *s.v.* système.

59 Cf. N. Luhmann, *Legitimation durch Verfahren* [1969], trad. fr. *La Légitimation par la procédure*, Sainte-Foy (Québec), Paris, Presses de l'université Laval-Editions du Cerf, 2001.

60 이는 라블레가 브리두아종 판사의 입을 통해 보여주었던 법률가들의 오랜 지혜

다. "소송이 충분히 환기되고 분리되고 토론되어 시간이 지남에 따라 무르익고, 그런
다음 패소한 당사자들이 정해진 운명을 좀 더 완만히 감내할 수 있도록 하기 위해,
나는 판결을 유예 연기하고 후일로 미룬다."(Rabelais, *Gargantua-Pantagruel. Le
Tiers Livre*, chap. XL, 유석호 옮김, 『팡타그뤼엘 제3서』, 한길사, 2006, 제40장 내
용 참고.)

61 생물학에서 외부의 변화에도 불구하고 일정한 수의 내부 상수를 유지할 수 있
는 생물의 능력을 가리키는 자동 제어 개념은 신정보통신 기술 이론가들에 의하여
생명체로부터 기계로 그리고 사회로 이식되었다(cf. N. Wiener, *God & Golem inc.*,
op. cit., p. 101 sq). 생명체를 기계와 비교하는 관점은 정반대 방향에서 '조절' 개념
에 영향을 미치기도 했는데, '조절' 개념은 분자생물학에 의하여 기계학에서 차용
되었다. cf. D. Lecourt (dir.), *Dictionnaire d'histoire et de philosophie des sci-
ences, op. cit.*, *s.v.* régulation.

62 Cf. N. Wiener, *Cybernétique et société, op. cit.*, p. 38, et *id.*, *God & Golem
inc., op. cit.*, p. 102 sq.

63 단체교섭을 향한 권리를 도입하고 사업별 단체협약을 고무하는 1971년 7월 13일
법(M.-A. Rotschild-Souriac, "Les accords collectifs au niveau de l'entreprise",
thèse, université Paris I, 1986, dactylographiée ; M. Despax, *Négociations, con-
ventions et accords collectifs*, Dalloz, 2ᵉéd. 1989, p. 59 sq. 참조). 이 개혁 조치는
'계약적 정책'이 사회 통치의 통상적인 양식이 되는 '새로운 사회' 프로젝트의 일환이
었다.

64 Cf. A. Supiot (dir.), *Au-delà de l'emploi, op. cit.*, p. 140 sq. ; M.-A. Souriac, G.
Borenfreund, "La négociation collective entre désillusion et illusions", in *Droit
syndical et droits de l'homme à l'aube du XXIe siècle. Mélanges en l'honneur
de Jean-Maurice Verdier*, Dalloz, 2001, p. 181-224.

65 Cf. M.-A. Moreau, "L'implication des travailleurs dans la société europée-
nne", *Droit social*, 2001, p. 967.

66 제2장 참고.

67 Cf. A. Leroi-Gourhan, *Le Geste et la Parole, op. cit.*, t. II, p. 259.

68 A. Leroi-Gourhan, *Le Geste et la Parole, op. cit.*, t. I, p. 260.

69 다양한 각도에서 이 이론을 전개한 것에 대해서는 다음을 참고. A. Leroi-Gourhan, *Le Geste et la Parole, op. cit.*, t. II, p. 50 ; G. Bataille, *Théorie de la religion, op. cit.*, p. 58 sq. ; F. Kantorowicz, *Mourir pour la patrie*, PUF, 1984, p. 105 sq. ; P. Legendre, *La 901e Conclusion, op. cit.*, p. 367 sq. 현대의 자유주의 모델에서 약탈과 학살의 충동이 표현되기에 적절한 공간을 구성하는 것은 시장에서의 경쟁이다(cf. Ph. Thureau-Dangin, *La Concurrence et la Mort, op. cit.*).

70 Directive 93-104 du 23 nov. 1993, art. 13.

71 Cf. A. Leroi-Gourhan, *Le Geste et la Parole, op. cit.*, t. II, p. 106 sq.

72 생명공학과 관련하여 이 문제의 폭발적 양상에 대해서는 M. Fabre-Magnan, Ph. Moullier (dir.), *La Génétique, science humaine, op. cit.*, avant-propos 참조.

73 주거에서 행하는 원격노동에 대해서는 J.-E. Ray, "Nouvelles technologies et nouvelles formes de subordination", *op. cit.*, p. 47 sq. 참조.

74 Soc., 2 oct. 2001 (Abram), *Droit social*, 2001, 920.

75 Soc., 12 déc. 2000 (Baranez), *Bull. civ.*, p. 417.

76 이러한 의미에서 '원격통신' 부문 사회적 대화 위원회가 2001년 1월 11일에 제안한, 유럽에서 원격노동에 관한 지침 초안을 참조(발췌 및 코멘트는 J.-E. Ray, "Nouvelles technologies et nouvelles formes de subordination", *op. cit.*, p. 52-54).

77 이 점에 관해서는 J.-E. Ray, "NTIC et droit syndical", *Droit social*, 2002, p. 65 sq. 참조. 사업 내 전산망에서 노동조합의 의견 개진은 단체협약에서 정한 바에 따른다(C. trav., art. L. 412-8, al. 7, loi du 4 mai 2004).

78 "Temps de travail : pour une concordance des temps", *Droit social*, 1995, p. 947-954 참조.

79 Cf. P.-H. Antonmattei, "Le temps dans la négociation 35 heures", *Droit social*, 2000, 305.

80 Cf. F. Favennec-Héry, "Le temps de repos : une nouvelle approche de la durée du travail", *Revue de jurisprudence sociale*, 12/99, p. 819 ; Ph. Waquet, "Le temps de repos", *Droit social*, 2000, p. 288 ; J. Barthélémy, "Le temps de travail et de repos : l'apport du droit communautaire", *Droit social*, 2001, p. 522.

81 C. trav., art. L. 212-4-1 *sq.* ; F. Favennec-Héry, "Le temps vraiment choisi", *Droit social*, 2000, p. 295 참조.

82 C. trav., art. L. 212-4 bis ; Soc., 24 avr. 2001, *Droit social*, 2000, 727, ss. obs. J.-Ph. Lhernoud ; B. Acar, G. Bélier, "'Astreintes' et temps de travail", *Droit social*, 1990, p. 502 ; J. Savatier, "Durée du travail effectif et périodes d'inactivité au travail", *Droit social*, 1998, p. 15 ; J.-E. Ray, "Les astreintes, un temps du troisième type", *Droit social*, 1999, p. 250.

83 Cf. N. Maggi-Germain, "A propos de l'individualisation de la formation professionnelle continue", *Droit social*, 1999, p. 692 ; J.-M. Luttringer, "Vers de nouveaux équilibres entre temps de travail et temps de formation?", *Droit social*, 2000, p. 277.

84 C. trav., art. L. 212-15-1 *sq.* ; P.-H. Antonmattéi, "Les cadres et les 35 heures", *Droit social*, 1999, p. 159 ; J.-E. Ray, "Temps de travail des cadres : acte IV, scène 2", *Droit social*, 2001, 244.

85 Cf. D. Lecat, "Le temps de travail des personnels navigants aériens", *Droit social*, 2000, p. 420.

86 Cf. M.-A. Moreau, "Temps de travail et charge de travail", *Droit social*, 2000, p. 263. Add. Y. Lasfargue, "L'ergostressie, syndrome de la société de l' information", *La Revue de la CFDT*, nov. 2000, 35, p. 17 *sq.*

87 Art. 8-1. "Temps de travail : pour une concordance des temps", *op. cit.*, p. 954 참조.

88 Cf. C. trav., art. L. 212-4-7(가족생활의 필요에 의한 노동시간 단축 권리) ; C. trav., art. L. 225-15 s. et L. 226-1(가정 내 대소사에 참여하고 고인의 임종을 지키기 위한 휴가의 권리).

89 Soc., 12 janv. 1999, *Bull. civ.*, 7(주거의 자유로운 선택).

90 과거 한 소비에트 망명자가 서구권 미디어 매체에 던진 (그다지 낯설지 않은) 시선에 대해서는 A. Zinoviev, *L'Occidentisme. Essai sur le triomphe d'une idéolo-*

gie, Plon, 1995, p. 231 *sq* 참고.

91 Cf. Ph. Breton, *L'Utopie de la communication*, *op. cit.*, p. 54. 미국의 수학자 위너Wiener는 개별성이란 하나의 실체가 아니라 형식, 즉 정보의 배열이라고 간주하면서, 기술적 진보는 언젠가 인간의 존재를 설명해주는 디지털 코드 일체를 해독하고 재암호화한 뒤 인간을 전신화하여 전송할 수 있도록 해줄 것이라는 가설을 제시했다(N. Wiener, *Cybernétique et société*, *op. cit.*, p. 127). 결국 불멸에 대한 환상이나 마찬가지인 이러한 환상은 오늘날 생물학자들에게로 자리를 옮겨 인간 복제에 대한 논란을 키워가고 있다(cf. H. Atlan, M. Augé, M. Delmas-Marty, R.-P. Droit, N. Fresco, *Le Clonage humain*, Seuil, 1999).

92 Cf. Soc., 18 juill. 2000, *Semaine sociale Lamy*, 996, 25/09/2000 ; 기밀 유지와 정보 공개의 투명성 사이의 갈등에 대해서는 M.-A. Frison-Roche (dir.), *Secrets professionnels*, Autrement, 1999 참고. 기밀의 폐단에 대해서는 P. Lascoumes, *Les Affaires ou l'art de l'ombre*, Le Centurion, 1986 참고.

93 사측의 감시카메라를 통한 직원 통제와 관련해서는 M. Grévy, Vidéosurveillance dans l'entreprise : un mode normal de contrôle des salariés?, *Droit social*, 1995, p. 329-332 참조.

94 프랑스 국립정보자유위원회의 활동 보고서에서 해마다 노동문제에 할애하는 장을 보라. 프랑스의 법 규정은 유럽연합의 1995년 10월 24일 95/46 CE 지침(JCCE du 23 nov.)내 규정들에 부합해야 한다. O. de Tissot, "Interne et contrat de travail", *Droit social*, 2000, p. 150-158.

95 CNIL, *Vingtième rapport d'activité*, 1999, La Documentation française, 2000, p. 180 *sq*.

96 보고서 내용은 다음 인터넷 사이트를 참고.

http://www.assemblee-nat.fr/dossiers/cnil.asp.

97 Fritz Lang, *Die tausend Augen des Doctor Mabuse*, 1960년 영화.

98 같은 맥락에서 1994년 프랑스 국립정보자유위원회가 자동전화교환기와 관련하여 채택한 단순화 규범 참고(CNIL, *Vingt délibérations commentées*, La Documentation française, 1998).

99 CEDH, 23 nov. 1992 (Niemietz c/ Allemagne) 및 25 juin 1997 (Halford c/ Royaume-Uni).

100 C. trav., art. L. 121-8 ; Soc., 20 nov. 1991, *Droit social*, 1992, p. 28, rapp. Waquet, D., 1992, p. 73, concl. Chauvy.

101 C. trav., art. L. 432-2-1.

102 C. trav., art. L. 120-2 및 L. 121-7.

103 Soc., 2 oct. 2001, Société Nikon, *Droit social*, 2001, obs. J.-E. Ray.

104 Cf. F. Ewald, *L'Etat providence*, Grasset, 1986.

105 법률적 사고 특유의 비난 의식과, 과학 분야에서 주로 내세우는 인과관계의 차이에 대해서는 다음을 참고. H. Kelsen, *Reine Rechtstheorie*, 제2판의 프랑스어판으로 *Théorie pure du droit*, par Ch. Eisenmann, Dalloz, 1962, p. 105 *sq.* ; id., *Allgemeine Theorie der Normen* [1969], 프랑스어판으로 *Théorie générale des normes*, PUF, 1996, p. 31 *sq.*

106 사이버네틱스의 관점에서 이 위험은 오히려 하나의 기회, 즉 인간의 결정권을 '인공지능기계'로 이전시킬 기회로 여겨진다(cf. Ph. Breton, *L'Utopie de la communication, op. cit.*, p. 106 *sq*).

107 Cf. M.-L. Morin, "Les frontières de l'entreprise et la responsabilité de l' emploi", *Droit social*, 2001, numéro spécial cité, p. 478 *sq.*

108 파기원은 (소유권 양도 계약의 맥락에서처럼) 물권에 속하는 계약의 경우, 법적 책임의 양도를 허용한다(Ass. plén., 7 févr. 1986, *Bull.* 2, D. 1986, p. 293, note A. Benabent). 반면 하도급계약(Civ. 1re, 8 mars 1988, *Bull. civ.*, I, n° 69)이나 나아가 그 모든 계약 집단(Civ. 1re, 21 juin 1988, *Bull. civ.*, I, n° 202)과 같이 "필연적으로 계약적 성질을 갖는" 법적 책임 분야로까지 이를 확대시키려던 제1민사부의 시도는 전체 회의를 통해 기각됐다(Ass. plén., 12 juillet 1991, Besse, *Bull.*, n° 5, p. 7 ; D. 1991, p. 549, note J. Ghestin ; *JCP*, 1991, éd. G., II, 21743, obs. G. Viney).

109 '이용허가권'이라는 지칭을 비판하는 J. Huet의 글 De la 'vente' de logiciel, in *Études offertes à Pierre Catala, op. cit.*, p. 799 *sq.* 참조.

110 '물적 대상' 혹은 '하자품' 그 자체로 인한 그 모든 책임 관념에 대해 반박하는

A. Lucas의 글 La responsabilité des choses immatérielles, in *Études offertes à Pierre Catala, op. cit.*, p. 817 *sq.* 참조.

111 제품의 하자에 따른 책임과 관련한 1985년 7월 25일 유럽연합 지침 제85/374CE호 참고. 이 지침은 프랑스 민법전 제1386-1조 이하에 반영되었다.

112 Cf. Ph. Pédrot (dir.), *Traçabilité et responsabilité*, Economica, 2003.

113 민법전 제1316조 이하(2000년 3월 13일 법률 제2000-230호). J. Huet, "Vers une consécration de la preuve et de la signature électronique", *D.*, 2000, chr., 95 ; J. Devèze, "Vive l'article 1322! Commentaire critique de l'article 1316-4 du Code civil", in *Études offertes à Pierre Catala, op. cit.*, p. 529 *sq.*

114 C. civ., art. 318 (1972년 1월 3일 법) : "(전)남편의 친권을 부인하지 않은 경우라 하더라도, 아이의 친모 측은 (전)남편의 친권에 이의를 제기할 수 있으나, 단 이는 이혼 뒤 아이의 실제 아버지(양부)와 재혼을 할 때 아이를 적자로 삼기 위한 목적 하에서만 허용된다." 이 규정에서는 아이가 언제나 (전)남편의 자식으로 간주 및 취급되고 있음에도, 판사들은 이러한 규정을 확대 해석했다(Civ. 1re, 16 fév. 1977, *Bull. civ.*, I, n° 92).

115 CEDH, 1er fév. 2000, *Mazurek c/ France*, F. Sudre *et al.*, *Les Grands Arrêts de la Cour européenne des droits de l'Homme*, PUF, 2003, n° 44, p. 389에 재수록.

116 입법화로 인해 열린 틈새를 보다 확대함으로써, 판사들은 모측이 남편의 친권을 부인할 수 있는 길을 보다 늘려주었다(Civ. 1re, 9 juin 1976, *Bull. civ.*, I, n° 211 : 민법전 제334-9조의 반대 해석 ; Civ. 1re, 27 fév. 1985, *Bull. civ.*, I, n° 76 : 민법전 제322조 제2항의 반대 해석).

117 민법에 이렇듯 생물학이 개입하게 된 현상에 대해서는 C. Labrusse-Riou, "Sciences de la vie et légitimité", in *Mélanges à la mémoire de D. Huet-Weiller*, LGDJ, 1994, p. 283 *sq.* 참고.

118 2000년부터 파기원은 "생물학 전문가의 감정은 그에 의뢰하지 아니할 정당한 이유가 있는 경우를 제외하고는 친자 확인과 관련하여 당연한 것"이라고 보았다(Civ. 1re, 28 mars 2000, *Bull. civ.*, I, n° 103). Add. F. Bellivier, L. Brunet, C. Labrusse-

Riou, "La filiation, la génétique et le juge : où est passée la loi?", *Rev. trim. dr. civ.*, 1999, n° 3, p. 529 *sq.*

119 Cf. P. Legendre, *Filiation, op. cit.*, p. 198 *sq.*

120 친자법의 인류학적 논쟁에 대해서는 P. Legendre, *L'Inestimable Objet de la transmission. Étude sur le principe généalogique en Occident*, Fayard, 1985 및 임상학적 접근에 대해서는 A. Papageorgiou-Legendre, *Fondement généalogique de la filiation*, Fayard, 1990 참조.

121 입양에 대해서는 민법전 제343조와 제343-1조 참조. 인공수정에 대해서는 공중보건법전 L. 제2141-2조("인공수정은 부모가 되고자 하는 부부의 요구에 부응한 것이다") 참조.

122 이 거창한 시각은 온갖 언론 매체의 단골 메뉴가 되었으며, 일부 정치인들은 이러한 관점으로 사회 구상안을 만들어내고 있다. 심지어 이는 가끔씩만 신문을 접하더라도 충분히 알 수 있다. 특히 마르슬라 이아퀴브Marcela Iacub가 쓴 여러 글과 수많은 인터뷰를 보라. 프랑스 국립과학연구원의 법학자이자 파리 고등사회과학연구원 교수 자격 취득 박사인 그는 빈틈없이 체계적으로 이러한 주장들을 옹호한다. 이아퀴브 박사는 "몸은 인간적 재료를 배치하고 이동시키는 제도적 매체에 불과하다"면서 "전체 이식이라는 생명공학의 관점"을 옹호하고 부부가 자식 계획을 실현함에 있어 '태아의 대체 가능성'을 지지하며, "여성이 자신의 몸을 쓰지 않고 출산할 권리"를 내세운다. 또한 생식 목적의 복제에 손을 들어주며, 이를 단순한 인공 수정 기술 정도로 치부한다(특히 *Le Crime était presque sexuel*, EPEL, 2002 및 *Penser les droits de la naissance*, PUF, 2004 참조).

123 이에 대해서는 베르나르 에델만Bernard Edelman의 연구 저서 참고.

124 M. Corbier (dir.), *Adoption et fosterage*, De Boccard, 1999.

125 입양에 대해 개방적인 태도를 취하고 있는 로마법에서도 역시 이를 남용하여 부자지간 관계의 질서를 무너뜨리는 것은 허용하지 않는다. M. Corbier, Famille et parenté : caractères originaux de la société romaine (IIe siècle av. J.-C. - IIIe siècle apr. J.-C.), in A. Supiot (dir.), *Tisser le lien social, op. cit.*, p. 73 *sq.* 참조.

제5장 권력의 이성적 근거

1 L. Dumont, *Essais sur l'individualisme, op. cit.*, p. 186.

2 Cf. J. Bodin, *Les Six Livres de la République*, éd. de 1583 présentée par G. Mairet, LGF, 1993, livre I, chap. I, p. 58.

3 Cf. H. Kelsen, *Théorie pure du droit, op. cit.*, p. 60 sq.

4 Cf. E. Kantorowicz, *Les Deux Corps du roi, op. cit.*

5 J. Bodin, *Les Six Livres de la République, op. cit.*, livre I, chap. IX, p. 155.

6 프랑스 철학자 제라르 메레Gérard Mairet가 지적한 바와 같이, 신약에서 계시된 신은 전적으로 모세의 율법과 구약만을 기준으로 삼고 있는 장 보댕의 주권 이론으로 포괄하지 못하는 부분이 많다(*Les Six Livres de la République, op. cit.*, p. 12 sq. 참고). 근대국가는 비단 로마 교회법뿐만 아니라 유대 기독교라는 기원을 바탕으로 구축된 개념에 해당한다.

7 J. Bodin, *Les Six Livres de la République, op. cit.*, livre I, chap. VIII, p. 111.

8 "*Souverän ist, wer über den Annahmzustand entscheidet*", in *Politische Theologie. Vier Kapitel zur Lehre von der Souveränität* [1992], trad. fr. J.-L. Schlegel, *Théologie politique*, Gallimard, 1988, p. 15.

9 C. Schmitt, *Théologie politique, op. cit.*, p. 19. Rapp. J. Bodin : "Celui est absolument souverain qui ne tient rien, après Dieu, que de l'épée" (*Les Six Livres de la République, op. cit.*, livre I, chap. IX, p. 139).

10 예컨대, 오토 칸프로인트Otto Kahn-Freund나 휴고 진츠하이머Hugo Sinzheimer 같은 노동법학자들이 이에 속한다. 두 사람 모두 나치 치하에서 망명을 가야 했다. C. Herrera (dir.), *Les Juristes de gauche sous la République de Weimar*, Kimé, 2002 참조.

11 "결사의 자유가 동맹, 즉 노동조합으로 귀결되는 순간, 다시 말해 파업이나 직장 폐쇄 같은 특수한 사회적 압력 수단을 통해 서로 대립하고 투쟁하는 단체들로 귀결되는 순간, 이는 정치의 영역으로 들어서게 되며, 따라서 개인의 자유라는 기본권과는 무관해진다." C. Schmitt, *Verfassungslehre* [1928], trad. fr. L. Deroche, *Théo-*

rie de la constitution, PUF, 1993, p. 303.

12 키케로, 『국가론』, 김창성 옮김, 한길사, 2007. 참고 부분은 프랑스어판 번역서 p. 68에서 재인용. 또한 로마 헌법의 특징을 형성하는 세 가지 권력에 관한 설명을 참고. Polybe, *Histoire*, livre VI, chap. V, Gallimard, "Quarto", 2003, p. 562 *sq*.

13 Y. Thomas, "L'institution civile de la cité", *Le Débat*, 74, mars-avr. 1993, p. 23 이하의 예리한 분석을 참고. 그에 따르면 로마 도시의 다양한 기관은 위계적으로 배치되지도 않았으며 어떤 하나의 주권적 심급 아래 통합되거나 결합되지도 않았다. 같은 맥락에서 A. d'Ors, *Une introduction à l'étude du droit*, trad. et présenté par A. Sériaux, Aix-Marseille, PU Aix-Marseille, 1991, n° 82, p. 113 *sq* 참고.

14 여기에는 인문주의 이전 세대도 포함된다. 시에나 시청의 유명한 프레스코화인 「좋은 정부의 알레고리」(1340)에서 암브로지오 로렌제티가 좋은 정부를 표현함에 있어 키케로의 영향이 미친 것으로부터도 이를 알 수 있다. Cf. Q. Skinner, *L'Artiste en philosophe politique. Ambrogio Lorenzetti et le Bon gouvernement*, Raisons d'agir, 2003.

15 제4장 참고.

16 이에 관해서는 *Critique du droit du travail, op. cit.* 참고.

17 특히 M. Foucault, *La Volonté de savoir*, Gallimard, 1976, p. 189 이하 참조. 푸코의 저서에서 법에 대한 다양한 관점에 대해 알아보려면 M. Alves de Fonseca, *Michel Foucault e o direito*, Sao Paulo, Max Limonad, 2002, et *id.*, "Michel Foucault et le droit", in A. Supiot (dir.), *Tisser le lien social, op. cit.*, p. 163 이하 참조.

18 양차 세계대전을 하나로 묶어 이해하는 관점에 대해서는 G. Steiner, *In Bluebeard's Castle. Some Notes towards the Redefinition of Culture* [1971], trad. fr. *Dans le château de Barbe-Bleue. Notes pour une redéfinition de la culture*, Gallimard, 2000, p. 39 이하 참조.

19 M. Castells, *La Société en réseaux, op. cit.*

20 F. Mayer (dir.), *Certifier la qualité?*, Strasbourg, Presses universitaires de Strasbourg, 1998 참조.

21 제2장 참조.

22 H. Arendt, *The Origins of Totalitarianism*, 박미애 및 이진우 옮김, 『전체주의의 기원』, 한길사, 2006. 참고 부분은 프랑스어판 번역서 p. 205 이하.

23 이러한 노동자 신분의 역사적 발전 과정에 대해서는 R. Castel, *Les Métamorphoses de la question sociale. Une chronique du salariat*, Fayard, 1995 참조.

24 산업사회의 이러한 핵심적인 긴장에 대해서는 E. Durkheim, *De la division du travail social*, préface de la première édition [1893], PUF, 10°éd. 1978, p. XLIII 참조.

25 Ph. Schmitter, G. Lehmbuch (eds.), *Trends toward Corporatist Intermediation*, London, Sage, 1979 ; J. Goetschy, "Néocorporatisme et relations professionnelles dans divers pays européens", *Revue française des affaires sociales*, fév. 1983, p. 65-79 ; G. Vardaro (dir.), *Diritto del lavoro e corporativismi in Europa : ieri e oggi*, Milan, Franco Angeli, 1988 참조.

26 세계은행의 전직 수석경제학자이자 노벨경제학상 수상자인 스티글리츠의 증언을 참고. J. Stiglitz, *La Grande Désillusion*, *op. cit.*

27 미국의 사례에 대해서는 M. Piore, *Beyond Individualism*, Cambridge, Mass., Harvard University Press, 1995 참조.

28 P. Noailles, *Du droit sacré au droit civil*, *op. cit.*, p. 250, et *id.*, *Fas et Jus*, *op. cit.*, p. 223 이하, 특히 p. 274. A. Magdelain(*Ius imperium auctoritas*, *op. cit.*, 특히 p. 385 이하)과 비교. 마그들랭에 따르면 '권위auctoritas'라는 개념의 다양한 용례는 그 자체로서는 충분치 않은 하나의 작업에 법률적 가치를 부여한다는 공통점을 갖는다. 이 개념의 기원에 대해서는 E. Benveniste, *Vocabulaire des institutions indo-européennes*, Minuit, t. II, 1969, p. 148-151 참조. 이 책의 내용에 따르면 'auctoritas'라는 말은 '늘리다' '증가시키다'의 의미를 가진 단어 'augeo'로부터 파생되었으며, 무언가 없던 것을 생겨나게 만들어주고 삶에 이익을 가져다주는 '수여'의 개념을 담고 있다.

29 이에 관해서는 494년에 교황 젤라시오 1세가 동로마 황제에게 보낸 유명한 편지를 참조. 이 편지에서는 'auctoritas sacralis pontificum'과 'regalis potestas'를 구별하고 있다(G. Dagron, *Empereur et prê tre*, Gallimard, 1996, p. 310 이하 전문 번

역 참조).

30 이와 관련하여 다수의 참고문헌이 존재한다. 비교법 연구로는 N. Lomgobardi, "Autorités administratives indépendantes et position institutionnelle de l' administration publique", *Revue française de droit administratif*, 1995, p. 171 et 383 참조. 프랑스의 사례에 대해서는 콩세유데타 2001년 보고서, *Les Autorités administratives indépendantes*, La Documentation française, 2001, p. 253- 452 ; C.-A. Colliard, G. Timsit, *Les Autorités administratives indépendantes*, PUF, 1988 ; J.-L. Autin, "Du juge administratif aux autorités administratives indépendantes : un autre mode de régulation", *Revue de droit public*, 1988, p. 1213 이하 ; M. Jodeau-Grymberg, C. Bonnat, B. Pêcheur, "Les autorités admin- istratives indépendantes", *Cahiers de la fonction publique et de l'administration*, 190, mai 2000, p. 3-14 참조.

31 M.-A. Frison-Roche (dir.), *Les Régulations économiques : légitimité et ef- ficacité*, Presses de Sciences po et Dalloz, 2004 참조.

32 여러 예가 있겠지만, 가령 프랑스의 경제분석위원회나 국가윤리위원회는 그 옛 날 영국에서 형평성을 관할하던 대신의 경우와 같이 과거 군주의 성직자 자문위원 들에게 부여되어 있던 지위를 오늘날의 정부에서 차지하고 있다. 이 자문위원들은 왕이 민법과 신법의 조화를 꾀하고, 그럼으로써 왕에게 온전한 정당성이 부여될 수 있도록 도왔다.

33 Cass. com., 18 juin 1996 (Conso), *Bull. civ.*, n° 179 ; Ass. plén., 5 fév. 1999 (Oury), *Bull. civ.*, n° 1 ; 콩세유데타의 입장은 매우 퇴보적이다 : Conseil d'Etat, Ass., 3 déc. 1999 (Didier) ; J. Ribs et R. Schwartz, "L'actualité des sanctions administratives infligées par les autorités administratives indépendantes", *Gaz. Pal.*, 28 juil. 2000, p. 3-11 ; J.-F. Brisson, "Les pouvoirs de sanction des autori- tés de régulation et l'article 6 § 1 de la Convention européenne des droits de l' Homme", *L'Actualité juridique du droit administratif* (이하 *AJDA*), 1999, p. 847- 859 참조.

34 P. Laroque, "Contentieux social et juridiction sociale", *Droit social*, 1954, p.

271-280 참조.

35 유럽연합이 채택한 초콜릿 관련 규정이 이에 해당하는 좋은 사례다. 2000년 6월 23일 지침 제2000/36/CE호에 따라 초콜릿 제조상들은 카카오 대신 식물성 유지를 사용할 수 있게 되었고, 이에 권위의 행사보다는 대책 없는 물질적 욕심이 더 우위를 차지하게 됐다. 결과적으로 이는 부유한 나라의 초콜릿 제조업자들 배만 불리는 꼴이 되었고, 부국의 소비자들과 카카오를 생산하는 빈국의 농민들은 피해를 입게 됐다.

36 1789년 인권선언 제6조.

37 1948년 세계인권선언 제21조 제3항 참조. "국민의 의지는 공공 권력이 갖는 권위의 기반이 된다. 이러한 국민의 뜻은 공정한 선거를 통해 표출되어야 하며, 선거는 평등한 보통선거와 비밀투표의 원칙 하에, 또는 투표의 자유를 보장하는 유사한 절차에 따라 정기적으로 실시되어야 한다."

38 B. Manin, *Principes du gouvernement représentatif*, Flammarion, 1996, p. 20 이하 참조.

39 선거 대의제의 중세적 기원에 관해서는 다음을 참고. L. Moulin "Les origines religieuses des techniques électorales et délibératives modernes", *op. cit.* ; et *id.*, "Sanior et maior pars. Étude sur l'évolution des techniques électorales et délibératives dans les ordres religieux du VIᵉ au VIIIᵉ siècle", *op. cit.* ; G. de Lagarde, *La Naissance de l'esprit laïc à la fin du Moyen Age*, Louvain, Nauwelaerts, 1956 ; M. Clark, *Medieval Representation and Consent*, New York, Longmans, Green, 1964 ; A. Monahan, *Consent, Coercion and Limit. The Medieval Origins of parliamentary Democracy*, Kingston, Canada, McGill-Queen's University Press, 1987 ; Y. Congar, *Droit ancien et structures ecclésiales*, Londres, 1982, p. 210-259 ; G. Post, *Studies in Medieval Legal Thought*, Princeton, Princeton University Press, 1964, p. 123-238.

40 P. Rosanvallon, *Le Sacre du citoyen, op. cit.* 참조.

41 A. de Tocqueville, *Considérations sur la Révolution*, I, 5, in *Œuvres*, Gallimard, "Bibliothèque de la Pléiade", t. 3, 2004, p. 492.

42 1958년 헌법 제3조 참조. "국가의 주권은 국민에게 있다. 국민은 그 대표자와 국민투표를 통해 이 주권을 행사한다. 그 어떤 단위의 국민도, 그 어떤 개인도 스스로 주권을 행사할 수 없다."

43 1789년 인간과 시민에 관한 권리선언 제3조.

44 헌법 제48조. "의회의 의사 일정에는 정부 발의 법안과 정부 수용 (국회 발의) 법안에 관한 심의 일정이 우선순위에 따라 그리고 정부가 정한 순서에 따라 포함된다."

45 헌법 제37조. "법률의 영역에 속하는 사항이 아닌 다른 사항들은 조례의 성격을 갖는다."

46 P. Bourdieu, *La Noblesse d'Etat*, Minuit, 1989 참조.

47 J. Commaille, *L'Esprit sociologique des lois. Essai de sociologie politique des lois*, PUF, 1994 참조.

48 참여 원칙에 관한 헌법 판례의 변화에 대해서는 X. Prétot, "Les sources du droit du travail au regard du droit public", in B. Teyssié (dir.), *Les Sources du droit du travail*, PUF, 1998, n° 209 이하 참조. V. Ogier-Bernaud, *Les Droits constitutionnels des travailleurs*, Aix-Marseille, Paris, PU Aix-Marseille et Economica, 2003도 같이 참조.

49 베르디에와 랑글루아의 선도적인 논문을 참조할 것. J.-M. Verdier et Ph. Langlois, "Aux confins de la théorie des sources du droit : une relation nouvelle entre la loi et l'accord collectif", *Rec. Dalloz* 1972, chr., p. 253.

50 이 방법은 직업훈련, 노동시간, 고용, 월급제, 비정규 계약 등 노동법의 광범위한 부문에 걸쳐 법 개정을 하는 데 여러 번 사용되었다.

51 헌법 제44조 제3항. "정부의 요청이 있는 경우 의회는 심의중인 법안의 전부 또는 일부에 대하여 한 번의 투표로 의결한다. 이때, 정부가 제안하거나 받아들인 수정안만 고려한다."

52 노사는 자신들이 체결한 협약의 규정들이 의회 심의로 수정되는 경우, 협약의 '자동파기' 관련 조항들을 삽입함으로써 이러한 권한을 행사했다(G. Couturier, *Droit du travail*, PUF, t. I, 3ᵉéd. 1996, n° 27, p. 53 참조).

53 이 방법은 특히 1982년에 노동자들의 직접적인 의사 표현에 대한 권리(1982년

8월 4일 제82-689호 법률 및 1986년 1월 3일 제86-1호 법률. 노동법전 L. 461-1 조 이하 참조)를 도입하기 위하여 활용되었다. 그리고 1987년에 정리해고에 대한 행정관청의 사전승인제도를 폐지하기 위해서도 활용되었다(1986년 7월 3일 법, 1986 년 10월 20일 전국협약, 1986년 12월 30일 법. M. Despax, "De l'accord à la loi", *Droit social*, 1987, p. 184 이하 참조).

54 헌법위원회 1996. 11. 6. n° 96-383 DC 결정. 이 결정에 대해서는 B. Mathieu, "Précisions relatives au droit constitutionnels de la négociation collective", *Rec. Dalloz* 1997, chr., p. 152 참조. 입법적 실험에 대해서는 C.-A. Morand (dir.), *Evaluation législative et lois expérimentales*, Aix-Marseille, PU Aix-Marseille, 1993 참조.

55 콩세유데타 2001. 7. 27. 노동자의 힘 전국운송연맹 사건 판결, *Revue de jurisprudence sociale*, 1/02, n° 107(법률의 명시적인 수권이 없는 상태에서 단체협정을 통해 노동자들에게 불리한 방향으로 규정을 수정할 수 있도록 한 시행령의 규정을 무효로 판결함).

56 예를 들면, 다국적기업 내에 노사 협의 의무를 도입하기 위한 목적에서 유럽연합 94/45/CE 지침은 해당 기업 내에 이 같은 의무의 구체적인 내용을 정하는 '특별 교섭 그룹'의 구성을 요구하면서도, 협의 체제에 대해서는 부차적 규정에만 머무르고 있어 이 같은 교섭이 실패로 끝나는 경우의 미봉책 정도만을 마련해두고 있다.

57 국립고용기금의 재원을 동원하는 법률 대부분이 이 범주에 속할 수 있다. 이 기금에 접근하려면 (이른바 FNE 협약이라고도 일컫는) 정부-기업 간 협약이나 노사 단체협정, 사용자와 해당 노동자 사이의 개별적 계약 등 다양한 조합에 따라 서로 중첩될 수 있는 일련의 계약 체결이 이뤄져야 한다(J. Pélissier, A. Supiot, A. Jeammaud, *Droit du travail, op. cit.*, n° 232 이하 참조).

58 노동법전 L. 123-4-1조와 D. 123-1조 내지 123-5조 ; 1983. 7. 13. 법률 제18조 (2001. 5. 9. 법률 제2001-397호에 의하여 개정) 및 D. 123-6조 이하 참조. 이 규정들은 국가와 사용자 또는 직업 단체 사이에 '직업적 평등을 위한 계약' 체결 규정을 정해두고 있다.

59 가장 최근 자료로는 2001. 2. 19. 법률 제2001-152호(2001. 2. 20. 공보), 이른바

파비우스 법에 의하여 도입된 그 촉진 및 장려 메커니즘을 참조. Y. Saint-Jours, *D.*, 2001, chr. p. 1179 ; G. Iacono, *D.*, 2001, chr. p. 1259 ; F. Favennec-Hery, *Revue de jurisprudence sociale*, 1/02, chr. p. 2 참조.

60 35시간 근무제 관련법의 재정 규정 참고(J. Pélissier, A. Supiot, A. Jeammaud, *Droit du travail, op. cit.*, n° 920).

61 "노동조건이나 노사관계에 관련된 권리 및 의무사항을 정한 뒤, 입법부는 사용자와 노동자, 혹은 그 대표 조직 측에 법률이 정한 규범의 실행에 관한 구체적인 조치들을 적절한 심의과정을 통해 정하도록 할 수 있다"(헌법위원회 1989. 7. 25. 89-257 결정, *Droit social*, 1989, p. 81, note X. Prétot, *AJDA*, 1989, p. 796, note F. Benoit-Rhomer).

62 교훈적인 한 예로, 유럽헌법조약 전문 초안은 민주주의를 다수의 권력으로 정의하는 투키디데스의 말을 인용하고 있었다. 이 정의는 국가들 사이의 평등 원칙에 반한다고 판단되었으며 2004년 6월의 제 정부 간 협의에서 채택된 문안에서 삭제되었다(C. Barbier, "Un traité constitutionnel en quête de ses ultimes auteurs", *Demain l'Europe*, 2004. 7. 23., p. 2 참조).

63 이는 오늘날 유럽헌법조약 제138조와 제139조로 확고해진다. 집행위원회가 사회 분야에서 어떤 지침을 제정하고자 할 때, 노사는 그 문제를 선점하여 협약 교섭 권한을 갖는다. 이 협약에 대해서는 추후 이사회가 법률적 효력을 부여한다.

64 "유럽연합의 근간이 되고 있는 민주주의 원칙이 지켜지기 위해서는 법령 채택 과정에 유럽의회가 참여하지 않을 때 이에 대한 대안으로 국민의 참여가 보장되어야 하며, 이 경우 노사 대표를 매개로 한다"(유럽공동체재판소, 1998. 6. 17., 사건번호 T-135-96, CGPME, *Droit social*, 1999, 53, obs. M.-A. Moreau, § 89 참조). 유럽헌법조약은 대의민주주의(I-46조)와 '자율적인' 노사 대화(I-48조) 외에도 '참여민주주의'라는 제3유형의 민주주의(I-47조)에도 하나의 자리를 부여함으로써 한 걸음 더 나아간다.

65 M. Bloch, *La Société féodale, op. cit.* 근대적 계약의 중세적 기원에 관해서는 제3장 참조.

66 제3장 참조.

67 제2장 참조.

68 L. Vandermeersch, "An inquiry into the Chinese conception of the law", in S.R. Schram (ed.), *The Scope of State Power in China, op. cit.*

69 Cheng Yi, L. Vandermeersch, "An inquiry into the Chinese conception of the law", *loc. cit.*

70 '경영학의 아버지가 쓴 제1칙서'라는 설명 문구가 붙은 한 책에서 피터 드러커 Peter Drucker는 이렇게 적고 있다. "기존의 전통적인 다국적기업에서는 정치적 데이터와 경제적 데이터가 서로 부합했다. 국가가 '비즈니스' 단위체로서 이윤의 중심이 되었던 셈이다. 하지만 오늘날 초국적 기업에서는, 그리고 진화가 요구되는 저 오랜 다국적기업들에서는 국가가 단지 '비용의 중심'일 뿐이다. 국가는 이제 노동, 전략, 생산 등의 조직 단위가 아니며, 다만 상황을 복잡하게 만드는 근원이 되고 있다" (P. Drucker, *Management's Challenges for the 21th Century*, New York, HarperCollins, 1999, trad. fr. *L'Avenir du Management*, Ed. Village Mondial, 1999, p. 43에서 인용). 같은 맥락에서 라이히의 주요 저서도 참고. R. Reich, *L'Économie mondialisée, op. cit.*

71 Y. Mény, *La Corruption de la République*, Fayard, 1992 참조.

72 제3장 참조.

73 E. Orban, *Services publics ! Individu, marché et intérêt public*, Syllepse, 2004, p. 47 참조.

74 이 규범들 가운데 일부는 기업 내에서 굉장한 성공을 거두었는데, '헤이 기법Hay Method'이라 불리는 직무평가법이 대표적이다. 이 평가법에서는 특히 '창조적 이니셔티브 수준'이라고 하여 노동자에게 요구되는 (수량화된) 평가 지표를 포함하고 있다. C.-H. Besseyre des Horts, *Gérer les ressources humaines dans l'entreprise*, Les Editions d'organisation, 1990, p. 52 이하 참조.

75 B. Raynaud, *Le Salaire, la règle et le marché*, C. Bourgois, 1992 참조.

76 M. Power, *The Audit Society. Rituals of Verification*, Oxford, Oxford University Press, 1997 참조.

77 Ph. Waquet, "Les objectifs", *Droit social*, 2001, p. 120 참조.

78 파기원 사회부, 1998. 6. 16., Société Hôtel Le Berry, *Droit social*, 1998, p. 803, rapp. Ph. Waquet. 또한 Chr. Radé, "A propos de la contractualisation du pouvoir disciplinaire de l'employeur : critique d'une jurisprudence hérétique", *Droit social*, 1999, 3 ; M. Morand, "Le contractuel pour-chasse le disciplinaire", *JCP*, éd. E, 1998, p. 2058 참조.

79 유죄 판정을 받은 자의 동의를 전제로 하는 사회봉사활동이나 전자발찌착용 같은 형벌이 강력하게 주장되고 있는 것을 참조. P. Poncela, *Droit de la peine*, PUF, "Thémis", 2ᵉéd. 2001, p. 126 이하 참조.

80 유럽 차원에서 비교 분석한 것으로는 A. Supiot (dir.), *Au-delà de l'emploi*, *op. cit.*, p. 25 이하 참조.

81 L. Lorvellec, "L'agriculteur sous contrat", *op. cit.*, *Ecrits de droit rural et agroalimentaire*, Dalloz, 2002, p. 331 이하에 재수록 ; L. Amiel-Cosme, *Les Réseaux de distribution, op. cit.* ; J. Beauchard, *Droit de la distribution et de la consommation*, PUF, 1996 ; M. Behar-Touchais, G. Virassamy, *Les Contrats de la distribution*, LGDJ, 1999 참조.

82 "Les nouveaux visages de la subordination", *Droit social*, 2000, p. 1313 참조.

83 이 제도에 관해서는 *Droit social*, 특별호(1989년 7-8월호)와 *Revue de droit sanitaire et social*, 1989, 제4호에 실린 논문들을 참조.

84 J. Carby-Hall, "La fonction et l'effet du droit social britannique dans le contexte du débat emploi/chômage", *Rev. innterna. dr. comp.*, 1997, 1, 75 참조.

85 2001. 1. 1. 협약 부속 규칙, 제1조.

86 전반적인 소개로는 J. Pélissier, A. Supiot, A. Jeammaud, *Droit du travail, op. cit.*, n° 158 이하 참조. 좀 더 심화된 분석으로는 "La nouvelle assurance-chômage", *Droit social*, 특별호, 2001. 4. 참조.

87 예를 들어 교도 행정에 있어서 수감자를 대상으로 한 사회 적응 계획의 추진을 보장하기 위한 계도 및 보호관찰 서비스 업무를 참고(형사소송법전 D. 460조 이하 ; P. Poncela, *Droit de la peine, op. cit.*, p. 298 이하 참조).

88 콩세유데타, 2001. 7. 11., *Revue de jurisprudence sociale*, 10/01, n° 1157 및 n°

1168.

89 Chr. Willmann, "Le chômeur cocontractant", *Droit social*, 2001, p. 384 ; A.

Supiot, "Un faux dilemme : la loi ou le contrat ?", *op. cit.*, p. 68.

90 마르세유 지방법원, 2004, 4, 15, : A, Supiot, "La valeur de la parole donnée (à

propos des chômeurs 'recalculés')", *Droit social*, 2004, p. 541 참조.

91 "Les nouveaux visages de la subordination", *op. cit.* 참조.

92 F. Mayer (dir.), *Certifier la qualité ?, op. cit.* 참조.

93 Ph. Minard, "Contrôle économique et normes de production dans la France

des Lumières", in Istituto Datini, *Poteri economici e poteri politici (secc. XIII-

XVIII)*, Firenze, Le Monnio, 1999, p. 641 이하 참조.

94 1980년대 말 미국법제연구원의 보고서 「기업 지배 구조의 원리Principles of

Corporate Governance」가 간행된 뒤 이어 몇 년 뒤 영국에서 발간된 Cadbury 위

원회의 보고서 「최선의 행위 규범Code of Best Practice」 참고. 이 보고서들에 대한

소개로는 A. Tunc, "Le gouvernement des sociétés anonymes. Le mouvement de

réforme aux États-Unis et au Royaume-Uni", *Rev. interna. dr. comp.*, 1994, vol.

1, p. 59-72 참조. 또한 N. Decoopman, "Du gouvernement des entreprises à la

gouvernance", in *La Gouvernabilité*, ouvrage coll., PUF, 1996, p. 105 이하 ; B.

Brunhes, "Réflexions sur la gouvernance", *Droit social*, 2001, p. 115 참조.

95 그 가운데 하나는 재무회계기준위원회FASB로, 미국 기업들은 이 위원회에서 작

성한 'US GAAP'라는 미국식 회계기준을 따르고 있다. 또 다른 하나는 국제회계기

준위원회IASC로, 이 위원회의 국제회계기준이사회IASB는 국제적 차원에서 적용되

는 국제회계기준 'IAS'를 제정한다. 런던에 소재한 국제회계기준위원회는 민간 재단

으로, 미 연방준비이사회의 구 의장이 현재 회장직을 맡고 있다. Y. Lemarchand,

"Le miroir du marchand. Une histoire de la norme comptable", in A. Supiot (dir.),

Tisser le lien social, op. cit., p. 213 참조.

96 2002년 3월 12일, 유럽의회는 2005년부터 상장 기업들이 IAS 규범을 채택하도

록 하는 집행위원회 규정안을 거의 만장일치로 통과시켰다. 이후 이 규범은 'IFRS'

라는 이름의 국제회계기준으로 불리게 된다.

97 2001. 8. 1. 법률 제2001-692호. 2006년부터 시행된다. 이 법률에 대해서는 *Revue française de finances publiques*, 76, 2001. 11. 및 82, 2003. 6.에 실린 글들을 참조. 추가로 M. Bouvier, "La loi organique du 1er août 2001 relative aux lois de finances", *AJDA*, 2001, p. 876 ; L. Tallineau, *Rev. fr. dr. adm.*, 2001, 6, p. 1205 ; L. Philip, *Revue française de droit constitutionnel*, 2002, 49, p. 199 ; S. Damarey, "L'administration confrontée à la mise en œuvre de la LOLF", *AJDA*, 2003, p. 1964 참조.

98 L. Levoyer, "Fondements et enjeux de la réforme de la comptabilité de l' Etat", *La Revue du Trésor*, 2003. 1., p. 3 참조.

99 2001년 7월 노사가 채택했던 "단체교섭의 심화 방편 및 방도에 관한 공동 입장" (*Liaisons sociales*, 1er aoûˆt 2001, C1, n° 174)은 2004년 통과된 단체교섭 관련 입법에서 입법부에 의해 다시금 채택된다. 이에 관해서는 M.-L. Morin, "Principe majoritaire et négociation collective : un regard de droit comparé", *Droit social*, 2000, p. 1083 이하 ; G. Borenfreund, "L'idée majoritaire dans la négociation collective", *Mélanges M. Despax*, Toulouse, Presses universitaires de Toulouse, 2002, p. 429-444 참조.

100 제1심 유럽사법재판소, 1998. 6. 17.(사건번호 T-135-96), CGPME, *Droit social*, 1999, p. 53 참조.

101 앞에서 언급한 2002. 3. 11. 지침 2002/14/CE 제4조 참조. 이 지침에 따르면 "작업 조직이나 노동계약에 중대한 변화를 야기할 수 있는 결정들"에 관한 노사협의는 "합의에 이르기 위한 목적으로" 진행되어야 한다. 이렇게 포괄적인 정의에서 벗어날 수 있는 중요한 결정은 거의 없을 것이다.

102 유럽에 관심을 가진 미 법학자들은 연성법의 새로운 형태에 대해 이 같은 용어로 총칭했는데, 이 표현은 사실 유럽헌법조약(제30조와 제40조)에서 보다 제한적인 의미로 사용되고 있다. 이에 관해서는 Ch. Sabel, "L'Europe sociale vue des Etats-Unis", in *Le Droit social vu d'ailleurs, Semaine sociale Lamy*, 2002년 특별호 참조.

103 P. Rodière, *Droit social de l'Union européenne, op. cit.*, n° 18 참조.

104 이에 관해서는 살래Salais의 주목할 만한 논문을 참고. R. Salais, La politique des indicateurs. Du taux de chômage au taux d'emploi dans la stratégie euro-péenne pour l'emploi, op. cit.

105 이를 특징짓는 가장 좋은 개념은 아마도 19세기에 기르케Gierke가 로마법 전통에 맞서기 위히어 고안했던 개념인 것이다. 이 개념은 나치 치하의 독일 쪽 학설에서 일정한 성공을 거두기도 했다. '개인이 공동체에 소속되어 있는 법률 관계'라고 번역할 수 있는 'das personen rechtliches Gemeinschaftverhältnis'에 관한 학설이 이에 해당한다. 이는 공동체적 관계의 주체적 차원을 표현한 것이다.

106 "Omne autem ius quo utimur vel ad personas pertinet, vel ad res, ved ad actiones"(Gaius, Institutes, I, 8).

107 A. Supiot, "Revisiter les droits d'action collective", Droit social, 2001, p. 687 참조.

제6장 인류의 결속

1 La Fêlure, Gallimard, 1963, p. 341.

2 S. Weil, A propos de la question coloniale dans ses rapports avec le destin du peuple français, in Œuvres, op. cit., p. 429.

3 Tocqueville, De la démocratie en Amérique, II, I, chap. II, "De la source principale des croyances chez les peuples démocratiques", op. cit.

4 2001년 2월 11일 『네이처』와 『사이언스』에 동시 발표된 인간 게놈의 배열 측정법에 관한 논문에 동반된 수많은 주장을 참조. 이들에 따르면 '삶의 위대한 책Grand Livre de la Vie'(원문 그대로 인용)을 읽어보면 인종이란 존재하지 않는다는 것을 확신하게 될 것이라고 한다(Les bouleversantes révélations de l'exploration du génome humain, Le Monde, 2001. 2. 13.).

5 남성과 여성 사이에 차이가 없다며 이른바 '젠더 이론'을 주장하는 이들에게서 이 같은 반전이 나타난다. 과학이 자신들의 손을 들어주었다고 주장하던 이들은 이제 남녀 뇌 기관의 차이를 가져오는 새로운 '과학적 진실들'에 맞서야 하는 상황이 됐다(M. Lansky, "Du genre, des femmes et de tout le reste", Revue internationale *du travail*, vol. 139, 2000/4, p. 539, 특히 p. 553 이하 참조).

6 "인류는 결정적으로 신을 대체하게 되었지만, 그 자신의 임무가 한시적이라는 사실은 잊지 않는다"(Comte, *Catéchisme positiviste, op. cit.*, p. 299). 19세기 프랑스 철학자 에르네스트 르낭E. Renan은 자신의 저서 『과학의 미래』 결론에서 "당신이 내게 무엇을 속였든 나는 여전히 당신을 사랑한다는 사실을 밝히며 이별을 고하는 바이다"라며 신에 대한 전언을 남김으로써 콩트에게 화답한다(Renan, *L'Avenir de la science*, 1890, GF-Flammarion, 1995, p. 491).

7 1948년 12월 10일 유엔 총회에서 채택한 세계인권선언 내용을 참고.

8 제1장 참조.

9 세계인권선언 제16조. 부부와 가족을 개별적 권리의 대상으로 하고 있다.

10 세계인권선언 전문의 첫 번째 항목.

11 세계인권선언 제1조.

12 이 같은 존엄성의 인정은 세계인권선언 전문이 첫 번째로 천명하는 부분이다. 이 개념의 군주제적 기원에 관해서는 제1장 참조.

13 세계인권선언 제1조.

14 세계인권선언 제7조 이하 및 제29조 제2항.

15 세계인권선언 제27조(과학적 진보와 그로부터 비롯되는 혜택에 참여할 권리).

16 세계인권선언 제17조(소유권) 및 제23조(노동권).

17 세계인권선언 제21조 제3항.

18 세계인권선언 제21조 제1항.

19 세계인권선언 제21조 제1항 및 제21조 제2항.

20 O. Nishitani, "La formation du sujet au Japon", *op. cit.*, 특히 p. 70 참조.

21 제1장 참조.

22 세계인권선언 제22조, 제26조, 제29조.

23 세계인권선언 제27조 제2항. "자신이 창조한 모든 학술적 문학적 예술적 창작물에서 비롯되는 정신적 물질적 이익을 보호받을 권리."

24 세계인권선언 제22조와 제25조(사회보장), 제23조와 제24조(노동권), 제26조(교육), 제27조(문화).

25 Maïmonide, *Le Livre de la connaissance*, PUF, 2ᵉéd. 1990, p. 178.

26 제2장 참조.

27 제3장 참조.

28 제4장 참조.

29 H.J. Berman, *Law and Revolution*, op. cit. ; P. Legendre, *La Pénétration du droit romain dans le droit canonique classique*, op. cit. ; id., *Les Enfants du texte*, op. cit., 특히 p. 237 이하 참조.

30 Elie Faure, *Découverte de l'archipel*, op. cit., p. 217.

31 이 개념의 여러 변형에 관해서는 다음을 참조. A. Wijffels, "Aux confins de l' histoire et du droit : la finalité dans le débat sur la formation d'un nouveau ius commune", *Revue d'éthique et de théologie morale*, "Le Supplément", 207, 1998. 12., p. 33-66 ; id., "Qu'est-ce que le ius commune?", op. cit. 프랑스에서 그 현대적 표현에 관해서는 M. Delmas-Marty, *Pour un droit commun*, Seuil, 1994 ; id., *Trois défis pour un droit mondial*, Seuil, 1998 참조.

32 다들 알고 있다시피 이 표현은 새뮤얼 헌팅턴Samuel Huntington의 책에서 비롯된 것이다. (보다 구체적인 내용을 담고 있는 영어 원서의 제목은『문명의 충돌과 세계 질서의 재편The Clash of Civilizations and the Remaking of World Order』이다. 이희재 옮김,『문명의 충돌』, 김영사, 1997) 헌팅턴은 피에르 르장드르가 10년 일찍 다음과 같이 명쾌한 문장으로 제기했던 질문을 미국에서 제기한 첫 번째 저자였다. "경영 분야 및 그 뒷받침이 되는 지식들이 전 세계적으로 확산된다고 해서 경쟁 상대인 종교가 사라지지는 않는다. [⋯] 경영에서 일컫는 평화는 곧 전쟁이다. 종교 정복 전쟁의 성향이 짙은 하나의 전쟁인 셈이다. [⋯] 기업인들은 경제학자들이 '국제 경쟁'이라고 지칭하는 것에만 직면하는 것이 아니라, 이슬람과 같은 비산업적 성격의 종교와도 마주해야 한다"(P. Legendre, *L'Empire de la vérité*, op. cit., p. 41-42).

33「갈라디아서」, 3:28.

34 Simone de Beauvoir, *Le Deuxième Sexe*, 이희영 옮김『제2의 성』, 동서문화사, 2009.

35 민법전 제1246조, 제1291조. '특정물'과 달리 '종류물'은 오로지 종류로만 정의되며 따라서 서로 대체할 수 있다. J. Carbonnier, *Droit civil*, t. III : Les Biens, PUF, 12ᵉéd. 1988, n° 20, p. 88 이하 ; P. Jaubert, "Deux notions du droit des biens : la consomptibilité et la fongibilité", *RT civ.*, 1945, p. 75-101 참조.

36 이 뒷얘기에 관심 있는 독자는 제1장 124~129번 주에서 인용한 문헌들을 참조할 수 있을 것이다. 오늘날 저명한 법률가들에 의하여 천명되고 있으며 여기에서 다양한 방식으로 그 해석이 언급되고 있는 "광기에 대한 양도할 수 없는 권리"(O. Cayla, Y. Thomas, *Du droit de ne pas naître, op. cit.*, p. 65 이하)는 오래전에 헨리 섬너 메인이 관찰한 바와 같은 서양 법문명의 발전이 갖고 있는 한계로 이어진다. "고대법이 한 인간의 지위를 그 출생 때부터 불가역적으로 정해놓은 수많은 사례에 대해 근대법에서는 인간이 협약에 의하여 스스로 그 지위를 창설할 수 있도록 한다. 드물기는 하지만 이 규정에 어긋나는 몇몇 예외적인 경우가 아직도 존재하는데, 이는 나날이 극심한 지탄을 받고 있다"(Henry Sumner Maine, *L'Ancien Droit…, op. cit.*, p. 288 이하 참고).

37 아프리카 학자들에 대한 서양의 지원 프로그램에서 젠더학이 차지하고 있는 지배적인 비중을 참고. 이 점에서 젠더학은 과거 선교사들이 강요한 성적 규범화와 연결된다. 사회과학의 패러다임을 해체할 필요성에 관해서는 I. Wallerstein, *Unthinking Social Sciences. The Limits of Nineteenth-Century Paradigms*, Cambridge, Polity Press, 1991, trad. fr. *Impenser les sciences sociales*, PUF, 1995, 특히 p. 51 이하 '발전development'의 개념에 대한 비판을 참고.

38 유럽인권재판소, 2001. 7. 31. Refah Partisi c/Turquie 사건, point 71. 이 판결 이유는 원고들의 주장 또한 참조하고 있다. 원고들의 주장은 "'공정한 질서'또는 '정의의 질서' '신의 질서'를 세우고자 하는 바람과 관련되며, 그 맥락에서 보면 이러한 주장은 (비록 다양한 해석이 가능하긴 하지만) 원고 측에서 바라는 정치제도에 해당하는 부분에 있어 종교적 신적 규정을 기준으로 삼는다는 공통점이 있다." 이 판결 이유에 따르면 앞서 살펴본 바와 같이 민주적으로 선출된 미합중국 대통령이 신을 근거로 삼으며 미국의 질서를 수립하겠다고 선서한 것을 이유로 대통령을 탄핵하는 것이 정당화될 수도 있다.

39 P. Anderson, "Réflexions sur le multiculturalisme", in A. Supiot (dir.), *Tisser le lien social, op. cit.*, p. 105 이하 참조.

40 도쿄대에서 법학을 전공하고 프랑스로 건너가 수학한 뒤, 프랑스의 문학과 철학 을 일본에 번역해 소개하고 있는 니시타니 오사무 교수는 다른 사람들에 대한 서구 인들의 시각을 설명하기 위해 'humanitas/anthropos'라는 두 가지 개념을 사용함 으로써 많은 점을 시사해주고 있다. (우리말로는 두 가지 모두 '인류'라고 해석되나, 영어의 'humanity'에 해당하는 'humanitas'와 달리 'anthropos'에는 인종적 개념이 들어가 있으며, '유인원anthropoid'이라는 단어를 보더라도 두 단어가 각각 사용되 는 맥락이 다름을 알 수 있다—옮긴이.) O. Nishitani, Deux notions de l'homme en Occident : Anthropos et Humanitas, in A. Supiot (dir.), *Tisser le lien social, op. cit.*, p. 15 이하 참조. 서양의 이미지에 비추어 동양에 대한 개념을 세우는 것에 대한 사이드Saïd의 비판과 비교해볼 것. E. W. Saïd, *Orientalism* [1978], trad. fr. Ch. Malamoud, *L'Orientalisme. L'Orient créé par l'Occident*, Seuil, 1997.

41 2003년 최초로 '무슬림' 도지사를 임명한 것에 대해 떠들썩하게 공표한 프랑스 정부는 프랑스 군수가 된 프랑스 시민 한 명을 애초부터 이와 같이 낙인찍은 셈이었 다. 정작 이보다 더 새로운 건 국립상업대 학장이 프랑스 정부 대표로 선발되었다는 점인데, 이 부분은 언론의 주목을 받지 못했다.

42 A. Gokalp, "Palimpseste ottoman", in A. Supiot (dir.), *Tisser le lien social, op. cit.*, p. 93 이하 ; 오스만의 밀레트 제도에 관해서는 R. Mantran, "L'Empire ottoman", in Centre d'analyse comparative des systèmes politiques, *Le Concept d'empire*, PUF, 1980, p. 231 이하도 참조.

43 제2장 참조.

44 이 학파는 여전히 아리스토텔레스를 더 선호하며 플라톤에 대해 노예 이론가 라고 비난한다. 자연법을 기반으로 노예제의 근간을 마련하고자 했던 인물은 플라 톤이 아닌 아리스토텔레스라는 점에 대해 알고 있다면 이 같은 비판이 꽤 이상하 게 느껴질 수 있다. 아리스토텔레스는 『정치학』(1254b, 21-24)에서 인간과 동물 사 이에 천성적인 노예가 존재한다고 주장했는데, 왜냐하면 "노예는 스스로 이성을 소 유하는 것이 아니라 이성을 식별할 수 있는 한도 내에서만 이성을 갖기 때문이다"(P.

Garnsey, *Conceptions de l'esclavage d'Aristote à saint Augustin* [1996], trad. fr. Les Belles-Lettres, 2004, p. 151 이하 참조). 플라톤의 사상에서는 이런 부분을 찾아볼 수 없으며, 그는 노예제도를 일종의 형벌 또는 전쟁의 결과로 보았다(『정치가』, 김태경 옮김, 한길사, 2000. 인용된 부분은 프랑스어 번역본 *Le Politique*, 307-309, in *Œuvres complètes, op. cit.*, t. II, p. 422-425).

45 F.A. Hayek, *Droit, législation et liberté. Une nouvelle formulation des principes de justice et d'économie politique*, vol. 2 : *Le Mirage de la justice sociale* [1976], trad. fr. R. Audouin, PUF, 1981, p. 123 이하.

46 하이에크는 진화경제학의 수장 가운데 한 명이다. 진화경제학에 따르면 인간의 행동은 행위 주체의 합리성이 아닌 타성에 근거한다. 생물학에서 유전자 역할을 하는 타성이 인간 행동의 기반이 되는 것이다. 역사는 환경에 가장 잘 적응한 행동의 선택 과정이며, 따라서 법은 이러한 자연선택을 방해하지 말고 고무해야 한다는 것이다(이런 이론들에 관한 명쾌하고 간결한 소개로는 F. Eymard-Duvernay, *Economie politique de l'entreprise*, La Découverte, 2004 참조).

47 ILO 노동자 기본권 선언(1998) 참조. 이 선언의 목적은 1948년 세계인권선언의 목적에 비해 상당히 퇴보한 것이었으나, 제5조의 내용에서는 "노동 규범은 보호무역주의의 목적에 사용되어서는 안 되고 본 선언 및 후속 조치의 어떠한 부분도 그러한 목적으로 언급되거나 사용되어서는 안 된다는 점과 본 선언 및 후속 조치를 이유로 여하한 나라의 비교 우위를 어떤 식으로든 문제삼아서는 안 된다는 점"을 강조하고 있다. 이를 문자 그대로 적용하면 선언은 완전히 무의미해질 것이다. 예를 들어 단결권의 금지나 강제노동의 허용은 "어떤 식으로든 문제삼아서는" 안 되는 비교 우위에 해당할 것이기 때문이다.

48 F. A. Hayek, *Le Mirage de la justice sociale, op. cit.*, p. 126. 주지하다시피 1948년 세계인권선언에서 승인된 단결의 자유는 하이에크가 비난하고 있는 주된 사회권들 중의 하나다. (하이에크 경제학 이론의 실현 모델이었던) 피노체트의 칠레가 노동조합 활동가들에게 가했던 탄압을 떠올린다거나, 폴란드 같은 나라에서 공산주의를 전복하는 데 단결의 자유가 한 역할을 상기한다면, 인권에 대한 하이에크식 경제학 분석의 가치와 효과에 대해서 좀 더 공정한 관점을 가질 수 있다. 노벨경제학

상이 하이에크(그리고 수많은 하이에크류의 경제학자)에게 수여된 것을 보면, 이 기구가 서양 내부의 담론 투쟁에서 하는 역할에 대해 생각하게 된다. 이러한 서구사회에서 과학이란 그리 대수로운 것이 되지 못한다. (1969년에 창설된 노벨경제학상의 정확한 명칭은 알프레드 노벨의 겸백을 위해서라두 상기해야 할 필요가 있는데, 바로 '알프레드 노벨을 기념하여 스웨덴은행이 경제학 부문에 수여하는 상The Bank of Sweden Prize in Economic Sciences in Memory of Alfred Nobel'이다.)

49 파기원 상사부, 2003. 9. 24. (*Bull. civ.*, IV, n° 147, p. 166) : 위조 의류의 매매를 취소해달라는 청구에 대해 어떠한 사기나 실수도 입증되지 않았다며 이를 기각한 고등법원의 판결을 파기한 파기원은 민법전 제1128조와 제1598조를 언급한 뒤 "위조 상품은 매매의 대상이 될 수 없다"고 했다.

50 세계무역기구를 설립한 마라케시 협정의 부속 1C(이른바 TRIPS : Agreement on Trade-Related Aspects of Intellectual Property Rights)의 규정들은 "본 협정에 의하여 보호되는 지적재산권에 침해를 가하는 일체의 행위에 대해 효과적인 소송을 허용하는 방식으로 […] 지적재산권을 존중하도록 하기 위한"(TRIPS, 제41조 제1항) 절차의 마련을 회원국들에 요구한다.

51 아래 참조.

52 "If the stakes are high enough, torture is permissible", R. A. Posner, "The best offense", *The New Republic*, 2002. 9. 2.

53 평등 원칙을 이렇게 해석하는 것에 대해서는 앞에 나온 '서양식 근본주의의 세 가지 형상' 중 '메시아주의' 첫 문단의 내용 참조.

54 퀘벡 민법전이 규정하고 있는 내용이다. 퀘벡 민법전은 최근에 여성 동성 부모의 권리를 인정했으며, 따라서 "타인의 유전적 능력의 기여"로 임신된 아이들에게 두 명의 어머니를 부여한다. 아직 다른 법률들에서는 아버지와 어머니의 개념이 삭제되지 않았기 때문에 퀘벡 민법전 제531.1조는 두 명의 어머니 가운데 누가 아버지로 간주되는지를 규정하고 있다. "부모 둘 다 여성인 경우, 법률이 아버지에게 부여하는 권리와 의무는, 그것이 어머니의 권리, 의무와 구별되는 것인 때에는, 두 명의 어머니 가운데 아이를 출산하지 아니한 어머니에게 부여된다."

55 퀘벡 민법전 제538.2조 참조. 이 조항은 "부모의 자녀 출산 계획에서 타인의 유

전적 능력의 기여"를 통해서 임신된 아이의 경우 이 "유전적 능력"의 기여자와 친자 관계를 형성하는 것을 금지하고 있다. 그러므로 퀘벡 민법전이 허용하고 있는 여성 동성 부모의 자녀 출산 계획에서 태어나는 아이는 아버지를 가질 수 없는 상태에서 태어나게 될 것이다.

56 J.-C. Kaufmann, "Le mariage n'est plus ce qu'il était", *Le Monde*, 28 mai 2004 및 20 août 2004의 부제. ('오늘날의 결혼은 과거의 결혼과 다르다Le mariage n'est plus ce qu'il etait'는 제목의 이 칼럼에서는 여전히 성별의 차이를 굳게 "믿는" 사람들의 "반복적이고 지긋지긋한 주장"에 대해 비판하고 있는데, 일간지 『르몽드』는 맨 처음 이 칼럼을 게재하고 난 뒤 몇 달이 채 지나지 않아 또다시 이 칼럼을 그대로 내보냈다. 한 신문에 몇 개월의 시차를 두고 똑같은 칼럼이 두 차례나 게재된 것이다.) 사회학자이자 CNRS 연구책임자의 자격으로 글을 쓴 저자는 "관련 주제에 몇 가지 과학적 근거"를 부여하기를 원한다고 주장하는데, 그에 따르면 두 성의 구분이 아이의 심리 형성에서 중요한 역할을 한다는 생각은 "순전한 이데올로기, 집단적 신앙 형태의 근거 없는 확신"에 속하며, "다른 시대의 심리 분석에서 길어올린" 생각일 뿐이다.

57 J.-C. Kaufmann, "Le mariage n'est plus ce qu'il était", *op. cit.*

58 제2장 참조.

59 근본적으로 그릇된 모든 입장, 예를 들어 피해자로 간주되기를 바라는 사형 집행인의 입장과 마찬가지로, 테러와의 전쟁은 피해자들의 비명을 덮어버리기에 충분할 정도로 날카로운 비명을 내지름으로써만 겨우 유지될 수 있다. 이를 위해서는 언론을 통한 주요한 선동 수단들을 통제하기만 하면 된다.

60 인류를 위한 자산으로서 언어의 다양성에 대해서는 G. Steiner, *After Babel. Aspects of Language and Translation*, Oxford, Oxford University Press, 3ᵉéd. 1998, trad. fr. L. Lotringer et P.-E. Dauzat, *Après Babel. Une poétique du dire et de la traduction*, Albin Michel, 1998 참조.

61 이 개념에 대한 최초의 접근에 대해서는 L. Gardet, *La Cité musulmane*, Vrin, 1954, p. 121 이하 ; J. Schacht, *Introduction au droit musulman, op. cit.*, 특히 p. 88 이하 ; M. Charfi, *Islam et liberté*, Albin Michel, 1998 참조.

62 근대성의 전유 개념에 대해서는 J. Berque, *L'Islam au temps du monde*, Arles, Sindbab-Actes Sud, 2ᵉéd. 1984, p. 87 참조.

63 1920년대에 리앙 슈밍에 의하여 제안된 이 세 가지 위대한 문명의 운명에 대한 통찰력 있는 미래 분석을 참조하라, Liang Shuming, *Les Cultures d'Orient et d'Occident et leurs philosophies*, PUF, 2000, préface de L. Vandermeersch.

64 A. Cissé-Niang, "L'interdiction internationale du travail des enfants vue d' Afrique", *Semaine sociale Lamy*, 특별호 : "Regards croisés sur le droit social", 1095, 2002, p. 9-13 참조.

65 1999년 국제노동기구 제87차 총회에서 사무총장이 제출한 보고서,「품위 있는 노동Un travail décent」을 참고.

66 Ph. Ardant, *Les Textes sur les droits de l'Homme*, PUF, 2ᵉéd. 1993, p. 92에 재수록된 텍스트를 보라. 개괄적 소개로는 F. Sudre, *Droit internatinal et européen des droits de l'homme*, PUF, 5ᵉéd. 2001, n° 76 이하 참조.

67 이 의무는 인간의 권리와 의무에 관한 범아메리카 선언(제35조와 제36조)에 명시되어 있다.

68 민법전 제1197조 이하 참조. "채권의 완전한 변제를 요구할 수 있는 권리가 채권자들 각각에게 명시적으로 부여되어 있고, 채권자들 중의 한 명에게 한 변제가 채무자를 자유롭게 하고, 또한 채무의 이익이 채권자들 사이에 분할 가능한 경우, 채무는 다수의 채권자 사이에 연대적이다."

69 유럽법에서 채택한 연대 원칙의 정의 참조. 유럽사법재판소, 1993. 2. 17., 사건번호 C-159/91 및 C-160-91, Poucet et Pistre, *Droit social*, 1993, p. 488, note Laigre et obs. J.-J. Dupeyroux.

70 이에 관해서는 다음의 논문을 참조. J.-J. Dupeyroux, "Les exigences de la solidarité", *Droit social*, 1990, p. 741.

71 '톤틴'이라는 말은 아프리카 여러 국가 사이에 널리 퍼져 있는 제도를 가리키는 법률 용어로, 사실 부적절한 번역어에 해당한다. '함께 내어놓다' '갹출하다'라는 의미로 쓰이는 바밀레케어 'tchaw'나 'diangui' 등은 "사람들이 모인 조합 단체로, 한 가족이나 마을, 민족 등 하나의 공통점으로 엮여 있는 사람들의 조직을 의미한

다. 납부는 보통 현물이나 현금을 통해 정기적으로 이뤄지고, 총액은 조합원들에게 차례차례 배분된다"(J. Nguebou-Toukam, M. Fabre-Magnan, "La tontine : une leçon africaine de solidarité", in Y. Le Gall et al., *Du droit du travail aux droits de l'humanité. Etudes offertes à Philippe-Jean Hesse*, Rennes, Presses universitaires de Rennes, 2003, p. 299 이하 참조. 이 주제에 관한 경제학이나 인류학의 연구물은 많지만 법학 논문은 드문데, 이 글은 그런 드문 법학 연구 중의 하나다).

72 사회보장법전 L. 111-1조. 이 원칙은 프랑스 영토에 거주하는 모든 사람은 의무적 사회보장제도들 중의 하나 또는 개별적 보험제도에 가입해야 한다는 것을 의미한다.

73 공무원이나 의사, 농부 등 국민부담금의 재정으로부터 소득을 얻는 사람들에게서 나타나는 일종의 심리적 '분열' 증세가 이로부터 비롯된다. 이들은 소득 인상을 요구하는 한편, 국민부담금의 감소를 요구하는 이중적 모습을 보인다.

74 공적연대제도의 집행자들은 이들 국가에서 흔히 일종의 공동기금을 보게 되는 경우가 많은데, 이 공동기금은 그 누구에게도 속하지 않으며, 따라서 사람들은 자기자신과 자기의 채무자를 위하여 이 기금을 활용할 수 있다.

75 권리와 의무 사이의 이 같은 연결은 일부 선언들에서 명시적으로 규정되고 있다. 가령 인간의 권리와 의무에 관한 미국 선언(1948) 같은 것이 이에 해당하는데, 이 선언에 의하면 모든 사람은 "가능성과 상황에 따라 상부상조와 사회보장을 위하여 국가 및 공동체와 협력할 의무를 진다"(제35조). 그리고 "나라의 공공서비스를 지원하기 위하여 법률로 정해진 세금을 납부할 의무를 진다"(제36조).

76 2000년에 니스에서 채택된 유럽인권헌장 제4장, 제27조 이하를 참고.

77 이로써 대표적인 노조와 연합 조직이 이용할 수 있는 탈 국경적 성격의 적극적 연대에 하나의 법적 기반이 마련된다. 영국을 필두로 한 일부 국가의 정부들에서 유럽 법원 측이 유럽인권헌장의 규정을 자유로이 해석하지 못하도록 결정을 내린 이유도 바로 이로써 설명된다. 이들 국가는 노동자들의 국제적 단체행동권을 유럽헌법조약에서 인정하는 것을 반대하는 데 성공한다(C. Barbier, "Un traité constitutionnel en quête de ses ultimes auteurs", *op. cit.* 참조).

78 이 '사회적 인출권'에 대해서는 A. Supiot (dir.), *Au-delà de l'emploi, op. cit.* 참

조.

79 제4장 참조.

80 이는 하자 담보 책임에 관한 1985년 7월 25일 유럽 지침에서 채택된 해법이다. 이 지침은 하자 있는 상품을 "사람들이 정당하게 기대할 수 있는 안전을 제공하지 않는" 상품으로 정의하면서, 이 하자로 인하여 사람이나 재산에 가해진 손해에 대해서는 피해자와 계약관계가 있건 없건 생산자가 책임을 지도록 하고 있다. 이 해법은 또한 미국에서도 유조선 엑손 발데스 호의 기름 유출 사건 이후 매우 효과적으로 이용되었다. 현재 미국의 법률은 근거리든 원거리든 운송 과정에 참여한 모든 자를 상대로 책임을 물을 수 있도록 하고 있다. 1990년의 석유공해법에 의하면, 선박이 야기한 공해에 대해서는 소유자, 선주 또는 용선자가 책임을 진다("any person owning, operating, or demise chartering the vessel").

81 민법전 제1200조 참조. "채무자들 각각이 채무의 전체를 변제하도록 청구될 수 있으며 한 명의 변제가 다른 채무자들을 채권자에 대해서 자유롭게 하는 방식으로 복수의 채무자들이 하나의 채무에 구속되어 있는 경우 채무자들 사이에 연대관계가 존재한다." 민법 분야에서는 계약적 사항과 관련하여 연대의 원칙에 새로운 효과를 부여하기 위한 학설이 제시되고 있다. 이에 대해서는 D. Mazeaud, "Loyauté, solidarité, fraternité : la nouvelle devise contractuelle?", in L'Avenir du droit. Mélanges en hommages à François Terré, PUF, Dalloz et Juris-classeur, 1999, p. 603 이하 ; Chr; Jamin, "Plaidoyer pour le solidarisme contractuel", in Le Contrat au début du XXIe siècle, op. cit., p. 441 이하 ; Chr. Jamin, D. Mazeaud (dir.), La Nouvelle Crise du contrat, Dalloz, 2003 참조.

82 출처: OECD 다국적기업 가이드라인(1976년 제정, 2000년 개정).

83 미국 석유공해법이 미친 영향 가운데 하나는 대규모 정유 기업들이 운송업체를 고를 때 안전보장에 대해서 세심하게 주의를 기울이도록 만든 것이었다. 이로써 선주들은 미국을 제외한 다른 지역에서나 노후 선박을 사용하게 되었으며, 여기에는 유럽연합 또한 포함된다.

84 제4장 참조. 2001년 9월 11일 테러는 기술 발달과 법 문화 사이의 단절이 의미할 수 있는 바를 보여주었다. 테러를 한 자들은 절대 '시대에 뒤떨어진 자들'이 아니

었다. 반대로 그들은 언론을 통한 세뇌 기술들을 포함하여 서양의 기술들을 완벽하게 터득한 사람들이었다.

85 P. Legendre, *Le Désir politique de Dieu, op. cit.*, p. 183.

86 이 조항에 관한 논쟁의 개괄적인 소개로는 J.-M. Servais, *Normes internationales du travail*, LGDJ, 2004, p. 17-27 참조.

87 국제노동기구에서 이 주제를 위하여 조직한 세계위원회에 붙여진 이름이다. 이와 관련해서는 국제노동기구의 보고서, 「공정한 세계화. 모두를 위한 기회 창출 Une mondialisation juste. Créer des opportunités pour tous」, Genève, BIT, 2004 (http://www.ilo.org/wscdg) 참조.

88 근대국가 형성의 근간이 된 이 주제와 관련해서는 P. Gueniffey, *La Politique de la Terreur. Essai sur la violence révolutionnaire*, Fayard, 2000 참조.

찾아보기

법률적 인간의 출현

1판 1쇄	2015년 3월 16일
1판 3쇄	2020년 2월 14일

지은이	알랭 쉬피오
옮긴이	박제성 배영란
펴낸이	강성민
편집장	이은혜
마케팅	정민호 김도윤 고희수
홍보	김희숙 김상만 오혜림 지문희 우상희

펴낸곳	(주)글항아리	출판등록 2009년 1월 19일 제406-2009-000002호
주소	10881 경기도 파주시 회동길 210
전자우편	bookpot@hanmail.net
전화번호	031-955-1903(편집부) 031-955-2696(마케팅)
팩스	031-955-2557

ISBN	978-89-6735-190-8 93160

글항아리는 (주)문학동네의 계열사입니다.

이 도서의 국립중앙도서관 출판예정도서목록(CIP)은 서지정보유통지원시스템 홈페이지
(http://seoji.nl.go.kr)와 국가자료공동목록시스템(http://www.nl.go.kr/kolisnet)에서 이용
하실 수 있습니다. (CIP제어번호 : 2015006633)

geulhangari.com

잘못된 책은 구입하신 서점에서 교환해드립니다.
기타 교환 문의 031-955-2661, 3580